세종특별자치시교육청

교육공무직원

필기시험[국어, 일반상식(사회, 한국사)]

세종특별자치시교육청
교육공무직원
필기시험[국어, 일반상식(사회, 한국사)]

개정판 1쇄 발행	2023년 01월 13일
개정2판 1쇄 발행	2024년 05월 31일

편 저 자	공무원시험연구소
발 행 처	(주)서원각
등록번호	1999-1A-107호
주 소	경기도 고양시 일산서구 덕산로 88-45(가좌동)
대표번호	031-923-2051
팩 스	031-923-3815
교재문의	카카오톡 플러스 친구 [서원각]
홈페이지	goseowon.com

교육공무직원은 대한민국의 교육부 산하, 시도교육청 산하 학교와 기관에서 교사들이 학생지도에 전념할 수 있도록 교육업무지원과 행정업무 등을 담당합니다.

본서는 세종특별자치시교육청 교육공무직원 필기시험에 대비하기 위한 수험서입니다. 세종특별자치시교육청은 1차 시험에서 필기시험으로 국어와 일반상식(사회, 한국사)으로 과목별 40점 이상 득점자 중에서 합산한 점수가 높은 자 순서로 합격자가 결정되기에 필기시험에 높은 점수를 받는 것이 중요합니다. 40점 미만의 경우는 과락으로 처리되기 때문에 대한 실수가 없이 문제를 풀어야 합니다.

세종특별자치시교육청 1차 필기시험에 대비하기 위해서 본서에서는 국어와 일반상식(사회, 한국사)를 과목별로 핵심이론을 정리하고 빈출유형문제를 수록하였습니다. 시험에 자주 출제되었던 유형을 위주로 구성하여 수록한 문제로 시험에 도움을 드리고자 하였으며, 문제 하단에 정답 및 해설을 수록하여 신속하게 해설을 확인이 가능하도록 하였습니다.

신념을 가지고 도전하는 사람은 반드시 그 꿈을 이룰 수 있습니다. 처음에 품은 신념과 열정이 취업 성공의 그 날까지 빛바래지 않도록 서원각이 수험생 여러분을 응원합니다.

STRUCTURE

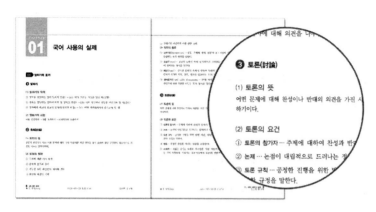

핵심이론정리

국어, 일반상식(사회, 한국사)에 요점이 되는 중요내용을 정리하여 영역별로 분류하였습니다.

출제예상문제

국어, 일반상식에 포함되는 사회·한국사 과목을 영역별로 분류하였습니다. 시험에 출제가 예상되는 문제를 위주로 구성하여 수록하였습니다.

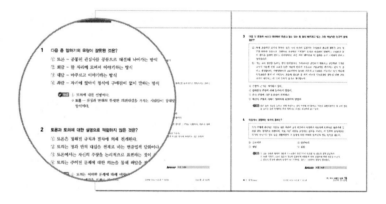

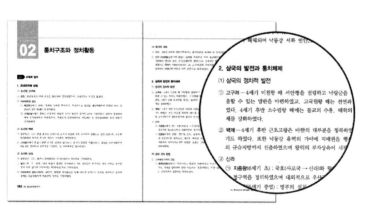

정답 및 해설

문제 아래에 해설을 수록하여 빠르게 문제를 풀어나갈 수 있도록 하였습니다. 상세한 해설을 수록하여 학습에 도움을 줄 수 있도록 하였습니다.

CONTENTS

PART I 국어

01 국어사용의 실제 ·· 8
02 현대문법 ·· 22
03 고전문법 ·· 60
04 현대문학 ·· 74
05 고전문학 ·· 92
06 한자 · 한문 ·· 108

PART II 일반상식(사회)

01 민주정치와 법 ·· 130
02 민주정치의 과정과 참여 ······································ 143
03 우리나라의 헌법 ··· 161
04 개인생활과 법 ·· 179
05 사회생활과 법 ·· 193
06 경제생활과 경제문제의 이해 ································· 210
07 경제 주체의 역할과 의사 결정 ······························ 224
08 시장과 경제활동 ··· 236
09 국민 경제의 이해 ·· 255
10 세계 시장과 한국 경제 ·· 272
11 사회 · 문화현상의 탐구 ······································ 285
12 개인과 사회 구조 ·· 300
13 문화와 사회 ·· 319
14 사회 계층과 불평등 ··· 334
15 현대사회와 사화변동 ··· 348

PART III 일반상식(한국사)

01 선사시대의 문화와 국가의 형성 ····························· 368
02 통치구조와 정치활동 ··· 382
03 경제구조와 경제생활 ··· 416
04 사회구조와 사회생활 ··· 437
05 민족문화의 발달 ··· 455
06 근현대사의 흐름 ··· 480

01 국어 사용의 실제

02 현대문법

03 고전문법

04 현대문법

05 고전문학

06 한자 · 한문

PART 01

국어

CHAPTER 01

국어 사용의 실제

01 말하기와 듣기

❶ 말하기

(1) 말하기의 목적

① 정보를 전달하는 말하기(지적 반응) → 듣는 이가 모르는 사실을 알릴 때(설명)

② 청자를 설득하는 말하기(지적 및 정적인 반응) → 듣는 이의 생각이나 행동을 바꾸고자 할 때(설득)

③ 청자에게 사교나 친교의 말하기(정적인 반응) → 듣는 이와 가까워지거나 즐기고자 할 때

(2) 말하기의 과정

내용 선정하기 → 내용 조직하기 → 효과적으로 표현하기

❷ 토의(討議)

(1) 토의의 뜻

공동의 관심사가 되는 어떤 문제에 대한 가장 바람직한 해결 방안을 찾기 위하여 집단 구성원이 협동적으로 의견을 나누는 말하기이다.

(2) 토의의 절차

① 문제에 대한 의미 확정

② 문제의 분석과 음미

③ 가능한 모든 해결안의 제시와 검토

④ 최선의 해결안 선택

⑤ 구체적인 해결안의 시행 방안 모색

(3) 토의의 종류

① **심포지엄(Symposium)** … 공동 주제에 대해 전문가 3 ~ 6명이 강연식으로 발표한 뒤, 청중과 질의 응답하는 토의 형식을 말한다.

② **포럼(Forum)** … 공공의 문제에 대해 공개적으로 토의하는 것으로, 심포지엄과는 달리 처음부터 청중이 참여하는 형식을 말한다.

③ **패널(Panel)** … 주어진 문제나 화제에 대하여 특별히 관심이 있거나 정보와 경험이 있는 사람이 청중 앞에서 각자의 지식, 견문, 정보를 발표하는 토의 형식을 말한다.

④ **원탁토의(Round table discussion)** … 10명 내외의 소규모 집단이 평등한 입장에서 자유롭게 상호 관심사에 대해 의견을 나누는 토의 형식을 말한다.

❸ 토론(討論)

(1) 토론의 뜻

어떤 문제에 대해 찬성이나 반대의 의견을 가진 사람들이 근거를 바탕으로 자기 주장을 논리적으로 펼치는 말하기이다.

(2) 토론의 요건

① **토론의 참가자** … 주제에 대하여 찬성과 반대의 뚜렷한 의견 대립을 가지는 사람들이 있어야 한다.

② **논제** … 논점이 대립적으로 드러나는 정책이나 사실이어야 한다.

③ **토론 규칙** … 공정한 진행을 위한 발언 시간, 발언 순서, 동일한 논박 시간, 토론에 대한 판정 발언에 관한 규정을 말한다.

④ **청중** … 공정한 판정을 내리는 심판을 포함한다.

⑤ **사회자** … 폭넓은 상식을 토대로 적극성을 가진 사람으로 공정성과 포용력, 지도력을 지닌 사람이 맡는 것이 적절하다. 사회자는 토론자들에게 토론의 전반적인 방향과 유의점에 대해 안내한다.

❹ 듣기

(1) 듣기의 뜻
다른 사람의 말을 듣고, 그 내용을 자기의 생각으로 정리하여 이해하는 행위를 말한다.

(2) 듣기의 단계
정보 확인→내용 이해→내용에 대한 비판→감상

❺ 대화의 원리

(1) 공손성의 원리
① 요령의 격률 … 상대방에게 부담이 되는 표현은 최소화하고, 이익이 되는 표현을 최대화한다.

② 관용의 격률 … 화자 자신에게 혜택을 주는 표현은 최소화하고, 부담을 주는 표현은 최대화한다.

③ 찬동의 격률 … 상대방에 대한 비방은 최소화하고, 칭찬을 최대화한다.

④ 겸양의 격률 … 화자 자신에 대한 칭찬은 최소화하고, 비방을 최대화한다.

⑤ 동의의 격률 … 자신과 상대방의 의견 차이를 최소화하고, 일치점을 최대화한다.

(2) 협력의 원리
① 양의 격률 … 너무 많은 양의 정보보다는 대화의 목적에 적합한 양을 제공한다.

② 질의 격률 … 타당한 근거를 들어 진실을 말한다.

③ 관련성의 격률 … 대화의 목적이나 주제와 관련 있는 내용을 말한다.

④ 태도의 격률 … 중의적이거나 장황한 표현을 삼가고 간결하게 말한다.

02 쓰기와 읽기

1 쓰기

(1) 계획하기(주제의 설정)

① 좋은 주제의 요건
  ㉠ 너무 크거나 추상적이지 않고 구체적이어야 한다.
  ㉡ 경험한 것이나 잘 알고 있는 것이어야 한다.
  ㉢ 여러 사람이 공감할 수 있는 것이어야 한다.
  ㉣ 개성 있고 참신한 것이어야 한다.

② 주제문의 작성 원칙
  ㉠ 완결된 문장으로 쓴다.
    예 주어 + 서술어
  ㉡ 간결하고 구체적으로 쓴다.
  ㉢ 둘 이상의 내용을 담지 않는다.
  ㉣ 명확한 표현이 되도록 한다.
  ㉤ 의문문, 비유적 · 함축적 표현을 피한다.

(2) 내용 생성하기(재료의 수집과 선택)

① 생각의 발견 … 자유롭게 쓰기, 연관 짓기, 토론하기, 질문하기 등의 방법이 있다.

② 재료 수집 … 내용에 관한 전문적인 지식이나 통계 자료 등을 책이나 도서관 등을 통해 수집한다.

③ 재료 선정 … 주제와의 관련성, 내용 전개 방법을 고려하여 선택한다.

(3) 내용 조직하기(개요의 작성)

① 개요(outline) 작성 … 머릿속에서 이룬 구상을 체계적으로 도식화하여 표(개요표)로 나타낸다.

② 내용 구성의 원리
  ㉠ **통일성** : 주제를 직접 뒷받침하는 내용을 선정한다.
  ㉡ **단계성** : 부분에 따라 그 단계에 맞는 내용을 배치한다.
  ㉢ **응집성** : 내용을 긴밀하게 연결한다.

③ **내용 구성의 종류**

ㄱ **시간적 구성** : 사건의 시간적 순서에 따라 제재를 배열한다.

ㄴ **공간적 구성** : 시선의 이동이나 사물이 놓여진 순서에 따라 기술한다.

ㄷ **인과적 구성** : 사건의 원인과 결과가 논리적인 필연성을 가지고 전개된다.

④ **논리적 구성**

ㄱ **연역적 구성** : 일반적인 내용(주장) + 구체적인 내용(근거)

ㄴ **귀납적 구성** : 구체적인 내용(근거) + 일반적인 내용(주장)

⑤ **단계식 구성**

ㄱ **3단 구성** : 머리말 ― 본문 ― 맺음말, 서론 ― 본론 ― 결론

ㄴ **4단 구성** : 기 ― 승 ― 전 ― 결

ㄷ **5단 구성** : 발단 ― 전개 ― 위기 ― 절정 ― 결말(대단원)

⑥ **문단의 구성 방식**

ㄱ **두괄식** : 중심 문장 + 뒷받침 문장들

ㄴ **양괄식** : 중심 문장 + 뒷받침 문장들 + 중심 문장

ㄷ **미괄식** : 뒷받침 문장들 + 중심 문장

ㄹ **중괄식** : 뒷받침 문장들 + 중심 문장 + 뒷받침 문장들

ㅁ **병렬식** : 중심 문장이 대등하게 나열되는 구성

(4) 표현하기(집필)

① **내용 전개 방법** … 정의, 비교·대조, 예시, 분류, 분석, 과정, 유추, 묘사, 서사, 인과 등의 방법을 상황과 목적에 맞게 적절히 선택해야 한다.

② **수사법**(표현 기교, 표현 기법)

ㄱ **비유법** : 표현하고자 하는 대상을 다른 대상에 빗대어 나타내는 표현 기법이다.

　예 직유법, 은유법, 의인법, 활유법, 의성법, 의태법, 풍유법, 대유법, 중의법 등

ㄴ **강조법** : 단조로운 문장을 강렬하고 절실하게 하는 표현 기법이다.

　예 반복법, 과장법, 열거법, 점층법, 점강법, 비교법, 대조법, 억양법, 미화법, 연쇄법, 영탄법 등

ㄷ **변화법** : 단조롭거나 평범한 문장에 변화를 주어 표현하는 기법이다.

　예 도치법, 대구법, 설의법, 인용법, 반어법, 역설법, 생략법, 문답법, 돈호법, 명령법 등

(5) 고쳐쓰기(퇴고)

글 전체 수준에서 고쳐쓰기 → 문단 수준에서 고쳐쓰기 → 문장 수준에서 고쳐쓰기 → 단어 수준에서 고쳐쓰기

❷ 읽기

(1) 읽기의 과정

① 주제 파악하기의 과정 … 형식 문단의 내용 요약 → 내용 문단으로 묶어 중심 내용 파악 → 각 내용 문단의 중심 내용 간의 관계 이해 → 전체적인 주제 파악

② 주제를 찾는 방법

ㄱ 주제가 겉으로 드러난 글

⠿ 설명문, 논설문 등
- 글의 주제 문단을 찾는다. 주제 문단의 요지가 주제이다.
- 대개 3단 구성이므로 끝 부분의 중심 문단에서 주제를 찾는다.
- 중심 소재(제재)에 대한 글쓴이의 입장이 나타난 문장이 주제문이다.
- 제목과 밀접한 관련이 있음에 유의한다.

ㄴ 주제가 겉으로 드러나지 않는 글

⠿ 문학적인 글
- 글의 제재와 그에 대한 글쓴이의 의견이나 생각을 연결시키면 바로 주제를 찾을 수 있다.
- 제목이 상징하는 바가 주제가 될 수 있다.
- 인물이 주고받는 대화의 화제나, 화제에 대한 의견이 주제일 수도 있다.
- 글에 나타난 사상이나 내세우는 주장이 주제가 될 수도 있다.
- 시대적·사회적 배경에서 글쓴이가 추구하는 바를 찾을 수 있다.

③ 세부 내용 파악하기

ㄱ 제목을 확인한다.

ㄴ 주요 내용이나 핵심어를 확인한다.

ㄷ 지시어나 접속어에 유의하며 읽는다.

ㄹ 중심 내용과 세부 내용을 구분한다.

ㅁ 내용 전개 방법을 파악한다.

ㅂ 사실과 의견을 구분하여 내용의 객관성과 주관성을 파악한다.

(2) 읽기의 방법

① 비판하며 읽기 … 글에 제시된 정보를 정확하게 이해하기 위하여 내용의 적절성을 비평하고 판단하며 읽는 것을 말한다.

② 추론하며 읽기 … 글 속에 명시적으로 드러나 있지 않은 내용 및 과정과 구조에 관한 정보를 논리적 비약 없이 추측하거나 상상하며 읽는 것을 말한다.

출제예상문제

1 다음 중 말하기의 유형이 잘못된 것은?

① 토론 – 공통된 관심사를 공동으로 해결해 나아가는 방식

② 회담 – 한 자리에 모여서 이야기하는 방식

③ 대담 – 마주보고 이야기하는 방식

④ 좌담 – 자리에 앉아서 형식에 구애됨이 없이 말하는 방식

> **✔ 해설** ① 토의에 대한 설명이다.
> ※ **토론** … 찬성과 반대의 뚜렷한 의견대립을 가지는 사람들이 상대방을 논리적으로 설득시키는 말하기
> 방식이다.

2 토론과 토의에 대한 설명으로 적절하지 않은 것은?

① 토론은 정해진 규칙과 절차에 의해 전개된다.

② 토의는 정과 반의 대립을 전제로 하는 변증법적 담화이다.

③ 토론에서는 자신의 주장을 논리적으로 표현하는 것이 중요하다.

④ 토의는 주어진 문제에 대한 의논을 통해 해답을 찾아내는 과정이다.

> **✔ 해설** ② 토의는 어떠한 문제에 대해 여럿이 협동하여 문제의 해결 방안을 모색하는 담화이다. 따라서 정과
> 반의 대립을 전제로 하지는 않는다.
> ※ **토의와 토론**
> ㉠ 토의 : 어떠한 문제에 대하여 검토하고 협의하는 것을 뜻한다.
> ㉡ 토론 : 어떠한 문제에 대하여 여러 사람들이 각각의 의견을 말하며 논의하는 것을 뜻한다.

Answer 1.① 2.②

3 다음 두 토론자 사이의 대화에서 토론의 필수 요소 중 을이 빠뜨리고 있는 가장 핵심적인 논리적 문제점은?

> 갑 : 현재 초등학교 교사가 부족한 것은 여러 원인이 있겠지만 무엇보다 중요한 원인은 교사 정년을 단축한 것입니다. 그러므로 초등학교 부족교사 문제를 해결하기 위해서는 무엇보다 교사 정년을 늘려야 한다고 생각합니다. 다른 어떤 대안보다 이 정책을 우선 시행해야 한다고 생각합니다.
>
> 을 : 저는 교사 정년을 늘리는 것에 반대합니다. 부족교사를 충당하기 위해서는 중등학교 자격증 소지자 가운데 일정 교육을 받은 사람에 한하여 초등교과 전담교사를 배치하는 것이 더 좋다고 생각합니다. 사범대학이나 교육대학이 동일한 과목의 교직과목을 이수하고 있기 때문에 일정교육을 통해 이 사람들이 초등에 필요한 몇 가지 이론적 실천소양을 갖추게 되면 초등교사로 배치되는 데 크게 문제가 없다고 생각합니다.

① 주장의 근거를 제시하고 있다.

② 상대방의 주장에 대해 논박하지 않았다.

③ 을의 주장에 대한 논리성이 부족하다.

④ 자신의 주장에 대해서 명확하게 표현하지 않았다.

> ✔ **해설** 을은 교사 정년을 늘리는 것에 찬성하는 갑의 의견에 반대한다고 의견을 표현하였으나 왜 교사 정년을 늘리는 것에 반대하는 지에 대해서는 의견을 제시하지 않고 있다.

4 다음에서 설명하는 토의의 종류는?

> 특정 주제에 대립하는 의견을 가진 사람이 공개 석상에서 사회자의 지도하에 토의하고 청중에게 질문을 받는 형식으로 진행되며, 서로 다른 의견을 조정하는 성격을 지닌다. 이 토의의 참석자들은 각자의 지식이나 정보 등을 교환하면서 그 문제에 대한 이해와 앞으로의 행동 방안을 찾는다.

① 심포지엄   ② 원탁토의

③ 패널   ④ 포럼

> ✔ **해설** ① 공동 주제에 대하여 전문가 3 ~ 6명이 강연식으로 발표한 뒤 청중과 질의 응답한다.
> ② 10명 내외의 소규모 집단이 평등한 입장에서 자유롭게 상호 관심사에 대해 의견을 나눈다.
> ④ 공공의 문제에 대하여 공개적으로 토의하는 것으로 처음부터 청중이 참여한다.

Answer 3.② 4.③

5 다음 중 토론의 주제로 적당한 것은?

① 한국 최초의 우주인 탄생이 갖는 의의

② 지구 온난화의 대책

③ 에너지 절약의 사례

④ 영어 몰입교육의 추진

> ✔ 해설 ④ 토론은 찬성이나 반대의 의견을 가진 사람들이 근거를 바탕으로 자기주장을 논리적으로 펼치는 말하기이므로, 주제는 대립성이 있어야 한다.

6 글쓰기의 과정에 대한 다음 설명 중 옳지 않은 것은?

① 내용을 조직한 후에는 다시 생성해서는 안 된다.

② 독자가 누구인지에 따라 글의 표현이 달라질 수 있다.

③ 내용을 조직할 때에는 내용 구조도를 만들어 보는 것이 좋다.

④ 글 전체·문단·문장·단어 수준에서 고쳐쓰기가 이루어져야 한다.

> ✔ 해설 ① 내용을 조직한 후에도 부족한 내용을 첨가·삭제할 수 있다.

7 계획하기의 과정에 대한 설명으로 옳지 않은 것은?

① 주제는 가능한 한 포괄적으로 범위를 넓혀서 자료선택을 용이하게 한다.

② 개요를 작성하는 것은 글을 체계적이고 논리적으로 전개시켜 나가기 위한 것이다.

③ 주제가 드러나도록 글의 구조를 구상한다.

④ 간단한 글의 경우 글의 순서를 메모하는 것으로 구상을 마칠 수도 있다.

> ✔ 해설 계획하기의 과정
> ㉠ 주제의 결정 : 가급적 범위를 한정하여 명료하게 정한다.
> ㉡ 내용의 조직과 구성 : 구성은 주제가 드러나도록 제재에 질서를 부여하여 글의 틀을 잡는 과정이다. 간단한 글이면 머릿속으로 틀을 잡거나 글의 순서를 간단히 메모해도 무방하나, 보통은 글을 쓰기 전에 개요를 작성한다.

Answer 5.④ 6.① 7.①

8 주제문을 결정하고 글을 쓸 때 주제문과의 관계가 먼 것은?

① 동일성

② 긴밀성

③ 강조성

④ 통일성

> ✔해설 일단 결정된 주제문을 앞에 놓고 글을 쓸 때에는 문장의 통일성과 긴밀성, 강조성이 주제문을 중심으로 유지되어야 한다.
> ※ 주제문 작성 원칙
> ㉠ 하나의 완전한 문장이어야 한다.
> ㉡ 의견이나 관점이 명확히 드러나야 한다.
> ㉢ 표현이 정확하고 구체적이며, 간명해야 한다.
> ㉣ 내용은 확실한 근거에 의해 증명될 수 있는 것이어야 한다.
> ㉤ 글의 분량과 성격, 독자의 성격을 염두에 두고 작성한다.

9 개요에 관한 내용 중 옳지 않은 것은?

① 개요작성은 자기의 글을 쓸 때에만 유용하다.

② 개요는 일종의 청사진 또는 설계도라고 할 만하다.

③ 개요는 남의 글의 요점을 정리하는 과정에서도 큰 도움을 준다.

④ 개요는 어떤 체계화의 힘, 조직력 등을 길러주는 효용도 가지고 있다.

> ✔해설 ① 자기 글을 쓸 때에도 유용하지만 남의 글을 이해할 때에도 유용하다.
> ※ 개요의 의의
> ㉠ 글을 쓰기 전에 그 준비과정으로서 미리 만들어 놓은 글의 윤곽을 흔히 개요 또는 아우트라인이라 한다.
> ㉡ 개요는 일종의 청사진 또는 설계도라 할 수 있다.
> ㉢ 개요는 그것을 만들어 가는 과정에서 우리에게 어떤 체계화의 힘, 조직력 등을 길러주는 효용도 갖고 있다.
> ㉣ 개요는 남의 글의 요점을 정리하는 과정에서도 큰 도움이 된다.
> ㉤ 개요작성은 자기가 글을 쓸 때뿐만 아니라 남의 글을 이해할 때에도 유용하다.

Answer 8.① 9.①

10 다음 중 문단의 구성 요건으로 가장 중요한 것은?

① 형식상의 구성

② 하나의 완결된 생각

③ 참신한 용어의 사용

④ 주제의 구체적인 설명

> **✔해설** 문단(단락)
> ㉠ 문단의 뜻 : 여러 개의 문장이 모여 하나의 통일된 생각을 나타낸 글의 단위이다.
> ㉡ 문단 쓰기의 원리
> • 통일성 : 한 문단의 모든 화제는 한 주제에 수렴되어야 한다.
> • 완결성 : 주제문(추상적 · 일반적 진술) + 뒷받침 문장(구체적 · 특수적 진술의 형태)
> • 일관성 : 한 문단의 여러 문장은 서로 일관성을 유지하여야 한다.

11 다음 중 퇴고의 원칙에 들지 않는 것은?

① 재구성의 원칙

② 삭제의 원칙

③ 부가의 원칙

④ 질서의 원칙

> **✔해설** 퇴고의 3원칙
> ㉠ 부가의 원칙 : 부족하거나 빠진 내용을 보충한다(표현의 상세화).
> ㉡ 삭제의 원칙 : 필요 없는 부분을 없앤다(표현의 긴장).
> ㉢ 재구성의 원칙 : 글의 내용이나 문장 배열상의 모순을 바로잡아 재구성한다(논리적 완결성).

12 다음 중 분석의 방법으로 글쓰기에 알맞은 것은?

① 지역 신문 제작

② 겨울 해수욕장의 풍경

③ 우리 마을 친우회의 조직

④ 설날 행해지는 민속 놀이의 종류

> **✔해설** 글의 전개 방식 중 분석은 하나의 전체로서 취급될 수 있는 대상을 단순한 요소나 부분들로 나누어 설명하는 방법이다.
> ① 과정 ② 묘사 ④ 분류

13 글을 읽고 주제를 찾는 방법으로 적절하지 않은 것은?

① 논설문의 경우 대개 3단 구성이므로 결론 부분의 중심 문단에서 주제를 찾는 것이 효과적이다.

② 글쓴이가 말하고자 하는 바를 정확하게 파악하기 위해서는 시대적·사회적 배경은 배제해야 한다.

③ 문학적인 글은 제목이 상징하는 바가 주제와 연관성을 갖기도 한다.

④ 인물이 주고받는 대화의 화제나, 화제에 대한 의견이 주제가 되기도 한다.

✔ **해설** ② 주제가 겉으로 드러나지 않는 글의 경우 시대적·사회적 배경을 고려함으로써 글쓴이가 추구하는 바를 제대로 파악할 수 있다.

14 ㉠㉡에 알맞은 독서 방법을 바르게 말한 것은?

> 독서를 효과적으로 하기 위해서 독자는 독서 목표를 분명히 세워야 한다. ㉠세부 내용을 파악하기 위한 독서와 ㉡중심 내용을 파악하기 위한 독서가 같을 수 없고, 객관식 시험에 대비하기 위한 독서와 주관식 시험에 대비하기 위한 독서가 같을 수도 없다.

	㉠	㉡		㉠	㉡
①	통독	다독	②	속독	묵독
③	정독	통독	④	다독	정독

✔ **해설** ㉠ 글의 세부 내용을 파악하기 위해서는 정확하고 자세하게 읽어야 한다.
　　㉡ 전체적인 구조와 짜임, 중심 내용을 파악하기 위해서는 세부 내용에 치중하기보다는 전체를 훑어 보아야 한다.
　　※ 독서의 여러 가지 방법
　　　㉠ 통독(通讀) : 단순한 내용일 때 전체를 가볍게 읽는 방법으로 소설이나 신문 등을 읽을 때 사용된다.
　　　㉡ 다독(多讀) : 많은 내용을 읽는 방법으로 연구 주제를 위한 참고 서적을 읽을 때 사용된다.
　　　㉢ 속독(速讀) : 빠른 속도로 읽는 방법이다.
　　　㉣ 묵독(黙讀) : 눈으로 조용히 읽어 가는 방법이다.
　　　㉤ 정독(精讀) : 내용을 자세히 파악해 가며 읽는 방법으로 양서, 교과서, 전문 서적 등을 읽을 때 사용된다.

Answer 13.② 14.③

15 다음 문장에서 범하고 있는 오류는?

> 이것은 위대한 그림이다. 왜냐하면 모든 훌륭한 미술 평론가가 평하고 있기 때문이다. 훌륭한 미술 평론가란 이런 위대한 그림을 평하는 이이다.

① 논점 일탈의 오류
② 순환 논증의 오류
③ 원칙 혼동의 오류
④ 흑백 논리의 오류

✔**해설** 제시된 글의 '위대한 그림'이라는 말이 따로 입증되지 않고 순환되고 있는 것으로 '순환 논증의 오류'를 범하고 있음을 알 수 있다. 순환 논증의 오류는 전제를 바탕으로 결론을 논증하고 다시 결론을 바탕으로 전제를 논증하는 데에서 오는 오류를 말한다.

※ 논증의 오류 … 타당하지 못한 추리를 타당한 추리인 것처럼 생각하는 논증이다.

   ㉠ 자료적 오류 : 주장의 전제 또는 논거가 되는 자료를 잘못 판단하여 결론을 이끌어 내거나 원래 적합하지 못한 것임을 알면서도 의도적으로 논거로 삼음으로써 범하게 되는 오류이다.

   • 성급한 일반화의 오류 : 제한된 정보, 불충분한 자료, 대표성을 결여한 사례 등 특수한 경우를 근거로 하여 이를 성급하게 일반화하는 오류이다.

   • 우연의 오류(원칙 혼동의 오류) : 일반적으로 그렇다고 해서 특수한 경우에도 그러할 것이라고 잘못 생각하는 오류이다.

   • 무지에의 호소 : 어떤 주장이 반증된 적이 없다는 이유로 받아들여져야 한다고 주장하거나, 결론이 증명된 것이 없다는 이유로 거절되어야 한다고 주장하는 오류이다.

   • 잘못된 유추의 오류 : 부당하게 적용된 유추에 의해 잘못된 결론을 이끌어 내는 오류, 즉 일부분이 비슷하다고 해서 나머지도 비슷할 것이라고 생각하는 오류이다.

   • 흑백 논리의 오류 : 어떤 주장에 대해 선택 가능성이 두 가지밖에 없다고 생각함으로써 발생하는 오류이다.

   • 원인 오판의 오류(거짓 원인을 내세우는 오류, 선후 인과의 오류, 잘못된 인과 관계의 오류) : 단순히 시간상의 선후 관계만 있을 뿐인데 시간상 앞선 것을 뒤에 발생한 사건의 원인으로 보거나 시간상 뒤에 발생한 것을 앞의 사건의 결과라고 보는 오류이다.

   • 복합 질문의 오류 : 둘 이상으로 나누어야 할 것을 하나로 묶어 질문함으로써, 대답 여하에 관계없이 대답하는 사람이 수긍할 수 없거나 수긍하고 싶지 않은 것까지도 수긍하는 결과를 가져오는 질문 때문에 발생하는 오류이다.

   • 논점 일탈의 오류 : 원래의 논점에 관한 결론을 내리지 않고 이와 관계없는 새로운 논점을 제시하여 엉뚱한 결론에 이르게 되는 오류이다.

   • 순환 논증의 오류(선결 문제 해결의 오류) : 논증하는 주장과 동의어에 불과한 명제를 논거로 삼을 때 범하는 오류이다.

   • 의도 확대의 오류 : 의도하지 않은 행위의 결과를 의도가 있었다고 판단할 때 생기는 오류이다.

Answer 15.②

ⓛ 언어적 오류 : 언어를 잘못 사용하거나 잘못 이해하는 데에서 발생하는 오류이다.
- 애매어의 오류 : 두 가지 이상의 의미로 사용될 수 있는 단어의 의미를 명백히 분리하여 파악하지 않고 혼동함으로써 생기는 오류이다.
- 강조의 오류 : 문장의 한 부분을 불필요하게 강조함으로써 발생하는 오류이다.
- 은밀한 재정의의 오류 : 용어의 의미를 자의적으로 재정의하여 사용함으로써 생기는 오류이다.
- 범주 혼동의 오류 : 서로 다른 범주에 속한 것을 같은 범주의 것으로 혼동하는 데서 생기는 오류이다.
- '이다' 혼동의 오류 : 비유적으로 쓰인 표현을 무시하고 사전적 의미로 해석하거나 술어적인 '이다'와 동일성의 '이다'를 혼동해서 생기는 오류이다.
ⓒ 심리적 오류 : 어떤 주장에 대해 논리적으로 타당한 근거를 제시하지 않고 심리적인 면에 기대어 상대방을 설득하려고 할 때 발생하는 오류이다.
- 인신 공격의 오류(사람에의 논증) : 논거의 부당성을 지적하기보다 그 주장을 한 사람의 인품이나 성격을 비난함으로써 그 주장이 잘못이라고 하는 데에서 발생하는 오류이다.
- 동정에 호소하는 오류 : 사람의 동정심을 유발시켜 동의를 꾀할 때 발생하는 오류이다.
- 피장파장의 오류(역공격의 오류) : 비판받은 내용이 비판하는 사람에게도 역시 동일하게 적용됨을 근거로 비판에서 벗어나려는 오류이다.
- 힘에 호소하는 오류 : 물리적 힘을 빌어서 논의의 종결을 꾀할 때의 오류이다.
- 대중에 호소하는 오류 : 군중들의 감정을 자극해서 사람들이 자기의 결론에 동조하도록 시도하는 오류이다.
- 원천 봉쇄에 호소하는 오류(우물에 독 뿌리기 식의 오류) : 반론의 가능성이 있는 요소를 원천적으로 비난하여 봉쇄하는 오류이다.
- 정황적 논증의 오류 : 주장이 참인가 거짓인가 하는 문제는 무시한 채 상대방은 그가 처한 정황 또는 상황으로 보아 자기의 생각을 받아들이지 않으면 안 된다고 주장하는 오류이다.

02 현대문법

01 언어와 국어

❶ 언어의 본질

(1) 언어의 특성

① **기호성** … 언어는 일정한 내용을 일정한 형식으로 나타내는 기호체계이다.

② **분절성** … 언어는 물리적으로 연속된 실체를 끊어서 표현한다.

③ **자의성** … 언어의 '의미'와 '기호' 사이에는 필연적인 관계가 없다.

④ **역사성(가변성)** … 언어는 시간의 흐름에 따라 생성, 성장(변화), 소멸한다.

⑤ **사회성(불변성)** … 언어는 사회적 약속이므로 개인이 마음대로 바꿀 수 없다.

⑥ **창조성** … 언어는 한정된 음운과 어휘로 무한의 단어와 문장을 만들어 낸다.

⑦ **규칙성(문법성)** … 언어는 일정한 규범이 있으므로 그에 맞게 사용해야 한다.

❷ 국어의 이해

(1) 국어의 뜻

① 국어(國語)는 국가(國家)를 배경으로 하여 구체적으로 사용하는 개별 언어이다.

② 국어는 한 국가의 공용어이므로 표준어이어야 한다.

③ 국어는 한 국가에서 하나의 국어만을 사용하는 것이 원칙이다(둘 이상의 국어를 사용하는 경우도 있음).

(2) 국어의 분류

① **형태상 분류** … 교착어(첨가어 · 부착어)에 속한다.

② **계통상 분류** … 알타이(Altaic) 어족에 속한다.

③ **문자상 분류** … 표음 문자 중 단음 문자(음운 문자, 음소 문자)에 속한다.

(3) 국어의 특징

① **국어의 문장**

  ㉠ 정상적인 문장은 '주어 + 목적어 + 서술어'의 어순을 가진다.

  ㉡ 남녀의 성(性)의 구별이 없으며, 관사 및 관계대명사가 없다.

② **국어의 단어**

  ㉠ 문법적 관계를 나타내는 말(조사, 어미 등)이 풍부하다.

  ㉡ 조어 과정에서 배의성(配意性)에 의지하는 경향이 짙다.

③ **국어의 소리**

  ㉠ 음절 구성은 '자음 + 모음 + 자음'의 유형이다.

  ㉡ 자음 중 파열음과 파찰음은 예사소리, 된소리, 거센소리로 대립되어 3중 체계로 되어 있다.

  ㉢ 알타이어의 공통 특질인 두음 법칙, 모음 조화 현상이 있다.

  ㉣ 음절의 끝소리에 'ㄱ, ㄴ, ㄷ, ㄹ, ㅁ, ㅂ, ㅇ'의 일곱 자음 밖의 것을 꺼리는 끝소리 규칙이 있다.

  ㉤ 구개음화와 자음 동화 현상이 있다.

(4) 국어의 순화

① **국어 순화의 뜻** … 외래어, 외국어 등을 가능한 한 토박이말로 재정리하고, 비속한 말과 틀린 말을 고운말과 표준어로 바르게 쓰는 것(우리말을 다듬는 일)이다.

② **국어 순화의 이유**

  ㉠ 개인이나 사회에 악영향을 주는 말의 반작용을 막기 위해서 국어를 순화해야 한다.

  ㉡ 말은 겨레 얼의 상징이며 민족 결합의 원동력이므로 겨레의 참된 삶과 정신이 투영된 말로 순화한다.

❸ 남북한의 언어

(1) 남북한 언어의 차이

구분	남한	북한
공통어	표준어	문화어
어휘	• 한자어와 외래어가 많음 – 장점 : 국제적인 의사소통이 원활 – 단점 : 외래어의 사용으로 고유어의 영역 축소	• 한자어, 외래어 → 고유어 대체함 예 원주필(볼펜), 손기척(노크) • 남한과 말은 같지만 의미가 다른 경우가 있음 예 동무 : 이념을 같이 하는 사람
발음	• 두음 법칙 인정함 예 노동 신문, 여자 • 자음 동화 인정함 예 심리[심니], 항로[항노]	• 두음 법칙 인정하지 않음 예 로동 신문, 녀자 • 자음 동화 인정하지 않음 예 심리[심리], 항로[항로]
억양 어조	• 대체적으로 낮은 억양으로 말함 • 부드럽게 흘러가듯이 말함	• 높은 데서 낮은 데로 떨어지는 억양이 반복됨 • 단어나 어절을 끊어서 말하는 경향이 있음
맞춤법	• 사이시옷을 사용함 예 젓가락 • 단어별로 띄어쓰기를 함 • 의존 명사는 띄어쓰면서 띄어쓰기가 비교적 많음	• 사이시옷을 쓰지 않음 예 저가락 • 둘 이상의 단어가 하나의 대상을 지시할 경우에는 붙여 씀 • 의존 명사는 붙여쓰면서 띄어쓰기가 비교적 적음

(2) 순우리말

순우리말	의미
가늠	목표나 기준에 맞고 안 맞음을 헤아리는 기준. 일이 되어 가는 형편
가말다	일을 잘 헤아려 처리하다.
너나들이	서로 너니 나니 하고 부르며 터놓고 지내는 사이
다락같다	물건 값이 매우 비싸다. 덩치가 매우 크다.
답치기	되는 대로 함부로 덤벼드는 짓. 생각 없이 덮어놓고 하는 짓
듬쑥하다	사람의 됨됨이가 가볍지 않고 속이 깊고 차 있다.
마수걸이하다	장사를 시작해 처음으로 물건을 팔다.
맨드리	옷을 입고 매만진 맵시. 물건의 만들어진 모양새
바투	두 물체의 사이가 썩 가깝게. 시간이 매우 짧게
살갑다	(집이나 세간 따위가) 겉으로 보기보다 속이 너르다. 마음씨가 부드럽고 다정스럽다.
살뜰하다	매우 알뜰하다. 규모가 있고 착실하다.
성마르다	성질이 급하고 도량이 좁다.
시나브로	모르는 사이에 조금씩 조금씩

❶ 국어의 음운

(1) 자음 체계표

소리내는 방법		소리나는 위치	두 입술	윗잇몸 허끝	경구개 혓바닥	연구개 허뒤	목청 사이
			입술소리	허끝소리	구개음	연구개음	목청소리
안울림소리	파열음	예사소리 된소리 거센소리	ㅂ ㅃ ㅍ	ㄷ ㄸ ㅌ		ㄱ ㄲ ㅋ	
	파찰음	예사소리 된소리 거센소리			ㅈ ㅉ ㅊ		
	마찰음	예사소리 된소리		ㅅ ㅆ			ㅎ
울림 소리	콧소리(비음)		ㅁ	ㄴ		ㅇ	
	흐름소리(유음)			ㄹ			

(2) 모음 체계표

혀의 높이	혀의 앞뒤	전설 모음		후설 모음	
		평순 모음	원순 모음	평순 모음	원순 모음
고모음		ㅣ	ㅟ	ㅡ	ㅜ
중모음		ㅔ	ㅚ	ㅓ	ㅗ
저모음		ㅐ		ㅏ	

(3) 소리의 길이

① 긴소리는 일반적으로 단어의 첫째 음절에 나타난다.

> 예 밤(夜) – 밤:(栗), 발(足) – 발:(簾), 굴(貝類) – 굴:(窟)

② 본래 길게 나던 단어도, 둘째 음절 이하에 오면 짧게 발음되는 경향이 있다.

> 예 밤: → 알밤, 말: → 한국말, 솔: → 옷솔

③ 두 음절 이상이나 혹은 소리의 일부분이 축약된 준말, 단음절어는 긴소리를 낸다.

> 예 고을 → 골: , 배암 → 뱀:

❷ 음운의 변동

(1) 음절의 끝소리 규칙

① 개념 … 국어에서는 'ㄱ, ㄴ, ㄷ, ㄹ, ㅁ, ㅂ, ㅇ'의 일곱 자음만이 음절의 끝소리로 발음된다.

② 음절의 끝자리의 'ㄲ, ㅋ'은 'ㄱ'으로 바뀐다.
  예 밖[박], 부엌[부억]

③ 음절의 끝자리 'ㅅ, ㅆ, ㅈ, ㅊ, ㅌ, ㅎ'은 'ㄷ'으로 바뀐다.
  예 옷[ ], 젖[ ], 히읗[히]

④ 음절의 끝자리 'ㅍ'은 'ㅂ'으로 바뀐다.
  예 숲[숩], 잎[입]

⑤ 음절 끝에 겹받침이 올 때에는 하나의 자음만 발음한다.
  ㉠ **첫째 자음만 발음** : ㄳ, ㄵ, ㄼ, ㄽ, ㄾ, ㅄ
   예 삯[삭], 앉다[안따], 여덟[여덜], 외곬[외골], 핥다[할따]
  ㉡ **둘째 자음만 발음** : ㄺ, ㄻ, ㄿ
   예 닭[닥], 맑다[막따], 삶[삼], 젊다[점따], 읊다[읖따 → 읍따]

⑥ 다음에 모음으로 시작하는 음절이 올 경우
  ㉠ 조사나 어미, 접미사와 같은 형식 형태소가 올 경우 : 다음 음절의 첫소리로 옮겨 발음한다.
   예 옷이[오시], 옷을[오슬], 값이[갑씨], 삶이[살미]
  ㉡ 실질 형태소가 올 경우 : 일곱 자음 중 하나로 바꾼 후 다음 음절의 첫소리로 옮겨 발음한다.
   예 옷 안[안→오단], 값없다[갑업다→가법따]

(2) 자음 동화

① 개념 … 자음과 자음이 만나면 서로 영향을 주고받아 한쪽이나 양쪽 모두 비슷한 소리로 바뀌는 현상이다.

② 정도에 따른 종류 … 완전 동화, 불완전 동화

③ 방향에 따른 종류 … 순행 동화, 역행 동화, 상호 동화

(3) 구개음화

끝소리가 'ㄷ, ㅌ'인 형태소가 'ㅣ' 모음을 만나 구개음(센입천장소리)인 'ㅈ, ㅊ'으로 바뀌는 현상을 말한다.
예 해돋이[해도지], 붙이다[부치다], 굳히다[구치다]

(4) 모음 동화

앞 음절의 'ㅏ, ㅓ, ㅗ, ㅜ' 등의 모음이 뒤 음절의 'ㅣ'와 만나면 전설 모음인 'ㅐ, ㅔ, ㅚ, ㅟ'로 변하는 현상을 말한다.
예 어미[에미], 고기[괴기], 손잡이[손재비]

(5) 모음조화

① **개념** … 양성 모음(ㅏ, ㅗ)은 양성 모음끼리, 음성 모음(ㅓ, ㅜ)은 음성 모음끼리 어울리는 현상을 말한다.

② **용언의 어미 활용** … - 아 / - 어, - 아서 / - 어서, - 았 - / - 었 -

　　예 앉아, 앉아서 / 베어, 베어서

③ **의성 부사, 의태 부사에서 뚜렷이 나타난다.**

　　예 찰찰 / 철철, 졸졸 / 줄줄, 살랑살랑 / 설렁설렁

④ **알타이 어족의 공통 특질이며 국어의 중요한 특징이다.**

(6) 음운의 축약과 탈락

① **축약** … 두 음운이 합쳐져서 하나의 음운으로 줄어 소리나는 현상을 말한다.

　　㉠ **자음의 축약** : ㅎ + ㄱ, ㄷ, ㅂ, ㅈ → ㅋ, ㅌ, ㅍ, ㅊ

　　　　예 낳고[나코], 좋다[조타], 잡히다[자피다], 맞히다[마치다]

　　㉡ **모음의 축약** : 두 모음이 만나 한 모음으로 줄어든다.

　　　　예 보 + 아 → 봐, 가지어 → 가져, 사이 → 새, 되었다 → 됐다

② **탈락** … 두 음운이 만나면서 한 음운이 사라져 소리나지 않는 현상을 말한다.

　　㉠ **자음의 탈락** : 아들 + 님 → 아드님, 울 + 니 → 우니

　　㉡ **모음의 탈락** : 쓰 + 어 → 써, 가 + 았다 → 갔다

(7) 된소리되기

두 개의 안울림소리가 서로 만나면 뒤의 소리가 된소리로 발음되는 현상(경음화)을 말한다.

예 먹고[먹꼬], 밥과[밥꽈], 앞길[압낄]

(8) 사잇소리 현상

① **개념** … 두 개의 형태소 또는 단어가 합성 명사를 이룰 때, 앞말의 끝소리가 울림소리이고, 뒷말의 첫소리가 안울림예사소리이면 뒤의 예사소리가 된소리로 변하는 현상을 말한다.

　　예 밤길[밤낄], 길가[길까], 봄비[봄삐]

② **모음 + 안울림예사소리 → 사이시옷을 적고 된소리로 발음한다.**

　　예 뱃사공[배싸공], 촛불[초뿔], 시냇가[시내까]

③ **모음 + ㅁ, ㄴ → 'ㄴ' 소리가 덧난다.**

　　예 이 + 몸(잇몸)[인몸], 코 + 날(콧날)[콘날]

④ **뒷말이 'ㅣ'나 반모음 'ㅣ'로 시작될 때 → 'ㄴ' 소리가 덧난다.**

　　예 논일[논닐], 물약[물냑 → 물략], 아래 + 이(아랫니)[아랜니]

⑤ **한자가 모여서 단어를 이룰 때**

　　예 物價(물가)[물까], 庫間(곳간)[고깐], 貰房(셋방)[세빵]

03 단어

❶ 음절과 어절

(1) 음절

한 번에 소리낼 수 있는 소리마디를 가리킨다.

예 구름이 흘러간다. → 구∨름∨이∨흘∨러∨간∨다(7음절).

철호가 이야기책을 읽었다. → 철∨호∨가∨이∨야∨기∨책∨을∨읽∨었∨다(11음절).

(2) 어절

끊어 읽는 대로 나누어진 도막도막의 마디로 띄어쓰기나 끊어 읽기의 단위가 된다.

예 학생은∨공부하는∨사람이다(3어절).

구름에∨달∨가듯이∨가겠다(4어절).

❷ 단어와 형태소

(1) 단어

자립하여 쓰일 수 있는 말의 단위로, 낱말이라고도 한다. 자립하여 쓰일 수 없는 말 중 '는', '이다' 등도 단어로 인정한다.

예 철호가 이야기책을 읽었다. → 철호 / 가 / 이야기책 / 을 / 읽었다(5단어).

(2) 형태소

① 정의…뜻을 가진 가장 작은 말의 단위로 최소(最小)의 유의적(有意的) 단위이다.

예 철호가 이야기책을 읽었다. → 철호 / 가 / 이야기 / 책 / 을 / 읽 / 었 / 다(8형태소).

② 자립성의 유무에 따라…자립 형태소, 의존 형태소로 나뉜다.

③ 의미·기능에 따라…실질 형태소, 형식 형태소로 나뉜다.

❸ 품사

(1) 체언

① **명사** … 보통 명사, 고유 명사, 자립 명사, 의존 명사

② **대명사** … 인칭 대명사, 지시 대명사

③ **수사** … 수량이나 순서를 가리키는 단어

(2) 용언

① **동사** … 사람이나 사물의 움직임을 나타내는 단어를 말한다.

② **형용사** … 사람이나 사물의 상태나 성질을 나타내는 단어를 말한다.

③ **본용언과 보조 용언**

　㉠ **본용언** : 실질적인 의미를 나타내며 단독으로 서술 능력을 가지는 용언

　㉡ **보조 용언** : 자립성이 없거나 약하여 본용언에 기대어 그 말의 뜻을 도와주는 용언

④ **활용** … 동사나 형용사의 어간에 여러 다른 어미가 붙어서 단어의 형태가 변하는 것을 가리켜 활용이라 한다.

　㉠ **규칙 용언** : 용언이 활용할 때에 어간과 어미의 모습이 일정한 대부분의 용언

　㉡ **불규칙 용언** : 일반적인 음운 규칙으로는 설명이 불가능하게 어간이나 어미의 모습이 달라지는 용언

⑤ **어미**

　㉠ **선어말 어미** : 어간과 어말 어미 사이에 오는 어미

　㉡ **어말 어미** : 단어의 끝에 오는 단어를 끝맺는 어미

(3) 수식언

① **관형사** … 체언을 꾸며 주는 구실을 하는 단어를 말한다.

② **부사** … 주로 용언을 꾸며 주는 구실을 하는 단어를 말한다.

(4) 관계언(조사)

① **격조사** … 체언 뒤에 붙어 그 체언으로 하여금 일정한 문법적 자격을 가지게 하는 조사이다.

② **보조사** … 앞에 오는 체언에 특별한 의미를 더해 주는 조사이다.

③ **접속 조사** … 두 단어를 같은 자격으로 이어 주는 조사이다.

(5) 독립언(감탄사)

① 문장에서 독립적으로 쓰인다.

② 감정을 넣어 말하는 이의 놀람, 느낌, 부름, 대답을 나타내는 단어를 말한다.

❹ 단어의 형성

(1) 짜임새에 따른 단어의 종류

① 단일어 … 하나의 실질 형태소로 이루어진 말이다.

② 복합어 … 둘 이상의 형태소로 이루어진 말이다(파생어, 합성어).

(2) 파생어[실질 형태소(어근) + 형식 형태소(접사)]

① 어근 … 형태소가 결합하여 단어를 형성할 때, 실질적인 의미를 나타내는 부분이다.

② 접사 … 어근에 붙어 그 뜻을 제한하는 부분이다.
  ㉠ 접두사 : 어근 앞에 붙어 그 어근에 뜻을 더해 주는 접사
  ㉡ 접미사 : 어근 뒤에 붙는 접사로 그 어근에 뜻을 더하기도 하고 때로는 품사를 바꾸기도 하는 접사

(3) 합성어[실질 형태소(어근) + 실질 형태소(어근)]

① 합성법의 유형
  ㉠ 통사적 합성법 : 우리말의 일반적인 단어 배열법과 일치하는 합성법이다.
  ㉡ 비통사적 합성법 : 우리말의 일반적인 단어 배열법에서 벗어나는 합성법이다.

② 통사적 합성어와 구(句)
  ㉠ 통사적 합성어는 구를 이룰 때의 방식과 일치하므로 구별이 어려울 때가 있다.
  ㉡ 통사적 합성어는 분리성이 없어 다른 말이 끼어들 수 없다.
  ㉢ 통사적 합성어는 합성 과정에서 소리와 의미가 변화되기도 한다.

③ 합성어의 의미상 갈래
  ㉠ 병렬 합성어 : 어근이 대등하게 본래의 뜻을 유지하는 합성어
  ㉡ 유속 합성어 : 한쪽의 어근이 다른 한쪽의 어근을 수식하는 합성어
  ㉢ 융합 합성어 : 어근들이 완전히 하나로 융합하여 새로운 의미를 나타내는 합성어

④ 합성어의 파생(합성어 + 접사)
  ㉠ 합성어 + 접사의 구조로 이루어진 말
  ㉡ 통사적 합성어 어근 + 접미사
  ㉢ 비통사적 합성어 어근 + 접미사
  ㉣ 반복 합성어 + 접미사

04 문장

❶ 문장의 성분

(1) 주성분

① 주어 ··· 문장에서 설명하고자 하는 대상으로서 '누가', '무엇이'에 해당한다.

② 서술어
　㉠ 대상에 대한 설명으로서 '무엇이다', '어떠하다', '어찌하다'에 해당한다.
　㉡ 환경에 따라 서술어는 자릿수가 달라진다.

③ 목적어 ··· 서술어가 나타내는 동작이나 행위의 대상이 되는 말로서 '누구를', '무엇을'에 해당한다.

④ 보어 ··· 서술어 '되다', '아니다'가 주어 이외에 꼭 필요로 하는 성분으로서 '누가', '무엇이'에 해당한다. 보어는 서술어의 의미를 보충해 주는 구실을 한다.

(2) 부속 성분

① 관형어 ··· 주로 사물, 사람과 같이 대상을 나타내는 말 앞에서 이를 꾸며 주는 역할을 한다.

② 부사어 ··· 일반적으로 서술어를 꾸며 그 의미를 자세히 설명해 주는 성분이다. 다른 부사어나 관형어, 또는 문장 전체를 꾸며 주기도 한다.

③ 독립 성분(독립어)
　㉠ 다른 성분들과 직접적인 관계를 맺지 않고 독립적으로 쓰이는 성분이다.
　㉡ 부름, 감탄, 응답 등이 이에 속한다.

❷ 문법 요소

(1) 사동 표현

① 사동사 ··· 주어가 남에게 어떤 동작을 하도록 시키는 것을 나타내는 동사이다.

② 주동사 ··· 주어가 직접 행하는 동작을 나타내는 동사이다.

③ 사동 표현의 방법
　㉠ 용언 어근 + 사동 접미사(- 이 -, - 히 -, - 리 -, - 기 -, - 우 -, - 구 -, - 추 -)→사동사
　㉡ 동사 어간 + ' - 게 하다'

(2) 피동 표현

① **피동사** … 주어가 남의 행동을 입어서 행하게 되는 동작을 나타내는 동사이다.

② **능동사** … 주어가 제 힘으로 행하는 동작을 나타내는 동사이다.

③ **피동 표현의 방법**

　㉠ 동사 어간 + 피동 접미사(- 이 -, - 히 -, - 리 -, - 기 -) → 피동사

　㉡ 동사 어간 + '- 어 지다'

(3) 높임 표현

① **주체 높임법** … 용언 어간 + 선어말 어미 '- 시 -'의 형태로 이루어져 서술어가 나타내는 행위의 주체를 높여 표현하는 문법 기능을 말한다.

② **객체 높임법** … 말하는 이가 서술의 객체를 높여 표현하는 문법 기능을 말한다.
　예 드리다, 여쭙다, 뵙다, 모시다 등

③ **상대 높임법** … 말하는 이가 말을 듣는 상대를 높여 표현하는 문법 기능을 말한다.

(4) 시간 표현

① **과거 시제** … 사건시가 발화시보다 앞설 때의 시제를 말한다.

② **현재 시제** … 발화시와 사건시가 일치하는 시제를 말한다.

③ **미래 시제** … 사건시가 모두 발화시 이후일 때의 시제를 말한다.

(5) 부정 표현

① **'안' 부정문** … '아니(안)', '아니다', '- 지 아니하다(않다)'에 의한 부정문으로, 단순 부정이나 주체의 의지에 의한 부정을 나타낸다.

　㉠ 짧은 부정문 : '아니(안)' + 용언

　㉡ 긴 부정문 : '용언 어간 + - 지(보조적 연결 어미)' + 아니하다

② **'못' 부정문** … '못', '- 지 아니하다'에 의한 부정문으로, 주체의 능력 부족이나 외부의 원인에 한 불가능을 나타낸다.

　㉠ 짧은 부정문 : '못' + 용언

　㉡ 긴 부정문 : '용언 어간 + - 지(보조적 연결 어미) + 못하다'

③ **'말다' 부정문** … 명령형이나 청유형에서 사용되어 금지를 나타낸다. 서술어가 동사인 경우에만 가능하나 일부 형용사에서 사용될 경우에는 '기원'의 의미를 지닌다.
　예 영희를 만나지 <u>마라</u>. (금지) / 집이 너무 작지만 <u>마라</u>. (기원)

05 맞춤법과 표준어

❶ 한글 맞춤법

(1) 표기 원칙
한글 맞춤법은 표준어를 소리대로 적되, 어법에 맞도록 함을 원칙으로 한다.

(2) 맞춤법에 유의해야 할 말
① 한 단어 안에서 뚜렷한 까닭 없이 나는 된소리는 다음 음절의 첫소리를 된소리로 적는다.

　　예 소쩍새, 아끼다, 어떠하다, 해쓱하다, 거꾸로, 가끔, 어찌, 이따금, 산뜻하다, 몽땅

② 'ㄷ' 소리로 나는 받침 중에서 'ㄷ'으로 적을 근거가 없는 것은 'ㅅ'으로 적는다.

　　예 덧저고리, 돗자리, 엇셈, 웃어른, 핫옷, 무릇, 사뭇, 얼핏, 자칫하면

③ '계, 례, 몌, 폐, 혜'의 'ㅖ'는 'ㅔ'로 소리나는 경우가 있더라도 'ㅖ'로 적는다.

　　예 계수(桂樹), 혜택(惠澤), 사례(謝禮), 연몌(連袂), 계집, 핑계

④ '의'나, 자음을 첫소리로 가지고 있는 음절의 'ㅢ'는 'ㅣ'로 소리나는 경우가 있더라도 'ㅢ'로 적는다.

　　예 무늬(紋), 보늬, 늴리리, 큼, 오늬, 하늬바람

⑤ 한자음 '녀, 뇨, 뉴, 니'가 단어 첫머리에 올 적에는 두음 법칙에 따라 '여, 요, 유, 이'로 적는다.

　　예 여자(女子), 요소(尿素), 유대(紐帶), 익명(匿名)

⑥ 한자음 '랴, 려, 례, 료, 류, 리'가 단어의 첫머리에 올 적에는 두음 법칙에 따라 '야, 여, 예, 요, 유, 이'로 적는다.

　　예 양심(良心), 용궁(龍宮), 역사(歷史), 유행(流行), 예의(禮義), 이발(理髮)

⑦ 한 단어 안에서 같은 음절이나 비슷한 음절이 겹쳐 나는 부분은 같은 글자로 적는다.

　　예 똑딱똑딱, 쓱싹쓱싹, 씁쓸하다, 유유상종(類類相從)

⑧ 용언의 어간과 어미는 구별하여 적는다.

　　예 먹다, 먹고, 먹어, 먹으니

⑨ 어미 뒤에 덧붙는 조사 '요'는 '요'로 적는다.

　　예 읽어요, 참으리요, 좋지요

⑩ 어간에 '- 이'나 '- 음 / - ㅁ'이 붙어서 명사로 된 것과 '- 이'나 '- 히'가 붙어서 부사로 된 것은 그 어간의 원형을 밝히어 적는다.

　　예 얼음, 굳이, 더욱이, 일찍이, 익히, 앎, 만듦, 짓궂이, 밝히

⑪ 명사 뒤에 '- 이'가 붙어서 된 말은 그 명사의 원형을 밝히어 적는다.

⑪ 예 곳곳이, 낱낱이, 몫몫이, 샅샅이, 집집이, 곰배팔이, 바둑이, 삼발이, 애꾸눈이, 육손이

⑫ '– 하다'나 '– 거리다'가 붙는 어근에 '– 이'가 붙어서 명사가 된 것은 그 원형을 밝히어 적는다.

예 깔쭉이, 살살이, 꿀꿀이, 눈깜짝이, 오뚝이, 더펄이, 코납작이, 배불뚝이, 푸석이, 홀쭉이

⑬ '– 하다'가 붙는 어근에 '– 히'나 '– 이'가 붙어 부사가 되거나, 부사에 '– 이'가 붙어서 뜻을 더하는 경우에는, 그 어근이나 부사의 원형을 밝히어 적는다.

예 급히, 꾸준히, 도저히, 딱히, 어렴풋이, 깨끗이, 곰곰이, 더욱이, 생긋이, 오뚝이, 일찍이, 해죽이

⑭ 사이시옷은 다음과 같은 경우에 받치어 적는다.

　　㉠ 순 우리말로 된 합성어로서 앞말이 모음으로 끝난 경우

　　㉡ 순 우리말과 한자어로 된 합성어로서 앞말이 모음으로 끝난 경우

　　㉢ 두 음절로 된 다음 한자어

⑮ 두 말이 어울릴 적에 'ㅂ' 소리나 'ㅎ' 소리가 덧나는 것은 소리대로 적는다.

예 댑싸리, 멥쌀, 볍씨, 햅쌀, 머리카락, 살코기, 수컷, 수탉, 안팎, 암캐, 암탉

⑯ 어간의 끝음절 '하'의 'ㅏ'가 줄고 'ㅎ'이 다음 음절의 첫소리와 어울려 거센소리가 되면 거센소리로 적는다.

예 간편하게 – 간편케 – 다정하다 – 다정타

⑰ 부사의 끝음절이 '이'로만 나는 것은 '– 이'로 적고, '히'로만 나거나 '이'나 '히'로 나면 '– 히'로 적는다.

　　㉠ '이'로만 나는 것

　　　예 가붓이, 깨끗이, 나붓이, 느긋이, 둥긋이, 따뜻이, 반듯이, 버젓이, 산뜻이, 의젓이, 가까이, 고이

　　㉡ '히'로만 나는 것

　　　예 극히, 급히, 딱히, 속히, 작히, 족히, 특히, 엄격히, 정확히

　　㉢ '이, 히'로 나는 것

　　　예 솔직히, 가만히, 소홀히, 쓸쓸히, 정결히, 꼼꼼히, 열심히, 급급히, 답답히, 섭섭히, 공평히

⑱ 한자어에서 본음으로도 나고 속음으로도 나는 것은 각각 그 소리에 따라 적는다.

예 승낙(承諾) : 수락(受諾), 쾌락(快諾), 허락(許諾)
　　만난(萬難) : 곤란(困難), 논란(論難)
　　⑲ 다음과 같은 접미사는 된소리로 적는다.

예 심부름꾼, 귀때기, 익살꾼, 볼때기, 일꾼, 판자때기, 뒤꿈치, 장난꾼, 팔꿈치, 지게꾼, 이마빼기

⑳ 두 가지로 구별하여 적던 다음 말들은 한 가지로 적는다.

예 맞추다(마추다×) : 입을 맞춘다. 양복을 맞춘다.

㉑ '– 더라, – 던'과 '– 든지'는 다음과 같이 적는다.

　　㉠ 지난 일을 나타내는 어미는 '– 더라, – 던'으로 적는다.

　　　예 지난 겨울은 몹시 춥더라. 그 사람 말 잘하던데!

　　㉡ 물건이나 일의 내용을 가리지 아니하는 뜻을 나타내는 조사와 어미는 '– 든지'로 적는다.

　　　예 배든지 사과든지 마음대로 먹어라. 가든지 오든지 마음대로 해라.

❷ 표준어 규정

(1) 주요 표준어

① 다음 단어들은 거센소리를 가진 형태를 표준어로 삼는다.

> 예 끄나풀, 빈 칸, 부엌, 살쾡이, 녘

② 어원에서 멀어진 형태로 굳어져서 널리 쓰이는 것은, 그것을 표준어로 삼는다.

> 예 강낭콩, 사글세, 고삿

③ 다음 단어들은 의미를 구별함이 없이, 한 가지 형태만을 표준어로 삼는다.

> 예 돌, 둘째, 셋째, 넷째, 열두째, 빌리다

④ 수컷을 이르는 접두사는 '수 -'로 통일한다.

> 예 수꿩, 수소, 수나사, 수놈, 수사돈, 수은행나무

⑤ 양성 모음이 음성 모음으로 바뀌어 굳어진 다음 단어는 음성 모음 형태를 표준어로 삼는다.

> 예 깡충깡충, - 둥이, 발가숭이, 보퉁이, 뻗정다리, 아서, 아서라, 오뚝이, 주추

⑥ 'ㅣ' 역행 동화 현상에 의한 발음은 원칙적으로 표준 발음으로 인정하지 아니한다.

> ㉠ 다음 단어들은 그러한 동화가 적용된 형태를 표준어로 삼는다.
>
> > 예 풋내기, 냄비, 동댕이치다
>
> ㉡ 다음 단어는 'ㅣ' 역행 동화가 일어나지 아니한 형태를 표준어로 삼는다.
>
> > 예 아지랑이
>
> ㉢ 기술자에게는 '- 장이', 그 외에는 '- 쟁이'가 붙는 형태를 표준어로 삼는다.
>
> > 예 미장이, 유기장이, 멋쟁이, 소금쟁이, 담쟁이덩굴

⑦ 다음 단어는 모음이 단순화한 형태를 표준어로 삼는다.

> 예 괴팍하다, 미루나무, 미륵, 여느, 으레, 케케묵다, 허우대

⑧ 다음 단어에서는 모음의 발음 변화를 인정하여, 발음이 바뀌어 굳어진 형태를 표준어로 삼는다.

> 예 깍쟁이, 나무라다, 바라다, 상추, 주책, 지루하다, 튀기, 허드레, 호루라기, 시러베아들

⑨ '웃 -' 및 '윗 -'은 명사 '위'에 맞추어 '윗 -'으로 통일한다.

> 예 윗도리, 윗니, 윗목, 윗몸, 윗자리, 윗잇몸

⑩ 한자 '구(句)'가 붙어서 이루어진 단어는 '귀'로 읽는 것을 인정하지 아니하고, '구'로 통일한다.

> 예 구절(句節), 결구(結句), 경구(警句), 단구(短句), 대구(對句), 문구(文句), 어구(語句), 연구(聯句)

(2) 표준 발음법

① 표준 발음법은 표준어의 실제 발음을 따르되, 국어의 전통성과 합리성을 고려하여 정함을 원칙으로 한다.

② 겹받침 'ㄳ', 'ㄵ', 'ㄼ, ㄽ, ㄾ', 'ㅄ'은 어말 또는 자음 앞에서 각각 [ㄱ, ㄴ, ㄹ, ㅂ]으로 발음한다.

> **예** 넋[넉], 넋과[넉꽈], 앉다[안따], 여덟[여덜], 넓다[널따], 외곬[외골], 핥다[할따], 값[갑], 없다[업: 따]

③ '밟 ㅡ'은 자음 앞에서 [밥]으로 발음하고, '넓 ㅡ'은 다음과 같은 경우에 [넙]으로 발음한다.

> **예** 밟다[밥: 따], 밟는[밤: 는], 넓죽하다[넙쭈카다], 넓둥글다[넙뚱글다]

④ 겹받침 'ㄺ, ㄻ, ㄿ'은 어말 또는 자음 앞에서 각각 [ㄱ, ㅁ, ㅂ]으로 발음한다.

> **예** 닭[닥], 흙과[흑꽈], 맑다[막따], 늙지[늑찌], 삶[삼:], 젊다[점: 따], 읊고[읍꼬], 읊다[읍따]

⑤ 용언의 어간 '맑 ㅡ'의 'ㄺ'은 'ㄱ' 앞에서 [ㄹ]로 발음한다.

> **예** 맑게[말께], 묽고[물꼬], 얽거나[얼꺼나]

⑥ 'ㅎ(ㄶ, ㅀ)' 뒤에 'ㄱ, ㄷ, ㅈ'이 결합되는 경우에는, 뒤 음절 첫소리와 합쳐서 [ㅋ, ㅌ, ㅊ]으로 발음한다.

> **예** 놓고[노코], 좋던[조: 턴], 쌓지[싸치], 많고[만: 코], 닳지[달치]

⑦ 'ㅎ(ㄶ, ㅀ)' 뒤에 모음으로 시작된 어미나 접미사가 결합되는 경우에는, 'ㅎ'을 발음하지 않는다.

> **예** 낳은[나은], 놓아[노아], 쌓이다[싸이다], 싫어도[시러도]

⑧ 받침 뒤에 모음 'ㅏ, ㅓ, ㅗ, ㅜ, ㅟ'들로 시작되는 실질 형태소가 연결되는 경우에는, 대표음으로 바꾸어서 뒤 음절 첫소리로 옮겨 발음한다.

> **예** 밭 아래[바다래], 늪 앞[느밥], 젖어미[저더미], 맛없다[마덥따], 겉옷[거돋]

⑨ 한글 자모의 이름은 그 받침소리를 연음하되, 'ㄷ, ㅈ, ㅊ, ㅋ, ㅌ, ㅍ, ㅎ'의 경우에는 특별히 다음과 같이 발음한다.

> **예** 디귿이[디그시], 지읒이[지으시], 치읓이[치으시], 키읔이[키으기], 티읕이[티으시]

⑩ 받침 'ㄷ, ㅌ(ㄾ)'이 조사나 접미사의 모음 'ㅣ'와 결합되는 경우에는, [ㅈ, ㅊ]으로 바꾸어서 뒤 음절 첫소리로 옮겨 발음한다.

> **예** 곧이듣다[고지듣따], 굳이[구지], 미닫이[미다지], 땀받이[땀바지]

⑪ 받침 'ㄱ(ㄲ, ㅋ, ㄳ, ㄺ), ㄷ(ㅅ, ㅆ, ㅈ, ㅊ, ㅌ, ㅎ), ㅂ(ㅍ, ㄼ, ㄿ, ㅄ)'은 'ㄴ, ㅁ' 앞에서 [ㅇ, ㄴ, ㅁ]으로 발음한다.

> **예** 먹는[멍는], 국물[궁물], 깎는[깡는], 키읔만[키응만], 몫몫이[몽목씨], 긁는[긍는], 흙만[흥만]

⑫ 받침 'ㅁ, ㅇ' 뒤에 연결되는 'ㄹ'은 [ㄴ]으로 발음한다.

> **예** 담력[담: 녁], 침략[침냑], 강릉[강능], 대통령[대: 통녕]

(3) 주의해야 할 맞춤법과 표준어

맞춤법		표준어	
바른 표기	잘못된 표기	바른 표기	잘못된 표기
깍두기	깍뚜기	사글세	삭월세
가까워	가까와	강낭콩	강남콩
오뚝이	오뚜기	수꿩	숫꿩
일찍이	일찌기	수놈	숫놈
깨끗이	깨끗히	숫염소	수염소
심부름꾼	심부름군	깡충깡충	깡총깡총
맞추다	마추다	냄비	남비
법석	법썩	풋내기	풋나기
핑계	핑게	위층	웃층
게시판	계시판	웃어른	윗어른
무늬	무니	끄나풀	끄나플

---

06 외래어 표기법과 로마자 표기법

❶ 외래어 표기법

(1) 외래어 표기의 기본 원칙

① 외래어는 국어의 현용 24 자모만으로 적는다.

> **예** [v]는 국어에는 없는 소리여서 현용 국어자음으로 바꿔 쓴다.

② 외래어의 1 음운은 원칙적으로 1 기호로 적는다.

> **예** [f]는 [ㅎ]이나 [ㅍ]으로 소리 나지만 이중 1개의 기호로 적는다.

③ 받침에는 'ㄱ, ㄴ, ㄹ, ㅁ, ㅂ, ㅅ, ㅇ'만을 쓴다.

> **예** 받침 [t]는 [ㄷ]처럼 소리 나지만 표기에서는 [ㄷ]으로 쓸 수 없다. 즉, internet은 [인터]으로 소리 나지만, '인터넷'으로 적는다.

④ 파열음 표기에는 된소리를 쓰지 않는 것을 원칙으로 한다.

> **예** [p]는 발음이 된소리 [ㅃ]으로 나기도 하지만 된소리로 적지 않는다.

⑤ 이미 굳어진 외래어는 관용을 존중하되, 그 범위와 용례는 따로 정한다.

> **예** 외래어 표기법에 따르면 '모델(model)'은 '마들'로 라디오(radio)는 '레이디오'로 바꿔 적어야 하지만 이미 오래 전부터 쓰여 굳어졌으므로 관용을 존중한다.

❷ 로마자 표기법

(1) 표기 일람

① 모음

구분	로마자 표기										
단모음	ㅏ	ㅓ	ㅗ	ㅜ	ㅡ	ㅣ	ㅐ	ㅔ	ㅚ	ㅟ	
	a	eo	o	u	eu	i	ae	e	oe	wi	
이중모음	ㅑ	ㅕ	ㅛ	ㅠ	ㅒ	ㅖ	ㅘ	ㅙ	ㅝ	ㅞ	ㅢ
	ya	yeo	yo	yu	yae	ye	wa	wae	wo	we	ui

② 자음

구분	로마자 표기								
파열음	ㄱ	ㄲ	ㅋ	ㄷ	ㄸ	ㅌ	ㅂ	ㅃ	ㅍ
	g, k	kk	k	d, t	tt	t	b, p	pp	p
파찰음	ㅈ	ㅉ	ㅊ						
	j	jj	ch						
마찰음	ㅅ	ㅆ	ㅎ						
	s	ss	h						
비음	ㄴ	ㅁ	ㅇ						
	n	m	ng						
유음	ㄹ								
	r, l								

(2) 로마자 표기의 유의점

① 음운의 변화가 일어날 때는 변화의 결과에 따라 적는다. 글자와 발음이 상이한 경우에는 발음을 기준으로 표기한다.
   예 해돋이[해도지] haedoji

② 발음상의 혼동의 우려가 있을 때에는 음절 사이에 붙임표(−)를 쓸 수 있다.
   예 중앙 jung − ang

③ 고유명사는 첫 글자를 대문자로 적는다.
   예 부산 Busan

④ 인명은 성과 이름의 순서로 띄어 쓴다. 이름은 붙여 쓰는 것을 원칙으로 하되 음절 사이에 붙임표(−)를 쓰는 것을 허용한다. 단, 이름에서 일어나는 음운 변화는 표기에 반영하지 않는다.
   예 한복남 Han Boknam, Han Bok − nam

⑤ '도, 시, 군, 읍, 면, 리, 동' 의 행정구역 단위와 '가'는 각각 'do, si, gun, eup, myeon, ri, dong, ga'로 적고 그 앞에는 붙임표(-)를 넣는다. 붙임표 앞뒤에서 일어나는 음운변화는 표기에 반영하지 않는다.
예 제주도 jeju - do

⑥ 자연 지형물, 문화재명, 인공 축조물명은 붙임표(-) 없이 쓴다.
예 남산 Namsan, 독도 Dokdo

⑦ 인명, 회사명, 단체명 등은 규정에 맞지 않더라도 그동안 써 온 표기를 쓸 수 있다.
예 현대 Hyundai, 삼성 Samsung

(3) 주의해야 할 외래어 표기법

바른 표기	잘못된 표기	바른 표기	잘못된 표기
가톨릭	카톨릭	심벌	심볼
데뷔	데뷰	탤런트	탈렌트
바바리	버버리	스펀지	스폰지
바비큐	바베큐	소시지	소세지
배지(badge)	뱃지	로터리	로타리
백미러(back mirror)	백밀러	파일럿	파일롯
밸런스	발란스	샌들	샌달
보디(body)	바디	소파	쇼파
뷔페	부페	시그널	시그날
블록	블럭	리더십	리더쉽
비스킷	비스켓	라벨	레이블
비즈니스	비지니스	스태미나	스테미너
샹들리에	상들리에	타깃	타겟
센티미터	센치미터	심포지엄	심포지움
알코올	알콜	난센스	넌센스
액세서리	악세사리	색소폰	색스폰
액셀러레이터	악셀레이터	마사지	맛사지
앰뷸런스	앰블란스	피에로	삐에로
어댑터	아답터	메시지	메세지
엔도르핀	엔돌핀	팸플릿	팜플렛
재킷	자켓	카탈로그	카달로그
주스	쥬스	인디언	인디안
초콜릿	초콜렛	워크숍	워크샵
카펫	카페트	윈도	윈도우
캐러멜	카라멜	트리(tree)	추리
커피숍	커피샵	지그재그	지그자그

출제예상문제

1 다음 글의 내용이 나타내고 있는 언어의 특성을 바르게 짝지은 것은?

> 주연이는 프랑스 여행을 갔다가 프랑스에서는 '별'을 'étoile[에투왈]' 또는 'aster[아스터]'라고 부르는 것을 듣고 그 발음이 너무 마음에 들었다. 우리나라로 돌아온 주연이는 자신이 가장 자주 사용하는 단어인 '휴대폰'과 '커피'를 '에투왈'과 '아스터'로 부르기로 결심하고 "휴대폰 번호 좀 알려줘."가 아닌 "에투왈 번호 좀 알려줘.", "커피 한 잔 할래?"가 아닌 "아스터 한 잔 할래?"라고 말하였다. 주연이 주변 친구들은 주연이의 말을 좀처럼 알아들을 수 없었다.

① 역사성 – 자의성 ② 자의성 – 사회성
③ 사회성 – 분절성 ④ 분절성 – 창조성

✔ **해설** 같은 의미를 표현하는 데 있어 우리나라에서는 '별'이라고 하고 프랑스에서는 'étoile' 또는 'aster'라고 하는 것은 언어의 자의성과 관련 있다. 또한 주연이가 마음대로 '휴대폰'과 '커피'의 명칭을 바꿔 부르면서 의사소통이 되지 않은 것은 언어의 사회성과 연관된다.

※ 언어의 특성
  ㉠ 기호성 : 언어는 의미라는 내용과 말소리 혹은 문자라는 형식이 결합된 기호로 나타난다.
  ㉡ 자의성 : 언어에서 의미와 소리의 관계가 임의적으로 이루어진다.
  ㉢ 사회성 : 언어가 사회적으로 수용된 이후에는 어느 개인이 마음대로 바꿀 수 없다.
  ㉣ 역사성 : 언어는 시간의 흐름에 따라 변한다.
  ㉤ 규칙성 : 모든 언어에는 일정한 규칙(문법)이 있다.
  ㉥ 창조성 : 무수히 많은 단어와 문장을 만들 수 있다.
  ㉦ 분절성 : 언어는 연속적으로 이루어져 있는 세계를 불연속적으로 끊어서 표현한다.

Answer 1.②

2 다음 설명을 포괄할 수 있는 언어의 성격으로 알맞은 것은?

> • '멍멍'은 의성어로 의미와 음성의 관계가 매우 밀접하다. 그런데 한국인들이 보편적으로 인식하는 개짖는 소리 '멍멍'은 일본인들에게 '왕왕'으로 인식된다.
> • '사오정(사십오세 정년)'이란 말은 개인이 만든 말로 추정할 수 있으나, 현재 우리 사회 전반에 널리 퍼져 쓰이고 있다.
> • 언어는 음성과 의미 사이에 필연적인 관계가 없고, 그것을 사용하는 언어군에서 사회적 약속으로 정하여 쓰면 그만이다.

① 언어의 체계성　　　　　　　　　② 언어의 창조성

③ 언어의 자의성　　　　　　　　　④ 언어의 개인성

> ✔해설 첫 번째 설명은 언어의 자의성이 성립하는 근거를 지역적 차이에 두고 있으며(한국과 일본), 두 번째 설명은 동일한 대상을 표현하는 형식의 차이를 '유행어'를 예로 들어 시대에 두고 있음을, 세 번째 설명은 언어의 자의성과 사회성의 관계를 다루고 있다.

3 다음 중 상대방을 감화시켜 행동하게 하는 언어의 기능과 관계된 것은?

① 철수야, 그렇게 뛰어 다니면 위험해.

② (점원이 손님에게)이것은 500원입니다.

③ (집안 어른께)밤새 안녕하셨습니까?

④ 이 책은 정말 재미있습니다.

> ✔해설 언어의 감화적 기능은 듣는 사람에게 감화작용을 하여 실제 행동에 옮기도록 하는 기능으로 지령적 기능 또는 환기적 기능이라고도 한다.
> ②④ 표현적 기능　③ 친교적 기능

4 국어에서는 '집'이란 의미를 가진 말을 [집]이라 말하지만 다른 나라에서는 다르게 말한다. 이러한 현상을 설명할 수 있는 언어의 특성은?

① 법칙성

② 자의성

③ 사회성

④ 역사성

> ✔해설 언어의 자의성은 언어의 형식(음성)과 내용(의미) 사이에는 아무런 필연성이 없으며 집단 언중들이 임의적으로 결합시킨 것으로 언어사회마다 다르게 나타날 수 있다. 예를 들면, 국어에서는 [집]으로 발음하는 것을 영국에서는 [háus]로 발음한다.
> ① 법칙성 : 모든 언어에는 일정한 규칙이 있다.
> ③ 사회성 : 언어는 사회적 약속이므로 개인이 임의로 고칠 수 없다.
> ④ 역사성 : 언어는 시대의 흐름에 따라 형태와 의미가 신생 · 성장 · 사멸한다.

5 한국어의 특성으로 맞지 않는 것은?

① 한국어는 첨가어이므로 접사나 어미가 발달되어 있다.

② 한국어에서는 주어가 잇달아 나타나는 문장 구성이 가능하다.

③ 한국어에서 관형어는 항상 체언 앞에 온다.

④ 한국어의 관형사는 형용사처럼 활용한다.

> ✔해설 ④ 관형사는 불변어로 형용사처럼 활용할 수 없다.

Answer 4.② 5.④

6 다음 중 순화해야 할 표현이 아닌 것은?

① 우리는 저녁으로 생선회 한 <u>사라</u>를 주문하였다.

② 생선회와 함께 따끈한 <u>정종</u>을 한 잔씩 마셨다.

③ 영수는 고추냉이가 매웠는지 <u>곤색</u> 윗도리를 벗었다.

④ 회를 다 먹은 우리는 국수 한 <u>사리</u>를 추가하였다.

> ✔해설 ④ 사리는 국수나 새끼 · 실 등을 감은 뭉치를 뜻하는 말로 순우리말이다.
> ① 사라→접시 ② 정종→청주 ③ 곤색→감색, 검남색

7 우리말의 유래에 대한 설명으로 옳지 않은 것은?

① 고구마는 쓰시마 방언 '고코이모(孝行藷)'에서 유래되었다.

② 행주치마의 '행주'는 임진왜란 때 행주산성 싸움에서 부녀자들이 돌을 담아 나르던 치마에서 유래되었다.

③ 김치는 한자어 '딤치(沈菜)'에서 온 말이다.

④ 배추는 중국어에서 들어온 '빅치(白菜)'에서 온 말이다.

> ✔해설 ② '행주치마'는 언어 자체 내에서 변화된 것으로 어원은 '힝ᄌ쵸마'이다. '행주치마'를 행주대첩과 관련 짓는 것은 과학적 근거가 없는 민간어원설에 의한 것이다.
> ③ 김치는 한자어 '딤치(沈菜)'에서 온 말이다. 국립국어원에 의하면 '김치'는 한자어인 '沈菜'에서 유래한 말이다.

8 남북언어 이질화의 근본적인 이유는?

① 국토분단   ② 문화의 제정

③ 표준어규정의 변화   ④ 북한말의 한자어 배격

> ✔해설 ① 국토분단 이후 체제와 이념에 따른 언어관과 언어정책 등의 차이로 인하여 남북언어의 이질화가 발생하게 되었다.

【9～10】 다음 글을 읽고 물음에 답하시오.

(가) 순화(純化, 醇化)란, 잡(雜)스러운 것을 걸러서 순수하게 하는 일이요, 복잡한 것을 단순하게 하는 것이다. 따라서 국어순화란 잡스러운 것으로 알려진 들어온 말(외래어, 외국어)을 가능한 한 토박이말로 재정리하는 것이요, 비속(卑俗)한 말과 틀린 말을 고운 말과 표준어 및 말의 법대로 바르게 쓰는 것이다. 또, 그것은 복잡한 것으로 알려진 어려운 말을 될 수 있는 대로 쉬운 말로 고쳐 쓰는 일도 된다. 한 마디로 하면 우리말을 다듬는 일, 그것이 바로 국어의 순화이다.

(나) 말을 다듬는 일이란 ㉠말에다 인위적(人爲的)으로 손을 대는 것과 사람의 창조적 힘을 더하는 것을 전제한다. 그러면 과연 말에 인위적으로 손을 대고, 사람의 창조적 힘을 더할 수 있을까? 이 물음에 대한 해답은 말에 대한 관점, 곧 언어관(言語觀)에서 구해야 한다. 만일 말을 단순히 사회적 소산이나 자연발생적인 것으로만 보는 데 그친다면, 말에 결코 인위적인 손길이나 창조적인 힘을 더할 수 없다는 이론이 성립될 것이다. 그리하여 당연한 것처럼 생각하고 있는 국어순화문제도 이러한 쪽에서 보면 그리 단순한 것만은 아니다. 독일이나 프랑스에서 말의 순화운동이 초기단계에 순화반대론자가 있었던 것도 이러한 언어관에 근거를 둔 것이다. 그러나 우리는 우리말의 순화를 해야 한다고 주장한다.

9 (가)의 논지에 따를 때 순화대상이 되는 말이 없는 것은?

① 이것은 오리지널 상품이다. ② 우리 꼰대에게 들키면 큰일나요.
③ 그와는 손을 끊지 그래. ④ 말을 안 들으면 당장 모가지야.

✔ 해설 ① 오리지널(외국어) ② 꼰대(속어) ④ 모가지(비어)
※ 언어의 순화대상
   ㉠ 외래어 : 다른 나라말이 우리말의 체계에 차입(借入)되어 사회적 공인을 받아 사용되는 말이다.
   ㉡ 외국어 : 국어가 아닌 다른 나라말로서 국어에 아직 동화되지 않은 외국말을 가리킨다.
      예 닥터(doctor), 템포(tempo) 등
   ㉢ 속어 : 통속적으로 쓰이는 저속한 말을 일컫는다.
      예 교도소 → 큰집, 돈 → 동그라미
   ㉣ 비어 : 점잖지 못한 천한 말을 가리킨다.
      예 입 → 주둥아리, 시골사람 → 촌놈, 목 → 모가지
   ㉤ 은어 : 특수계층의 사람들끼리 쓰는 말을 의미한다.
      예 두목 → 왕초, 산삼 캐는 사람 → 심마니, 데구레 → 웃옷
   ㉥ 유행어 : 일정기간 동안 신기한 느낌을 주며 여러 사람의 입에 오르내리는 말로 시대상을 잘 반영한다.
      예 무전유죄, 유전무죄
   ㉦ 상투어 : 너무 흔히 써서 아무 감동도 줄 수 없는 말을 가리킨다.
      예 비가 억수같이 쏟아진다.

Answer 9.③

10 (나)의 밑줄 친 ㉠은 언어의 어떤 성질에 어긋난 것인가?

① 자의성

② 사회성

③ 기호성

④ 가역성

> ✔해설 언어의 일반성
> ㉠ 언어의 기호성 : 언어는 일정한 의미내용을 음성형식에 담은 기호이다.
> ㉡ 언어의 자의성 : 언어의 형식인 음성과 내용인 의미는 어떤 필연적 관계로 결합되는 것이 아니고, 그 말을 쓰는 사회구성원들끼리 임의적으로 정해 놓은 것이다. 가령 '사람'을 'ㅅ'이라 하든 'man'이라 하든 자유라는 뜻이다.
> ㉢ 언어의 사회성 : 언어는 사회구성원의 계약이므로 어떤 개인이 마음대로 바꾸거나 없앨 수 없다. 이러한 언어의 성질을 사회성 또는 불역성이라 한다.
> ㉣ 언어의 역사성 : 언어가 비록 그 사회구성원의 약속에 의해 성립된 관습이기는 하나 고정 불변하는 것은 아니며 시간의 흐름에 따라 생성 · 성장 · 소멸한다. 이와 같은 언어의 속성을 역사성 또는 가역성이라 한다.

11 다음에 ㉠에 들어갈 알맞은 것은 무엇인가?

> ____㉠____은/는 6월과 10월을 한자 그대로 적으면, '육'월, '십'월이 된다. 이대로 발음하게 되면 부드럽지 못하게 읽히는데, 이러한 발음을 '유'월과 '시'월로 매끄럽게 하는 현상이다.

① 불협화음

② 활음조

③ 유음

④ 두음법칙

> ✔해설 활음조는 발음하기 어렵고 듣기 거슬리는 소리에서 어떤 소리를 더하거나 바꿔 발음을 매끄럽게 하고 듣기 부드러운 소리로 청각적 효과를 주는 음운현상이다.
> ① 불협화음 : 조화가 맞지 않는 음과 울림을 뜻하는 말이다.
> ③ 유음 : 설측음이라고 하며, 혀끝을 잇몸에 가볍게 대었다가 뗄 때 나는 소리이다.
> ④ 두음법칙 : 첫 말머리에 오는 자음이 본래의 음가를 잃고 다른 음으로 발음되는 현상이다.

Answer 10.② 11.②

12 다음에 대한 설명으로 가장 적절한 것은?

> ㉠ 옷 안[오단]　　　　　　㉡ 잡히다[자피다]
>
> ㉢ 국물[궁물]　　　　　　㉣ 흙탕물[흑탕물]

① ㉠ : 두 가지 유형의 음운 변동이 나타난다.

② ㉡ : 음운 변동 전의 음운 개수와 음운 변동 후의 음운 개수가 서로 다르다.

③ ㉢ : 인접한 음의 영향을 받아 조음 위치가 같아지는 동화 현상이 나타난다.

④ ㉣ : 음절의 끝소리 규칙이 적용되었다.

> ✔해설　㉠ 옷 안 → [　안](음절의 끝소리 규칙) → [오단](연음) : 연음은 음운 변동에 해당하지 않는다.
> ㉡ 잡히다 → [자피다](축약) : 축약으로 음운 개수가 하나 줄어들었다.
> ㉢ 국물 → [궁물](비음화) : 조음 방법이 같아지는 동화 현상이 나타난다.
> ㉣ 흙탕물 → [흑탕물](자음군단순화) : 음절의 끝소리 규칙이 아닌 자음군단순화(탈락)이 적용된 것이다.

13 현대 국어의 자음에 대한 다음과 같은 분류에서 파열음, 파찰음, 마찰음, 유음, 비음의 다섯 가지로 나누는 기준은?

> 현대 국어의 자음(子音)은 파열음(破裂音) /ㅂ, ㅃ, ㅍ, ㄷ, ㄸ, ㅌ, ㄱ, ㄲ, ㅋ/, 파찰음(破擦音) /ㅈ, ㅉ, ㅊ/, 마찰음(摩擦音) /ㅅ, ㅆ, ㅎ/, 유음(流音) /ㄹ/, 비음(鼻音) /ㅁ, ㄴ, ㅇ/ 등의 열아홉이다.

① 소리 내는 위치　　　　　　② 소리 내는 방법

③ 혀의 위치　　　　　　　　④ 입술의 모양

> ✔해설　소리 내는 방법에 따른 기준에는 파열음, 파찰음, 마찰음, 유음, 비음 등이 있다.

14 다음 발음을 옳게 연결한 것은?

① 맏형[마텽]　　　　　　② 읽다[익다]

③ 넋이[너기]　　　　　　④ 안팎을[안파글]

✔해설 음운변동에 관련된 문제이다.
　② 읽다 → 읽따(경음화) → 익따(자음군 단순화)
　③ 넋이 → 넉시(연음법칙) → 넉씨(경음화)
　④ 안팎을 → 안파끌(연음법칙)

15 밑줄 친 표현의 발음이 옳지 않은 것은?

① 하늘이 <u>맑게[말께]</u> 개었다.
② <u>끝을[끄츨]</u> 맞추어서 접어야 종이가 반듯하지.
③ <u>주의[주이]</u>사항을 꼭 읽어 보시기 바랍니다.
④ 아이가 내 발을 꼭 <u>밟고[밥:꼬]</u>있다.

✔해설 홑받침이나 쌍받침이 모음으로 시작된 조사나 어미, 접미사와 결합되는 경우에는 제 음가대로 뒤 음절 첫소리로 옮겨 발음해야 하므로 '끝을'은 [끄틀]로 발음해야 옳다.

16 다음 중 길게 발음해야 되는 것은?

① 성인(聖人)　　　　　　　② 함박눈(雪)
③ 한국말(言)　　　　　　　④ 가정(家庭)

✔해설 ① 성: 인(聖人) : 지혜와 덕이 뛰어나 우러러 받들어 본받을 만한 사람
　　성인(成人) : 자라서 어른이 됨 또는 그 사람
② 눈: : 공중에 떠다니는 수증기가 찬 기운을 만나 얼어서 땅 위로 떨어지는 결정체
　　눈 : 사람이나 동물의 보는 기능을 맡은 감각기관의 하나
③ 말: : 사람의 생각·느낌 따위를 목구멍을 통하여 조직적으로 나타내는 소리
　　말 : 말과에 속하는 동물의 총칭
④ 가정(家庭) : 한 가족이 살림하고 있는 집안
　　가: 정(假定) : 임시로 정함, 사실인지 아닌지 분명하지 않은 것을 사실인 것처럼 인정함
※ ②③의 경우 본래는 장음으로 인정되나 표준발음법 제6항의 단어의 첫 음절에서만 긴소리가 나타나는 것을 원칙으로 하는 규정에 의해 장음으로 소리나지 않는다.

Answer 15.② 16.①

17 다음 중 단어의 형성방법이 다른 하나는?

① 마소

② 좁쌀

③ 까막까치

④ 시나브로

> ✔해설 ④ 실질형태소 하나로만 이루어진 단일어이다.
> ①②③ 두 개의 실질형태소로 구성된 합성어이다. 마소는 말과 소, 좁쌀은 조와 쌀, 까막까치는 까마귀와 까치가 합해져서 한 단어로 쓰이는 합성어이다.

18 다음 중 합성어가 아닌 것은?

① 소나무

② 춘추

③ 집안

④ 맏아들

> ✔해설 ④ 맏(접두사) + 아들(명사) → 파생어
> ① 솔(명사) + 나무(명사) → 통사적 합성어
> ② 춘(春 : 명사) + 추(秋 : 명사) → 통사적 합성어
> ③ 집(명사) + 안(명사) → 통사적 합성어

19 다음 중 형태소의 정의를 옳게 진술한 것은?

① 문장 밖에 나타나는 문법의 단위

② 뜻을 가진 말의 최소단위

③ 언어형식 또는 유의적 단위

④ 자립하여 쓰일 수 있는 말의 단위

> ✔해설 형태소 … 최소의 유의적(有意的) 단위로, 뜻을 가진 가장 작은 말의 단위이다.
> ㉠ 실질형태소 : 체언, 수식언, 감탄사, 용언의 어간
> ㉡ 형식형태소 : 조사, 어미, 접사

Answer 17.④ 18.④ 19.②

20 다음 글에서 밑줄 친 부분의 예로 옳은 것은?

> 파생어는 실질적 의미를 지닌 어근에 접사가 붙어서 형성된 단어를 일컫는다. 이때 접사는 그 위치에 따라 접두사와 접미사로 나뉘는데, 어근에 접두사와 접미사가 모두 붙어 단어가 만들어지기도 한다. 또한 접사는 기능에 따라 어근의 뜻만 한정하는 한정적 접사와 품사를 바꾸는 <u>지배적 접사</u>로 나누기도 한다.

① 지붕　　　　　　　　　　　② 덮개
③ 군소리　　　　　　　　　　④ 선무당

✔해설 '덮다'라는 동사에 '개'라는 접사를 붙여 명사가 되었다.
①③④ 한정적 접사

21 다음 중 기능적 품사의 분류에서 수식기능을 나타내는 말은?

① 관형사, 부사
② 관형어, 부사어
③ 감탄사, 조사
④ 의존어, 독립어

✔해설 관형사와 부사의 성격
ⓐ 관형사의 성격
• 체언 중 주로 명사를 꾸며 준다.
• 활용하지 않으며, 조사와도 결합될 수 없다.
• 고유명사, 수사와는 결합하지 않는다.
• 문장 안에서 수의적 성분인 관형어로만 쓰인다.
• 관형사와 체언 사이에는 다른 말이 들어갈 수도 있다.
ⓑ 부사의 성격
• 어형이 고정되어 활용하지 않는 불변어이다.
• 주기능은 용언한정이나, 그 밖에도 폭넓은 구실을 한다.
• 격조사를 취하는 일은 없으나, 때로는 보조사를 취한다.
• 문장을 접속하는 경우에는 독립어구실을 한다.

Answer 20.② 21.①

22 다음 중 품사가 다른 하나는 무엇인가?

① 그녀는 <u>아마도</u> 우산을 집에 두고 온 모양이다.

② 내 생일은 <u>다다음</u> 날인 18일이야.

③ 아침으로 사과 <u>두</u> 개를 먹고 나왔다.

④ <u>새</u> 책으로 공부할 때 기분이 좋다.

> ✔ **해설** 아마도는 '아마'를 강조하여 이르는 말로 부사이다.
> ② '다다음'이란 다음번의 바로 그 뒤를 뜻하는 관형사
> ③ '두'란 수량이 둘임을 나타내는 관형사
> ④ '새'란 사용하거나 구입한지 얼마 되지 아니함을 뜻하는 관형사
> ※ 관형사 : 체언(명사, 대명사, 수사)을 수식하는 품사이며, 관형어는 체언(명사, 대명사, 수사)을 수식하는 문장성분이다. 주로 명사에 쓰이며 대명사와 수사는 쓰임새에 따라 수식을 받는다.

23 다음 중 명사, 대명사, 수사의 공통점으로 옳은 것끼리 짝지은 것은?

㉠ 문장의 수의적 성분이 된다.	㉡ 주로 문장의 주체로 쓰인다.
㉢ 주로 관형어의 수식을 받는다.	㉣ 조사와의 결합이 자유스럽다.
㉤ 어미와 결합하여 활용한다.	㉥ 문장의 주체를 서술한다.

① ㉠㉣

③ ㉡㉤

② ㉡㉣

④ ㉢㉥

> ✔ **해설** ㉢ 체언 중 명사를 꾸미는 쓰임새가 가장 많다.
> ※ 대명사와 수사의 성격
> ㉠ 대명사 : 문장의 주체인 주어가 될 수 있다. 조사가 붙어 격표시가 이루어진다. 쓰임새에 따라 수식을 받기도 하나 일반적인 기준으로는 수식을 받지 아니한다.
> ㉡ 수사 : 문장의 주체인 주어가 될 수 있다. 복수접미사와 결합하지 않는다. 쓰임새에 따라 수식을 받기도 하나 일반적인 기준으로는 수식을 받지 아니한다.

Answer 22.① 23.②

24 다음 중 접속조사가 쓰인 문장은?

① 낮과 같이 휘영청 밝은 달밤이었다. ② 그는 춤추며 노래하며 즐겁게 놀았다.

③ 떡에 과일에 없는 게 없다. ④ 어쩌면 네 생각이 나하고 같을까?

> **✔해설** '과/와'가 접속조사의 대표적인 모습이나, 구어체에서는 '하고, 에(다), (이)며, (이)랑' 등이 함께 쓰이고 있다.
>
> ※ 조사의 갈래
> ㉠ 격조사 : 선행하는 체언으로 하여금 일정한 자격을 가지도록 해주는 조사로 주격조사, 서술격조사, 목적격조사, 보격조사, 관형격조사, 부사격조사, 호격조사 등이 있다.
> ㉡ 접속조사 : 두 단어를 같은 자격으로 이어주는 조사로서 '과, 와'가 대표적이다.
> ㉢ 보조사 : 선행하는 체언을 일정한 격으로 규정하지 않고 여러 격에 두루 쓰이면서 특별한 의미를 더해 주는 조사로서 '은, 는(주체·대조)', '도(동일·첨가)' 등이 있다.

25 다음 관형격 조사가 옳게 들어간 것은?

① 강아지들도 사람처럼 저마다의 다양한 성격이 있다.

② 오전에 상사로부터의 연락이 있었다.

③ 오랜 친구에게로의 문자가 왔다.

④ 민수의 지갑이 없어졌다.

> **✔해설** ① 저마다의 → 저마다
> ② 상사로부터의 → 상사로부터
> ③ 친구에게로의 → 친구에게

26 다음 중 밑줄 친 말이 보조적으로 연결된 것은?

① 인생은 <u>짧고</u> 예술은 영원하다. ② <u>지고</u> 있는 꽃잎에 추억만이 묻혀

③ 강산은 너무나 <u>아름답고</u> 소박했다. ④ 할머니는 방에서 <u>쉬고</u> 계신다.

> **✔해설** 본용언과 보조용언
> ㉠ 본용언 : 실질적인 뜻을 지닌 용언으로 둘 이상 이어져 있는 활용어 중 첫째 활용어는 모두 본용언에 해당된다.
> ㉡ 보조용언 : 자립성이 희박하여 본용언을 도와주는 용언으로 단독으로 서술어가 될 수 없거나, 될 수 있어도 본래 의미를 상실한다.

Answer 24.③ 25.④ 26.②

27 다음 문장성분 중 단독으로 쓰이지 못하는 것은?

① 관형어   ② 주어

③ 목적어   ④ 부사어

> ✔해설 관형어는 체언을 꾸미는 말로 수식어라고도 하며, 체언 없이 단독으로는 쓰일 수 없다.
> ※ 단어의 성립요건
>   ⊙ 단어의 형태
>   • 홀로 자립할 수 있는 말 : 체언, 관형사, 부사, 감탄사
>   • 의존형태소끼리 어울려 자립하는 말 : 용언
>   • 자립형태소에 붙되 쉽게 분리되는 말 : 조사
>   ⓒ 조사와 결합하지 않은 단어는 단독으로 하나의 어절을 이룬다.

28 다음 중 선어말어미에 대한 설명이 아닌 것은?

① 개방적 형태소이다.   ② 높임과 시제를 나타낼 수 있다.

③ 용언의 어간에 두루 붙는다.   ④ 문장을 종결시키는 힘이 있다.

> ✔해설 선어말어미 … 어간과 어말어미 사이에 오는 높임, 공손, 시간을 표시하는 어미로 개방적 형태소이다.
>   ⊙ 높임 선어말어미 : 시
>   ⓒ 시제 선어말어미 : 는(ㄴ), 았(었), 겠, 더
>   ⓒ 공손 선어말어미 : 옵, 사오, 자옵

29 우리말의 높임법(혹은 존대법) 체계에 비추어 볼 때 옳은 것은?

① 할아버지께서는 이빨이 참 좋으십니다.

② 교수님은 두 살 된 따님이 계신다.

③ 선생님, 제 말씀 좀 들어 주십시오.

④ 이 책은 우리 선생님이 준 책이야.

> ✔해설 ① '이빨'은 동물의 '이'를 가리키는 말이므로 사람에게는 '치아'나 '이'라는 낱말을 사용해야 하며 높임
>   법에서는 '치아'로 써야 한다.
> ② 교수님과 밀접한 관계가 있는 따님을 간접 높임으로 하여 교수님을 높이게 되는 표현을 사용해야
>   하므로 '계시다'를 '있으시다'로 써야 한다.
> ④ 일반적인 주체 높임으로 '선생님이'는 '선생님께서'로 '준'은 '주신'으로 써야 한다.

Answer   27.①   28.④   29.③

30 다음 중 호칭어와 지칭어에 대한 설명으로 옳지 않은 것은?

① 아버지 형제 중에 맏이가 되는 형은 '숙부'이다.

② 오빠의 아내는 '언니'라고 부르고, 지칭어는 '올케'이다.

③ 누나의 입장에서 남동생의 아내는 지칭어가 '올케'이다.

④ 남편의 형을 이르는 말은 '아주버니'이다.

> ✔해설 ① 아버지 형제 중에 맏이 되는 형은 '백부'이다. 둘째아버지는 '중부', 작은아버지는 '숙부', 막내아버지는 '계부'이다.

31 다음 인사말에서 국민을 대하는 자세나 높임법이 바른 것은?

① 먼저 본인을 대표로 선출하여 주신 대의원 여러분과 국민 여러분에게 감사의 뜻을 표하고자 합니다.

② 먼저 저를 대표로 선출하여 주신 대의원 여러분과 국민 여러분께 감사의 뜻을 표하고자 합니다.

③ 먼저 저에게 막중한 소임을 맡겨 주신 국민 여러분에게 깊은 감사와 경의를 드리는 바입니다.

④ 먼저 나에게 막중한 소임을 맡겨 주신 국민 여러분께 깊은 감사와 존경의 뜻을 표하는 바입니다.

> ✔해설 공식적인 발언을 할 때에는 자신은 '저'로 낮추고, 청자는 높여서 표현해야 한다.
> ① 본인→저, 여러분에게→여러분께 ③ 여러분에게→여러분께 ④ 나→저

Answer 30.① 31.②

32 다음 중 두 단어의 관계가 나머지 넷과 다른 하나는?

① 익다(熟) : 익히다   ② 서다(止) : 세우다

③ 알다(知) : 알리다   ④ 뽑다(選) : 뽑히다

> ✔해설 ④ 피동 표현 ①②③ 사동 표현
> ※ 사동 표현과 피동 표현
> ㉠ 사동 표현
> • 사동사 : 주어가 남에게 어떤 동작을 하도록 시키는 것을 나타나는 동사이다.
> • 사동 표현의 방법
> ─ 용언 어근 + 사동형 접미사(─이─, ─히─, ─리─, ─기─, ─우─, ─추─)
> ─ 동사 어간 + '─ 게 하다'
> ㉡ 피동 표현
> • 피동사 : 주어가 남의 행동을 입어서 행하게 되는 동작을 나타내는 동사이다.
> • 피동 표현의 방법
> ─ 동사 어간 + 피동형 접미사(─이─, ─히─, ─리─, ─기─)
> ─ 동사 어간 + '─ 어 지다'

33 다음 문장 중 밑줄 친 서술어의 자릿수가 다른 하나는?

① 철이는 사과를 맛있게 <u>먹었다</u>.

② 그는 이제 더 이상 어린애가 <u>아니었다</u>.

③ 나는 지금도 너를 제일 친한 친구로 <u>여기고 있다</u>.

④ 이 고장의 온화한 기후는 농사짓기에 정말 <u>적합하다</u>.

> ✔해설 ③ 주어(나는), 목적어(너를), 부사어(친구로)를 필요로 하는 세 자리 서술어이다.
> ① 주어(철이는), 목적어(사과를)를 필요로 하는 두 자리 서술어이다.
> ② 주어(그는), 보어(어린애가)를 필요로 하는 두 자리 서술어이다.
> ④ 주어(기후는), 부사어(농사짓기에)를 필요로 하는 두 자리 서술어이다.
> ※ 자릿수 … 완전한 문장을 이루기 위하여 주어, 목적어, 보어, 부사어 중에서 서술어가 요구하는 필수 성분의 수이다.
> ㉠ 한 자리 서술어 : 주어만 있으면 문장이 성립하는 서술어(자동사, 형용사)
> ㉡ 두 자리 서술어 : 주어 외에 목적어나 보어, 부사어를 필수적으로 요구하는 서술어(타동사, 불완 전자동사, 대칭동사, 이동동사, 소유·주관성 형용사)
> ㉢ 세 자리 서술어 : 주어, 목적어, 부사어를 필수성분으로 요구하는 서술어(수여동사, 발화동사, 사 동사)

Answer 32.④ 33.③

34 다음 밑줄 친 부분이 어법에 맞게 사용된 문장은?

① 삼국은 안으로 서로 대립하거나 연맹관계를 맺고, 밖으로는 중국세력과 평화적 교섭을 하거나 <u>전쟁을 치르면서</u> 통일의 길로 나아갔다.

② 구성원들은 소외의식을 느끼지 않고 자기가 속한 집단의 <u>문제 해결과</u> 한 번 결정한 것을 실천하기 위해 적극적으로 나설 수 있을 것이다.

③ 그 나라 <u>주민과의 충돌이나</u> 민족의 정체성을 상실하는 등의 문제가 발생되기도 한다.

④ 대학은 모든 시대와 나라에서 형성된 가장 심오한 <u>진리탐구와</u> 치밀한 과학정신을 배양 형성하는 도장입니다.

> ✔해설 ② 문제 해결과 → 문제를 해결하고
> ③ 주민과의 충돌이나 → 주민과 충돌하거나
> ④ 진리탐구와 → 진리를 탐구하고

35 다음 문장에서 밑줄 친 말의 주어는?

> 그가 결혼을 한다는 것은 <u>사실이다</u>.

① 그가
② 결혼을 한다는 것
③ 한다는 것은
④ 그가 결혼을 한다는 것은

> ✔해설 명사절을 안은 문장으로 '사실이다'는 '그가 결혼을 한다는 것은'의 서술어이다.

36 밑줄 친 부분이 다음과 같은 성격을 가지는 품사에 속하지 않는 것은?

> • 체언 앞에 놓여서 체언, 주로 명사를 꾸며준다.
> • 조사와 결합할 수 없으며 형태가 변하지 않는다.
> • 체언 중 수사와는 결합할 수 없다.

① <u>새</u> 옷   ② <u>외딴</u> 오두막집
③ <u>매우</u> 빠른   ④ <u>순</u> 우리말

✔해설 ①②④ 관형사 ③ 부사

37 띄어쓰기를 포함하여 맞춤법이 모두 옳은 것은?

① 그는∨가만히∨있다가∨모임에∨온∨지∨두∨시간∨만에∨돌아가∨버렸다.
② 옆집∨김씨∨말로는∨개펄이∨좋다는데∨우리도∨언제∨한∨번∨같이∨갑시다.
③ 그가∨이렇게∨늦어지는∨걸∨보니∨무슨∨큰∨일이∨난∨게∨틀림∨없다.
④ 하늘이∨뚫린∨것인지∨몇∨날∨몇∨일을∨기다려도∨비는∨그치지∨않았다.

✔해설 ② 김씨 → 김 씨, 호칭어인 '씨'는 띄어 써야 옳다.
③ 큰 일 → 큰일, 틀림 없다 → 틀림없다, '큰일'은 '중대한 일'을 나타내는 합성어이므로 붙여 써야 하며 '틀림없다'는 형용사이므로 붙여 써야 한다.
④ 몇 일 → 며칠, '몇 일'은 없는 표현이다. 따라서 '며칠'로 적어야 옳다.

Answer 36.③ 37.①

38 밑줄 친 단어 중 우리말의 어문 규정에 따라 맞게 쓴 것은?

① <u>윗층</u>에 가 보니 전망이 정말 좋다.

② <u>뒷편</u>에 정말 오래된 감나무가 서 있다.

③ 그 일에 <u>익숙지</u> 못하면 그만 두자.

④ <u>생각컨대</u>, 그 대답은 옳지 않을 듯하다.

> ✔해설 어간의 끝음절 '하'가 아주 줄 적에는 준 대로 적는다(한글 맞춤법 제40항 붙임2).
> ① 윗층 → 위층
> ② 뒷편 → 뒤편
> ④ 생각컨대 → 생각건대
> ※ 어간의 끝음절 '하'가 줄어드는 말

본말	준말
거북하지	거북지
생각하건대	생각건대
생각하다 못해	생각다 못해
깨끗하지 않다	깨끗지 않다
넉넉하지 않다	넉넉지 않다
못하지 않다	못지않다
섭섭하지 않다	섭섭지 않다
익숙하지 않다	익숙지 않다

39 밑줄 친 말이 표준어인 것은?

① 약물 문제로 이슈가 됐던 그는 얼마 지나지도 않아 <u>뉘연히</u> 대중 앞에 나타났다.

② 어떤 옷을 찾으려는 건지 그녀는 옷장 서랍을 전부 <u>뒤어내고</u> 있었다.

③ 그는 전 재산을 탕진하고 나서야 사업에 실패한 원인을 <u>깨단하게</u> 되었다.

④ <u>허구헌</u> 날 팔자 한탄만 하고 있어서야 조금의 발전도 기대할 수 없다.

> ✔해설 ③ 깨단하다 : 오랫동안 생각해 내지 못하던 일 따위를 어떠한 실마리로 말미암아 깨닫거나 분명히 알다.
> ① 뉘연히 → '버젓이'의 잘못
> ② 뒤어내고 → '뒤져내다(샅샅이 뒤져서 들춰내거나 찾아내다)'의 잘못
> ④ 허구헌 → '허구한'의 잘못

40 다음 중 맞춤법에 어긋나는 것은?

① 각별히   ② 틈틈히

③ 솔직히   ④ 조용히

> ✔ 해설 부사의 끝음절이 분명히 '이'로만 나는 것은 '−이'로 적고, '히'로만 나거나 '이'나 '히'로 나는 것은 '−히'로 적는다〈한글맞춤법 제51항〉.
>
> ※ 부사화 접미사 '−이'와 '−히'의 구별요령
>   ㉠ '−이'로 적는 경우
>   • 어근이 명사나 부사일 때
>   예 간간이, 겹겹이, 낱낱이, 다달이, 샅샅이, 더욱이, 일찍이
>   • 용언의 기본형이 '−하다'로 끝나지 않을 때
>   예 가깝다 : 가깝 + 이 → 가까이, 많다 : 많 + 이 → 많이
>   • 용언의 어근이 'ㅅ'으로 끝날 때
>   예 깨끗하다 : 깨끗 + 이 → 깨끗이, 느긋하다 : 느긋 + 이 → 느긋이
>   ㉡ '−히'로 적는 경우
>   • 용언의 기본형이 '−하다'로 끝날 때
>   예 'ㄱ' 끝소리(족히, 넉넉히), 'ㄴ' 끝소리(간단히, 간편히), 'ㄹ' 끝소리(각별히, 간절히), 'ㅁ' 끝소리(심히, 과감히), 'ㅂ' 끝소리(갑갑히, 급히), 'ㅇ' 끝소리(건강히, 분명히), '모음' 끝소리(고요히, 영구히)
>   • 그 밖의 '−히'로만 적는 것
>   예 속히, 극히, 작히, 딱히, 특히

41 다음 중 복수표준어가 아닌 것은?

① 서럽다 − 섧다

② 엿가락 − 엿가래

③ 철딱서니 − 철때기

④ 나부랭이 − 너부렁이

> ✔ 해설 ③ '철따구니/철딱서니/철딱지'는 모두 표준어이며, '철때기'는 비표준어이다.
>
> ※ 복수표준어 … 한 가지 의미를 나타내는 여러 형태의 단어가 표준어로 인정되는 것을 말한다〈표준어 규정 제26항〉.
>   예 넝쿨/덩굴, 고린내/코린내, 거슴츠레하다/게슴츠레하다, 가락엿/가래엿, 꼬까옷/때때옷/고까옷, 눈대중/눈어림/눈짐작, 닭의장/닭장, 벌레/버러지, 부침개질/부침질/지짐질, 생/새앙/생강, 아무튼/어떻든/어쨌든/하여튼/여하튼, 여쭈다/여쭙다, 우레/천둥, 자물쇠/자물통, 중신/중매, 한턱내다/한턱하다

42 다음 단어들 모두에 공통적으로 적용되는 외래어 표기의 원칙은?

> 콩트, 달러, 게임, 파리

① 파열음 표기에는 된소리를 쓰지 않는 것을 원칙으로 한다.

② 외래어를 표기할 때는 받침으로 'ㄱ, ㄴ, ㄷ, ㄹ, ㅁ, ㅂ, ㅅ, ㅇ'만을 쓴다.

③ 외래어의 1 음운은 원음에 가깝도록 둘 이상의 기호로 적는 것을 원칙으로 한다.

④ 이미 굳어진 외래어도 발음에 가깝도록 바꾸는 것을 원칙으로 한다.

✔해설 외래어 표기법 제1장(표기의 원칙) 제4항 '파열음 표기에는 된소리를 쓰지 않는 것이 원칙이다.'에 따라 '꽁트/딸러/께임/빠리'가 아닌 '콩트/달러/게임/파리'로 적는다.

※ 외래어 표기의 원칙
　㉠ 외래어는 국어의 현용 24 자모만으로 적는다.
　㉡ 외래어의 1 음운은 원칙적으로 1 기호로 적는다.
　㉢ 받침에는 'ㄱ, ㄴ, ㄹ, ㅁ, ㅂ, ㅅ, ㅇ'만을 쓴다.
　㉣ 파열음 표기에는 된소리를 쓰지 않는 것을 원칙으로 한다.
　㉤ 이미 굳어진 외래어는 관용을 존중하되, 그 범위와 용례는 따로 정한다.

43 외래어 표기법과 로마자 표기법이 맞는 것으로만 묶인 것은?

① gas – 가스, 전주(지명) – Jeonjoo

② center – 센터, 서산(지명) – Seosan

③ frypan – 후라이팬, 원주(지명) – Wonju

④ jumper – 점퍼, 청계천(지명) – Chonggyechon

✔해설 ① Jeonjoo → Jeonju
　③ 후라이팬 → 프라이팬
　④ Chonggyechon → Cheonggyecheon

고전 문법

01 음운

❶ 훈민정음(訓民正音)의 음운 체계

(1) 훈민정음의 제자 원리

① 초성(자음) … 발음 기관을 본뜬 것이다.

명칭	상형	기본자	가획자	이체자
어금닛소리[아음(牙音)]	혀 뿌리가 목구멍을 막는 모양	ㄱ	ㅋ	ㆁ
혓소리[설음(舌音)]	혀가 윗잇몸에 붙는 모양	ㄴ	ㄷ, ㅌ	ㄹ(반설)
입술소리[순음(脣音)]	입술 모양	ㅁ	ㅂ, ㅍ	
잇소리[치음(齒音)]	이 모양	ㅅ	ㅈ, ㅊ	ㅿ(반치)
목구멍소리[후음(喉音)]	목구멍 모양	ㅇ	ㆆ, ㅎ	

② 중성(모음) … 삼재(三才 : 天, 地, 人)의 상형 및 기본자를 합성했다.

구분	기본자	초출자	재출자
양성 모음	ㆍ	ㅗ, ㅏ	ㅛ, ㅑ
음성 모음	ㅡ	ㅜ, ㅓ	ㅠ, ㅕ
중성 모음	ㅣ		

③ 종성(자음) … 따로 만들지 않고 초성을 다시 쓴다[종성부용초성(終聲復用初聲)].

(2) 훈민정음 문자 체계

① 초성(자음) 체계

명칭 ＼ 소리의 성질	전청 (全淸, 예사소리)	차청 (次淸, 거센소리)	불청불탁 (不淸不濁, 울림소리)
어금닛소리[牙音]	ㄱ	ㅋ	ㆁ
혓소리[舌音]	ㄷ	ㅌ	ㄴ
입술소리[脣音]	ㅂ	ㅍ	ㅁ
잇소리[齒音]	ㅅ, ㅈ	ㅊ	
목구멍소리[喉音]	ㆆ	ㅎ	ㅇ
반혓소리[半舌音]			ㄹ
반잇소리[半齒音]			ㅿ

② 중성(모음) 체계

명칭 ＼ 소리의 성질	양성 모음	중성 모음	음성 모음
단모음	ㆍ, ㅏ, ㅗ	ㅣ	ㅡ, ㅓ, ㅜ
이중 모음	ㅑ, ㅛ		ㅕ, ㅠ

❷ 표기법

(1) 표음적 표기법

① **8종성법** … 종성에서는 'ㄱ, ㆁ, ㄷ, ㄴ, ㅂ, ㅁ, ㅅ, ㄹ'의 8자만 허용되는 것이 원칙인데, 이는 체언과 용언의 기본 형태를 밝히지 않고 소리나는 대로 적는 것으로 표음적 표기라 할 수 있다.

② **이어적기(연철)** … 받침 있는 체언이나 용언의 어간에 모음으로 시작되는 조사나 어미가 붙을 때는 그 받침을 조사나 어미의 초성으로 이어 적었다.

(2) 표의적 표기법

① **8종성법의 예외(종성부용초성)**

　㉠ 용비어천가와 월인천강지곡에 주로 나타나는데, 체언과 용언의 기본 형태를 밝혀 적은 일이 있다.

　㉡ 반치음과 겹받침이 종성으로 적혀지는 일이 있었다.

② **끊어적기(분철)** … 월인천강지곡에 나타나는 예로서 'ㄴ, ㄹ, ㅁ, ㅇ' 등의 받침소리에 한해 끊어 적는 일이 있었다.

02 형태

① 품사

(1) 체언의 형태 바꿈

① **'ㅎ' 받침 체언** … 단독으로 쓰이거나 실질 형태소 앞에서는 'ㅎ'이 나타나지 않으나 조사와 결합될 때는 'ㅎ'이 나타난다.

> **예** 하ᄂᆞᆯ + 이→하ᄂᆞᆯ히(하ᄂᆞ리×), 하ᄂᆞᆯ + 과→하ᄂᆞᆯ콰(하ᄂᆞᆯ화×), 하ᄂᆞᆯ + 은 →하ᄂᆞᆯ흔(하ᄂᆞᆯ은×)

② **'ㄱ'의 덧생김** … 명사의 끝음절 모음이 탈락하고 'ㄱ'이 덧생긴다. 단, 공동, 비교, 접속의 조사 '와'하고 결합할 때는 단독형으로 쓰인다('ㄱ' 곡용어라고도 함).

> **예** 나모(木) : 남기, 남ᄀᆞᆯ, 남기라, 남기, 남ᄀᆞᆫ, 나모와

③ **8종성 표기** … 'ㅌ, ㅍ, ㅈ, ㅊ' 받침이 자음 앞에 오면 8종성 대표음 'ㄱ, ㄴ, ㄷ, ㄹ, ㅁ, ㅂ, ㅅ, ㅇ'으로 변화되는 현상이다.

> **예** 곶 + 과 > 곳과, 곶 + 이 > 고지(모음이 연음됨), 빛 + 과 > 빗과

④ **모음 탈락에 의한 형태 바꿈**

> ㉠ **'ᄅᆞ / 르→ㄹㅇ'의 바뀜** : 'ᄋᆞ / 으'가 탈락하고 'ㄹ'이 앞 음절의 종성으로 가며, 조사의 초성은 후두 유성 마찰음 'ㅇ'으로 된다.
>
> > **예** 노ᄅᆞ(獐) : 놀이, 놀을, 놀이라, 노ᄅᆞ와
>
> ㉡ **'ᄅᆞ / 르→ㄹㄹ'의 바뀜** : 'ᄋᆞ / 으'가 탈락하고 'ㄹ'이 앞 음절의 종성으로 가며 'ㄹ'이 조사의 초성으로 덧들어간다.
>
> > **예** ᄒᆞᄅᆞ(一日) : 홀리, 홀리라, 홀른, ᄒᆞᄅᆞ와
>
> ㉢ **'ᅀᆞ / 스→ᅀㅇ'의 바뀜** : 'ᄋᆞ / 으'가 탈락하고 'ㄹ'이 앞 음절의 종성으로 가며, 조사의 초성은 후두 유성 마찰음 'ㅇ'으로 된다.
>
> > **예** 아ᅀᆞ(弟) : 앗이, 앗을, 앗이, 아ᅀᆞ와

(2) 조사

① **주격 조사** … '가'는 쓰이지 않았으며 '가'가 쓰인 것은 17세기 이후이다.

> **예** 시미 기픈, ᄃᆞ리 업건마ᄂᆞᆫ

② **서술격 조사** … 어간의 형태는 주격 조사와 동일하게 쓰였는데 평서형 종결 어미는 '−라'였다.

> **예** 樓는 다라기라. 여슷찻 ᄒᆡ 乙酉ㅣ라. 齒는 니라.

③ 목적격 조사

환경	양성 모음	음성 모음
자음 뒤	ᄋᆞᆯ(사ᄅᆞ ᄆᆞᆯ)	을(ᄭᅮ믈)
모음 뒤	ᄅᆞᆯ(ᄌᆞᄉᆞᄅᆞᆯ)	를(거우루를)

④ 관형격 조사와 처소 부사격 조사

환경	형태		예
	관형격 조사	처소 부사격 조사	
양성 모음 뒤	ᄋᆡ	애	도ᄌᆞᄀᆡ
음성 모음 뒤	의	에	大衆의
'ㅣ' 모음 뒤	체언의 'ㅣ' 모음 탈락	예	가히, 그려긔

⑤ 모음과 'ㄹ' 아래에서 'ㄱ'이 탈락하는 조사 … '과 / 와', '곳 / 옷', '가 / 아', '고 / 오'

(3) 용언과 활용

① **자동사 · 타동사의 구별** … 목적어를 취하면 타동사, 취하지 않으면 자동사이다.

예 艱難ᄒᆞᆫ 사ᄅᆞᆷ 보아든(타동사) / 셕 ᄃᆞᆯ 사ᄅᆞ시고 나아 가거시ᄂᆞᆯ(자동사)

② 어간, 어미의 형태 바꿈

㉠ **'ㄹㅇ' 활용** : 'ᄅᆞ / 르'로 끝나는 어간이 모음 어미 앞에서 'ᆞ / 으'가 탈락하며 'ㄹ'이 앞 모음의 종성에 가서 끊어적기가 된다. 규칙 활용에 속한다.

예 다ᄅᆞ다(異), 오ᄅᆞ다(登), 니르다(謂), ᄆᆞᄅᆞ다(裁), ᄇᆡ브ᄅᆞ다(飽)

㉡ **'ㄹㄹ' 활용** : 'ᄅᆞ / 르'로 끝나는 어간이 모음 어미 앞에서 'ᆞ / 으'가 탈락하고 'ㄹ'이 끊어적기가 될 뿐 아니라, 'ㄹ'이 덧생긴다.

예 ᄲᆞᄅᆞ다(速), ᄆᆞᄅᆞ다(乾), 모ᄅᆞ다(不知)

㉢ **'그ᅀᅳ다(引)'의 활용** : 어간 'ᅀᅳ'의 모음 'ㅡ'가 탈락하고 'ㅿ'이 어간의 종성이 되어 모음 어미와 끊어적는다.

예 그ᅀᅳ + 어 → 그ᇫ어, 그ᅀᅳ + 움 → 그ᇫ움

㉣ **어간 'ㄹ'의 탈락** : 어간이 'ㄹ'로 끝나는 용언의 'ㄹ' 탈락 조건은 'ㄴ'뿐만 아니라, 'ㄷ, ㅿ' 앞에서도 탈락하고 '-시-' 앞에서는 매개 모음을 취하고 'ㄹ'이 탈락하지 않는다.

예 알 + 디 → 아디, 알 + ᅀᆞᆸ + 고 → 아ᅀᆞᆸ고, 날 + ᄋᆞ시 + 아 → ᄂᆞᄅᆞ샤(○), ᄂᆞ샤(×)

㉤ **'ㅅ' 불규칙 활용** : 어간의 'ㅅ'이 'ㅿ'으로 바뀐다.

예 짓 + 어 → 지ᅀᅥ

㉥ **'ㅂ' 불규칙 활용** : 어간의 'ㅂ'이 'ㅸ'으로 바뀌는 것으로 성종 때부터는 'ㅸ'이 소멸되어 'ㅂ'이 '오 / 우'로 바뀐다.

예 덥 + 어 → 더ᄫᅥ > 더워(성종 때)

㉦ **'ㄷ' 불규칙 활용** : 어간의 끝소리 'ㄷ'이 모음 앞에서 'ㄹ'로 바뀐다.

예 듣 + 어 → 들어

(4) 선어말 어미

① 높임의 선어말 어미

　㉠ 주체 높임의 선어말 어미 : －시－, －샤－

　　예 눌 + (으)샤 + 아 → 느르샤('아' 탈락), 가 + 샤 + 오딕 → 가샤딕('오' 탈락)

　㉡ 상대 높임의 선어말 어미 : －이－, －잇－

　　예 좁 + 으니 + 이 + 다 → 주ᄆᆞ니이다

　　예 믿 + 으니 + 잇 + 가 → 미드니잇가

　㉢ 객체 높임의 선어말 어미 … 숩, 좁, 숩

　　예 막숩거늘, 빗숩더니 / 듣좁고, 맞좁더니 / 보숩게, 안숩고

② 시간 표현의 선어말 어미

　㉠ 현재 시제

　　• 동사 어간 + －ᄂ－ 예 묻ᄂ다(묻는다)

　　• 형용사에는 특별한 형태소가 붙지 않는다. 예 제 ᄠᅳ들 시러 펴디 몯ᄒᆞᆶ 노미 하니라(많다).

　㉡ 미래 시제 : －리－ 예 더욱 구드시리이다

　㉢ 과거 시제 : 선어말 어미가 없이 과거가 표시된다. 예 네 아비 ᄒᆞ마 주그니라(죽었다).

(5) 어말 어미

① 종결 어미

구분	평서형	의문형	명령형	청유형
ᄒᆞ라체	ᄒᆞ다	ᄒᆞ녀(1인칭) / 흔다(2인칭) / 흔가(간접)	ᄒᆞ라	ᄒᆞ져
ᄒᆞ쇼셔체	ᄒᆞ이다	ᄒᆞ니잇가	ᄒᆞ쇼셔	ᄒᆞ사이다

② 연결 어미

　㉠ －ㄹ씨 : 원인을 나타낸다.

　　예 불휘 기픈 남ᄀᆞᆫ ᄇᆞᄅᆞ매 아니 뮐씨

　㉡ －관ᄃᆡ : 원인과 조건을 나타내며, 앞에는 의문사를 동반한다.

　　예 엇던 功德을 닷관ᄃᆡ 能히 이 大神通力이 이시며

　㉢ －ㄴ마ᄅᆞᆫ : '－ㄴ마는'의 뜻이다.

　　예 믈 깊고 ᄇᆡ 업건마ᄅᆞᆫ

　㉣ －디ᄫᅵ : 앞 긍정, 뒤 부정(－ㄹ지언정)을 나타낸다.

　　예 이에 든 사ᄅᆞᆷ 죽디ᄫᅵ 나디 몯ᄒᆞᄂᆞ니라

　㉤ －과뎌 : '희망'을 나타낸다.

　　예 親友ㅣ ᄃᆞ외와뎌 願ᄒᆞ시니라

　㉥ －디옷 : '－ㄹ수록'의 뜻이다.

　　예 이 하늘둘히 놉디옷 목수미 오라ᄂᆞ니

　㉦ －오ᄃᆡ : 설명, 인용을 나타낸다.

　　예 산이 이쇼ᄃᆡ 일후미 鐵圍니

③ 전성 어미

　　㉠ 명사형 어미 : −음 / −움, −기, −디
　　　　• −옴 / −움 : 현대 국어의 '(−으)ㅁ'과 같은 것으로, '−오 / −우'를 따로 분석하지 않는다.
　　　　• −디 : '어렵다, 슬ᄒ다, 둏다' 앞에서만 쓰였다. 쓰임은 '−기'와 비슷하다.
　　㉡ 관형사형 어미 : −ㄴ, −ᇙ
　　　　• 현재 : '−ᄂᆞ−' + '−ㄴ'→'논'('−ᄂᆞ−'가 선어말 어미이므로 '는'은 있을 수 없음)
　　　　• 미래형은 세조 때까지만 '−ᇙ'으로 쓰였고, 그 후에는 '−ㄹ'만 쓰였다.
　　　　• 관형사형의 명사적 쓰임
　　　　　예 다ᄋᆞᆶ 업슨 긴 ᄀᆞ르ᄆᆞᆫ 니ᅀᅥ미서 오놋다(다함이 없는 긴 강은 잇달아 흘러오는구나).

❷ 단어의 형성

(1) 파생법

① −(ᄋᆞ / 으)ㅁ … 명사화 접미사
　　예 그리(다) + ㅁ→그림, 살(다) + 옴→사룜, 열(다) + 음→여름(實)

② −이 / 의 … 형용사 어근에 붙어 명사화가 된다.
　　예 높(다) + 이→노픠, 굽(다) + 의→구

③ −이 … 동사 어근에 붙어 명사화, 형용사 어근에 붙어 부사화가 된다.
　　예 글짓(다) + 이→글지싀(명사), 높(다) + 이→노피(부사)

④ ∅(영)접사 … 명사가 특별한 접사 없이 동사로 파생된다.
　　예 ᄀᆞ물→ᄀᆞ물다, 깃→깃다(깃들이다), 븨→븨다, 신→신다, 안→안다

⑤ 어간형 부사 … 형용사 어간이 그대로 부사가 된다.
　　예 그르(誤), 바ᄅᆞ(正), ᄀᆞᆮ(如), ᄇᆞ르(飽), ᄇᆡᄇᆞ르(飽)

⑥ −ᄋᆞ− / −으− … 매개 모음과 형태가 같으나 사동 접미사로 쓰이는 일이 많다.
　　예 살(다) + ᄋᆞ→사ᄅᆞ다(살리라), 길(다) + 으→기르다

⑦ −받− > −완− … 강세 접미사
　　예 니ᄅᆞ받다 > 니ᄅᆞ왇다(일으키다), 믈리받다 > 믈리왇다(물리치다)

(2) 합성법

① 동사 어간 + 동사 어간
　　예 듣보다, 굵빗다, 빌먹다, 죽살다

② 형용사 어간 + 형용사 어간
　　예 됴쿶다('둏−'+'궂−'), 횩뎍다('횩−'+'뎍−')

출제예상문제

1 다음 중 ㉠에 대한 설명으로 옳지 않은 것은?

> 나·랏:말ᄊᆞ·미 中듕國·귁·에 달·아, 文문字·ᄍᆞ·와·로 서르 ᄉᆞᆷᆺ·디 아·니ᄒᆞᆯ·ᄊᆡ·
> 이런 젼·ᄎᆞ·로 어·린 百·ᄇᆡᆨ姓·셩·이 니르·고·져·홇·배 이·셔·도, ᄆᆞ·ᄎᆞᆷ:내
> 제·ᄠᅳ·들 시·러펴·디: 몯홇·노·미 하·니·라 내·이·ᄅᆞᆯ 爲·윙·ᄒᆞ·야:어엿·비
> 너·겨·새·로㉠·스·믈여·듧 字·ᄍᆞ·ᄅᆞᆯ ᄆᆡᇰ·ᄀᆞ노·니, :사름:마·다·히·여:수·ᄫᅵ
> 니·겨·날·로·ᄡᅮ·메便 安한·ᄒᆞ·고·져 ᄒᆞᆳᄯᆞᄅᆞ·미니·라.

① 초성은 발음기관을 상형하여 'ㄱ, ㄴ, ㅁ, ㅅ, ㅇ'을 기본자로 했다.
② 초성은 'ㆁ, ㅿ, ㆆ, ㅸ'을 포함하여 모두 17자이다.
③ 중성은 '·, ㅡ, ㅣ, ㅗ, ㅏ, ㅜ, ㅓ, ㅛ, ㅑ, ㅠ, ㅕ'의 11자이다.
④ 현대 국어에서 쓰이지 않는 문자는 'ㆁ, ㅿ, ㆆ, ·'의 4가지이다.

✔**해설** ② 순경음 'ㅸ'은 초성에 포함되지 않는다.

2 다음 중 초성의 제자원리에 알맞은 것은?

① 발음기관 상형   ② 몽고문자 모방
③ 고전(古篆) 모방   ④ 창호(窓戶) 모방

✔**해설** 1940년 경북 안동에서 '훈민정음 해례본'이 발견됨으로써 초성의 발음기관 상형설이 밝혀졌다.

구분	기본자	상형	가획자	이체자
아음	ㄱ	혀뿌리가 목구멍을 막는 모양	ㅋ	ㆁ
설음	ㄴ	혀끝이 윗잇몸에 붙는 모양	ㄷ, ㅌ	ㄹ(반설음)
순음	ㅁ	입의 모양	ㅂ, ㅍ	
치음	ㅅ	이의 모양	ㅈ, ㅊ	ㅿ(반치음)
후음	ㅇ	목구멍의 모양	ㆆ, ㅎ	

Answer 1.② 2.①

3 다음 중 훈민정음 기본자음에 해당하지 않는 것은?

① ㄱ ② ㄷ

③ ㅅ ④ ㅇ

> ✔해설 **훈민정음 기본자음** … 훈민정음 해례 제자해(訓民正音 解例 題字解)에 의하면 초성 중 기본자는 ㄱ(아음)·ㄴ(설음)·ㅁ(순음)·ㅅ(치음)·ㅇ(후음)으로, 그 자음(字音)이 나타내는 음소(音素)를 조음할 때의 발음기관의 모양을 본떴다고 하였다.
> ㉠ 아음(牙音) : ㄱ(혀뿌리가 목구멍을 막는 모양)
> ㉡ 설음(舌音) : ㄴ(혀끝이 입천장에 닿는 모양)
> ㉢ 순음(脣音) : ㅁ(입술모양)
> ㉣ 치음(齒音) : ㅅ(이빨모양)
> ㉤ 후음(喉音) : ㅇ(목구멍모양)

4 다음 글의 (　　) 안에 들어갈 문헌은?

> 세종 당시에 한글의 창제와 사용은 한자와 한문의 지위에 별다른 영향을 끼치지 않았다. 세종 또한 한 번도 한자와 한문의 권위를 부정한 적이 없었다. 세종은 도리어 중국 운서의 체계에 맞지 않는 조선 한자음을 바로잡으려는 의도 아래 (　　　　　　　　)을(를) 편찬하도록 명하였다.

① 동국정운(東國正韻) ② 홍무정운(洪武正韻)

③ 훈몽자회(訓蒙字會) ④ 사성통해(四聲通解)

> ✔해설 ① 동국정운(東國正韻) : 1448년 신숙주·최항·박팽년 등이 세종의 명을 받고 편찬 간행한 한국 최초의 운서, 6권 6책 전질로 되어 있다. 1972년 3월 2일 국보 제142호로 지정되었으며, 현재 건국대학교 박물관에 소장되어 있다. '동국정운'은 우리나라의 바른 음이라는 뜻으로, 중국의 운서인 홍무정운(洪武正韻)을 참고하여 만든 것이다. 본문의 큰 글자는 목활자, 작은 글자는 1434년(세종 16)에 만든 구리활자인 갑인자, 서문은 갑인자 대자로 기록되어 있다. 구성은 서문 7장, 목록 4장, 권1은 46장, 권2는 47장, 권3은 46장, 권4는 40장, 권5는 43장, 권6은 44장으로 구성되어 있다.
> ② 홍무정운(洪武正韻) : 중국 명나라 때의 운서. 명나라 태조(太祖) 연간인 1375년(洪武 8)에 황제의 명으로 악소봉(樂韶鳳)·송염(宋濂) 등이 편찬한 15권의 운서이다.
> ③ 훈몽자회(訓蒙字會) : 최세진이 어린이들의 한자 학습을 위하여 지은 책으로 1527년(중종 22)에 간행된 이래 여러 차례 중간되었다.
> ④ 사성통해(四聲通解) : 1517년(중종 12) 최세진이 편찬한 중국본토자음용 운서로 「홍무정운역훈(洪武正韻譯訓)」(1455)의 음계를 보충하고, 자해(字解)가 없는 신숙주(申叔舟)의 「사성통고」를 보완하기 위해 편찬되었다.

Answer 3.② 4.①

5 중세 국어의 표음주의 표기 체계상의 표현이라고 볼 수 없는 것은?

① 곳   ② 닙

③ 식미   ④ 스뭇디

> ✔해설 중세 국어의 표기는 발음 위주의 표음적 표기를 기본으로 하였다.
> ① 종성부용초성에 의한 표의적 표기
> ②④ 8종성법
> ③ 이어적기(연철)로 표음적 표기

6 다음 중 밑줄 친 낱말의 15세기 표기는?

ᄆᆞ옰히 디나 ᄃᆞ니ᄂᆞ니

① 마을   ② ᄆᆞ실

③ ᄆᆞ슬   ④ 마솔

> ✔해설 ᄆᆞ슬 > ᄆᆞ올 > ᄆᆞ을 > 마을

7 15세기 '블'로 표기했던 것이 현재 '불'로 변하였다. 이러한 음운현상은?

① 원순모음화   ② 축약

③ 이화현상   ④ 모음충돌 회피

> ✔해설 원순모음화 … 양순음(兩脣音) 'ㅂ, ㅃ, ㅍ, ㅁ' 다음에서 비원순음 'ㅡ(ㆍ)'가 원순모음으로 바뀌는 음운현상이다.
> 예 믈(水) → 물, 블(火) → 불, 플(草) → 풀
> ※ 이화현상 … 두 발음의 단조로움과 불명확함을 피하기 위하여 한 낱말 안의 같거나 비슷한 음운을 다른 음운으로 바꾸는 음운현상이다.
> 예 거붑→거북, 붚→북, 서르→서로, 소곰→소금

Answer   5.①   6.③   7.①

8 다음 중 중세어의 표기법에 의해 바르게 표기된 것은?

① 가뢰다(日)
② ㅂ사아(碎)
③ 다른아(異)
④ 일우다(成)

✔**해설** 한 형태소가 환경에 따라 달라지는 모습대로 적는 표기법을 표음적 표기라 하고, 형태소의 모습을 일정하게 고정시켜 적는 것을 표의적 표기라 한다.

※ 끊어적기와 이어적기 … 체언과 조사, 어간과 어미 등 실질형태소와 형식형태소의 연결에서 본 모습대로 적는 것을 끊어적기라 하고, 소리나는 대로 적는 것을 이어적기라 한다.
ㄱ 끊어적기(분철) : ㄱ룸 + 애 → ㄱ룸애, 먹 + 어 → 먹어
ㄴ 이어적기(연철) : ㄱ룸 + 애 → 가루매, 먹 + 어 → 머거

9 다음 중 'ㅎ' 종성체언의 형태로 보기 어려운 것은?

① 안팎
② 살코기
③ 머리털
④ 암탉

✔**해설** ③ 머리 + 털 ① 안ㅎ + 밖 ② 살ㅎ + 고리 ④ 암ㅎ + 닭

10 사성법에 대한 설명으로 옳지 않은 것은?

① 음의 높낮이를 표시하기 위한 것이다.
② 글자의 왼쪽에 점을 찍는다.
③ 의미 분화의 기능이 있다.
④ 중세 국어의 평성은 오늘날 장음이다.

✔**해설** ④ 중세 국어의 상성이 오늘날의 장음에 해당한다.

11 다음 중 어금닛소리(아음)이 아닌 것은?

① ㄱ

② ㄷ

③ ㅋ

④ ㆁ

> ✔️해설 어금닛소리(아음)에는 ㄱ(기본자), ㅋ(가획자), ㆁ(이체자)가 있다.

12 〈보기〉에서 중세 국어의 특징을 모두 고른 것은?

> 〈보기〉
> ㉠ 'ㅐ, ㅔ'는 이중 모음으로 발음되었다.
> ㉡ 이어 적기 방식이 일반적으로 사용되었다.
> ㉢ 받침에는 주로 7개의 글자만 적도록 하였다.
> ㉣ 중국어, 몽골어, 여진어에서 온 외래어가 존재했다.

① ㉠, ㉡

② ㉠, ㉢

③ ㉠, ㉡, ㉢

④ ㉠, ㉡, ㉣

> ✔️해설 중세 국어에서는 현대 국어에서는 단모음인 'ㅐ, ㅔ'가 이중 모음으로 발음되었고(㉠), '말ᄊᆞ미(말ᄊᆞᆷ + 이)', '기프니(깊- + -으니)'처럼 이어 적기 방식이 일반적으로 사용되었다(㉡). 또한 이웃 나라와 접촉하는 과정에서 중국어(예 붇[筆]), 몽골어(예 바톨[勇男]), 여진어(예 투먼[豆滿])에서 온 외래어가 사용되었다(㉣). 그러나 받침에는 주로 'ㄱ, ㄴ, ㄷ, ㄹ, ㅁ, ㅂ, ㅅ, ㆁ'의 여덟 글자를 사용하였다.(㉢)

13 다음 중 '서르 → 서로'로 변한 것과 관계없는 음운 현상은?

① 믈 → 물

② 불휘 → 뿌리

③ 거붑 → 거북

④ 즁ᄉᆡᆼ → 즘ᄉᆡᆼ → 즘승 → 짐승

> ✔️해설 '서르'가 '서로'로 변한 것은 이화·유추·강화 현상과 관계 있다.
> ① 원순모음화
> ② 강화
> ③ 이화, 강화
> ④ 즁ᄉᆡᆼ > 즘ᄉᆡᆼ(이화) > 즘승(유추) > 짐승(전설모음화)

14 다음 중 'ㅣ'모음 역행 동화가 아닌 것은?

① 져비 > 제비

② 겨시다 > 계시다

③ 겨집 > 계집

④ 둏다 > 좋다

✔해설 ④ 구개음화 현상이다.

15 다음 중 국어의 자모음 명칭을 최초로 규정한 문헌은?

① 자모변

② 훈민정음 운해

③ 동국정운

④ 훈몽자회

✔해설 훈몽자회(訓蒙字會)
ⓐ 어린이 한자 학습서
ⓑ 8종성법을 사용
ⓒ 향찰표기 음운이 실림
ⓓ 훈민정음을 '반절(反切)'이라 명명함
ⓔ 한글 자모(字母)의 명칭과 순서를 최초로 규정

16 다음 ( ) 안에 알맞은 어형은?

| 즁싱 > ( ) > 즘승 > 짐승 |

① 즁싱

② 즘싱

③ 즘싱

④ 즘슴

✔해설 • 즁싱 → 즘싱(이화, 강화)
• 즘싱 → 즘승(유추현상)
• 즘승 → 짐승(전설모음)

17 훈민정음 창제의 의의는?

① 표음문자의 창안

② 성리학 이론의 도입

③ 국어의 전면적 문자화

④ 자음과 모음의 분리

> ✔️ 해설 표음문자란 말의 소리를 기호로 나타낸 글자를 말하는데, 표음문자의 창안을 통해 언어와 문자를 통일시켜 백성들이 쉽게 문자생활을 하게 되었다.

18 16세기 국어의 특징이 아닌 것은?

① 모음조화현상이 현저히 문란해졌다.

② 'ㅿ'은 소멸되고 'ㆁ'은 사용되었다.

③ 성조체계는 잘 지켜졌다.

④ 끊어적기와 혼철이 자주 나타난다.

> ✔️ 해설 ③ 성조는 15세기에만 지켜지고 성종판 '두시언해' 이후 소멸한다.
> ※ 16세기 국어의 특징
> ㉠ 음운상의 특징
> • 'ㆍ'음가의 동요로 인해 모음조화가 문란해졌다.
> • 'ㄱ' 탈락현상이 없어지기 시작하였다.
> • 된소리되기와 거센소리되기가 증가하였다.
> ㉡ 표기상의 특징
> • 성조를 표시하는 방점을 사용하였지만, 성조는 16세기에 거의 사라졌다.
> • 받침규정으로는 '8종성법'이 중심이 되었다.
> • 표음적 표기와 표의적 표기가 혼용되었다.
> ㉢ 문법상의 특징
> • 선어말어미 '-오-/-우-'가 쓰이는 경우가 줄어들었다.
> • 명사형 어미 '-옴/-움'의 사용이 규칙성을 잃었다

Answer 17.① 18.③

19 다음은 자음을 분류한 것이다. 이 중 옳지 않은 것은?

① 치음 — ㆆ, ㆅ, ㅇ

② 이음 — ㄱ,ㅋ, ㄲ, ㆁ

③ 설음 — ㄷ,ㅌ, ㄸ,ㄴ

④ 순음 — ㅂ,ㅍ,ㅃ,ㅁ

✔해설 ① 'ㆆ, ㆅ, ㅇ'은 목구멍 소리인 '후음'에 해당한다.

20 다음 〈보기〉에서 설명하는 표기 변화와 관련한 국어의 시기로 적절한 것은?

〈보기〉

'ㅂ'계, 'ㅄ'계 어두 자음군이 사라지면서 된소리로 바뀌었다.

예) ᄢᅢ > ᄶᅢ(때), ᄠᅳᆮ > ᄯᅳᆮ(뜻)

① 고대국어

② 중세국어

③ 근대국어

④ 현대국어

✔해설 근대 국어로 오면서 어두 자음군이 사라지며 된소리로 바뀌게 된다.

21 다음 고어 중 그 뜻의 연결이 옳은 것은?

① 말 : 馬

② 믈 : 물(水)

③ ᄒᆞ다 : 많다

④ 마히 : 장마

✔해설 ① 물 : 말(馬), 말 : 말씀(言)

② 믈 : 물(水), 물 : 무리(衆)

③ ᄒᆞ다 : 하다(爲), 하다 : 많다(多)

CHAPTER 04 현대 문학

01 문학의 이해

❶ 문학의 본질과 특성

(1) 문학의 본질

① **언어 예술** … 문학은 언어를 표현 매체로 하며 동시에 그것을 예술적으로 가다듬은 것이어야 한다.

② **개인 체험의 표현** … 개인의 특수한 체험이면서, 인류의 보편적 삶과 합일하는 체험이어야 한다.

③ **사상과 정서의 표현** … 미적으로 정화되고 정서화된 사상의 표현만이 문학이 될 수 있다.

④ **상상의 세계** … 작가의 상상에 의해 허구화된 세계의 표현이다.

⑤ **통합된 구조** … 모든 요소들이 유기적으로 결합되어 하나의 작품이 이루어진다.

(2) 문학의 갈래

① **언어 형태에 따른 갈래**
　　㉠ 운문 문학 : 언어에 리듬감을 부여하여 정서적 · 감성적인 효과를 가져 오는 문학이다.
　　㉡ 산문 문학 : 언어에 리듬감이 없는 산문으로 된 문학이다.

② **언어의 전달 방식에 따른 갈래**
　　㉠ 구비 문학 : 문자라는 기록 수단이 발명되기 이전에 입에서 입으로 전해진 문학이다.
　　㉡ 기록 문학 : 구비 문학을 기록하는 것에서 출발하여 본격적인 개인의 창의가 반영되는 문학이다.

③ **표현 양식에 따른 갈래**
　　㉠ 3분법 : 서정 양식('시'가 대표적), 서사 양식('소설'이 대표적), 극 양식('희곡'이 대표적)
　　㉡ 4분법 : 시, 소설, 수필, 희곡

❷ 문학 작품의 해석

(1) 문학 이해의 여러 관점

① **문학 자체를 중시하는 관점** … 문학 작품을 이루는 여러 가지 외적 요소를 가급적으로 배제하고, 문학 작품 자체의 예술성을 밝히는 데 관심을 둔다.
> **예** 형식주의, 구조주의, 신비평

② **주체를 중시하는 관점** … 문학 행위의 적극적·소극적 주체로서의 작가와 독자에 중심을 둔다.
> **예** 표현주의, 심리학적 비평, 수용미학 등

③ **현실을 중시하는 관점** … 문학의 표현 대상인 현실에 주안점을 두는 문학 이해의 방법으로, 문학은 현실의 반영물이라는 것이 기본 전제를 이룬다.
> **예** 역사주의 비평, 현실주의 비평, 문학 사회학 등

(2) 문학 작품 이해의 실제 방법

① **생산론적 관점(표현론)** … 작품을 생산자인 작가의 체험과 밀접하게 관련시켜 해석하는 관점을 말한다.
> **예** 1920년대 초기 시들과 모더니즘 시에 애수와 비애가 나타나는 것은 작가들이 겪은 식민지 시대의 역사적 경험에서 비롯된다.

② **수용론적 관점(효용론)** … 작가가 제시한 예술적 체험과 수용자의 일상적 경험이 맺고 있는 관계를 중심으로 작품을 해석하고, 작품을 대하는 독자의 수용 양상을 중시하는 관점을 말한다.
> **예** 박지원의 허생전을 읽고 허생의 진취적이고 진보적인 세계관에 대해 긍정적인 동의를 하는 반면, 허생이 축재를 하는 과정에서 보여 주었던 건전하지 못한 상행위를 현재의 관점에서 비판할 것이다. 이러한 과정을 통해 독자는 삶에 대한 새로운, 혹은 더욱 명확한 자신의 인식을 획득하게 된다.

③ **반영론적 관점(모방론)** … 작품에 나타난 현실과 실제의 현실이 맺고 있는 관련성에 초점을 맞추는 해석 방법을 말한다.
> **예** 윤동주의 시에는 식민지 시대의 고통이 뚜렷이 반영되어 있으므로 1940년 전후의 역사적 상황과 관련시켜 이해하여야 한다.

④ **구조론적 관점(절대주의론)** … 작품을 구성하는 부분들의 상호 관계를 통해 전체의 의미를 해석하는 방법으로, 그 상호 관계는 언어의 결합 방식인 구조적 특성을 중요시한다.
> **예** '고향'이라는 단어는 대개 어린 시절을 보낸 지역이며, 그리움의 대상으로 받아들여진다. 그러나 현진건의 고향에서는 고향의 개념이 식민지 지배로 인해 철저하게 파괴된 세계로 인식되고 평가되고 있다.

⑤ **종합주의적 관점** … 인간의 모든 면을 다루고 있는 문학의 세계는 어느 하나의 관점으로 설명될 수 없을 만큼 깊고 복잡한 것이기 때문에 다각도에서 총체적으로 접근하려는 관점이다.

02 시

① 시의 기초

(1) 시의 특징

① 시는 대표적인 언어 예술이며, 압축된 형식미를 갖추고 있다.

② 시에는 운율이 있으며 시는 사상과 정서를 표현한 창작 문학이다.

③ 시는 심상, 비유, 상징 등에 형상화되고, 시인의 은밀한 독백으로 '엿듣는 문학'이다.

④ 시는 작품의 문맥에 의해 그 의미가 파악되는, 언어의 내포적 기능에 의존한다.

(2) 시의 갈래

① **형식상 갈래** … 정형시, 자유시, 산문시

② **내용상 갈래** … 서정시, 서사시, 극시

③ **성격상 갈래** … 순수시, 사회시(참여시)

④ **주제에 따른 갈래** … 주정시, 주지시, 주의시

② 시의 구성 요소

(1) 시의 운율의 갈래

① **외형률** : 시어의 일정한 규칙에 따라 생기는 운율로 시의 겉모습에 드러난다.
  - ㉠ **음수율** : 시어의 글자 수나 행의 수가 일정한 규칙을 가지는 데에서 오는 운율(3 · 4조, 4 · 4조, 7 · 5조 등)이다.
  - ㉡ **음위율** : 시의 일정한 위치에 일정한 음을 규칙적으로 배치하여 만드는 운율(두운, 요운, 각운)이다.
  - ㉢ **음성률** : 음의 길고 짧음이나, 높고 낮음, 또는 강하고 약함 등을 규칙적으로 배치하여 만드는 운율이다.
  - ㉣ **음보율** : 우리 나라의 전통시에서 발음 시간의 길이가 같은 말의 단위가 반복됨으로써 생기는 음의 질서(평시조 4음보격, 민요시 3음보격)이다.

② **내재율** : 일정한 규칙이 없이 각각의 시에 따라 자유롭게 생기는 운율로, 시의 내면에 흐르므로 겉으로는 드러나지 않는다.

(2) 시의 언어

① 시어는 비유와 상징에 의한 함축적 · 내포적 의미로 사용하며, 다의성과 모호성을 가진다.

② 시어는 주관적 · 간접적 · 비약적 특성을 가지며, 과학적 언어와는 크게 다르다.

③ 시어는 운율, 이미지, 어조에 크게 의존한다.

❸ 시의 표현

(1) 비유(比喩, metaphor)

말하고자 하는 사물이나 의미를 다른 사물에 빗대어 표현하는 방법으로 직유법, 은유법, 의인법, 풍유법, 대유법 등이 사용된다.

(2) 상징(象徵, symbol)

① 상징은 일상 언어의 상징보다 더 함축적이고 암시적이다.

② 비유에서는 원관념 … 보조 관념은 1 : 1의 유추적 관계를 보이지만 상징에서는 1 : 다수의 다의적 관계이다.

③ 상징의 갈래

    ㉠ 관습적 상징(고정적 · 사회적 · 제도적 상징) : 일정한 세월을 두고 사회적 관습에 의해 공인되고 널리 보편화된 상징을 말한다.

    ㉡ 개인적 상징(창조적 · 문화적 상징) : 관습적 상징을 시인의 독창적 의미로 변용시켜 문화적 효과를 얻는 상징을 말한다.

(3) 시의 심상(心象)

① 심상(이미지, image)의 뜻 … 심상은 시어에 의해 마음 속에 그려지는 감각적인 모습이나 느낌을 말한다.

② 심상의 갈래

    ㉠ 시각적 심상 : 색깔, 모양, 명암, 동작 등의 눈을 통한 감각적 표현을 말한다.

    ㉡ 청각적 심상 : 귀를 통한 소리의 감각적 표현을 말한다.

    ㉢ 후각적 심상 : 코를 통한 냄새의 감각적 표현을 말한다.

    ㉣ 촉각적 심상 : 살갗을 통한 감촉의 감각적 표현을 말한다.

    ㉤ 미각적 심상 : 혀를 통한 맛의 감각적 표현을 말한다.

    ㉥ 공감각적 심상 : 두 개 이상의 감각이 결합되어 표현되는 심상을 말한다.

03 소설

① 소설의 본질과 갈래

(1) 소설의 본질

① 소설의 정의 … 현실 세계에 있음직한 일을 작가의 상상에 따라 꾸며낸 이야기로, 독자에게 감동을 주고 인생의 진리를 나타내는 산문 문학이다.

② 소설의 특징 … 산문성, 허구성, 예술성, 진실성, 서사성, 모방성

(2) 소설의 갈래

① 길이상 갈래 … 원고지의 매수 및 구성방식에 따라 장편 소설, 중편 소설, 단편 소설, 콩트로 구분한다.

② 성격상 갈래

　ⓐ 순수 소설 : 작품의 예술성을 추구하는 본격 소설로 예술적 가치 이외의 것은 거부한다.

　ⓑ 목적 소설 : 예술적 기교보다는 작품 내용의 효용성, 정치적 목적성 등을 더 중시한다.

　ⓒ 대중(통속) 소설 : 남녀의 사랑이나 사건 중심으로 쓴 흥미 본위의 소설로 상업성을 추구하며 예술성보다는 쾌락성이나 효용성을 더 중시한다.

② 소설의 구성과 시점

(1) 소설의 구성(plot)

① 구성의 5단계 … 발단 → 전개 → 위기 → 절정 → 결말

② 구성의 유형

　ⓐ 단순 구성 : 단일한 사건으로 구성되며, 주로 단편 소설에 쓰인다. 통일된 인상, 압축된 긴장감을 나타내는 구성 방법이다.
　　예 주요섭의 사랑 손님과 어머니, 이효석의 메밀꽃 필 무렵

　ⓑ 복합 구성 : 둘 이상의 사건이 복잡하게 짜여져 구성되며, 주로 중편 소설이나 장편 소설에 쓰인다.
　　예 염상섭의 삼대, 박경리의 토지

　ⓒ 액자식 구성 : 소설(外話) 속에 또 하나의 이야기(內話)가 포함되어 있는 구성이다.
　　예 황순원의 목넘이 마을의 개, 이문열의 사람의 아들

　ⓓ 피카레스크식 구성 : 독립할 수 있는 여러 개의 사건이 인과 관계에 의한 종합적 구성이 아니라 산만하게 나열되어 있는 연작 형식의 구성이다.
　　예 보카치오의 데카메론, 조세희의 난장이가 쏘아올린 작은 공

(2) 소설의 시점

① **1인칭 주인공(서술자) 시점** … 주인공인 '나'가 자신의 이야기를 서술하는 시점으로 주관적이다.
　　㉠ 서술자와 주인공이 일치하여 등장 인물의 내면 세계를 묘사하는 데 효과적인 시점이다.
　　㉡ 독자에게 신뢰감과 친근감을 주며 이야기에 신빙성을 부여하지만, 객관성을 유지하기는 어렵다.
　　㉢ 고백 소설, 성장 소설, 일기체 소설, 심리 소설 등에 나타난다.

② **1인칭 관찰자 시점** … 등장 인물(부수적 인물)인 '나'가 주인공에 대해 이야기하는 시점으로 객관적인 관찰을 통해서 이루어진다.
　　㉠ '나'는 관찰자일 뿐이며 작품 전편의 인물의 초점은 주인공에게 있다.
　　㉡ '나'의 눈에 비친 외부 세계만을 다루어 '나'가 주인공의 모습과 행동을 묘사할 뿐 주인공의 내면은 알 수 없다.

③ **3인칭(작가) 관찰자 시점** … 서술자의 주관을 배제하는 가장 객관적인 시점으로 서술자가 등장 인물을 외부 관찰자의 위치에서 이야기하는 시점이다. 사건을 객관적으로 묘사하는 데 효과적이며, 서술자와 주인공의 거리가 가장 멀다.

④ **전지적 작가 시점** … 서술자가 인물과 사건에 대해 전지전능한 신의 입장에서 이야기하는 시점으로, 작중 인물의 심리를 분석하여 서술한다.
　　㉠ 서술자의 광범위한 참여로 독자의 상상적 참여가 제한된다.
　　㉡ 작가의 사상과 인생관이 직접 드러나며, 장편 소설에 주로 쓰인다.
　　㉢ 등장 인물의 운명까지 알 수 있으며, 아직 등장하지 않은 인물까지도 묘사한다.

❸ 소설의 인물

(1) 인물의 유형

① **평면적 인물** … 작품 속에서 처음부터 끝까지 성격이 일정한 인물이다.

② **입체적 인물** … 한 작품 속에서 성격이 발전하고 변화하는 인물이다.

③ **전형적 인물** … 사회의 어떤 집단이나 계층을 대표하는 인물이다.

④ **개성적 인물** … 개인으로서 독자적 성격과 개성을 지닌 인물이다.

⑤ **주동적 인물** … 작품의 주인공이자 사건의 주체로서 소설의 이야기를 이끌며 주제를 부각시키는 긍정적 성격의 인물이다.

⑥ **반동적 인물** … 작품 속에서 주인공의 의지, 행위에 대립하여 갈등을 일으키는 부정적 성격의 인물이다.

(2) 인물의 제시 방법

① **직접적 방법** … 작중 화자가 직접 설명하는 방법으로 해설적 방법, 또는 분석적 방법이라고도 한다. 이 방법은 작가의 견해 제시가 용이하나 추상적 설명이 되기 쉬우며, 전지적 작가 시점의 소설이나 고대 소설에서 많이 사용한다.

② **간접적 방법** … 인물의 말이나 행동 등을 보여줌으로써 묘사하는 방법으로 극적 방법이라고도 한다. 이 방법은 인물의 성격이 생생하게 드러나고 독자와의 거리가 좁혀지며, 작가 관찰자 시점의 소설이나 현대 소설에서 많이 사용된다.

(3) 인물과 갈등

① **내적 갈등** … 주인공과 환경, 상황 및 심리 의지의 대립으로 한 인물의 내면에서 일어나는 심리적 갈등을 말한다.

② **외적 갈등**
　　㉠ 주인공과 대립적 인물의 갈등(개인과 개인의 갈등)
　　㉡ 주인공과 사회적 환경의 갈등(개인과 사회의 갈등)
　　㉢ 개인이 운명적으로 겪는 갈등(개인과 운명의 갈등)

04 수필

❶ 수필의 본질과 갈래

(1) 수필의 본질

① **수필의 정의** … 인생이나 자연의 모든 사물에서 보고 듣고 느낀 것이나 경험한 것을 형식상의 제한이나 내용상의 제한을 받지 않고 붓 가는 대로 쓴 글이다.

② **수필의 특징**
　　㉠ 개성적인 문학 : 작가의 심적 상태, 개성, 취미, 지식, 인생관 등이 개성 있는 문체로 드러나 보이는 글이다.
　　㉡ 무형식의 문학 : 짜임에 제약이 없고 다른 문장 형식을 자유로이 이용할 수 있다.
　　㉢ 제재의 다양성 : 인생이나 사회, 역사, 자연 등 세상의 모든 일이 제재가 될 수 있다.
　　㉣ 비전문적인 문학 : 작가와 독자가 전문적인 지식이나 훈련을 필요로 하지 않는 글이다.
　　㉤ 체험과 사색의 문학 : 글쓴이의 생활이나 체험, 생각이나 느낌을 솔직하게 서술한 글이다.
　　㉥ 자기 표현의 글 : 작가의 인생관이나 사상, 감정을 잘 드러낸다.

(2) 수필의 갈래

① 진술 방식(유형)에 따른 갈래

    ㉠ **교훈적 수필** : 필자의 오랜 체험이나 깊은 사색을 바탕으로 교훈적인 내용을 담은 수필을 말한다.

    ㉡ **희곡적 수필** : 필자 자신이나 다른 사람이 체험한 어떤 사건을 생각나는 대로 서술하되, 그 사건의 내용 자체에 극적인 요소들이 희곡적으로 이루어지는 수필을 말한다.

    ㉢ **서정적 수필** : 일상 생활이나 자연에서 느끼고 있는 감상을 솔직하게 주정적 · 주관적으로 표현하는 수필을 말한다.

    ㉣ **서사적 수필** : 인간 세계나 자연계의 어떤 사실에 대하여 대체로 필자의 주관을 개입시키지 않고, 객관적으로 서술하는 수필을 말한다.

② 주제의 범위에 따른 갈래

    ㉠ **경수필**(miscellany, 비형식적 수필, 인포멀 에세이) : 우리가 보는 보통의 수필처럼 정서적인 경향을 띠는 수필로 개성적이고 체험적이며 예술성을 내포한 예술적인 글이다.

    ㉡ **중수필**(essay, 형식적 수필, 포멀 에세이) : 가벼운 논문처럼 지적이며 논리적이고 객관적인 경향을 띠는 수필을 말한다.

③ 내용에 따른 갈래

    ㉠ **사색적 수필** : 철학적 사색이나 명상을 다룬다.

    ㉡ **묘사적 수필** : 대상을 있는 그대로 객관적으로 묘사한다.

    ㉢ **담화적 수필** : 항간에 떠도는 이야기를 작가의 관점으로 진술한다.

    ㉣ **비평적 수필** : 예술 작품에 대하여 자기의 의견 중심으로 쓴다.

    ㉤ **기술적 수필** : 작가의 주관, 인상, 기호 등을 배제하고 순수한 사실을 있는 그대로 진술한다.

    ㉥ **연단적 수필** : 연설문은 아니지만 연설문의 형식을 빌어 설득적인 어조로 쓴다.

❷ 수필의 구성 요소

(1) 수필의 구성 요소

주제, 제재, 구성, 문체로 구성된다.

(2) 수필의 구성 방법

① **단계식 구성** … 3단 구성 서두[도입], 본문[전개], 결말이 있고, 4단 구성은 기, 승, 전, 결이다.

② **전개식 구성** … 시간적 구성과 공간적 구성이 있고 기행 수필이나 서사적 수필의 전개 방법이다.

③ **열거식(병렬식) 구성** … 수필의 각 부분에 논리적인 연관성이 없을 때 구성하는 방법이다.

④ **극적 구성** … 소설, 희곡의 구성 원리를 이용해 서사적 사건의 박진감을 도모하는 구성이다.

① 희곡

(1) 희곡의 본질

① 희곡의 정의 … 연극의 대본으로 산문 문학의 한 갈래이면서 동시에 연극의 한 요소가 된다.

② 희곡의 특징

  ㉠ 무대 상연의 문학 : 희곡은 무대 상연을 전제로 한 문학, 즉 연극의 각본이다.

  ㉡ 행동의 문학 : 희곡에서의 행동은 압축과 생략, 집중과 통일이 이루어져야 하며, 배우의 연기에 의해 무대에서 직접 형상화된다.

  ㉢ 대사의 문학 : 소설에서는 마음껏 묘사와 설명을 할 수 있지만, 희곡에서는 오직 극중 인물의 대사와 행동만으로 이루어진다.

  ㉣ 현재화된 인생을 보여 주는 문학이다.

  ㉤ 내용이 막(幕, act)과 장(場, scene)으로 구분되는 문학이다.

  ㉥ 시간적 · 공간적 제약을 받는 문학이다.

  ㉦ 의지의 대립 · 갈등을 본질로 하는 문학이다.

③ 희곡의 구성 요소

  ㉠ 형식적 구성 요소 : 해설, 지문, 대사

  ㉡ 내용적 구성 요소 : 인물, 행동, 주제

(2) 희곡의 갈래

① 내용에 따른 갈래

  ㉠ 희극(喜劇, Comedy) : 인생의 즐거운 면을 내용으로 하는 희곡으로, 기지, 풍자, 해학의 수법으로 세태를 표현하는 골계미가 있다. 지적이며 행복한 결말을 맺는다.

    예 몰리에르의 수전노, 셰익스피어의 말괄량이 길들이기

  ㉡ 비극(悲劇, Tragedy) : 인생의 불행한 면을 내용으로 하는 희곡으로 처음부터 비극을 예감하게 하는 비극적 성격자를 주인공으로 하여 불행하게 끝맺는다.

    예 소포클레스의 오이디프스왕, 셰익스피어의 햄릿 · 리어왕 · 맥베드 · 오델로, 아더 밀러의 세일즈맨의 죽음

  ㉢ 희비극(喜悲劇, Tragicomedy) : 비극과 희극이 합쳐진 극으로 대체로 처음에는 비극적으로 전개되나 작품의 전환점에 이르러 희극적인 상태로 전환되는 것이 많다.

    예 셰익스피어의 베니스의 상인

② 장·막에 따른 갈래

　　㉠ 단막극 : 1막으로 끝나는 희곡

　　㉡ 장막극 : 2막 이상으로 끝나는 희곡

③ 창작 의도에 따른 갈래

　　㉠ 창작 희곡(Original Drama) : 무대 상연을 목적으로 창작한 희곡이다.

　　㉡ 각색 희곡 : 소설, 시나리오 등을 기초로 각색한 희곡이다.

　　㉢ 레제드라마(Lese Drama) : 무대 상연을 목적으로 하지 않고, 읽히기 위한 목적으로 쓴 희곡이다.

❷ 시나리오

(1) 시나리오의 특징

① 화면에 의하여 표현되므로 촬영을 고려해야 하고, 특수한 시나리오 용어가 사용된다.

② 주로 대사로 표현되며 시간적·공간적 배경의 제한을 적게 받는다.

③ 등장 인물의 수에 제한을 받지 않는다.

④ 시퀀스(sequence)나 화면(cut)과 장면(scene)을 단위로 한다.

⑤ 직접적인 심리 묘사가 불가능하고, 장면과 대상에 의하여 간접적으로 묘사된다.

(2) 시나리오의 용어

① S#(Scene Number) : 장면 번호

② W.O.(Wipe Out) : 한 화면의 일부가 닦아내는 듯이 없어지면서 다른 화면이 나타나는 수법

③ NAR(Narration) : 해설

④ M.(Music) : 효과 음악

⑤ E.(Effect) : 효과음

⑥ O.L.(Over Lap) : 한 장면 위에 다음 장면이 겹치면서 장면이 전환되는 것

⑦ F.I.(Fade In) : 어두운 화면이 점점 밝아지는 것

⑧ PAN(Panning) : 카메라를 상하 좌우로 이동하는 것

⑨ C.U.(Close Up) : 어떤 인물이나 장면을 크게 확대하여 찍는 것

⑩ D.E.(Double Exposure) : 하나의 화면에 다른 화면이 겹쳐서 이루어지는, 이중 노출법에 의한 합성 화면

출제예상문제

1 다음 중 문학의 본질에 대한 설명으로 옳지 않은 것은?

① 문학의 표현 수단은 언어이다.

② 작가의 상상에 의해 재창조된 세계의 표현이다.

③ 민담이나 민요는 문학의 범주에 포함되지 않는다.

④ 개인의 체험을 함축적으로 표현한다.

> ✔**해설** ③ 문학은 '언어'를 사용하여 표현하는 예술 양식으로 '문자'로 나타내는 기록문학과 '말'로 나타내는 구비문학을 포함한다.

2 다음 중 문학의 3대 특성과 거리가 먼 것은?

① 항구성(恒久性) ② 창조성(創造性)

③ 개성(個性) ④ 보편성(普遍性)

> ✔**해설** 문학의 3대 특성
> ㉠ 항구성(역사성) : 문학은 시대를 초월한 인간의 정서를 표현하므로 영원한 생명력을 갖는다.
> ㉡ 보편성(일반성) : 문학은 인간의 보편적 정서를 표현하기 때문에 시간과 공간을 초월하여 보편적 감동을 준다.
> ㉢ 개성(특수성) : 문학은 특수하고 주관적인 체험의 표현으로 개성적이고 독창적이다.

3 다음 중 초현실주의 작가와 작품을 바르게 연결한 것은?

① 이상(李箱)의 「날개」 ② 김동인의 「배따라기」

③ 현진건의 「운수 좋은 날」 ④ 염상섭의 「표본실의 청개구리」

> ✔**해설** 초현실주의 … 프로이드의 정신분석학의 영향으로, '자동 기술법'을 바탕으로 하여 무의식의 세계를 표출하려는 경향이다. 대표작에 제임스 조이스의 「율리시스」, 버지니아 울프의 「세월」, 마르셀 프루스트의 「잃어버린 시간을 찾아서」, 이상의 「날개」 등이 있다.
> ② 낭만주의 ③ 사실주의 ④ 자연주의

Answer 1.③ 2.② 3.①

4 다음에 나타난 작품 감상의 관점으로 가장 옳은 것은?

> 이 소설의 서술자인 성인 '나'는 주로 세 가지 서술방식을 활용한다. 첫째는 서술자가 등장인물의 내면 심리나 사건을 설명하는 것이다. 이 경우 독자는 서술자의 해석을 통해 사건을 이해하게 된다. 둘째는 서술자가 인물의 외양이나 행위만을 묘사하는 것이다. 이 경우 독자는 그 묘사가 갖는 의미를 스스로 해석해야 한다. 셋째는 서술자가 유년 '나'로 시선을 제한하여 유년 '나'의 눈에 보이는 다른 인물의 외양이나 행위를 묘사하는 것이다. 이 경우 독자는 사건의 현장을 직접 보는 듯한 느낌을 가질 수 있으며, 둘째 방식에서처럼 그 묘사에 대해 해석해야 한다. 셋째 방식에 유년 '나'의 심리가 함께 서술되면 독자는 인물의 심리에 쉽게 공감하게 된다.

① 반영론적 관점　　　　　　　　　　② 효용론적 관점
③ 표현론적 관점　　　　　　　　　　④ 절대론적 관점

> **✔해설** 절대론적 관점은 내재적 관점으로 문학 작품의 외재적 요인들은 배제한 채, 작품의 언어적 특징, 갈등 구조, 비유, 문체, 정서 따위의 내재적 요소들에 근거하여 해석하는 관점이다. 제시된 내용은 서술자가 작품의 내용을 전개해 나가는 서술방식에 대한 감상이므로 내재적 관점에 해당한다.

5 다음 중 문학 비평에서 빠지기 쉬운 오류와 관계없는 것은?

① 문학 작품 자체가 중요한 것이지 독자의 판단이나 심리적 반응은 연구에 도움이 되지 않는다.
② 문학 연구대상이 되는 작품은 작가가 쓸 당시의 상태로 온전히 보존되어 있는 것만은 아니다.
③ 작품에 창조된 세계를 현실의 특정 대상과 결부시켜 작자의 인생사에서 근원을 찾으려 한다.
④ 작가의 의도를 쉽게 알 수 없고 작품의 의도나 작가의 의도가 합치되지 않는 것은 배제한다.

> **✔해설** ② 원전 비평의 전제에 해당한다.
> ① 감정의 오류 : 독자의 감정은 상대적이므로 작품의 진정한 의미와 일치하지 않는데도 독자 중심으로 작품을 이해할 때 생기는 오류이다.
> ③ 메시지 및 제재에 대한 선입관 : 작품에 창조된 세계를 현실의 특정 대상과 결부시키거나 작가의 인생사에서 작품 해석의 근원을 찾으려는 오류이다.
> ④ 의도의 오류 : 작가가 의도한 그대로 작품에 반영되지 않는데도 작가 중심으로 작품을 이해할 때 생기는 오류이다.

Answer　4.④　5.②

6 다음 중 시의 특성과 관계없는 것은?

① 정서화된 사상을 다룬다.　　　　② 압축, 절제된 언어로 표현된다.

③ 내면적 정서의 객관적 제시이다.　④ 언어의 음악성과 회화성에 의존한다.

> ✔해설 ③ 시의 정서는 주관적이다.
> ※ 시의 특성
> 　　㉠ 대표적인 언어 예술이다.
> 　　㉡ 운율이 있다.
> 　　㉢ 사상과 정서를 표현한 창작 문학이다.
> 　　㉣ 압축된 형식미를 갖추고 있다.
> 　　㉤ 심상, 비유, 상징 등에 의해 형상화된다.
> 　　㉥ 시인의 은밀한 독백으로 '엿듣는 문학'이다.
> 　　㉦ 작품의 문맥에 의해 그 의미가 파악되는, 언어의 내포적 기능에 의존한다.

7 다음 중 시의 '상징'에 대한 설명으로 옳지 않은 것은?

① 보조 관념 자체가 독립한 것이다.

② 대상과 대상의 유추 관계에서 성립한다.

③ 작가가 문학 작품에서 만들어낸 상징을 창조적 상징이라고 한다.

④ 어떤 사물이 그 자체의 의미를 유지하면서 보다 포괄적인 다른 의미까지 띠는 현상이다.

> ✔해설 ② 대상과 대상의 유추 관계가 성립하는 것은 비유이다.

8 다음 중 시의 이미지(심상)가 지니는 특성과 가장 관계 깊은 것은?

① 사실적　　　　　　　　　② 지시적

③ 감각적　　　　　　　　　④ 추상적

> ✔해설 시의 이미지(심상) … 시의 언어를 통해 어떤 대상이 마음속에 재생되어 떠오르는 영상(형상)을 말한다. 구체적 · 감각적 · 시각적 특징이 있다.

Answer　6.③　7.②　8.③

9 다음 중 시어의 함축적 의미가 지니는 특성이 아닌 것은?

① 대상의 지시

② 암시적 의미

③ 새로운 의미

④ 정서적 효과

✔해설 ① 일상 언어의 주된 기능이다.

※ 시어의 함축적 의미 … 시어가 풍기는 분위기, 다의성, 비유적·상징적 의미 등을 포함한 개념으로, 언어의 기본적인 의미를 넘어서서 시의 문맥 속에서 새롭게 갖게 된 의미를 뜻한다.

10 소설의 특징에 대한 다음 설명 중 옳지 않은 것은?

① 역사 소설은 역사적 사실의 기록이다.

② 개연성 있는 사건을 제시하여 감동을 준다.

③ 모든 소설은 작가가 꾸며낸 가공의 세계이다.

④ 예술미와 형식미를 지닌 창조적인 언어 예술이다.

✔해설 ① 역사 소설은 역사적 사건이나 인물, 풍속 등 사실(史實)을 제재로 구성한 허구적인 이야기이다.

11 다음 중 소설의 배경의 기능과 관계없는 것은?

① 분위기를 형성한다.

② 사건에 진실성을 부여한다.

③ 인물의 의식 형성에 영향을 준다.

④ 인물 사이의 갈등, 사건의 전개를 담당한다.

✔해설 ④ 소설의 요소 중 구성에 대한 설명이다.

※ 배경의 기능
㉠ 사건의 전개와 인물의 행동에 생동감, 사실성(reality)을 부여한다.
㉡ 작품의 분위기를 조성한다.
㉢ 배경 자체가 상징적 의미로 주제를 암시하기도 한다.
㉣ 사건 전개의 기본 바탕을 제공함과 동시에 인물의 행동과 사건 전개의 제약 조건이 되기도 한다.
㉤ 배경은 주로 묘사와 서술에 의해 제시된다.

Answer 9.① 10.① 11.④

12 소설의 시점 중 작자와 작중 인물과의 거리가 가장 먼 것은?

① 1인칭 주인공 시점

② 1인칭 관찰자 시점

③ 3인칭 관찰자 시점

④ 전지적 작가 시점

✔해설 ③ 3인칭(작가) 관찰자 시점은 작가가 인물에 개입하여 설명, 분석, 해석할 수 없다.

13 다음 중 단편 소설의 특징이 아닌 것은?

① 근대 서사 문학을 대표한다.

② 주제와 사상성에 역점을 둔다.

③ 전체를 알 수 있는 인생의 한 단면을 보여 준다.

④ 단일한 주제, 구성, 문체로 단일한 효과를 거둔다.

✔해설 ② 주제와 사상성은 중편 소설, 장편 소설에서 중시된다.

14 다음 중 수필의 특성과 관계없는 것은?

① 글쓴이의 개성이 드러난다.

② 형식이 다양하므로 질서가 없다.

③ 여유 있는 마음에서 생겨나는 문학이다.

④ 일상적으로 자주 쓰는 언어를 사용한다.

✔해설 ② 수필은 주제가 있는 문학이며 나름대로의 체계와 방향을 가지고 있다.

Answer 12.③ 13.② 14.②

15 다음과 같은 성격을 가진 수필은?

> 논리적인 사고에 의해 쓰여진 글로 객관적이고 사회성이 강한 시사성 글이다. 서정적이지 못하여 딱딱한 느낌이 강하며 독자들로 하여금 이야기와 재미를 유발시키기 보다는 교훈적인 측면과 교육적인 성격이 크게 작용한다.

① 나도향의 「그믐달」
② 김소운의 「가난한 날의 행복」
③ 피천득의 「인연」
④ 김종칠의 「간디의 물레」

> **✔해설** ④ 중수필
> ①②③ 경수필

16 다음 중 성격이 다른 수필은?

① 피천득의 「인연」
② 몽테뉴의 「수상록」
③ 김태길의 「글을 쓴다는 것」
④ 김소운의 「가난한 날의 행복」

> **✔해설** ③ 김태길의 「글을 쓴다는 것」은 중수필로 글쓰기가 가지는 덕성, 자신의 글쓰기 체험, 글쓰는 이가 주의해야 할 점들을 간결한 문체로 서술한 글이다.
> ①②④ 우리가 보는 보통의 수필처럼 정서적인 경향을 띠는 경수필로 개성적이고 체험적이며 예술성을 내포한 예술적인 글이다.

17 다음 중 수필이 갖추어야 할 요건이 아닌 것은?

① 지성과 격조

② 엄격한 형식미

③ 사색과 명상

④ 가치 있는 사상의 육화

> **✔해설** ② 수필은 무형식을 그 형식적 특징으로 한다. 따라서 붓 가는 대로 생각에 비치는 모든 것들을 표현한다. 그러나 이는 수필에 형식이 필요 없다는 말이 아니라 일정하게 규정하는 형식이 없다는 것을 뜻한다.

18 다음 중 희곡의 성격으로 옳지 않은 것은?

① 주관과 객관을 겸한 문학이다.

② 무대 상연을 전제로 한 문학이다.

③ 현재화된 인생을 보여 주는 문학이다.

④ 희곡의 형식적 구성 요소로 해설, 지문, 대사 등이 있다.

> **✔해설** ① 희곡은 가장 객관적인 문학 양식이다.

19 다음 중 희곡에서 대사가 지닌 기능이 아닌 것은?

① 사건을 서술한다.

② 갈등을 표현한다.

③ 극의 분위기를 형성한다.

④ 인물의 성격을 부각시킨다.

> **✔해설** ① 희곡에서 대사는 사건을 전개시키는 기능을 한다.
>
> ※ 대사의 기능
>   ㉠ 사건을 진행시킨다.
>   ㉡ 인물의 생각, 성격, 사건의 상황을 드러낸다.
>   ㉢ 사건의 분위기를 형성한다.
>   ㉣ 주제를 제시한다.

Answer 17.② 18.① 19.①

20 다음 중 같은 문학사적 업적을 이룬 작가는?

- 결정론에 의거한 자연주의 문학을 도입
- 최초의 문예동인지 〈창조〉를 간행
- 완전한 언문일치와 개성적인 문체 확립

---

① 이광수   ② 염상섭
③ 김동인   ④ 이인직

> ✔ **해설** 김동인의 문학사적 업적
> ㉠ 결정론에 근거한 자연주의 문학의 기틀 마련
> ㉡ 문예동인지 〈창조〉와 〈영대〉등을 간행
> ㉢ 간결체의 개성적인 문체와 언문일치 확립
> ㉣ 용언에서의 과거 시제 도입

고전 문학

01 어학적인 글

❶ 세종어제 훈민정음(世宗御製 訓民正音)

(1) 훈민정음의 창제

① 창제자 및 협찬자 … 창제자는 세종 대왕이고 협찬자는 정인지, 성삼문, 신숙주, 이개, 최항, 박팽년, 강희안 등 집현전 학자이다.

② 훈민정음 창제의 정신 … 자주 정신, 애민 정신, 실용 정신

③ 제자(制字)의 원리

    ㉠ 초성(初聲 : 첫소리) : 발음 기관의 모양을 본떴다.

    ㉡ 중성(中聲 : 가온딧소리) : '천(天)·지(地)·인(人)'의 삼재(三才)를 본떴다.

(2) 훈민정음 해례본의 구성

① 예의[(例義), 언해된 부분]

    ㉠ 어지(御旨) : 창제된 취지

    ㉡ 글자와 소리값 : 초성, 중성, 종성 글자와 소리값

    ㉢ 글자의 운용 : 나란히 쓰기, 이어 쓰기, 붙여 쓰기, 음절 이루기, 점찍기의 용법

② 해례(解例) … 언해되지 아니한 부분으로 '제자해(制字解), 초성해(初聲解), 중성해(中聲解), 합자해(合字解), 용자례(用字例)'로 구성되어 있다.

③ 정인지 서(序) … 훈민정음 제작 경위를 밝히고 있다.

❷ 용비어천가(龍飛御天歌)

(1) 시기

① 창작 시기 : 세종 27년(1445)

② 간행 시기

    ㉠ 초간본 : 세종 9년(1447)

    ㉡ 중간본 : 광해군 4년(1612) - 만력본, 효종 10년(1659) - 순치본, 영조 41년(1765) - 건륭본

(2) 작자

정인지(1396 ~ 1478), 권제(1387 ~ 1445), 안지(1377 ~ 1464) 등

(3) 체제

① 구성 : 세종의 6대조인 목조부터 익조, 도조, 환조, 태조, 태종의 사적(史蹟)을 중국 역대 왕의 사적
    과 대비하여 서술하였다.

    ㉠ 서사 : 제1 · 2장 - 건국의 정당성과 영원성 송축

    ㉡ 본사 : 제3 ~ 109장 - 육조의 사적을 예찬

    ㉢ 결사 : 제110 ~ 125장 - 후대 왕에 대한 권계

② 형식 : 2절 4구체의 대구로 이루어져 있다(단, 1장 3구체, 125장 9구체).

    ㉠ 전절 : 중국 역대 왕들의 사적을 찬양

    ㉡ 후절 : 6조의 사적을 찬양

❸ 두시언해(杜詩諺解)

(1) 원제(原題)

분류두공부시(分類杜工部詩)언해로 두보의 시를 내용별로 분류하였다는 의미이다. 이는 25권 17책으로 되어 있다.

(2) 작자

두보(杜甫, 712 ~ 770)

(3) 의의

국문학상 최초의 번역 시집이며 한시 및 한문학 연구의 자료가 된다. 국어학상 초간본과 중간본이 약 150년의
차이가 있어 임란 전후의 국어의 변화를 살피는 데 중요한 자료가 된다.

❶ 운문 문학

(1) 고대 가요

① 구지가(龜旨歌)

    ㉠ 갈래 : 4구체, 한역 시가

    ㉡ 연대 : 신라 유리왕 19년(42)

    ㉢ 주제 : 수로왕의 강림 기원

    ㉣ 성격 : 주술요, 노동요, 집단 무가

    ㉤ 의의 : 현재 전하는 가장 오래된 집단 무가이며 주술성을 가진 현전 최고의 노동요이다.

    ㉥ 작자 : 구간(九干)

② 공무도하가(公無渡河歌)

    ㉠ 갈래 : 한역가(漢譯歌), 서정시, 개인적인 서정 가요

    ㉡ 연대 : 고조선(古朝鮮)

    ㉢ 주제 : 임을 여읜 슬픔, 남편의 죽음을 애도

    ㉣ 성격 : 개인적, 서정적

    ㉤ 의의 : 황조가와 함께 우리 나라 최고의 서정 가요이며 원시적 · 집단적 서사시에서 서정시로 옮아 가는 과도기적 작품이다.

    ㉥ 작자 : 백수 광부(白首狂夫)의 처(妻)

③ 정읍사(井邑詞)

    ㉠ 갈래 : 백제 가요, 속요(俗謠)

    ㉡ 연대 : 백제 시대(고려 시대로 보는 설도 있음)

    ㉢ 주제 : 행상 나간 남편의 무사귀환을 기원

    ㉣ 성격 : 민요적

    ㉤ 의의

      • 현전 유일의 백제 노래이다.

      • 한글로 기록되어 전하는 가장 오래된 노래이다.

      • 시조 형식의 원형을 가진 노래이다(4음보의 형태).

    ㉥ 작자 … 어느 행상의 처

(2) 향가

① 서동요(薯童謠)

  ㉠ 갈래 : 4구체 향가

  ㉡ 연대 : 신라 진평왕 때

  ㉢ 주제 : 선화 공주의 은밀한 사랑, 선화 공주를 꾀어내기 위한 참요

  ㉣ 성격 : 참요(讖謠 – 있지도 않은 사실을 날조하여 헐뜯는 노래), 동요(童謠)

  ㉤ 의의

  • 현전 최고(最古)의 향가 작품이다.

  • 배경 설화에 신화적인 요소가 있는 향가이다.

  • 향가 중 민요체를 대표하는 작품이다.

  ㉥ 작자 : 서동(백제 무왕)

② 제망매가(祭亡妹歌)

  ㉠ 갈래 : 10구체 향가

  ㉡ 연대 : 신라 경덕왕 때

  ㉢ 주제 : 죽은 누이에 대한 추모의 정

  ㉣ 성격 : 추도가(追悼歌), 애상적, 종교적(불교적)

  ㉤ 의의

  • 향가 중 찬기파랑가와 함께 표현 기교 및 서정성이 뛰어나다.

  • 불교의 윤회 사상이 기저를 이루고 있다.

  • 정제된 10구체 향가로 비유성이 뛰어나 문학성이 높다.

  ㉥ 작자 : 월명사

(3) 고려 가요

① 가시리

  ㉠ 갈래 : 고려 가요

  ㉡ 연대 : 고려 시대

  ㉢ 주제 : 이별의 정한

  ㉣ 형태 : 전 4 연의 연장체(분연체)

  ㉤ 운율 : 3 · 3 · 2조의 3음보

  ㉥ 성격 : 이별의 노래, 민요풍

  ㉦ 의의 : 이별의 애달픔을 소박한 정조로 노래한 이별가의 절조

  ㉧ 작자 : 미상

② 청산별곡

    ㉠ 갈래 : 고려 가요, 장가, 서정시

    ㉡ 연대 : 고려 시대

    ㉢ 주제 : 삶의 고뇌와 비애, 실연의 애상, 삶의 고통과 그 극복에의 지향성, 현실에의 체념

    ㉣ 형태 : 전 8 연의 분절체, 매연 4구 3 · 3 · 2조의 3음보

    ㉤ 성격 : 평민 문학, 도피 문학

    ㉥ 의의 : 고려 가요 중 서경별곡과 함께 비유성과 문학성이 가장 뛰어나며, 고려인들의 삶의 애환을 반영한 작품이다.

    ㉦ 작자 : 미상

(4) 가사

① 상춘곡(賞春曲)

    ㉠ 갈래 : 강호 가사, 양반 가사, 정격 가사

    ㉡ 연대 : 창작 − 성종(15세기), 표기 − 정조(18세기)

    ㉢ 주제 : 봄 경치의 완상과 안빈낙도(安貧樂道)

    ㉣ 형태 : 39행, 79구, 매행 4음보(단, 제 12 행은 6음보)의 정형 가사로, 4음보 연속체

    ㉤ 성격 : 묘사적, 예찬적, 서정적

    ㉥ 의의 : 가사 문학의 효시, 송순의 면앙정가에 영향을 주었다.

    ㉦ 작자 : 정극인(1401 ~ 1481) − 성종 때의 학자. 문인. 호는 불우헌

② 관동별곡(關東別曲)

    ㉠ 갈래 : 기행 가사, 정격 가사, 양반 가사

    ㉡ 연대 : 창작 − 선조 13년(1580), 표기 − 숙종

    ㉢ 주제 : 관동 지방의 절경과 풍류

    ㉣ 형태 : 3 · 4조의 4음보(295구)

    ㉤ 문체 : 가사체, 운문체, 화려체

    ㉥ 의의 : 서정적인 기행 가사로 우리말의 아름다움을 승화시킨 작품이다.

    ㉦ 작자 : 정철(1536 ~ 1593) − 시인. 호는 송강

❷ 산문 문학

(1) 설화

① 단군 신화
    ㉠ 갈래 : 건국 신화
    ㉡ 사상 : 숭천 사상, 동물 숭배 사상
    ㉢ 성격 : 설화적
    ㉣ 주제 : 단군의 건국 내력과 홍익인간의 이념
    ㉤ 의의 : 홍익인간의 건국 이념과, 천손의 혈통이라는 민족적 긍지가 나타나 있다.

② 조신의 꿈
    ㉠ 갈래 : 설화(전설), 사원 연기 설화
    ㉡ 사상 : 불교적, 서사적, 교훈적
    ㉢ 성격 : 액자식 환몽 구조
    ㉣ 주제 : 인생무상
    ㉤ 의의 : 환몽 소설의 연원이 되는 설화로 후에 김만중의 구운몽 및 이광수의 꿈이라는 소설에 영향
        을 주었고, 동일 모티브에 의한 다양한 변이 과정을 확인해 볼 수 있다.

③ 바리데기
    ㉠ 갈래 : 무가, 서사 무가
    ㉡ 성격 : 무속적, 주술적
    ㉢ 주제 : 바리데기가 겪는 고난과 성취의 일생을 통한 무속신의 내력
    ㉣ 의의 : 전통 사회의 남성 우월 사상에 대해 비판적이다.
    ㉤ 특징 : 5단 구성의 영웅 설화적 구조이며, 판소리와 유사한 말과 창의 반복이 나타난다.

(2) 가전체

① 화왕계
    ㉠ 작자 : 설총
    ㉡ 갈래 : 설화
    ㉢ 성격 : 우언적, 풍자적
    ㉣ 주제 : 임금에 대한 경계(또는 간언)
    ㉤ 의의 : 최초의 창작 설화로 가전체 문학의 효시가 된다.
    ㉥ 출전 : 삼국사기

② 국선생전
  ㉠ 작자 : 이규보
  ㉡ 갈래 : 가전
  ㉢ 성격 : 전기적, 교훈적
  ㉣ 주제 : 위국 충절의 교훈
  ㉤ 의의 : 의인화 기법
  ㉥ 출전 : 동문선

(3) 고대 소설

① 구운몽(九雲夢)
  ㉠ 갈래 : 고대 소설, 국문 소설, 염정 소설, 몽자류 소설, 영웅 소설
  ㉡ 연대 : 숙종 15년(1689) 남해 유배시
  ㉢ 주제 : 인생무상의 자각과 불법에의 귀의
  ㉣ 배경 : 당나라 때, 중국
  ㉤ 시점 : 전지적 작가 시점
  ㉥ 의의 : 몽자류 소설의 효시
  ㉦ 근원 설화 : 조신 설화
  ㉧ 사상 : 유 · 불 · 선 사상
  ㉨ 작자 : 김만중(1637 ~ 1692)

② 허생전(許生傳)
  ㉠ 갈래 : 고대 소설, 한문 소설, 풍자 소설, 단편 소설, 액자 소설
  ㉡ 연대 : 정조 4년(1780) 중국 여행 후
  ㉢ 주제 : 양반 및 위정자들의 무능력에 대한 비판과 자아 각성의 제시
  ㉣ 배경 : 17세기 효종 때, 서울을 중심으로 한반도 전역, 장기, 무인도
  ㉤ 시점 : 전지적 작가 시점
  ㉥ 의의 : 조선 시대 사실주의 소설의 전형을 보여 주고 있다.
  ㉦ 작자 : 박지원(1737 ~ 1805)

③ 춘향전(春香傳)
  ㉠ 갈래 : 고대 소설, 염정 소설, 판소리계 소설
  ㉡ 주제 : 신분을 초월한 남녀 간의 사랑, 지배 계층에 대한 서민의 항거
  ㉢ 배경 : 조선 후기, 전라도 남원
  ㉣ 시점 : 전지적 작가 시점
  ㉤ 의의 : 고대 소설 중 가장 사실적이며, 풍자적 · 해학적이다.

(4) 고대 수필

① 아기설(啞器說)

    ㉠ 갈래 : 설(說), 고대 수필

    ㉡ 주제 : 때에 맞게 말을 할 줄 아는 지혜의 필요성

    ㉢ 성격 : 교훈적, 풍자적, 비판적

    ㉣ 작자 : 안정복(1712 ~ 1791)

② 동명일기(東溟日記)

    ㉠ 갈래 : 고대 수필(여류 수필), 기행문

    ㉡ 주제 : 귀경대에서 본 일출의 장관

    ㉢ 성격 : 묘사적, 사실적, 주관적

    ㉣ 의의 : 순 한글 기행 수필로 세밀한 관찰과 사실적 묘사가 뛰어나다.

    ㉤ 작자 : 의유당(1727 ~ 1823)

(5) 판소리

① 흥보가

    ㉠ 갈래 : 판소리

    ㉡ 성격 : 풍자적, 해학적

    ㉢ 주제 : 형제 간의 우애, 인고와 이타를 통한 빈부의 갈등 극복

    ㉣ 특징

      • 3 · 4, 4 · 4조의 가락을 중심으로 리듬감 있게 표현하였다.

      • 인물의 성격과 사건의 진행을 풍자와 해학을 통해 표현하였다.

      • 일상적인 언어와 현재형의 문장을 통해 사실적으로 표현하였다.

    ㉤ 출전 : 신재효 정리(성두본)

② 적벽가

    ㉠ 갈래 : 판소리 소설

    ㉡ 문체 : 가사체

    ㉢ 연대 : 조선 후기

    ㉣ 제재 : 삼국지연의 적벽대전

    ㉤ 주제 : 가족에 대한 그리움

    ㉥ 출전 : 박봉술 창본

출제예상문제

1 다음 중 훈민정음에 대한 설명으로 옳지 않은 것은?

① 훈민정음의 창제 이전에는 우리의 말과 글을 표현하는 수단이 달랐다.

② 초성과 중성은 모두 발음기관의 모양을 본떠 만들었다.

③ '백성을 가르치는 바른 소리'라는 뜻이다.

④ 자주적이고 주체적인 의식이 드러나 있다.

> **✔ 해설** ② 초성은 발음기관을 상형 했으며, 중성은 천(天)·지(地)·인(人)을 본떠서 만들었다.

2 훈민정음 해례본의 '예의'에 나타나 있지 않은 것은?

① 성음법과 가점

② 자모의 음가

③ 자모의 운용

④ 제자해

> **✔ 해설** 훈민정음 해례본의 체제
> ㉠ 본문(세종 지음)
> • 머리말 : 세종의 백성에 대한 공시문, 새 문자 창제의 취지
> • 예의 : 자모의 음가 및 운용, 성음법과 가점(사성점)
> ㉡ 해례(解例) : 해설(집현전 학자 지음). 제자해(制字解), 초성해(初聲解), 중성해(中聖解), 종성해(終聖解), 합자해(合字解), 용자례(用字例)
> ㉢ 정인지 서(序) : 창제취지, 경위, 의의, 가치 서술

Answer 1.② 2.④

【3~5】 다음 글을 읽고 물음에 답하시오.

나·랏 ⊙:말싼·미 ⓛ中듕國·귁·에 달·아, 文문字·쫑·와·로 서르 스뭇·디 아·니홀·씨
·이런 젼·츠·로 ⓒ어·린 百·빅姓·셩·이 니르·고·져 ·홇 배이·셔·도, 무·춤:내 제·
쁘·들 시·러 펴·디:몯홇 ⓔ·노·미 하·니·라. ·내 이·롤 爲·윙·ㅎ·야 ⓜ:어엿·비
너·겨, ·새·로 ·스·믈여·듧 字·쫑·롤 밍·ㄱ노·니, :사룸:마·다 :히·여:수·비 니·
겨·날·로 ·뿌·메 便뼌安한·킈 ㅎ·고·져 홇 삭룸·미니·라.

3 다음 밑줄 친 ⓛ~ⓜ 중 현대 국어에 와서 의미 변화를 일으키지 않은 것은?

① ⓛ

② ⓒ

③ ⓔ

④ ⓜ

> ✔해설 ② 중세 국어에서는 '어리석은'의 뜻이었으나 현대 국어에서는 '나이가 적은'으로 의미가 바뀌었다.
> ③ 중세 국어에서는 평상어였으나 현대 국어에서는 남자를 낮추어 지칭하는 말로 쓰인다.
> ④ 중세 국어에서는 '가련하게'의 뜻이었으나 현대 국어에서는 '예쁘게란' 의미로 변했다.

4 다음 중 밑줄 친 ⊙과 같은 의미로 사용된 것은?

① 발 없는 말이 천리를 간다.

② 부모님의 말씀을 잘 들어야 한다.

③ 선생님의 말씀을 전혀 이해할 수 없다.

④ 나는 중국인의 말을 알아들을 수 없다.

> ✔해설 ⊙의 '나·랏:말씀'은 우리 나라 말, 곧 국어를 가리킨다. 여기서 '말씀'은 민족 고유의 '언어'를 뜻한다.

Answer 3.① 4.④

5 이 글을 통해 알 수 있는 사실이 아닌 것은?

① 훈민정음의 창제는 문자의 대중화를 위한 것이다.

② 세종은 백성을 사랑하는 마음으로 훈민정음을 창제하였다.

③ 세종은 한자로 우리말을 표기하는 일이 매우 어렵다고 생각하였다.

④ 세종은 훈민정음은 배우기는 어려우나 배우고 나면 매우 편할 것이라고 생각하였다.

> ✔해설 ④ 제시된 글에서 '모든 사람들로 하여금 쉽게 익혀서 날마다 쓰는 데 편하게 하고자 할 따름이다.'라고 밝히고 있다.

6 다음 중 향가가 수록된 문헌을 바르게 짝지은 것은?

① 삼국유사, 균여전

② 악학궤범, 악장가사

③ 삼국사기, 삼대목

④ 시용향악보, 청구영언

> ✔해설 향가는 「삼국유사」에 14수, 「균여전」에 11수가 전하고 있다.

7 다음 가사 중 창작계층이 다른 하나는?

① 상춘곡   ② 관동별곡

③ 일동장유가   ④ 용부가

> ✔해설 ④ 용부가 : 여성들의 비행에 대한 비판과 경계, 여자가 지녀야 할 바람직한 태도에 대한 깨우침을 주는 작품으로 계녀가사이며, 창작계층이 평민이다.
> ①②③ 창작계층이 양반인 작품이다.

8 다음 중 고려 가요(속요)에 대한 설명으로 옳지 않은 것은?

① 고려 시대 평민들이 부르던 민요적 시가이다.

② 「악학궤범」, 「악장가사」 등에 전하고 있다.

③ 구전되다가 조선 초에 훈민정음으로 기록되었다.

④ 작품으로 「서경별곡」, 「가시리」, 「한림별곡」 등이 있다.

> ✔ 해설 ④ 「한림별곡」은 경기체가이다.

9 다음 중 황조가에 대한 설명으로 가장 옳지 않은 것은?

① 유리왕이 직접 지었다.

② 이민족 간의 화합을 그렸다.

③ 최초의 서정요 또는 서사시로서 평가되기도 한다.

④ 노래의 대상이 치희(雉姬)가 아닌 송씨(松氏)라는 설도 있다.

> ✔ 해설 황조가 … 고구려 유리왕이 지은 것으로써 최초의 서정요 또는 서사시로 평가된다. 이 노래의 대상은 치희(雉姬)가 아닌 송씨(松氏)라는 설도 있다.

10 다음 중 한림별곡을 가장 잘 설명한 것은?

① 고려속요로서 내용이 파격적이다.

② 고려시대 가전체 문학의 하나로 무신들의 생활을 읊었다.

③ 고려시대 설화문학의 하나로 문인, 서적, 명주 등을 노래하였다.

④ 최초의 경기체가로 전 8연으로 되어 있고 연마다 주된 소재가 있다.

> ✔ 해설 한림별곡 … 경기체가의 효시가 되는 작품으로 기본 음수율은 3·3·4조라고 볼 수 있다. 전 8연으로 되어 있으며 각각 문인, 서적, 명필, 명주(술), 화훼(꽃), 음악, 누각, 추천(그네) 등을 노래하고 있다.

11 김만중이 속미인곡을 사미인곡보다 우수하게 평가한 이유는?

① 한자말을 쓰되 쉽게 썼으므로

② 우리말과 한자말을 적당히 썼으므로

③ 한자말보다 우리말을 더 많이 사용했기 때문에

④ 우리말보다 한자말을 더 많이 사용했기 때문에

> ✔해설 김만중은 그의 서포만필에서 "송강의 관동별곡과 전후미인곡은 우리 나라의 이소(離騷)다"라고 극찬하고 있는데, 특히 관동별곡과 사미인곡이 한자말을 많이 사용한 데 반해 속미인곡은 한자말보다 우리말을 많이 사용하고 있다는 점을 들어 속미인곡을 더 높이 평가하고 있다.

12 다음 밑줄 친 '이것'에 해당하는 소설 형식은?

> 이것은 기이한 내용 전하는 이야기라는 뜻이다. 이것은 대표적으로 금오신화, 삼설기, 금령전, 안락국전 등이 있다. 몽환의 세계, 신선의 세계 등을 표현한 소설로 작자의 개성이 뚜렷하게 드러난다.

① 통속소설   ② 전기소설

③ 가문소설   ④ 본격소설

> ✔해설 ① 통속소설 : 예술적 가치보다는 흥미 위주의 소설로 대중소설과 비슷함
> ③ 가문소설 : 고전소설 중 하나로 가문 내 구성원간의 갈등, 애정문제 등을 주제로 한 소설
> ④ 본격소설 : 일상적 세태와 같은 것을 주제로 삼아 인간의 심리묘사를 주력하는 소설

13 박지원의 작품 중 직업에는 귀천이 없음을 드러내며 서민들에게 큰 힘을 주었던 작품으로 옳은 것은?

① 허생전, 양반전   ② 예덕선생전, 광문자전

③ 호질, 열하일기   ④ 역학대로전

> ✔해설 예덕선생전과 광문자전
> ㉠ 예덕선생전 : 인분수거꾼인 예덕선생을 통해서 하층민의 삶을 조명하고, 신분이 인간의 덕성을 가리지 못함을 이야기하고 있다.
> ㉡ 광문자전 : 걸인이지만 선하고 신의가 있는 광문을 통해서 신분중심 사회를 벗어난 새로운 인간상을 제시하고 있다.

Answer   11.③   12.②   13.②

14 다음 중 여성 작가의 작품이 아닌 것은?

① 조침문

② 은세계

③ 한중록

④ 동명일기

> ✔해설 ② 은세계 : 이인직의 신소설로 미국에 유학 중인 남매를 통하여 국민의 동등한 권리와 자주독립을 고취한 정치소설이다.
>
> ① 조침문 : 일찍 과부가 된 유씨 부인(지은이)이 슬하에 자녀 없이 오직 바느질에 재미를 붙이고 지내다가, 시삼촌께서 주신 바늘 중 마지막 것을 부러뜨리고는 그 섭섭하고 안타까운 심정을 제문형식을 빌어서 쓴 수필이다. 여성 특유의 섬세한 감성과 치밀함이 엿보이며 미망인의 한이 자구(字句)마다 서려 있다.
>
> ③ 한중록 : 혜경궁 홍씨가 궁중의 비극적인 사건을 극적이고 서사적으로 그린 작품으로 여성 특유의 우아한 표현과 인간 내면에 흐르는 섬세한 정서가 드러나서 내간체의 전형적 문장으로 꼽힌다.
>
> ④ 동명일기 : 의유당 관북유람일기에 실려 있는 글로 의유당 남씨가 함흥 판관으로 부임해 가는 남편을 따라가 함흥의 명승고적을 살피고 느낀 바를 적은 순한글로 된 대표적인 내간체의 기행수필이다. 귀경대에서 일출을 구경하기까지의 여정이 사실적으로 묘사되어 있는 세련된 문체를 보이는 글이다.

15 이 작품은 가전체의 전통을 따르고 있다. 가전체 문학에 대한 설명으로 적절하지 않은 것은?

① 사물의 의인화한다.

② 허구적 작품이라는 점에서 설화와 소설의 교량적 구실을 한다.

③ 주인공의 탄생부터 죽음에 이르기까지 일대기적 구성을 취한다.

④ 이규보의 국선생전은 엽전, 곧 돈을 의인화하여 돈의 폐해를 경계하는 내용이다.

> ✔해설 ④ 이규보의 국선생전은 술과 누룩을 의인화하여 위국충절(爲國忠節)과 신하로서의 올바른 처신에 대해 권계하는 내용이다.

16 다음 중 구운몽과 사씨남정기에 관한 설명으로 옳지 않은 것은?

① 구운몽과 사씨남정기는 구성이 치밀하고 성격묘사나 심리묘사의 방법을 적절하게 갖추어 높이 평가된다.

② 남성을 주인공으로 한 것이 구운몽이고, 여성을 주인공으로 한 것이 사씨남정기이다.

③ 구운몽이 사실주의를 택했다면, 사씨남정기는 삶의 실제 양상이 이상과 관련 있다는 이상주의로 나아가는 길을 열었다.

④ 창선감의록은 사씨남정기에서 볼 수 있는 설정을 더욱 복잡하게 만든 작품의 첫 예이다.

✔ 해설 ③ 구운몽이 이상주의이고, 사씨남정기가 사실주의이다.

17 다음 중 고대소설의 작가와 작품이 잘못 짝지어진 것은?

① 박지원 – 양반전   ② 남효온 – 창선감의록

③ 김만중 – 구운몽   ④ 김시습 – 금오신화

✔ 해설 ② 창선감의록은 조선 숙종 때 조성기(趙聖期)의 작품이다.

18 다음 중 '호질'에 대해 가장 잘 설명한 것은?

① 연암 박지원의 작품으로 청나라의 문물제도를 찬양하고 있다.

② 내용은 정치, 경제, 군사, 천문, 지리 등 각 방면에 걸쳐 있다.

③ 열하일기 중에 실린 한문소설로서 주로 양반들의 위선을 폭로하고 있다.

④ 실학자 홍대용의 자극을 받아 쓴, 이용후생(利用厚生)을 주장하고 있는 작품이다.

✔ 해설 호질 … 선비인 북곽선생과 과부의 부도덕한 행실을 호랑이가 꾸중하는 이야기로 당시의 부패한 양반들을 풍자폭로하고 있는 연암 박지원의 한문소설이다.

Answer 16.③ 17.② 18.③

19 다음 중 박씨전과 관계있는 것은?

① 판소리계 소설에 해당한다.

② 상위적 여성과 하위적 남성이 등장한다.

③ 임진왜란을 소재로 한 소설이다.

④ 이 소설의 전반부는 전쟁담으로 일관하고 있다.

> ✔ 해설 박씨전 … 여성호걸계 소설의 범주에 들어가는 역사소설이다. 따라서 '상위적 여성'과 '하위적 남성'이 등장하여 스토리가 전개된다. 이시백의 집안을 배경으로 하는 한 가정의 이야기가 전반부를 차지하고, 국가적 이야기인 전쟁담이 후반부를 차지하고 있다. 이 소설의 전반적인 구조는 혼인 − 박해 · 시련 − 시련극복 − (도술)무용담 − 행복한 결말로 되어 있다.

20 다음 중 「금오신화」에 대한 설명으로 옳지 않은 것은?

① 한문으로 된 전기체 작품이다.

② 주인공들이 모두 중국 출신이다.

③ 우리나라 최초의 한문 소설이다.

④ 일상적 현실과 거리가 먼 신비로운 내용을 그렸다.

> ✔ 해설 ② 김시습의 「금오신화」는 공간적 배경을 우리나라로 설정하였으며, 주인공도 우리나라 사람이다.

CHAPTER 06 한자 · 한문

01 한자

❶ 한자의 이해

(1) 한자의 3요소
한자는 표의 문자로서 모양(形) · 소리(音) · 뜻(義)의 3요소를 갖추고 있는 것이 그 특징이다.

(2) 육서(六書)
① 상형 문자(象形文字) … 구체적인 사물의 모양을 본떠서 만든 글자를 말한다.
　　예 日, 月, 山, 人, 木, 水, 手, 足, 鳥 등

② 지사 문자(指事文字) … 추상적인 생각이나 뜻을 점이나 선으로 나타낸 글자를 말한다.
　　예 一, 二, 三, 四, 五, 七, 八, 九, 上, 中, 下, 本, 末, 天 등

③ 회의 문자(會意文字) … 둘 이상의 글자를 뜻끼리 모아 새로운 뜻을 나타낸 글자를 말한다.
　　예 인(人) + 목(木) = 휴(休) : 나무 옆에 사람이 쉬고 있으니 휴식한다는 뜻

④ 형성 문자(形聲文字) … 뜻을 나타내는 글자와 음을 나타내는 글자를 합쳐 새로운 뜻을 나타낸 글자를 말한다.
　　예 心(뜻) + 生(음) = 性(성품 성), 門(음) + 口(뜻) = 問(물을 문)

⑤ 전주 문자(轉注文字) … 이미 만들어진 글자를 가지고 유추하여 다른 뜻으로 쓰는 글자를 말한다.
　　예 • 相 : 서로(상), 재상(상), 도울(상), 지팡이(상),
　　　　• 樂 : 풍류(악), 즐거울(락), 좋아할(요)

⑥ 가차 문자(假借文字) … 이미 있는 글자의 뜻과는 관계없이 음이나 형태를 빌려다 쓰는 글자를 말한다.
　　예 • 음만 빌리는 경우 : 印度(인도 − India), 亞細亞(아세아 − Asia)
　　　　• 형태만 빌리는 경우 : 弗(불 − $)

(3) 한자어의 구성

① **병렬 관계(竝列關係)** … 같은 품사를 가진 한자끼리 연이어 결합된 한자어의 짜임을 말한다.

  ㉠ 유사 관계(類似關係) : 뜻이 같거나 비슷한 한자끼리 연이어 결합된 한자어의 짜임

  > 예 家屋(가옥), 群衆(군중), 星辰(성신), 土地(토지), 海洋(해양), 繪畵(회화)

  ㉡ 대립 관계(對立關係) : 뜻이 서로 반대 또는 상대되는 한자끼리 결합된 한자어의 짜임

  > 예 賞罰(상벌), 上下(상하), 善惡(선악), 因果(인과), 陰陽(음양), 天地(천지)

  ㉢ 대등 관계(對等關係) : 뜻이 서로 대등한 한자끼리 연이어 결합된 한자어의 짜임

  > 예 父母(부모), 松柏(송백), 仁義(인의), 忠孝(충효), 眞善美(진선미), 紙筆硯墨(지필연묵)

  ㉣ 첩어 관계(疊語關係) : 똑같은 글자가 겹쳐 이루어진 한자어의 짜임

  > 예 代代(대대), 年年(연년), 正正堂堂(정정당당)

  ㉤ 융합 관계(融合關係) : 한자의 뜻이 융합되어 쪼갤 수 없는 관계

  > 예 光陰(광음), 琴瑟(금실), 春秋(춘추)

  ㉥ 일방 관계(一方關係) : 한자가 병렬되었으나 한쪽의 뜻만 나타내는 말

  > 예 國家(국가), 多少(다소) – 조금(少의 뜻만 작용), 緩急(완급) – 위급함(急의 뜻만 작용)

② **수식 관계(修飾關係)** … 꾸미는 말과 꾸밈을 받는 말로 결합된 한자어의 짜임을 말한다.

  ㉠ 관형어(冠形語) + 체언(體言)

  > 예 家事(가사), 城門(성문), 吉夢(길몽), 明月(명월), 外貨(외화), 流水(유수)

  ㉡ 부사어(副詞語) + 용언(用言)

  > 예 廣告(광고), 徐行(서행), 雲集(운집), 疾走(질주), 必勝(필승)

③ **주술 관계(主述關係)** … 주어와 서술어의 관계로 결합된 한자어의 짜임을 말한다.

  > 예 國立(국립), 夜深(야심), 人造(인조), 日出(일출), 年少(연소), 品貴(품귀)

④ **술목 관계(述目關係)** … 서술어와 목적어의 관계로 결합된 한자어의 짜임을 말한다.

  > 예 交友(교우), 讀書(독서), 修身(수신), 愛國(애국), 成功(성공), 作文(작문)

⑤ **술보 관계(述補關係)** … 서술어와 보어의 관계로 결합된 한자어의 짜임을 말한다.

  > 예 歸家(귀가), 登山(등산), 多情(다정), 有名(유명), 非凡(비범)

❷ 한자어

(1) 동자이음어(同字異音語)

• 覺 ┌ 깨달을 각 : 覺醒(각성)
    └ 꿈깰 교 : 覺眼(교안)

• 降 ┌ 내릴 강 : 降等(강등)
    └ 항복할 항 : 降服(항복)

•更	다시 갱 : 更新(갱신)	
	고칠 경 : 變更(변경)	
•乾	하늘 건 : 乾坤(건곤)	
	마를 간 : 乾物(간물)	
•見	볼 견 : 見學(견학)	
	드러날 현 : 謁見(알현)	
•句	글귀 구 : 文句(문구)	
	글귀 귀 : 句節(귀절)	
•龜	거북 귀 : 龜趺(귀부)	
	땅이름 구 : 龜浦(구포)	
•金	쇠 금 : 金庫(금고)	
	성씨 김 : 金氏(김씨)	
•內	안 내 : 室內(실내)	
	궁궐 나 : 內人(나인)	
•丹	붉을 단 : 丹靑(단청)	
	꽃이름 란 : 牡丹(모란)	
•單	홀로 단 : 簡單(간단)	
	오랑캐임금 선 : 單于氏(선우씨)	
•宅	집안 댁 : 宅內(댁내)	
	집 택 : 住宅(주택)	
•度	법도 도 : 制度(제도)	
	헤아릴 탁 : 忖度(촌탁)	
•讀	읽을 독 : 讀書(독서)	
	구절 두 : 句讀(구두)	
•洞	동리 동 : 洞里(동리)	
	구멍 동 : 洞窟(동굴)	
•樂	즐길 락 : 娛樂(오락)	
	좋아할 요 : 樂山(요산)	
•率	비례 률 : 比率(비율)	
	거느릴 솔 : 統率(통솔)	
•木	나무 목 : 草木(초목)	
	모과 모 : 木瓜(모과)	
•反	돌이킬 반 : 反擊(반격)	
	뒤침 번 : 反沓(번답)	
•復	회복할 복 : 復舊(복구)	
	다시 부 : 復活(부활)	
•否	아니 부 : 否定(부정)	
	막힐 비 : 否運(비운)	

•北	북녘 북 : 南北(남북)	
	패할 배 : 敗北(패배)	
•寺	절 사 : 寺刹(사찰)	
	내관 시 : 內侍(내시)	
•殺	죽일 살 : 殺人(살인)	
	감할 쇄 : 相殺(상쇄)	
•索	찾을 색 : 搜索(수색)	
	적막할 삭 : 索莫(삭막)	
•塞	막을 색 : 閉塞(폐색)	
	변방 새 : 要塞(요새)	
•說	말씀 설 : 說明(설명)	
	달랠 세 : 遊說(유세)	
•省	살필 성 : 反省(반성)	
	덜 생 : 省略(생략)	
•食	먹을 식 : 食事(식사)	
	밥 사 : 簞食(단사)	
•識	알 식 : 識見(식견)	
	기록할 지 : 標識(표지)	
•辰	때 신 : 生辰(생신)	
	별 진 : 辰宿(진수)	
•什	열 사람 십 : 什長(십장)	
	세간 집 : 什器(집기)	
•惡	악할 악 : 惡魔(악마)	
	미워할 오 : 憎惡(증오)	
•若	같을 약 : 若干(약간)	
	땅이름 야 : 般若(반야)	
•葉	잎 엽 : 落葉(낙엽)	
	성 섭 : 葉氏(섭씨)	
•易	쉬울 이 : 容易(용이)	
	바꿀 역 : 貿易(무역)	
•切	끊을 절 : 切斷(절단)	
	모두 체 : 一切(일체)	
•車	수레 차 : 自動車(자동차)	
	수레 거 : 車馬費(거마비)	
•參	참여할 참 : 參加(참가)	
	석 삼 : 參拾(삼십)	
•則	법칙 칙 : 規則(규칙)	
	곧 즉 : 然則(연즉)	

・合 ┌ 합할 합 : 合同(합동)
　　 └ 흡 흡 : 五合(오흡)

・行 ┌ 갈 행 : 行軍(행군)
　　 └ 항렬 항 : 行列(항렬)

(2) 상대어(相對語)・반대어(反對語)

・强(굳셀 강) ↔ 弱(약할 약)
・開(열 개) ↔ 閉(닫을 폐)
・去(갈 거) ↔ 來(올 래)
・建(세울 건) ↔ 壞(무너뜨릴 괴)
・傑(뛰어날 걸) ↔ 拙(못날 졸)
・儉(검소할 검) ↔ 奢(사치할 사)
・輕(가벼울 경) ↔ 重(무거울 중)
・京(서울 경) ↔ 鄕(시골 향)
・屈(굽을 곡) ↔ 沆(대항할 항)
・貴(귀할 귀) ↔ 賤(천할 천)
・勤(부지런할 근) ↔ 怠(게으를 태)
・禽(날짐승 금) ↔ 獸(길짐승 수)
・難(어려울 난) ↔ 易(쉬울 이)
・斷(끊을 단) ↔ 繼(이을 계)
・貸(빌릴 대) ↔ 借(빌 차)
・同(같을 동) ↔ 異(다를 이)
・鈍(둔할 둔) ↔ 敏(민첩할 민)
・得(얻을 득) ↔ 失(잃을 실)
・諾(승락할 낙) ↔ 拒(물리칠 거)
・瞭(밝을 료) ↔ 曖(희미할 애)
・忙(바쁠 망) ↔ 閑(한가할 한)
・賣(팔 매) ↔ 買(살 매)
・問(물을 문) ↔ 答(답할 답)
・美(아름다울 미) ↔ 醜(추할 추)
・潑(활발할 발) ↔ 萎(시들 위)
・悲(슬플 비) ↔ 喜(기쁠 희)
・貧(가난할 빈) ↔ 富(넉넉할 부)
・勝(이길 승) ↔ 敗(패할 패)
・視(볼 시) ↔ 聽(들을 청)
・新(새 신) ↔ 舊(옛 구)
・深(깊을 심) ↔ 淺(얕을 천)

・逆(거스를 역) ↔ 順(좇을 순)
・厭(싫을 염) ↔ 樂(좋아할 요)
・凹(오목할 요) ↔ 凸(볼록할 철)
・優(뛰어날 우) ↔ 劣(못날 렬)
・友(벗 우) ↔ 敵(원수 적)
・隱(숨을 은) ↔ 顯(나타날 현)
・陰(그늘 음) ↔ 陽(볕 양)
・利(이로울 리) ↔ 害(해로울 해)
・因(까닭 인) ↔ 果(결과 과)
・戰(싸울 전) ↔ 和(화목할 화)
・絕(끊을 절) ↔ 續(이을 속)
・靜(고요할 정) ↔ 騷(시끄러울 소)
・淨(깨끗할 정) ↔ 汚(더러울 오)
・統(합칠 통) ↔ 分(나눌 분)
・虛(빌 허) ↔ 實(찰 실)
・賢(어질 현) ↔ 愚(어리석을 우)
・好(좋을 호) ↔ 惡(미워할 오)
・禍(재앙 화) ↔ 福(복 복)
・興(일어날 흥) ↔ 亡(망할 망)
・可決(가결) ↔ 否決(부결)
・謙遜(겸손) ↔ 傲慢(오만)
・謙虛(겸허) ↔ 倨慢(거만)
・供給(공급) ↔ 需要(수요)
・屈服(굴복) ↔ 抗拒(항거)
・歸納(귀납) ↔ 演繹(연역)
・漠然(막연) ↔ 確然(확연)
・模糊(모호) ↔ 分明(분명)
・反目(반목) ↔ 和睦(화목)
・潑剌(발랄) ↔ 萎縮(위축)
・非凡(비범) ↔ 平凡(평범)
・勝利(승리) ↔ 敗北(패배)

• 昇進(승진) ↔ 左遷(좌천) • 愚昧(우매) ↔ 賢明(현명)
• 永劫(영겁) ↔ 刹那(찰나) • 漸進(점진) ↔ 急進(급진)

(3) 한자 성어

• 刻骨難忘(각골난망) : 입은 은혜에 대한 고마움을 뼛속 깊이 새기어 잊지 않음
• 刻舟求劍(각주구검) : 판단력이 둔하여 세상일에 어둡고 어리석다는 말
• 甘呑苦吐(감탄고토) : 달면 삼키고 쓰면 뱉는다는 뜻으로 신의(信義)를 돌보지 않고 사리(私利)를 꾀한다는 말
• 隔靴搔癢(격화소양) : 신을 신은 채 가려운 발바닥을 긁음과 같이 일의 효과를 나타내지 못함을 이르는 말
• 見物生心(견물생심) : 물건을 보면 욕심이 생긴다는 말
• 見危致命(견위치명) : 나라의 위태로움을 보고는 목숨을 아끼지 않고 나라를 위하여 싸움
• 結草報恩(결초보은) : 죽어 혼령이 되어도 은혜를 잊지 않고 갚음
• 鷄卵有骨(계란유골) : 달걀 속에도 뼈가 있다는 뜻으로 뜻밖에 장애물이 생김을 이르는 말
• 孤掌難鳴(고장난명) : 손바닥 하나로는 소리가 나지 않는다는 뜻으로 상대가 없이 혼자 힘으로 일하기 어렵다는 말
• 過猶不及(과유불급) : 지나친 것은 미치지 못한 것과 같다는 말
• 管鮑之交(관포지교) : 제(薺)나라 관중(管仲)과 포숙(鮑叔)의 사귐이 매우 친밀했다는 고사에서 유래한 말로,
친구끼리의 매우 두터운 사귐을 이르는 말
• 刮目相對(괄목상대) : 눈을 비비고 다시 본다는 말로, 다른 사람의 학문이나 덕행이 크게 진보한 것을 말함
• 矯角殺牛(교각살우) : 뿔을 고치려다 소를 죽인다는 뜻으로, 작은 일에 힘쓰다 큰 일을 망친다는 말
• 敎學相長(교학상장) : 가르쳐 주거나 배우거나 다 나의 학업을 증진시킨다는 뜻
• 九折羊腸(구절양장) : 아홉 번 꼬부라진 양의 창자라는 뜻으로, 산길 따위가 몹시 험하게 꼬불꼬불한 것을 이르는 말
• 群鷄一鶴(군계일학) : 닭의 무리 속에 끼어 있는 한 마리의 학이란 뜻으로 평범한 사람 가운데서 뛰어난 사람을
일컫는 말

• 爛商公論(난상공론) : 여러 사람들이 잘 의논함
• 難兄難弟(난형난제) : 누구를 형이라 하고 누구를 동생이라 해야 할지 분간하기 어렵다는 뜻으로 사물의 우열
이 없다는 말
• 南柯一夢(남가일몽) : 꿈과 같이 헛된 한때의 부귀영화
• 男負女戴(남부여대) : 남자는 짐을 등에 지고 여자는 짐을 머리에 인다는 뜻으로 가난에 시달린 사람들이 살
곳을 찾아 떠돌아 사는 것을 이르는 말
• 囊中之錐(낭중지추) : 주머니 속에 든 송곳이라는 뜻으로 재주가 뛰어난 사람은 숨어 있어도 저절로 사람들
이 알게 됨을 이르는 말

• 綠衣紅裳(녹의홍상) : 연두 저고리에 다홍 치마라는 뜻으로 곱게 차려 입은 젊은 아가씨의 복색을 이르는 말

• 多岐亡羊(다기망양) : 길이 여러 갈래여서 양을 잃는다는 뜻으로 학문의 길이 다방면이어서 진리를 깨치기 어려움을 이르는 말
• 簞食瓢飮(단사표음) : 도시락 밥과 표주박 물, 즉 변변치 못한 살림을 가리키는 말로 청빈한 생활을 이름
• 大器晩成(대기만성) : 큰 그릇은 이루어짐이 더디다는 뜻으로 크게 될 사람은 성공이 늦다는 말
• 塗炭之苦(도탄지고) : 진흙탕이나 숯불에 빠졌다는 뜻으로 몹시 고생스러움을 일컬음
• 同病相憐(동병상련) : 처지가 서로 비슷한 사람끼리 서로 동정하고 도움
• 同床異夢(동상이몽) : 같은 처지와 입장에서 저마다 딴 생각을 함
• 登高自卑(등고자비) : 높은 곳에 오르려면 낮은 곳에서부터 오른다는 뜻으로, 일을 순서대로 하여야 함을 이르는 말
• 燈下不明(등하불명) : 등잔 밑이 어둡다는 뜻으로 가까이 있는 것이 오히려 알아내기 어려움을 이르는 말

• 磨斧爲針(마부위침) : 아무리 이루기 힘든 일이라도 끊임없는 노력과 끈기 있는 인내가 있으면 성공하고야 만다는 뜻
• 馬耳東風(마이동풍) : 남의 말을 귀담아 듣지 않고 흘려 버림
• 萬頃蒼波(만경창파) : 한없이 넓고 푸른 바다
• 明若觀火(명약관화) : 불을 보는 듯이 환하게 분명히 알 수 있음
• 矛盾撞着(모순당착) : 같은 사람의 문장이나 언행이 앞뒤가 서로 어그러져서 모순됨
• 目不忍見(목불인견) : 차마 눈 뜨고 볼 수 없는 참상이나 꼴불견
• 門前成市(문전성시) : 권세를 드날리거나 부자가 되어 집문 앞이 찾아오는 손님들로 가득 차서 시장을 이룬 것 같음

• 拍掌大笑(박장대소) : 손바닥을 치면서 크게 웃음
• 拔本塞源(발본색원) : 폐단의 근원을 아주 뽑아서 없애 버림
• 傍若無人(방약무인) : 언행이 방자하고 제멋대로 행동하는 사람
• 背恩忘德(배은망덕) : 은혜를 잊고 도리어 배반함
• 白骨難忘(백골난망) : 죽어서도 잊지 못할 큰 은혜를 입음
• 百年河淸(백년하청) : 아무리 세월이 가도 일을 해결할 희망이 없음
• 夫唱婦隨(부창부수) : 남편이 창을 하면 아내도 따라 하는 것이 부부 화합의 도리라는 것
• 附和雷同(부화뇌동) : 제 주견이 없이 남이 하는 대로 그저 무턱대고 따라함
• 氷炭之間(빙탄지간) : 얼음과 숯불처럼 서로 화합될 수 없음

ㅅ

- 四面楚歌(사면초가) : 한 사람도 도우려는 자가 없이 고립되어 곤경에 처해 있음
- 事必歸正(사필귀정) : 무슨 일이든지 결국은 옳은 대로 돌아간다는 뜻
- 死後藥方文(사후약방문) : 이미 때가 늦음
- 殺身成人(살신성인) : 절개를 지켜 목숨을 버림
- 三顧草廬(삼고초려) : 유비가 제갈량을 세 번이나 찾아가 군사로 초빙한 데에서 유래한 말로 인재를 얻기 위해 끈기 있게 노력한다는 말
- 三遷之敎(삼천지교) : 맹자의 어머니가 아들의 교육을 위하여 세 번 거처를 옮겼다는 고사에서 유래하는 말로 생활 환경이 교육에 있어 큰 구실을 한다는 말
- 桑田碧海(상전벽해) : 뽕나무밭이 변하여 바다가 된다는 뜻으로 세상일의 변천이 심하여 사물이 바뀜을 비유하는 말
- 塞翁之馬(새옹지마) : 세상일은 복이 될지 화가 될지 예측할 수 없다는 말
- 雪上加霜(설상가상) : 눈 위에 또 서리가 덮인다는 뜻으로 불행이 엎친 데 덮친 격으로 거듭 생김을 이르는 말
- 說往說來(설왕설래) : 서로 변론(辯論)을 주고 받으며 옥신각신함
- 首丘初心(수구초심) : 고향을 그리워하는 마음을 일컫는 말
- 水深可知 人心難知(수심가지 인심난지) : 물의 깊이는 알 수 있으나 사람의 속마음은 헤아리기가 어렵다는 뜻
- 水魚之交(수어지교) : 교분이 매우 깊은 것을 말함[君臣水魚(군신수어)]
- 脣亡齒寒(순망치한) : 입술이 없으면 이가 시린 것처럼 서로 돕던 이가 망하면 다른 한쪽 사람도 함께 위험하다는 말
- 是是非非(시시비비) : 옳고 그름을 가림
- 識字憂患(식자우환) : 아는 것이 탈이라는 말로 학식이 있는 것이 도리어 근심을 사게 됨을 이름
- 十匙一飯(십시일반) : 열 사람이 한 술씩 보태면 한 사람 먹을 분량이 된다는 뜻으로 여러 사람이 힘을 합하면 한 사람을 쉽게 도울 수 있다는 말

ㅇ

- 我田引水(아전인수) : 제 논에 물대기. 자기에게 유리하도록 행동하는 것
- 安貧樂道(안빈낙도) : 빈궁한 가운데 편안하게 생활하여 도(道)를 즐김
- 羊頭狗肉(양두구육) : 양의 머리를 내걸고 개고기를 판다는 뜻으로 겉모양은 훌륭하나 속은 변변치 않음을 이르는 말
- 漁父之利(어부지리) : 도요새가 조개를 쪼아 먹으려다가 둘 다 물리어 서로 다투고 있을 때 어부가 와서 둘을 잡아갔다는 고사에서 나온 말로 둘이 다투는 사이에 제 3 자가 이득을 보는 것
- 言中有骨(언중유골) : 예사로운 말 속에 깊은 뜻이 있음
- 緣木求魚(연목구어) : 나무에 올라가 물고기를 구하듯 불가능한 일을 하고자 할 때를 비유하는 말
- 烏飛梨落(오비이락) : 까마귀 날자 배 떨어진다는 뜻으로 공교롭게도 어떤 일이 같은 때에 일어나 남의 의심을 받게 됨을 이르는 말
- 傲霜孤節(오상고절) : 서릿발 속에서도 굴하지 않고 외로이 지키는 절개라는 뜻으로 국화를 두고 하는 말
- 牛耳讀經(우이독경) : 쇠 귀에 경 읽기라는 뜻으로 아무리 가르치고 일러 주어도 알아듣지 못함을 이르는 말 [牛耳誦經 何能諦聽(우이송경 하능체청)]

- 有備無患(유비무환) : 어떤 일에 미리 준비가 있으면 걱정이 없다는 말
- 以心傳心(이심전심) : 마음과 마음이 서로 통함
- 李下不整冠(이하부정관) : 자두나무 아래에서는 갓을 고쳐 쓰지 말라는 뜻으로 남에게 의심받을 일을 하지 않도록 주의하라는 말
- 益者三友(익자삼우) : 사귀어 이롭고 보탬이 되는 세 벗으로 정직한 사람, 신의 있는 사람, 학식 있는 사람
- 一擧兩得(일거양득) : 하나의 행동으로 두 가지의 성과를 거두는 것
- 日就月將(일취월장) : 나날이 다달이 진보함

- 張三李四(장삼이사) : 장씨(張氏)의 삼남(三男)과 이씨(李氏)의 사남(四男)이라는 뜻으로 평범한 사람을 가리키는 말
- 賊反荷杖(적반하장) : 도둑이 도리어 매를 든다는 뜻으로 잘못한 사람이 도리어 잘한 사람을 나무라는 경우에 쓰는 말
- 轉禍爲福(전화위복) : 화를 바꾸어 복이 되게 한다는 뜻으로 궂은 일을 당하였을 때 그것을 잘 처리하여 좋은 일이 되게 하는 것
- 切磋琢磨(절차탁마) : 학문과 덕행을 갈고 닦음을 가리키는 말
- 頂門一鍼(정문일침) : 정수리에 침을 놓는다는 뜻으로 따끔한 비판이나 충고를 뜻함
- 井底之蛙(정저지와) : 우물 안 개구리. 견문이 좁고 세상 형편을 모름
- 朝三暮四(조삼모사) : 간사한 꾀로 사람을 속여 희롱함. 눈앞에 당장 나타나는 차별만 알고 그 결과가 같음을 모름
- 走馬加鞭(주마가편) : 달리는 말에 채찍을 더한다는 뜻으로 잘하는 사람에게 더 잘하도록 하는 것을 일컬음
- 竹馬故友(죽마고우) : 죽마를 타고 놀던 벗, 즉 어릴 때 같이 놀던 친한 친구
- 地鹿爲馬(지록위마) : 중국 진나라의 조고(趙高)가 이세 황제(二世皇帝)의 권력을 농락하려고 일부러 사슴을 말이라고 속여 바쳤다는 고사에서 유래한 것으로 윗사람을 농락하여 권세를 마음대로 함을 가리킴
- 進退維谷(진퇴유곡) : 앞으로 나아갈 수도 뒤로 물러설 수도 없이 꼼짝할 수 없는 궁지에 빠짐[進退兩難(진퇴양난)]

- 滄海桑田(창해상전) : 푸른 바다가 변하여 뽕밭으로 된다는 뜻으로 세상일이 덧없이 바뀜을 이르는 말
- 天高馬肥(천고마비) : 하늘이 높고 말이 살찐다는 뜻으로 가을철을 일컫는 말
- 千慮一得(천려일득) : 아무리 바보같은 사람일지라도 한 가지쯤은 좋은 생각이 있다는 말
- 千慮一失(천려일실) : 여러 번 생각하여 신중하게 한 일에도 때로는 한 가지 실수가 있음을 이르는 말
- 千載一遇(천재일우) : 천 년에나 한번 만날 수 있는 기회, 즉 좀처럼 얻기 어려운 기회
- 靑出於藍(청출어람) : 쪽에서 우러난 푸른 빛이 쪽보다 낫다는 뜻으로 제자가 스승보다 더 뛰어남을 이르는 말
- 草綠同色(초록동색) : 풀과 녹색은 같은 빛임. 같은 처지나 같은 유의 사람들은 그들끼리 함께 행동한다는 말
- 寸鐵殺人(촌철살인) : 조그만 쇠붙이로 사람을 죽인다는 뜻으로 간단한 말이나 문장으로 사물의 가장 요긴한 데를 찔러 듣는 사람을 감동하게 하는 것

• 針小棒大(침소봉대) : 바늘을 몽둥이라고 말하듯 과장해서 말하는 것

• 他山之石(타산지석) : 다른 산에서 나는 하찮은 돌도 자기의 옥(玉)을 가는 데에 도움이 된다는 뜻으로 다른 사람의 하찮은 언행일지라도 자기의 지덕을 연마하는 데에 도움이 된다는 말
• 卓上空論(탁상공론) : 실현성이 없는 허황된 이론
• 吐盡肝膽(토진간담) : 솔직한 심정을 숨김없이 모두 말함

ㅍ

• 破竹之勢(파죽지세) : 대를 쪼개는 것처럼 거침없이 나아가는 세력
• 風樹之嘆(풍수지탄) : 부모가 이미 세상을 떠나 효도할 수 없음을 한탄함
• 風前燈火(풍전등화) : 바람 앞의 등불처럼 매우 위급한 경우에 놓여 있음을 일컫는 말
• 匹夫匹婦(필부필부) : 평범한 남자와 평범한 여자

ㅎ

• 下石上臺(하석상대) : 아랫돌을 빼서 윗돌을 괴고 윗돌을 빼서 아랫돌을 괸다는 뜻
• 夏爐冬扇(하로동선) : 여름의 화로와 겨울의 부채라는 뜻으로 쓸모없는 재능을 말함
• 鶴首苦待(학수고대) : 학의 목처럼 목을 길게 늘여 몹시 기다린다는 뜻
• 漢江投石(한강투석) : 한강에 돌 던지기라는 뜻으로 지나치게 미미하여 전혀 효과가 없음을 비유하는 말
• 虎死留皮(호사유피) : 범이 죽으면 가죽을 남김과 같이 사람도 죽은 뒤 이름을 남겨야 한다는 말[豹死留皮(표사유피)]
• 浩然之氣(호연지기) : 잡다한 일에서 해방된 자유로운 마음. 하늘과 땅 사이에 넘치게 가득찬 넓고도 큰 원기. 공명정대하여 조금도 부끄러울 바 없는 도덕적 용기
• 換骨奪胎(환골탈태) : 얼굴이 이전보다 더 아름다워짐. 선인의 시나 문장을 살리되, 자기 나름의 새로움을 보태어 자기 작품으로 삼는 일
• 會者定離(회자정리) : 만나면 반드시 헤어짐
• 後生可畏(후생가외) : 후진들이 젊고 기력이 있어 두렵게 여겨짐
• 興盡悲來(흥진비래) : 즐거운 일이 다하면 슬픔이 옴, 즉 흥망과 성쇠가 엇바뀜을 일컫는 말

❶ 한문의 기초

(1) 품사

① **명사**…사람·사물의 이름을 나타내는 품사이다.

  ㉠ **보통 명사** : 사물의 일반적인 이름(山, 水, 天, 地 등)
  ㉡ **고유 명사** : 사람이나 사물의 고유한 이름(孔子, 韓國 등)
  ㉢ **추상 명사** : 추상적인 관념을 나타낸다(仁, 義, 禮, 智, 信, 吉 등).
  ㉣ **수량 명사** : 숫자(一, 二, 五, 十, 百, 千, 萬, 億 등)
  ㉤ **의존 명사** : 반드시 수식어를 가진다(者, 然, 所, 以 등).

② **대명사**…사람이나 사물의 이름을 대신 나타내는 품사이다.

  ㉠ **인칭 대명사**
   • 1인칭 : 我, 吾, 予, 余, 己, 小人 등
   • 2인칭 : 汝, 女, 子, 君 등
   • 3인칭 : 他, 彼, 此 등
  ㉡ **지시 대명사** : 此, 是, 斯, 彼, 其 등
  ㉢ **의문 대명사** : 誰, 孰, 何, 安 등

③ **동사**…사람이나 사물의 동작이나 행위를 나타내는 품사이다.

  ㉠ **자동사** : 목적어가 불필요하며 有, 無, 存, 在 등도 포함한다.
  ㉡ **타동사** : 목적어가 필요하다.
  ㉢ **조동사** : 동사 앞에서 동사의 행위를 돕는다.
   • 부정 : 不, 弗, 末 등
   • 가능 : 可, 能, 得, 足 등
   • 사역 : 使, 令, 敎, 遣 등
   • 욕망 : 欲, 願 등

④ **형용사**…사람이나 사물의 상태나 성질을 나타내는 품사이다.

  ㉠ **서술 형용사** : 서술어 역할
  ㉡ **수식 형용사** : 명사 수식

⑤ **부사**…동사나 형용사 및 다른 부사를 한정하는 품사이다.

  ㉠ **정도 부사** : 最, 甚, 宜, 太, 至, 極, 必, 尙, 益 등

ⓒ 시간 부사 : 方, 始, 且, 旣, 已, 嘗, 會, 將, 遂 등

ⓒ 의문 부사 : 何, 豈, 安, 焉, 寧, 惡, 奚, 胡 등

ⓔ 가정 부사 : 若, 雖, 如, 苟, 良 등

ⓜ 강조 부사 : 且, 尙, 亦 등

ⓗ 발어 부사 : 夫, 槪, 凡, 蓋 등

⑥ **보조사** … 불완전한 동사 · 형용사의 뜻을 보충하여 주는 품사이다.

ⓖ 가능 : 可, 能, 足, 得, 可以, 足以, 得以 등

ⓒ 부정 : 不, 弗, 未, 非, 微, 無, 末, 莫 등

ⓒ 금지 : 勿, 無, 母, 莫, 不 등

ⓔ 당위 : 可, 當, 宜, 應, 須 등

ⓜ 피동 : 被, 見, 爲, 所 등

ⓗ 사동 : 使, 令, 敎, 俾, 遣 등

ⓢ 원망 : 欲, 幸, 願, 請 등

⑦ **접속사** … 단어와 단어, 문장과 문장을 연결하는 품사이며. 與, 且, 而, 則 등이 있다.

⑧ **감탄사** … 於, 惡, 嗚呼, 於乎, 噫 등이 있다.

⑨ **전치사** … 체언의 앞에 쓰여 문법적 관계를 구체적으로 표시하는 품사이다. 목적어, 보어 앞에 놓여 술어와의 관계를 정확히 하며(於, 干, 乎), 체언 앞에 놓여 부사어가 되게 한다(以, 與, 自, 從, 由, 爲).

⑩ **후치사** … 체언의 뒤에 쓰여 문법적 관계를 나타내는 품사이며 之, 者, 也, 也者, 乎 등이 있다.

⑪ **종결사** … 문장의 끝에 붙어 그 문장의 여러 형태를 나타내는 품사이다.

ⓖ 단정 · 서술 종결사 : 也, 矣, 焉 등

ⓒ 의문 종결사 : 乎, 與, 耶, 諸 등

ⓒ 한정 종결사 : 耳, 爾, 已, 而已, 而已矣 등

ⓔ 감탄 종결사 : 乎, 哉, 夫, 矣乎, 也哉 등

(2) 문장

① 문장의 구조

ⓖ 기본 구조

- 주술 구조 : 주어 + 서술어(형용사, 동사, 명사)

  예 天高(하늘이 높다), 花落(꽃이 진다), 李舜臣名將也(이순신은 명장이다)

- 주술보 구조 : 주어 + 서술어 + 보어

  예 吾登於南山(내가 남산에 오르다), 君子安仁(군자는 인에 편안하다)

- 주술목 구조 : 주어 + 서술어 + 목적어

  예 農夫耕田(농부가 밭을 간다), 余愛蘭(나는 난초를 사랑한다)

- 주술목보 구조 : 주어 + 서술어 + 목적어 + 보어
  - 예 孔子問禮於老子(공자가 노자에게 예를 물었다), 王教民樂(왕이 백성에게 음악을 가르치다)
- ⓒ 확장 구조 : 기본 구조에 관형어와 부사어가 결합되어 수식하거나 한정하는 구조
  - 주술 구조의 확장
    - 예 淸天至高(맑은 하늘이 지극히 높다), 挑花方落(복숭아꽃이 바야흐로 진다)
  - 주술보 구조의 확장
    - 예 吾登與汝於南山(내가 너와 함께 남산에 오른다)
  - 주술목 구조의 확장
    - 예 男兒須讀五車書(사내아이는 모름지기 다섯 수레의 책을 읽어야 한다)
  - 주술목보 구조의 확장
    - 예 先王親教農事於庶民(선대의 왕이 농사일을 여러 백성들에게 직접 가르쳤다)

② 문장의 형식
- ㉠ 평서형 : 문장의 각 성분이 어순에 따라 평범하게 진술되고 종결되는 형식으로 긍정의 뜻을 나타 냄
  - 예 聖人百世之師也(성인은 백세의 스승이다)
- ㉡ 부정형 : 동작, 상태 등을 부정하는 뜻을 갖는 글의 형식(不, 未, 非, 無, 莫)
  - 단순 부정
    - 예 吾盾之堅莫能陷也(내 방패의 견고함은 뚫을 수 없다)
  - 부분 부정
    - 예 家貧不常得油(집이 가난하여 기름을 항상 얻지는 못했다)
  - 이중 부정(강한 긍정)
    - 예 無不陷也(뚫지 못함이 없다)
- ㉢ 의문형
  - 의문 대명사가 쓰인 경우 : 誰, 孰, 何, 安, 惡
    - 예 孰爲汝知多乎(누가 너더러 많이 안다고 하더냐?)
  - 의문 부사가 쓰인 경우 : 何, 何以, 如何 등
    - 예 何以附耳相語(왜 귀에 대고 말하는가?)
  - 의문 종결사가 쓰인 경우 : 乎, 耶, 諸, 與, 哉 등
    - 예 若寡人者可以保民乎(과인 같은 사람도 가히 백성을 보호할 수 있습니까?)
- ㉣ 반어형 : 어떤 문장을 강조하기 위해 반문의 뜻으로 나타내는 글의 형식
  - 반어 부사가 쓰인 경우 : 何, 安, 豈, 胡, 焉 등
  - 의문 종결사가 쓰인 경우 : 乎, 哉, 與 등
- ㉤ 비교형 : 비교의 뜻을 나타내는 문장 형식
  - 동등 비교 : 如, 若, 於, 似, 猶 등
    - 예 君子之交淡若水(군자의 사귐은 물처럼 담담하다)
  - 열등 비교 : 不若, 不如 등

예 百聞不如一見(백 번 듣는 것이 한 번 보는 것만 못하다)
- 우등 비교 : 於, 干, 乎 등
  예 霜葉紅於二月花(서리 맞은 잎이 이월의 꽃보다 더 붉다)
- 최상급 비교 : 莫若, 莫如 등
  예 知子莫若其父(자식을 알기로는 그 아버지만한 사람이 없다)

ⓑ 사동형 : 주체가 남에게 동작을 시키는 뜻을 나타내는 글의 형식
- 사역 보조사가 쓰인 경우 : 使, 令, 敎, 俾 등
  예 天帝使我長百獸(하느님이 나로 하여금 백수의 우두머리가 되게 하였다)
- 사역을 나타내는 동사가 쓰인 경우 : 遣, 命, 召, 說, 勸 등
  예 遣婢買肉而來(하녀를 보내어 고기를 사오게 하였다)
- 문맥상 사동형인 경우
  예 死孔明走生仲達(죽은 공명이 산 중달을 달아나게 하였다)

ⓢ 피동형 : 어떤 동작을 당하게 되는 뜻을 표현하는 문장 형식
- 피동 보조사가 쓰인 경우 : 被, 見, 爲 등
  예 匹夫見辱 拔劍而起(필부는 욕을 당하면 칼을 뽑고 일어선다)
- 피동을 나타내는 전치사가 쓰인 경우 : 於, 乎, 干 등
  예 君子役物 小人役於物(군자는 사물을 부리고 소인은 사물에 부림을 당한다)
- 관용구 : 爲 ~ 所, 見 ~ 於(~ 에게 ~ 을 당하다)
  예 吾嘗三仕三見逐於君(내가 일찍이 세 번 벼슬했으나 세 번 임금에게 내쫓겼다)
- 문맥상 피동형인 경우
  예 仁則榮不仁則辱(어질면 영화롭고 어질지 못하면 욕을 당한다)

ⓞ 가정형 : 어떤 조건을 설정하고 그 결과를 예상하거나 자신의 의지를 밝히는 문장 형식
- 가정 부사가 쓰인 경우 : 若, 如, 苟, 雖, 使, 設使, 假令 등
  예 春若不耕 秋無所望(봄에 농사짓지 않으면 가을에 바랄 것이 없다)
- 접속사가 쓰인 경우 : 則
  예 欲速則不達(빨리 하려고 하면 이루지 못한다)
- 문맥상 가정형인 경우
  예 朝聞道 夕死可矣(아침에 도를 들으면 저녁에 죽어도 좋다)

ⓩ 명령형 : 남에게 금지나 권유의 뜻을 나타내는 문장 형식
- 금지형 : 勿, 毋, 莫, 無, 不 등
  예 疑人莫用 用人勿疑(의심스러운 사람은 쓰지 말고, 쓴 사람은 의심하지 말라)
- 권유형 : 當, 宜, 須, 請, 願 등
  예 入云則入 坐云則坐(들어가라면 들어가고 앉으라면 앉아라)

ⓥ 한정형 : 사물의 정도나 범위를 한정하는 뜻을 나타내는 문장 형식
- 한정 부사가 쓰인 경우 : 惟, 唯, 只, 但 등
  예 學者所患惟有立志不誠(학자가 근심할 바는 오직 뜻을 세움이 성실치 못한가에 있을 따름이다)
- 한정 종결사가 쓰인 경우 : 耳, 已, 爾, 而已, 而已矣 등

예 夫子之道忠恕而已矣(부자의 도는 충과 서일 뿐이다)

ㅋ **감탄형** : 감동이나 영탄을 표시하는 문장 형식

- 감탄사가 쓰인 경우 : 嗚呼, 於乎, 噫, 干, 惡 등

  예 噫天喪予!(아! 하늘이 나를 버리셨도다) 惡是何言也(아! 이게 무슨 말인가!)

- 감탄 종결사가 쓰인 경우 : 哉, 夫, 乎, 與

  예 甚矣吾衰也(심하도다! 나의 노쇠함이) 賢哉回也(어질도다! 안회여)

❷ 한시의 종류

(1) 고체시(古體詩)

① **개념** … 당나라 이전에 널리 쓰여졌던 시로 작법(作法)의 제약없이 자유로운 한시의 형태이다.

② **시경(詩經)** : 공자가 중국 고대의 민요나 궁중에서 사용하던 노랫말들을 모아 정리해 놓은 책이다. 한 문장(一句)이 네 자로 구성됨이 기본이나 그 이상으로 된 것도 있었다.

③ **초사(楚辭)** : 중국 고대 남방 지방에서 널리 쓰여졌던 시의 형태로 기본 형태는 한 문장(一句)이 여섯 자이나 그 이상이나 이하로도 지어졌다.

④ **고시(古詩)** : 근체시(近體詩)가 형성되기 이전까지의 시의 형태로 5언 고시(五言古詩)와 7언 고시(七言古詩)가 있다. 한 문장(一句)이 다섯 또는 일곱 자로 구성됨이 기본이나 길거나 짧게, 자유롭게 구성할 수 있다. 동일한 글자를 쓰는 것이 허용되었으며 율시와 같은 엄격한 법칙이 없었다.

(2) 근체시(近體詩)

① **개념** … 당나라 이후에 널리 쓰여졌던 시의 형태로 작법(作法)이 엄격했던 한시의 형태이다.

② **5언 절구(五言絕句)** … 한 문장(一句)이 다섯 자로 구성된 4행으로 지어진 시

③ **5언 율시(五言律詩)** … 한 문장(一句)이 다섯 자로 구성된 8행으로 지어진 시

④ **5언 배율(五言排律)** … 한 문장(一句)이 다섯 자로 구성된 12행으로 지어진 시

⑤ **7언 절구(七言絕句)** … 한 문장(一句)이 일곱 자로 구성된 4행으로 지어진 시

⑥ **7언 율시(七言律詩)** … 한 문장(一句)이 일곱 자로 구성된 8행으로 지어진 시

⑦ **7언 배율(七言排律)** … 한 문장(一句)이 일곱 자로 구성된 12행으로 지어진 시

출제예상문제

1 다음 중 융합 관계에 해당하는 한자어는?

① 季節

② 父母

③ 讀書

④ 光陰

> ✔해설 ④ 光陰(광음)은 해와 달이라는 뜻으로 '세월'을 뜻하는 융합어이다.

2 다음 중 반의어가 바르게 연결되지 않은 것은?

① 開 − 閉

② 歡 − 哀

③ 單 − 福

④ 得 − 失

> ✔해설 ③ 單(홑 단) ↔ 複(겹칠 복), 福(복 복) ↔ 禍(재앙 화)

3 다음 중 한자의 독음이 바르지 못한 것이 들어 있는 것은?

① 交易(교역), 葛藤(갈등)

② 隘路(애로), 桎梏(질곡)

③ 悅樂(열락), 忖度(촌탁)

④ 遊說(유설), 邁進(매진)

> ✔해설 ④ 遊說(유설) → 遊說(유세)

Answer 1.④ 2.③ 3.④

4 다음 중 호칭이 바르지 않은 것은?

① 인형(人兄) – 벗을 높이어 부를 때

② 훤당(萱堂) – 살아계신 자기 어머니

③ 가친(家親) – 살아계신 자기 아버지

④ 춘부장(春府丈) – 살아계신 남의 아버지

✔해설 ② 萱堂(훤당) … 살아계신 남의 어머니를 높여 부르는 말이다.

5 다음 한자표기와 뜻이 알맞지 않은 것은?

① 부패(腐敗) : 정치, 사상, 의식 따위가 타락함

② 부정(不定) : 올바르지 아니하거나 옳지 못함

③ 빈부(貧富) : 가난함과 부유함을 아울러 이르는 말

④ 보존(保存) : 잘 보호하고 간수하여 남김

✔해설 부정(不定)은 일정하지 아니함을 뜻한다. 올바르지 아니하거나 옳지 못함은 부정(不正)이다.

6 다음에 쓰인 한자성어가 적절하지 않은 것은?

① 그는 부모를 반포지효(反哺之孝)로 모시는 것을 자식의 도리라고 생각했다.

② 고3시절에 각고면려(刻苦勉勵)한 덕에 좋은 대학에 입학하였다.

③ 그는 많은 재물을 쌓아놓고 매일 밤 초근목피(草根木皮)로 잔치를 열었다.

④ 그는 오늘도 불철주야(不撤晝夜)로 학업에 매진한다.

✔해설 초근목피(草根木皮)는 풀뿌리와 나무껍질이라는 뜻으로 곡식이 없어 산나물 따위로 만든 험한 음식을 이른다. 문맥상 산해진미(山海珍味)가 어울린다.
① 반포지효(反哺之孝) : 자식이 자라 부모를 봉양하는 효를 의미한다.
② 각고면려(刻苦勉勵) : 몸과 마음을 괴롭혀 노력함을 의미한다.
④ 불철주야(不撤晝夜) : 조금도 쉴 사이 없이 일에 힘씀을 이른다.

Answer 4.② 5.② 6.③

7 다음의 뜻에 해당하는 한자어는?

> 배우고 때때로 그것을 익히면 또한 기쁘지 아니한가.

① 君子欲訥於言 而敏於行　　② 學而時習之 不亦說乎

③ 過而不改 是爲過矣　　④ 溫故而知新 可以爲師矣

✔해설　① 君子欲訥於言 而敏於行(군자욕눌어언 이민어행) : 군자는 말은 느리되 행동은 민첩하고자 한다.
③ 過而不改 是爲過矣(과이불개 시위과의) : 잘못을 하고도 고치지 않는 것이 바로 잘못이다.
④ 溫故而知新 可以爲師矣(온고이지신 가이위사의) : 지난 것을 충분히 습득하고 새로운 것을 알아야 스승이 될 수 있다.

8 '자연의 아름다운 경치를 몹시 사랑하고 즐기는 성벽'이라는 뜻으로 실제로 좋지 않은 습관을 가리킬 때 쓰이는 말은?

① 당구풍월(堂狗風月)　　② 호각지세(互角之勢)

③ 근주자적(近朱者赤)　　④ 연하고질(煙霞痼疾)

✔해설　① 당구풍월 : 서당 개 삼년이면 풍월을 읊는다는 뜻으로 경험과 지식이 전혀 없더라도 오래 있으면 생긴다는 말이다.
② 호각지세 : 역량이 서로 비슷비슷한 위세이다.
③ 근주자적 : 붉은 것을 가까이 하면 붉어진다는 뜻으로 주위 환경이 중요함을 비유적으로 이르는 말이다.

9 다음 중 '검소한 생활'을 강조한 것은?

① 欲速則不達　　② 良藥於苦口

③ 奢者心常貧　　④ 智者順時而謨

✔해설　③ 奢者心常貧(사자심상빈) : 사치한 사람은 마음이 항상 가난하다.
① 欲速則不達(욕속즉부달) : 일을 서두르면 이루지 못한다.
② 良藥於苦口(양약어고구) : 좋은 약은 입에 쓰다.
④ 智者順時而謨(지자순시이모) : 지혜 있는 자는 때에 순응하여 일을 도모한다.

Answer　7.② 8.④ 9.③

10 다음 사자성어와 관련 있는 속담으로 바른 것은?

상전벽해(桑田碧海)

① 가마 밑이 노구솥 밑을 검다 한다.

② 십 년이면 강산도 변한다.

③ 사공이 많으면 배가 산으로 간다.

④ 하나를 듣고 열을 안다.

> ✔해설 뽕나무 밭이 푸른 바다로 변한다는 뜻으로, 세상이 몰라볼 정도로 변함을 비유한 말이다.
> ① 자신의 흉은 모르고 남의 잘못이나 결함만을 흉봄을 비유적으로 이르는 말이다.
> ③ 여러 사람이 자기주장만 내세우면 일이 제대로 되기 어려움을 비유적으로 이르는 말이다.
> ④ 한마디 말을 듣고도 여러 가지 사실을 미루어 알아낼 정도로 매우 총기가 있다는 말이다.

11 다음 중 한자 숙어의 뜻으로 옳지 않은 것은?

① 정족지세(鼎足之勢) : 두 세력이 맞서 대립한 형세

② 번문욕례(繁文縟禮) : 규칙이나 예절이 지나치게 형식적이어서 번거롭고 까다로움

③ 사문난적(斯文亂賊) : 교리에 어긋나는 언동으로 유교를 어지럽히는 사람

④ 교주고슬(膠柱鼓瑟) : 고지식하여 융통성이 없음

> ✔해설 ① 정족지세는 솥발처럼 셋이 맞서 대립한 형세를 이르는 말이다.

12 다음 고유어의 풀이가 옳지 않은 것은?

① 가시버시 : '부부(夫婦)'를 속되게 이르는 말.

② 마뜩하다 : 제법 마음에 들다.

③ 부아 : 노엽거나 분한 마음

④ 안차다 : 겁이 많고 허점이 많다.

> ✔해설 ④ 안차다 : 겁 없고 야무지다.

13 다음 속담과 연관되는 고사성어로 바른 것은?

> 가재는 게 편이다.

① 남부여대(男負女戴)

② 과유불급(過猶不及)

③ 초록동색(草綠同色)

④ 단사표음(簞食瓢飮)

✔️**해설** ① 남부여대(**男負女戴**) : 남자는 짐을 등에 지고 여자는 짐을 머리에 인다는 의미이다.
② 과유불급(**過猶不及**) : 지나침은 미치지 못한 것과 같다는 의미이다.
④ 단사표음(**簞食瓢飮**) : 도시락 밥과 표주박 물로 변변치 못한 살림으로 청빈한 생활을 의미한다.

14 다음 〈보기〉의 ㉠~㉣에 해당하는 한자성어로 적절하지 않은 것은?

> 〈보기〉
> ㉠ 도와 줄 사람이 하나도 없는 외로운 처지
> ㉡ 남의 환심을 사려고 아첨하는 교묘한 말과 보기 좋게 꾸미는 얼굴빛
> ㉢ 세상이 몹시 달라져 딴 세상에 온 것처럼 느껴짐
> ㉣ 가난한 사람이나 재난을 당한 사람들이 살 곳을 찾아 떠돌아다님

① ㉠ - 孤立無援

② ㉡ - 曲學阿世

③ ㉢ - 隔世之感

④ ㉣ - 男負女戴

✔️**해설** ㉡은 巧言令色(교언영색)에 해당하는 설명이다. 曲學阿世(곡학아세)는 바른 길에서 벗어난 학문으로 세상 사람에게 아첨함을 이르는 한자성어이다.

Answer 13.③ 14.②

15 다음 중 한자성어에 동물과 관련된 한자가 들어가지 않는 것은?

① 양호유환(養虎遺患) ② 화호유구(畵虎類狗)

③ 용두사미(龍頭蛇尾) ④ 혈혈단신(孑孑單身)

> ✔ **해설** ④ 혈혈단신(孑孑單身) : 의지할 곳이 없이 오직 혼자라는 의미이다.
> ① 양호유환(養虎遺患) : 호랑이 새끼를 키워서 근심이 있다는 것이다.
> ② 화호유구(畵虎類狗) : 호랑이를 그렸지만 개를 그렸다는 의미이다.
> ③ 용두사미(龍頭蛇尾) : 용의 머리에서 뱀의 꼬리라는 의미이다.

일반상식(사회)

01 민주정치와 법

02 민주정치의 과정과 참여

03 우리나라의 헌법

04 개인생활과 법

08 시장과 경제활동

09 국민 경제의 이해

10 세계 시장과 한국 경제

11 사회 · 문화현상의 탐구

05 사회생활과 법

06 경제생활과 경제문제의 이해

07 경제 주체의 역할과 의사 결정

12 개인과 사회 구조

13 문화와 사회

14 사회 계층과 불평등

15 현대사회와 사화변동

PART

02

사회

CHAPTER 01 민주정치와 법

01 정치의 의미와 기능

(1) 정치의 본질

① 정치의 의미
   - ㉠ **일상적 의미** : 소수 정치인이나 고위 공무원에 의하여 이루어지는 정치를 의미한다.
   - ㉡ **본질적 의미** : 개인·집단 간의 갈등을 해결해 나가는 과정을 의미한다.
   - ㉢ **정치의 기능** : 갈등을 해소하고 사회의 안정을 이룰 수 있다.

② 참여의 여건
   - ㉠ **정치 참여자** : 소수의 특정 계층에서 다양한 계층으로 확대되었다.
   - ㉡ **갈등의 평화적 해결** : 참여자들 간의 타협, 법과 제도를 통한 해결 등이 있다.

③ 참여의식
   - ㉠ **정치참여의 의의** : 시민이 주인인 민주사회에서의 정치과정은 시민의 의사에 따라 움직여야 한다.
   - ㉡ **정치적 무관심** : 소수집단에 의한 정치는 독재정부를 출현시킬 수 있다.
   - ㉢ **우리나라의 정치참여** : 과거 시민은 정치지배의 대상으로 인식되어 왔으나, 오늘날에는 시민의 참여의식이 개선되고 있다.

(2) 정책결정과 결정의 정당성

② **정책결정** … 공공목표의 달성 및 공공문제의 해결을 위한 정부의 활동방향을 뜻한다.

② 정책결정의 정당성
   - ㉠ **의의** : 일부 집단이 아닌 대다수 시민의 이익 또는 공익에 부합하도록 정책결정을 하여야 한다.
   - ㉡ **부당한 정책결정에 대한 저항권**
     - 저항권 행사의 요건 : 정부가 시민의 의사에 배치되는 정책결정을 내렸을 경우, 시민은 주권자로서 저항권을 행사할 수 있으며, 이는 로크의 저항권 사상을 근거로 한다.
     - 저항권 행사의 유의점 : 저항권 행사는 국가권력의 행사가 불법이라는 것이 객관적으로 명백할뿐만 아니라, 그것을 구제할 수 있는 다른 방법이 없는 경우에 최후의 수단으로 이용되어야 한다.

(3) 정치의 기능

① **사회적 갈등 해결 및 질서유지** … 홉스에 따르면 자연 상태는 '만인의 만인에 대한 투쟁 상태'이며 국가는 이러한 상태를 극복하기 위한 인위적이고 정치적인 산물로, 국가 작용인 정치 역시 이러한 기능을 한다고 본다.

② **지배와 통제** … 근대 시민사회의 성립 이후 20세기 초까지는 입법 · 사법 · 행정 작용을 중심으로 국가의 정치 기능을 이해하였다.

③ **정부 정책의 감시와 비판 및 정치적 의사 형성** … 시민단체 등 여러 집단의 정치 참여가 활발한 오늘날에는 다양한 정치의 기능이 생겨나고 있다.

④ **규범적 기능** … 사회적 조건을 개선하고 바람직한 비래의 비전을 제시한다.

02 ▶ 민주주의의 원리와 유형

(1) 민주주의의 이념

① 민주주의의 의미
  ㉠ **민주주의** : 고대 그리스어의 demos(민중)와 kratos(권력)의 합성어로, 다수의 민중이 지배하기도 하고 지배받기도 하는 정치형태를 의미한다.
  ㉡ **고대 그리스 아테네의 민주주의**
    • 민회와 평의회를 통한 직접 민주정치가 이루어졌다.
    • 아테네의 직접 민주정치는 소규모 공동체였기 때문에 가능했다.
    • 여자와 노예 그리고 외국인은 정치에 참여할 수 없는 제한된 민주주의였다.
  ㉢ **근대 민주주의**
    • 시민혁명 이후 민주주의로 기본적 인권이 보장되는 실천원리로 작용하였다.
    • 재산소유정도에 따라 선거권이 결정되어 다수의 노동자, 농민, 빈민들의 정치참여가 제한되었다.
  ㉣ **오늘날의 민주주의**
    • 국가 의사결정을 국민의 합의에 두는 특정한 정치형태라는 의미(정치형태로서의 의미)
    • 자유, 평등과 같은 기본이념을 민주적 방식으로 실현시킨다는 의미(이념실현으로서의 의미)
    • 국민의 정신적 자세, 생활태도, 행동양식 등을 민주적으로 수행하는 생활양식이라는 의미(생활양식으로서의 의미)

② 자유와 평등
  ㉠ **사회계약설** : 자연법론자들에 의하여 주장된 것으로 국가가 결성되기 이전의 상태에서 개인은 아무런 제약이나 차별 없이 평등했으며, 국가의 결성은 자유 · 평등한 사람들 간의 계약에 의해 이루어졌다는 것으로, 권력보다 자유를 우선시했다.

- 홉스 : 인간본성은 이기적이어서 '만인에 대한 만인의 투쟁' 상태이므로, 자기보전을 위해 동의를 하고 권리를 국가에 양도하는 것이다.
- 로크 : 시민의 권리가 탐욕스런 사람에 의해 침해당하는 것을 방지하기 위해 계약을 맺고 국가를 구성하는 것이다.
- 루소 : 자신의 잠재력을 최대한 발휘하기 위해 자발적으로 정치공동체에 참여하며, 시민은 양도하거나 나눌 수 없는 주권을 행사한다.

ⓒ **자유권의 발달** : 자연권을 근거로 신앙, 양심의 자유가 요구되었다.

ⓒ **자유권의 변천** : 소극적 자유에서 적극적 자유로 변화하였다.

ⓔ **평등권의 변천** : 신 앞에서의 평등에서 법 앞에서의 평등으로 변화하였다.

ⓜ **실질적 평등** : 기회의 균등, 능력에 따른 평등을 의미한다.

(2) 민주주의와 기본권

① **기본권**

ⓖ **인간존중** : 인간이라는 그 자체만으로도 존중되어야 한다.

ⓒ **기본적 인권** : 프랑스인권선언, 세계인권선언 등이 대표적이다.

② **기본권의 변천**

ⓖ **자유권적 기본권** : 프랑스인권선언의 영향을 받아 국가권력으로부터 개인의 자유를 보장하고자 한 것으로 신체의 자유, 종교의 자유, 재산권의 보장 등이 그 핵심이다.

ⓒ **사회권적 기본권** : 산업혁명 이후 인간적인 삶을 누리지 못하는 노동자가 생겨나면서 관심을 갖게 되었으며, 사회 혼란을 막고, 사회적 약자를 보호하고자 한 것이다. 독일의 바이마르 헌법에서 최초 규정되었으며, 교육의 권리, 근로의 권리, 사회보장을 받을 권리 등을 그 기본으로 한다.

ⓒ **참정권** : 정치적으로 소외되었던 시민들의 지속적인 선거권 획득을 위한 운동의 결과로 20세기에는 보통선거가 확립되었다.

(3) 민주주의의 운영원리

① **다수결의 원리**

ⓖ 소수의 판단보다 다수의 판단에 따르는 것이 보다 합리적이라는 가정 아래 다수결의 원리가 채택되고 있다.

ⓒ 중우정치나 다수의 횡포가 될 수 있으므로 소수의견을 존중해야 한다.

② **비판, 타협, 관용**

ⓖ **비판** : 보다 창조적인 것을 낳기 위한 인고의 과정으로서, 민주사회에서는 빼놓을 수 없는 생활태도이다.

ⓛ 타협 : 구체적인 목적에 대한 각자의 처지를 서로 조정함으로써 대립관계를 해소하는 기술이다.

ⓒ 관용 : 타인과의 공존을 인정하고, 타인의 의견을 수용하는 등 능동적이고 개방적인 자세이다.

(4) 민주주의의 유형

① 직접 민주주의와 대의 민주주의

ⓐ 직접 민주주의 : 공동체의 정치적 의사를 토론을 통해 시민이 직접 결정하는 방식으로 고대 그리스의 아테네가 그 기원이다. 모든 국민에게 참정권을 부여하는 오늘날과 달리 여자, 노예, 외국인 등에게는 시민권을 부여하지 않아 제한된 민주주의라는 평가를 받는다.

ⓛ 대의 민주주의 : 국민의 대표를 선출하여 입법부를 구성하고 입법부에서 국가 정책에 관한 주요 사항을 결정하는 방식으로, 국민의 대표인 의회를 통해 주권을 행사한다는 점에서 의회 민주주의 또는 간접 민주주의라고도 한다.

② 참여 민주주의 … 오늘날에는 시민단체 등 비정부 기구의 정치와 현상 및 개인 또는 소집단 차원에서 자발적으로 정치에 참여하여 정치적 의사결정에 영향을 미치기도 한다.

③ 전자 민주주의 … 인터넷 등 전자매체를 이용하여 정치과정에 직접 참여하는 민주주의로, 사이버 민주주의, 정보 민주주의, 원격 민주주의 등의 개념이 포함된다.

03 민주정치의 발전

(1) 아테네의 민주정치

① 직접 민주정치

ⓐ 민회 : 아테네 최고의 주권기구로, 법제정 및 정책의 심의 결정을 담당하였다.

ⓛ 추첨제, 수당제, 중임제한 등을 통해 아테네의 시민들은 가문, 재산 등에 관계없이 모든 시민이 국정에 참여할 수 있었다.

ⓒ 도편추방제 : 오늘날 국민소환방식에 해당하는 도편추방제를 실시하여 독재정치의 출현을 막고 시민들이 직접 정치를 통제할 수 있는 수단으로 활용하였다. 하지만 점차 정적제거의 수단으로 악용되는 폐해가 발생하기도 하였다.

② 제한 민주정치 … 일정한 연령(만18세)에 도달한 성인 남자만이 정치에 참여할 수 있었으며, 여자와 노예, 외국인은 정치에 참여할 수 없었다.

(2) 시민혁명의 의미와 배경

① **의미** … 봉건 사회 내부에서 성장한 신흥 시민 계급인 부르주아가 중심이 되어 절대왕정을 타도하고 국가 권력을 장악한 역사적 변혁으로, 이를 통해 시민사회가 성립되었다.

② **자본주의적 경제의 발전** … 자본주의의 발달로 부르주아의 영향력이 커지면서 자유와 평등을 보장하는 제도를 요구하였다.

③ **계몽사상** … 절대군주제에 대한 비판과 과거의 폐단을 극복하기 위한 합리적인 국가 건설의 사상적 바탕을 이루었다.

④ **로크의 사회계약설** … 권력의 원천을 국민의 동의에 두고 국민과 정부의 계약에 의해 국가권력이 구성된다고 주장하였다.

⑤ **천부인권설** … 인간은 태어나면서부터 불가침의 자연법상의 권리를 갖고 있다는 관점이다.

⑥ **입헌주의** … 기본적 인권을 보장하고 국가 권력의 분립을 규정한 헌법을 제정하여 국가를 운영하자는 이념이다.

(3) 근대 민주정치의 특징과 한계

① **특징**
　　㉠ 간접 민주정치의 지향
　　㉡ 정치형태로서의 의미만 가지고 있었던 기존의 민주주의 이념에 자유와 평등과 같은 기본적 인권이 보장되는 새로운 실천원리라는 의미가 추가
　　㉢ 법치주의 확립 및 국민주권 구현
　　㉣ 개인주의와 자유주의의 확산

② **한계**
　　㉠ 여전히 시민권은 부르주아들로 한정
　　㉡ 경제적 부에 따라 선거권을 차등 분배 → 19세기 노동자와 농민에 의한 선거권 확대운동에 영향

04 ▶ 정치권력과 법치주의

(1) 정치권력의 의미와 성격

① **의미** : 공동체의 목적을 실현하기 위해 국가가 행사할 수 있는 강제력으로, 사회에서 발생하는 이해 관계의 대립을 조정한다.

② **정치권력의 성격**

⑦ **포괄성** : 사회 구성원 전체에게 적용

　　　ⓛ **강제성** : 개인의 의사와 관계없이 행사

　　　ⓒ **지속성** : 권력의 소재와 관련 없이 지속됨

　　　ⓔ **정당성** : 국민들로부터 위임된 정당한 권력

(2) 정치권력의 정당성

① **의미** … 정부의 결정이 시민이 합당한 것으로 수용하는 것으로 국민의 자발적 동의와 지지를 통해 형성한다. 정당성이 없는 정치권력은 진정한 정치권력으로 볼 수 없다.

② **정당성 확보 요건**

　　ⓐ 실질적으로 합법적이고 도덕적인 권력획득 및 행사·유지가 이루어져야 한다.

　　ⓑ 권력에 대한 국민의 지속적 감시와 비판이 필요하다.

③ **정당성과 도덕성의 관계** … 정치권력이 도덕성을 확립하면 국민의 동의와 지지를 얻게 되고, 이 때 정당성 확보가 가능하다.

④ **정당성과 합법성의 관계** … 정당성을 확보하지 못하고 법적 근거만을 가진 채 국민을 지배하면 형식적 합법성만을 가진 권력이 된다. 실질적 합법성을 가진 권력이 되기 위해서는 법적 근거가 요구된다.

⑤ **정치권력에 대한 저항권 행사**

　　ⓐ **저항권** : 정당하지 못한 정치권력이나 정부정책에 대해 주권자로서의 시민이 불신임하고 거부할 수 있는 권리

　　ⓑ **유래** : 로크의 사회계약설에서 유래하며 미국의 독립전쟁이나 프랑스 시민혁명의 사상적 배경을 둔다.

(3) 법치주의의 의미와 기능

① **법치주의의 의미** … 국가가 국민의 자유와 권리를 제한하거나 국민에게 새로운 의무를 부과할 때, 객관적인 기준으로서 법에 의하거나 법에 근거가 있어야 한다는 원리로, 권력 통제를 통해 국민의 자유와 권리를 보장하는 것이 목적이다.

② **기능** … 국가 권력의 발동 및 국가 권력의 제한과 통제의 근거가 된다.

③ **법치주의의 주요 내용** … 법률의 우위, 법률에 의한 행정, 법률에 의한 재판

출제예상문제

1 우리 헌법의 기본원리의 하나인 자유 민주주의의 필수적인 내용을 옳게 고른 것은?

> ㉠ 권력의 분립과 견제　　　　　　㉡ 국민의 인간다운 생활
> ㉢ 법치주의　　　　　　　　　　　㉣ 사법권의 독립
> ㉤ 최저임금제 시행

① ㉠㉡㉢　　　　　　　　　　　　② ㉠㉢㉣
③ ㉡㉢㉣　　　　　　　　　　　　④ ㉡㉣㉤

> ✔해설 자유 민주주의의 필수적인 내용 … 인간의 존엄과 가치를 존중하기 위한 기본적 인권의 보장, 상향식(上向式) 의사형성과정의 보장, 권력의 분립과 견제, 법치주의, 법률에 의한 행정, 사법권의 독립 등이다. ㉡㉤ 복지국가의 지향원리이다.

2 다음의 주장이 비판하고 있는 사항을 보완하기 위해 가장 적절한 방안은?

> • 의사는 대표될 수 없다.
> • 투표하기 전에는 자유로우나 투표가 끝나면 노예가 된다.

① 중요한 국가정책은 국민투표를 실시한다.
② 진정한 자유를 위해서는 정부가 존재하지 않아야 한다.
③ 인간존중을 위하여 권력분립제도를 채택한다.
④ 선거제도를 적극적으로 활용한다.

> ✔해설 제시된 내용은 루소의 간접 민주정치에 대한 비판으로 현대 민주정치는 이를 보완하기 위하여 직접 민주정치제도를 보충적으로 채택하고 있다. 종류로는 국민투표, 국민소환, 국민발안 등이 있는데 우리 나라는 국민투표제만을 실시하고 있다.

Answer 1.② 2.①

3 다음 글에 대하여 옳은 설명은?

> (가) 고대 아테네 민회에서 추첨제에 의해서 공직자를 선출하였다.
> (나) 근대 이후에는 국민이 선거를 통해 대표자를 선출하였다.

① (가)의 추첨제, (나)의 선거제 모두 간접 민주정치 방식이다.
② (가), (나) 모두 효율성의 원칙에 따라 능력이 뛰어난 사람을 선출하는 제도이다.
③ (가)에서 선출된 공직자는 시민의 대표자이다.
④ (가), (나) 모두 국민자치를 실현하는 방법이다.

✔해설 ④ (가)의 직접민주정치, (나)의 간접민주정치 모두 국민자치를 실현하는 방법이다.
　　① (나)의 선거제는 국민이 선거를 통해 대표자를 선출하고 선출된 대표자가 국민을 대신하여 국정을 처리하는 간접 민주정치 방식이나, (가)의 추첨제는 통치를 받는 시민이 추첨을 통하여 직접 통치자의 역할을 담당할 수 있게 함으로써 치자와 피치자의 동일성을 추구하는 직접 민주정치 방식이다.
　　② (나)의 선거제는 효율성의 원칙에 따라 자질과 능력이 있는 사람을 대표로 선출한다는 의미가 있으나 (가)의 추첨제는 평등성의 원칙에 따라 공직자가 될 기회의 공평성을 제공하지만 능력을 기준으로 하지 않았기 때문에 선출한 자가 해당 직무 수행에 가장 적합한 자인지를 가리는 데는 한계가 있었다.
　　③ 선출된 대표자가 국민을 대신하여 국정을 처리하는 것은 간접 민주정치 방식이고 (가)의 추첨제는 추첨을 통하여 직접 통치자의 역할을 담당할 수 있게 하는 직접 민주정치 방식이다.

4 다음의 내용에서 철수에게 필요한 민주적 생활양식은?

> 철수는 자신의 주장만이 절대적으로 옳다는 것을 보여 주려고 소신을 빙자하여 남을 도외시하였다.

① 상대주의 + 타협원리　　　　② 관용주의 + 개방주의
③ 주인의식　　　　　　　　　　④ 다원주의

✔해설 상대주의와 타협
　　㉠ 상대주의 : 나의 생각만이 절대적이라고 생각하지 않고, 각자의 인격과 견해를 서로 존중하면서 비판과 관용을 통하여 각 개인이나 집단 간의 이해를 조정해 나가는 것이다.
　　㉡ 타협 : 구체적 목적에 대한 각자의 처지를 조정하여 대립을 해소하는 기술로서 원만한 문제해결과 올바른 인간관계의 수립과정이다.

Answer 3.④ 4.①

5 "의사는 대표될 수 없다."라고 하여 간접 민주정치를 비판하고 직접 민주정치를 옹호한 철학자는?

① 로크

② 루소

③ 홉스

④ 몽테스키외

✔ 해설 홉스, 로크, 루소의 비교

구분	홉스	로크	루소
인간의 본성	성악설(이기적, 충동적)	백지설(자연 빛으로서의 이성)	성선설(이성, 박애)
자연상태	투쟁, 고독	자유, 평등→자연권유지 불완전	자유, 평화→불평등관계
옹호체제	절대군주제	제한군주체제, 입헌군주제	국민주권주의, 직접 민주정치
사회계약	• 전부양도설 • 자연권의 전면적 양도 • 각 개인의 자연권 포기	• 일부양도설 • 자연권을 국가나 국왕에게 신탁 • 자연권의 보장	• 모든 사람의 의지를 종합·통일 • 공동합의로 자연권 위임, 시민적 자유 획득(교환설) • 모든 사람들의 자연에의 복귀

① 로크는 간접 민주정치와 2권분립을 주장했다.

③ 홉스는 군주주권설을 주장했다.

④ 몽테스키외는 3권분립을 주장했다.

6 다음 중 평등의 성격을 옳게 나열한 것을 고르면?

㉠ 상대적	㉡ 비례적
㉢ 실질적	㉣ 절대적
㉤ 비교적	㉥ 형식적

① ㉠㉡㉢

② ㉡㉢㉣

③ ㉢㉡㉥

④ ㉢㉣㉤

✔ 해설 평등

㉠ 개념 : 누구든지 성별, 종교, 사회적 신분 등 불합리한 이유 때문에 차별을 받아서는 안된다는 것을 의미한다. 상대적·비례적 평등을 실현하도록 노력해야 한다.

㉡ 법 앞의 평등의 의미 : 법적으로 차별대우를 받지 않는다는 뜻으로 인격의 평등, 기회의 균등, 능력에 따른 평등, 곧 합리적 차별대우를 말한다.

7 다음 중 정치권력의 정당성에 중요한 요소는?

① 국민의 동의와 지지   ② 경제발전

③ 경제적인 독창성 형성   ④ 정치질서의 안정

> ✔해설 정치권력의 정당성 요소
> ㉠ 정치권력을 정당하게 행사하려는 신념이 있어야 한다.
> ㉡ 국민이 그 권력을 정당한 것으로 동의하고 지지하여야 한다.
> ㉢ 집권층은 국민의 기본적 인권을 보장해야 한다.
> ㉣ 국민이 자율적으로 정치권력을 규제할 수 있어야 한다.

8 다음 중 복지국가를 실현하고자 할 때 제한을 가장 많이 받는 자유권은?

① 언론 · 출판 · 집회 · 결사의 자유   ② 신체적 활동의 자유

③ 직업선택과 거주이전의 자유   ④ 재산권 행사의 자유

> ✔해설 재산권 행사
> ㉠ 재산권 행사 : 재산권의 행사는 공공복리에 적합하도록 하여야 한다.
> ㉡ 배경 : 종래에는 재산권이 자유이며 권리라고만 생각되어 왔으나, 현대복지국가에 있어서 재산은 사회가 그에게 위탁해 둔 것이라는 신탁사상이 대두하게 되었다.

9 다음 중 대의정치에 대한 설명으로 거리가 먼 것은?

① 국민의 대표자가 국가를 운영한다.

② 국민의 정치적 무관심을 초래할 수 있다.

③ 국민자치의 원리를 가장 충실히 반영한다.

④ 국민의 의사가 정확히 전달되기 어렵다.

> ✔해설 대의정치(간접 민주정치) … 국민이 선출한 대표자가 국가를 운영하는 방식으로, 민주정치를 효율적으로 실현하는 방법의 하나이다. 단점으로 국민의 의사가 정확히 전달되기 어려운 점이 있고, 직접 국정에 참여하지 못하므로 국민의 정치적 무관심을 초래할 수도 있다. 단점의 보완방법으로는 직접 민주정치 방법의 도입, 지방자치제도의 병행 등이 있다.

Answer 7.① 8.④ 9.③

10 다음 중 민주정치제도의 원리로 그 설명이 옳지 않은 것은?

① 권력분립의 원리 – 견제와 균형의 관계를 유지한다.

② 대표의 원리 – 선거구민의 의사를 그대로 전달한다.

③ 입헌주의의 원리 – 헌법에 따라 정치를 한다.

④ 지방자치의 원리 – 중앙정부와 지방자치의 상호견제로 권력을 분산한다.

> **✔해설** 대표와 대리의 구분
> ㉠ 대표 : 선거구민을 대표해서 국정에 참가하는 사람으로, 국민 전체의 이익을 위해 스스로의 양심에 따라 판단하며 선거구민의 이해관계에 의해서 구속받지 아니한다.
> ㉡ 대리 : 선거구민의 의사를 그대로 전달하는 사람이다

11 아테네에서 직접 민주정치가 탄생할 수 있었던 요건으로서 관계가 적은 것은?

① 민회가 통치기구의 중심이었다.

② 다른 도시국가보다 영토가 크고 인구가 많았다.

③ 여자, 노예, 어린이, 외국인 등은 참정권이 없었다.

④ 시민은 독립적 농민으로 보통은 경작을 하였다.

> **✔해설** ② 인구가 많거나 국가의 영토가 크면 국민의 직접참여가 현실적으로 불가능하다.

12 홉스, 로크, 루소 등 사회계약론자들이 주장한 사회계약설의 공통점은?

① 인간의 본성이 악하다는 점을 인정하였다.

② 자연상태에서는 천부인권의 보장이 불가능했다.

③ 국가의 권력이 시민과의 계약에서 유래하였다.

④ 시민들의 주권은 주거나 빼앗을 수 없다는 것을 인정하였다.

> **✔해설** 사회계약론자의 공통점은 자연상태와 사회상태를 분류한 점과 국가권력이 시민과의 계약으로 유래했다고 보는 점 등이다.

Answer 10.② 11.② 12.③

13 다음 글을 읽고 내용과 관계가 있는 것을 모두 고르면?

> 사회가 발전해감에 따라 국민의 활동은 정치, 경제, 사회문화, 교육 등 많은 분야로 세분화되고 기능이 전문화되어 가고 있다. 다원주의는 이들 각 활동분야가 각각 자율성을 유지해 가면서 다른 분야에 예속되지 않을 것을 보장하자는 원리이다. 따라서 민주정치이념을 제대로 실현하려는 사회는 제도적으로 다원주의를 보장하여야 한다.

> ㉠ 경제적 부는 민주주의의 중요한 토대이다.
> ㉡ 다원주의의 인정은 권력의 집중화를 막는다.
> ㉢ 다양한 이익들의 사회적 조화는 가능하다.
> ㉣ 모든 개인은 사회적 기본권을 가진다.
> ㉤ 민주주의는 올바른 상대주의에 입각하고 있다.

① ㉠㉡㉢

② ㉠㉢㉤

③ ㉡㉢㉤

④ ㉢㉣㉤

✔ **해설** 다원주의는 철학상의 다원론에서 나온 것으로, 사회를 구성하는 여러 요소들은 서로 독립적이어서 다른 것으로 환원될 수 없다는 사상이다.

14 다음 중 자치원리에 대한 설명으로 옳은 것은?

① 국민자치원리에 가장 충실한 것은 직접 민주정치제도이다.
② 인구가 적고 영토가 비교적 큰 나라에서는 간접 민주정치의 가능성이 크다.
③ 자치원리는 시민이 직접 주권을 행사하는 경우만 해당된다.
④ 최근 정보통신과 대중매체의 발달로 간접 민주정치제도가 생겨났다.

✔ **해설** 자치원리는 직접 민주정치제도와 간접 민주정치제도가 있으며 자치의 원리에 충실한 것은 직접 민주정치이다.

15 (개), (내)에 나타난 법치주의에 대한 설명으로 옳은 것은?

> (개) 의회는 주권자인 국민의 위임을 받아 법률을 만들며, 법률은 곧 국민의 의사로 간주된다. 따라서 의회는 어떠한 법률이든 제정할 수 있으며, 법률은 모든 국가 기관을 구속한다.
>
> (내) 국가가 국민의 자유와 권리를 제한하거나 국민에게 새로운 의무를 부과하려면 반드시 법률에 근거가 있어야 할 뿐 아니라 법률의 목적과 내용도 정의에 합치되어야 한다.

① (개)는 법을 도구로 한 합법적 독재를 예방하기 위해 등장하였다.

② (내)는 개인의 자유와 권리의 보장보다 공동체의 목적 달성을 더 중시한다.

③ (개)는 자연법론, (내)는 법실증주의에 근거하고 있다.

④ (개)와 (내)는 국가 권력의 자의적인 행사를 통제하기 위한 법 원리이다.

해설 (개)는 형식적 법치주의, (내)는 실질적 법치주의에 해당한다. 법치주의는 역사상 (개)에서 (내)의 형태로 그 의미가 변화되었다. 형식적 법치주의가 법치주의의 형식적 측면만을 강조할 때 합법적 독재로 전락할 수 있지만 역사적으로 볼 때 법치주의는 법률이라는 형식적 측면을 강조하면서 등장한 것이다. 그러므로 형식적 법치주의와 실질적 법치주의 모두 국가 권력의 자의적인 행사를 통제하기 위해 등장한 법 원리라고 할 수 있다.
① 합법적 독재를 예방하기 위해 등장한 것은 실질적 법치주의이다.
② 실질적 법치주의에서는 공동체의 목적 달성보다 개인의 자유와 권리 보장을 상위의 가치로 설정한다.
③ 형식적 법치주의는 법실증주의, 실질적 법치주의는 자연법론의 입장에 가깝다.

Answer 15.④

민주정치의 과정과 참여

CHAPTER 02

01 정부 형태와 정치 제도

(1) 의원내각제

① 의미 … 행정권을 담당하는 내각이 입법부인 의회의 신임에 의해 구성되고 존립되는 정부 형태로, 입법부와 행정부가 밀접한 관계를 가지고 국정을 운영한다.

② 특징 … 의회 다수당의 대표가 수상이 되어 내각을 구성하고 내각은 행정권을 담당한다. 내각과 의회는 법률안제출권 및 의회발언권에 대한 권리가 있으며 서로 연대책임을 지는 등 기능상 협동관계이다.

③ 의원내각제의 장·단점
  ㉠ 장점
   • 내각이 국민의 대표 기관인 의회에 그 존립과 존속을 의존하게 되므로 민주적 요청에 가장 적합하다.
   • 내각이 의회에 연대 책임을 지므로 책임정치를 시행할 수 있다.
   • 의회와 내각이 대립하는 경우 불신임 결의와 의회해산으로 정치적 대립을 신속하게 해결할 수 있다.
  ㉡ 단점
   • 군소정당의 난립 또는 정치인의 타협적 태도가 결여된 상황에서는 연립정권의 수립과 내각에 대한 빈번한 불신임 결의로 정국의 불안정이 초래될 수 있다.
   • 의회가 정권획득을 위한 투쟁의 장소가 될 수 있다.
   • 정부가 의회의 의중을 살펴서 연명을 도모하려 하므로, 국민을 위한 강력하고 계속적인 정치가 어렵다.

(2) 대통령 중심제

① 의미 … 국민이 선출한 대통령이 일정한 임기동안 책임지고, 행정권을 담당하는 제도로, 대통령이 국가의 대표인 동시에 행정부의 수반으로 그 권한을 행사한다.

② 목적 … 권력 집중으로 인한 자의적 전제를 방지하고 국민의 자유와 권리를 최대한 보장한다.

③ 대통령제의 일반적인 특징(우리나라 대통령제와는 다름)
  ㉠ 대통령의 지위는 국가 원수이자 행정부의 수반이다.
  ㉡ 내각 또는 각료는 대통령에 의하여 임명되며, 대통령에게 책임을 져야한다.

ⓒ 권력분립의 원칙상 입법부와 행정부가 서로 다른 부를 제압하는 일을 방지하기 위해 각료는 의원을 겸직할 수 없다.

ⓔ 입법, 행정, 사법의 3권이 완전히 독립된 동격의 기관으로 분리되어 있다.

④ 대통령 중심제의 장·단점
　ⓐ 장점
　　• 대통령이 임기 중에 국회로부터 책임 추궁을 당하지 않기 때문에 대통령의 임기 동안에는 정국의 안정성을 유지한다.
　　• 소수당의 후보가 대통령으로 당선될 수 있기 때문에, 의회 다수당의 횡포를 방지할 수 있다.
　ⓑ 단점
　　• 행정부와 입법부의 마찰시 원만한 해결을 위한 제도적 장치가 없다.
　　• 대통령 권한의 비대화로 인하여 독재의 위험성이 있다.

(3) 우리나라의 정부 형태

① 대통령 중심제 … 입법부와 행정부의 구성이 엄격히 분립되어 있다.
　ⓐ 행정권은 대통령을 수반으로 하는 정부에 속한다〈헌법 제66조 제4항〉.
　ⓑ 법률안에 이의가 있을 때에는 대통령은 15일 이내에 이의서를 붙여 국회로 환부하고, 그 재의를 요구할 수 있다〈헌법 제53조 제2항〉.
　ⓒ 입법권은 국회에 속한다〈헌법 제40조〉.

② 의원내각제적 요소 가미
　ⓐ 국무총리제
　ⓑ 행정부의 법률안 제출권
　ⓒ 국회의원의 각료 겸직 가능
　ⓓ 국무 위원의 국회 출석 발언권
　ⓔ 국무 회의에서 국정 심의
　ⓕ 국회의 동의에 의한 국무총리 임명
　ⓖ 국회의 국무총리와 국무위원 해임 건의권

02 선거

(1) 민주정치와 선거

① 선거

    ㉠ 대의민주제 : 국민이 직접 국정에 참여하는 것이 아니라, 선거를 통해 선출된 대표자가 국정을 담당하는 것을 말한다.

    ㉡ 민주정치와 선거 : 선거는 국민이 정책결정과정에 참여하는 기본적인 행위이며, 주권을 행사하는 기본적인 수단이 된다.

    ㉢ 선거권의 행사

      • 국정참여의 기회 : 선거는 국민이 국가 정책결정과정에 참여할 수 있는 중요한 기회이다.

      • 국민의 권리와 의무 : 선거권의 행사는 국민으로서의 권리인 동시에 의무이다.

② 선거의 기능 … 대표자 선출 기능, 정당성 부여 기능, 대표자 통제 기능, 주권의식 향상 기능 등이 있다.

③ 공명선거의 필요성

    ㉠ 민주선거의 4원칙

      • 보통선거 : 일정한 연령에 달하면 어떤 조건에 따른 제한이 없이 선거권을 주는 제도로 제한선거와 대비된다.

      • 평등선거 : 투표의 가치에 차등을 두지 않는 제도로 차등선거와 대비된다.

      • 직접선거 : 선거권자가 대리인을 거치지 않고 자신이 직접 투표소에 나가 투표하는 제도로 대리선거와 대비된다.

      • 비밀선거 : 투표자가 누구에게 투표했는지 알 수 없게 하는 제도로 공개선거와 대비된다.

    ㉡ 공명선거의 필요성 : 민주정치의 정착을 위해서 반드시 요구된다.

(2) 우리나라의 선거제도

① 선거방식

    ㉠ 대통령 선거제도 : 제6공화국 이후 국민의 직접선거로 선출한다.

    ㉡ 국회의원 선거제도 : 제6공화국 이후 소선거구제를 채택하였다.

Point » 선거구제의 종류

구분	대선거구제	소선거구제
대표인 수	4인 이상의 다수	1선거구에서 1인의 대표 선출
장점	• 사표의 감소 • 부정선거 가능성 감소 • 인물 선택의 폭 증대 • 소수자 보호	• 양당제 확립으로 정국 안정 • 선거관리 용이, 선거비용 절약 • 후보자에 대한 인물파악 용이 • 투표율 높음
단점	• 군소 정당의 출현으로 정국 불안 • 선거비용이 많이 듦 • 선거 무관심	• 소수당에 불리 • 의원의 질적 저하 • 부정선거 가능성 높음

② 선거관리위원회 … 정치적으로 중립적인 국가기관의 기능을 담당하며 선거, 국민투표의 공정한 관리 및 정치자금의 사무 등을 처리한다.

③ 선거공영제와 선거구법정주의

　　㉠ 선거공영제 : 선거과정의 공정성을 확보하고자 한다.

　　㉡ 선거구법정주의 : 선거구 획정을 법률로써 정해 놓았다.

> Point 》 게리맨더링(gerrymandering) … 특정 정당이나 후보자에게 유리하도록 선거구를 인위적으로 재조정하는 것으로 1812년 매사추세츠 주지사 게리(Gerry)가 선거구를 재조정했는데, 그 모양이 마치 샐러맨더(salamander)와 유사하다고 한 데에서 유래하였다.

(3) 선거문화와 민주정치

① 우리나라의 선거 실상

　　㉠ 과거의 선거 : 국민의 정부 선택보다 정치적 정당성에 더 큰 의의를 부여하였으며, 선거풍토의 타락 등이 문제점이었다.

　　㉡ 현재의 선거 : 국민의 의식수준과 정부의 개혁의지가 향상되었다.

② 바람직한 선거문화

　　㉠ 국민의식의 중요성

　　　• 올바른 선거문화풍토의 조성 : 선거문화는 입후보자와 유권자의 의식이나 행동방식에 의해 결정된다.

　　　• 입후보자의 선거의식 : 법 준수, 국민의 선거에 대한 관심과 합리적 판단이 요구된다.

　　　• 유권자의 선거의식 : 유권자가 행사하는 표는 국가의 운명을 좌우하는 중요한 정치적 의사표시이므로 소중하게 행사하고, 선거 후에도 계속해서 국정활동을 감시해야 한다.

　　㉡ 공명한 선거와 정치발전

　　　• 민주정치의 발전과 선거 : 공명한 선거의 실시는 어느 국가든 민주정치 발전을 위하여 반드시 거쳐야 하는 과정이다.

　　　• 국가권력의 정당성과 선거 : 국민의 자유로운 의사결정과 후보자들의 공정한 경쟁을 통해서 대표가 선출되고 정부가 구성될 때, 국가권력의 정당성이 확립되고 민주정치는 발전하게 된다.

　　　• 민주정치의 확립과 선거 : 선거기능이 제대로 발휘될 때, 참다운 의미의 민주정치가 확립되었다고 할 수 있다.

03 정당·이익집단과 시민단체

(1) 민주정치와 정당

① 정당의 의의와 역할

　　㉠ 정당 : 정치적 견해를 같이하는 사람들이 정권을 획득함으로써 자신들의 정강을 실현하는 것을 목적으로 조직한 단체를 말한다.

ⓛ 정당의 기능 : 대표자 선출, 여론 형성, 정부와 의회의 매개역할을 담당한다.

② 민주국가의 정당제도

㉠ 원칙 : 일반적으로 복수정당제를 채택한다.

ⓛ 분류 : 일당제, 양당제, 다수정당제 등이 있다.

Point ≫ 양대정당제와 다수정당제의 비교

구분	양대정당제	다수정당제
장점	• 정국이 안정됨 • 책임정치가 가능 • 정권의 평화적 교체가 원활	• 국민 각층의 의견 반영 가능 • 소수자의 이익도 보장 • 정당 간 대립 시 제3자가 중재
단점	• 국민 각층의 의견 반영 곤란 • 다수당 횡포→소수 이익의 보장 곤란 • 양당 충돌 시 해결 곤란	• 정국 불안 가능성(프랑스 제3·4공화국) • 강력한 정책 실현 곤란

③ 정당정치와 정치자금 ⋯ 정치자금의 공개 및 양성화로 돈 안 드는 선거풍토 정착, 정치자금의 자발적 지원 등이 요구된다.

④ 한국 정당정치의 발전과제

㉠ 한국 정당정치의 특성 : 짧은 정당의 수명, 국민의사의 불충분한 반영, 비민주적 구조 등

ⓛ 발전과제 : 이념과 정책을 중시하는 정치풍토가 조성되어야 한다.

(2) 민주정치와 이익집단

① 이익집단과 정치과정

㉠ 이익집단(압력단체) : 이해관계를 공유하는 사람들이 공동의 이익을 실현하기 위하여 정부의 정책에 영향력을 행사하려는 집단이다.

ⓛ 정당과의 관련성 : 이익집단은 그들이 추구하는 이익을 실현하기 위해 정당을 이용하며, 정당은 지지기반을 확보하기 위해 이익집단과 결합한다.

② 이익집단의 출현원인과 종류

㉠ 출현원인 : 이익의 다원화, 지역대표의 결함보완, 민주정치의 발달, 정부기능의 통제필요 등이 있다.

ⓛ 종류

• 친목을 목적으로 하는 집단 : 정치성 정도가 낮으며, 스포츠클럽, 친목회, 동호회 등이 있다.

• 특정한 신분의 이익을 목적으로 하는 집단 : 정치적으로 압력을 행사하며 노동자조합, 농민조합, 전문가집단 등이 있다.

• 특정한 이익을 목적으로 하는 집단 : 정치적으로 압력을 행사하며 환경단체 등 각종 시민단체가 있다.

③ 이익집단의 이익실현

㉠ 이익집단의 목표달성 : 구성원들의 적극적인 활동과 지도력이 요구된다.

ⓒ 이익실현의 방법 : 정부에 직접적으로 압력을 행사하거나 여론을 형성하여 정부가 이익집단의 요구를 인식하고 받아들이게 하는 간접적 방법이 있으며, 개인적 친분을 활용하거나 대표단을 파견하는 등 여러 가지 방법을 이용한다.

④ 공익과 이익집단

　ⓐ 공익을 위한 이익집단 : 정치과정에서 경제적, 사회적, 직업적으로 나타나는 특수한 이익들을 그 성격에 따라 골고루 대표하는 역할을 수행한다.

　ⓑ 공익을 저해하는 이익집단 : 소수의 이익을 보호하기 위한 집단이다.

(3) 시민단체의 특징과 과제

　ⓐ 등장 : 참여 민주주의가 등장하면서 시민의 정치참여가 활성화되고, 이에 따라 정치뿐만 아니라 경제, 환경, 인권, 복지 등 다양한 분야에 대한 요구가 증가하였다. 그러나 이처럼 다양한 요구를 수용하기 위해서는 정부와 정치권의 능력에 한계가 있었고, 이에 시민은 자발적으로 단체를 만들어 정치과정에 참여하였다.

　ⓑ 특징 : 시민 단체는 공공선과 공익 추구를 목적으로 한다는 점에서 단체 구성원의 이익 추구를 목적으로 하는 이익집단과 구별되는 특징을 가진다.

　ⓒ 영향력과 과제
　　• 시민 단체는 정치권력의 집중과 남용을 감시하고, 부정부패 척결, 깨끗한 선거문화 조성 등 정치 민주화에 이바지 하였으며, 그린피스, 유니세프 등 국제 연대 활동에 적극 참여한다.
　　• 그러나 최근에는 시민의 자발적인 참여가 점점 줄어들어 시민 단체의 활동이 위축되는 경향이 있다. 또한 단체 운영에 필요한 회비와 후원금도 부족한 상황이다.

04 여론

(1) 여론과 여론정치

① 여론 ··· 쟁점에 대해 다수의 사회구성원들이 가지는 공통된 의견을 말한다.

② 여론의 중요성과 기능

　ⓐ 여론의 중요성
　　• 민주주의가 발전하면서 대중매체의 발달에 따라 점차 그 중요성이 확대되고 있다.
　　• 여론의 중요성을 강조한 격언과 우리나라 학자
　　- 서양 : 민중의 소리는 신의 소리다.
　　- 동양 : 민심은 곧 천심(天心)
　　- 이율곡, 정약용, 조광조

ⓒ 여론의 기능 : 정치의 방향을 제시하는 정치적 기능, 문화적 기능, 집단행동의 통일성을 확보하는 통일적 기능 그리고 구성원들이 느끼는 심리적 안정감의 기능이 있다.

③ 여론과 사회 안정

ⓞ 사회구성에 관련된 본질적인 문제 : 기본권 보장, 언론의 자유 등이 있다.

ⓛ 민주사회의 다양한 의견 : 대화와 타협으로 해결한다.

ⓒ 이익집단과 정당의 활동 : 대화와 타협을 주도하고, 국민을 설득하고자 노력한다.

④ 여론정치

ⓞ 정당, 언론 등의 의견집단이 여론 형성을 주도한다.

ⓛ 여론정치 : 국민의 여론을 파악하여 정책에 반영하는 정치를 뜻한다.

ⓒ 여론의 문제점 : 여론은 조작가능성 등 내재적 취약성을 가지며, 소수의 의견이 여론이 될 수 있으며, 선전에 의해 왜곡될 수 있다.

(2) 여론과 언론

① 민주정치와 언론의 자유

ⓞ 언론의 여론 형성에의 역할 : 사회적 사실을 신속·정확하게 전달하고 사회적 쟁점을 규정하며 해설과 비판 등을 제공한다.

ⓛ 언론의 국민여론 조작 : 정치세력의 선전도구로 전락하거나 허위사실을 유포하기도 한다.

ⓒ 언론의 자유 : 정치권력에 대한 비판 기능(감시역할 수행), 엄밀하고 정확한 보도로 사건이 재발하지 않도록 감시하는 역할을 수행한다.

② 언론의 책임 ⋯ 언론은 공정성·정확성·신속성을 확보하고 공익을 위해 기능해야 하며, 시민은 언론에 대해 비판과 감시를 해야 한다.

05 정치참여와 정치문화

(1) 정치과정에의 참여

① 정치참여의 중요성

ⓞ 정치참여 : 국민은 선거, 언론매체, 정당, 단체 등을 통해 정치에 참여할 수 있다.

ⓛ 정치참여는 민주정치를 위한 전제조건이 된다.

ⓒ 시민 스스로가 다스림과 동시에 다스림을 받는다는 원리에 근거한다.

② 정치참여의 방법과 요건

　　㉠ **투표** : 가장 보편적 · 적극적 · 기본적인 정치참여의 방법으로 거의 모든 국가에서 실시하고 있다.

　　㉡ **기타 정치참여방법** : 정치에 대한 토론, 선거운동에 직접 참여, 정당활동, 여론 형성, 청원, 집회나 시위 등이 있다.

　　㉢ **진정한 정치참여의 요건**

　　　• 개인의 이익뿐만 아니라 정치 공동체의 이익에 기여하여야 한다.

　　　• 정당한 절차를 거쳐 확정된 법이나 정책을 준수하면서 참여한다. 자신의 의사와 다르거나 자신의 이익에 배치된다는 이유로 법을 지키지 않거나 따르지 않는 것은 민주정치에 역행하는 행위이다.

(2) 참여와 정치발전

① **대의 민주정치와 참여**

　　㉠ **시민참여의 한계** : 시민은 대표선출이나 투표 이외에는 영향력을 행사하기 어려우며, 그 표현방식에도 한계가 있다.

　　㉡ **대의 민주정치의 위기** : 시민의 대표로서 공공의사결정을 책임져야 할 입법부가 사회문제를 직접 해결하지 못하고, 행정부가 공공의사결정을 실질적으로 좌우하게 되는 현상이 발생하였다.

　　㉢ **시민참여의 증가** : 민주주의 사회의 위기의식이 확산되면서 정치참여가 확산되었다.

② **참여와 정치발전**

　　㉠ **정치발전** : 사회의 공공문제를 해결할 수 있는 정치체제의 능력이 신장되는 것을 말한다.

　　㉡ **정치발전의 조건** : 정부의 정책결정능력의 강화, 정부 조직구조와 기능의 분화, 국민통합, 참여의 활성화 등이 있다.

　　㉢ **정치발전과 참여** : 정치참여가 활성화되어야 정치가 발전할 수 있다.

③ **참여의 한계와 안정**

　　㉠ **참여의 궁극적 목표** : 다수 시민의 이익, 즉 공익증진에 기여하는 것이다.

　　㉡ **과도한 참여의 부작용** : 참여는 공익증진을 위한 바람직한 수단이지만, 대중의 과도한 참여는 사회 및 정치의 갈등을 가져오기도 한다. 따라서 참여와 안정의 조화가 필요하다.

(3) 정치문화

① 정치문화

    ㉠ **정치문화** : 시민들의 정치생활양식, 정치와 정부에 대하여 시민들이 지니고 있는 태도 및 가치관을 의미한다.

    ㉡ **정치문화의 유형**

- 향리형 정치문화 : 정치적 역할이 미분화된 전근대적 전통사회에서 보이는 정치문화로, 정치적 의식과 참여정도가 모두 낮다.
- 신민형 정치문화 : 중앙집권적 권위주의사회에서 두드러진 정치문화로 정치적 의식은 높으나 참여정도가 낮다.
- 참여형 정치문화 : 민주사회의 특징적인 정치문화로, 정치적 의식과 참여정도가 모두 높다.

② 정치문화와 정치발전

    ㉠ **정치문화와 정치발전과의 관계** : 정치발전을 이루기 위해서는 정치제도와 그 나라의 독특한 정치문화가 서로 조화를 이루어야 한다.

    ㉡ **우리나라의 정치발전** : 권위주의적 요소가 혼재되어 있으나 점차 참여형 정치문화로 개선되고 있다.

출제예상문제

1 의원내각제의 특성에 대한 설명으로 옳은 것은?

① 내각이 의회에 존립을 의존하게 되므로 민주적 요청에 부적합하다.
② 의회와 내각이 대립하는 경우 신속한 해결이 불가능하다.
③ 내각이 의회에 연대 책임을 지므로 책임정치를 시행할 수 있다.
④ 의회가 정권획득의 투쟁의 장소로 변질될 우려가 적다.

> ✔해설 ① 내각이 국민의 대표 기관인 의회에 그 존립과 존속을 의존하게 되므로 민주적 요청에 가장 적합하다.
> ② 의회와 내각이 대립하는 경우 불신임 결의와 의회해산으로 정치적 대립을 신속하게 해결할 수 있다.
> ④ 의회가 정권획득을 위한 투쟁의 장소가 될 수 있다는 점이 의원내각제의 단점이다.

2 다음은 어느 정치 참여 주체의 가상 활동일지이다. 이 참여 주체로 적절한 것은?

> 1월 : 국회의원 선거 공약 발표
> 3월 : 국회의원 선거에 참여
> 7월 : ○○법 개정을 위한 서명 운동 시작
> 8월 : 여의도 공원에서 홍보 대회
> 9월 : 여의도 공원에서 장외 집회
> 11월 : 예산안 심의에 참여

① 정당 ② 언론
③ 감사원 ④ 시민 단체

> ✔해설 정당은 대표자를 선출하고, 여론을 형성하며, 정부와 의회의 매개역할을 담당한다.

Answer 1.③ 2.①

3 다음 중 정당의 기능과 관계가 없는 것은?

① 선거에 후보자를 추천

② 정부에 직접적으로 압력행사

③ 여론을 형성·조직화하여 정부에 전달

④ 정부의 정책결정에 대한 지지나 반대를 유도

> ✔해설 정당은 국민의 의사를 대변하여 국민전체의 이익을 도모하지만, 이익단체는 자기들의 특수한 이익만을 얻기 위하여 여러 가지 방법을 실현시킨다.
> ①③④ 정당의 기능에 해당한다.
> ② 이익실현의 방법에 해당된다.

4 다음 글과 같은 상황에서 나타날 수 있는 국민의 정치적 행동을 가장 적절하게 추론한 것은?

> 민주국가의 헌법은 사람에 의한 지배가 아닌 법에 의한 지배를 규정함으로써 권력의 절대화를 막아 국민의 기본적 인권을 보장하려 하고 있다. 그러나 만일 국민의 자유와 권리를 지켜주기보다는 침해하고 제한하는 것으로만 일관한다면 그러한 법 집행은 불신의 대상이 되며 나아가 국민은 법으로부터 멀어지고 정치적 불만이 점점 커지게 되는 것이다.

① 입법활동의 공정성을 촉구한다.

② 사법부의 조직개편을 요구한다.

③ 행정체계의 형평성을 비판한다.

④ 정치권력의 정당성을 문제삼는다.

> ✔해설 정부권력의 정당성이 부족하다는 것은 국민들의 지지와 동의가 부족하다는 것이다.

Answer 3.② 4.④

5 다음 중 정치문화의 유형에 대한 설명으로 옳은 것은?

① 정치문화는 나라마다 전통에 의해 뚜렷이 나타난다.

② 선진국은 일반적으로 참여형 정치문화의 속성이 강하게 나타난다.

③ 민주정치의 발전을 위해서는 정치문화가 신민형으로 변화하는 것이 바람직하다.

④ 정치에 관심을 가지고 적극적으로 참여하는 태도를 지니는 정치문화를 향리형 정치문화라 한다.

> **✔ 해설** 대부분 선진국일수록 참여형 정치문화의 속성이 강하고 후진국일수록 신민형이나 향리형 정치문화의 속성이 강하다.
>
> ※ 정치문화의 유형
> ㉠ 향리형 : 전근대적 전통사회에 나타나며 후진국형이다. 스스로 정치에 참여할 수 있다고 기대하지 않으며, 참여에도 소극적인 유형이다.
> ㉡ 신민형 : 중앙집권적 권위주의 사회에 나타나며 후진국형이다. 공동체에 대한 의식은 있으나 능동적으로 참여하지는 않는 유형이다.
> ㉢ 참여형 : 민주사회에 나타나며 선진국형이다. 공동체에 대한 명확한 인식과 정치 참여에도 능동적인 유형이다.

6 다음의 내용들이 추구하는 공통적인 목적은?

> • 선거공영제
> • 보통선거, 평등선거, 직접선거, 비밀선거
> • 선거구법정주의

① 후보자의 난립예방

② 기회권의 평등

③ 공정한 선거관리

④ 돈 안 드는 선거풍토로 개선

> **✔ 해설** ③ 제시된 내용들은 선거과정의 공정성을 확보하기 위해서 필요한 것들이다.

Answer 5.② 6.③

7 우리나라의 정당제도에 대한 설명으로 옳은 것은?

> ㉠ 우리 나라 정당 설립에 있어서 허가제이다.
> ㉡ 정당의 목적, 조직과 활동이 민주적이어야 한다.
> ㉢ 정당은 법률이 정하는 바에 의하여 국가의 보호를 받는다.
> ㉣ 양당제를 기본으로 한다.
> ㉤ 정부는 정당의 목적이나 활동이 민주적 기본질서에 위배된다고 생각될 경우에는 정부는 정당을 해산할 수 있다.
> ㉥ 헌법에 정당 해산 규정을 두는 이유는 자유민주주의를 수호하기 위해서이다.

① ㉠㉡㉤　　　　　　　　　　　　② ㉠㉢㉣

③ ㉡㉢㉥　　　　　　　　　　　　④ ㉣㉤㉥

✔해설 ㉡ 정당이 헌법에 의하여 보호를 받기 위해서는 그 목적, 조직과 활동이 민주적이어야 한다.
㉢ 정당은 법률이 정하는 바에 의하여 국가의 보호를 받으며, 국가는 법률이 정하는 바에 의하여 정당운영에 필요한 자금을 보조할 수 있다.
㉥ 헌법에 정당 해산 규정을 두는 이유는 반국가적·반민주적 정당의 활동을 방지하여 자유민주주의를 수호하고, 헌법재판에 의해서만 해산시킬 수 있도록 함으로써 정당을 보호하기 위해서이다.
㉠ 허가제가 아닌 신고제(등록제)를 채택하고 있다.
㉣ 우리나라는 정당 설립의 자유와 복수정당제를 보장한다. 헌법 제81조에서 '정당의 설립은 자유이며, 복수정당제는 보장된다'라고 규정하고 있다.
㉤ 정부는 정당의 목적이나 활동이 민주적 기본질서에 위배된다고 생각될 경우에는 정부는 헌법재판소에 그 해산을 제소할 수 있고, 정당은 헌법재판소의 심판으로 해산된다(헌법 제8조 제4항).

8 다음 중 국민의 의견이 국정에 반영되기 위한 방법으로 옳지 않은 것은?

① 집회나 시위　　　　　　　　　　② 정치토론회 개최

③ 이익집단의 이익 실현　　　　　　④ 언론 및 출판에 대한 강제

✔해설 ④ 모든 국민은 언론 및 출판의 자유와 집회 및 결사의 자유를 가진다〈헌법 제21조〉.

Answer 7.③　8.④

9 시민의 정치참여가 정치발전에 크게 이바지한 것과 관계가 없는 것은?

① 참여는 대의민주정치를 보완하는 기능을 한다.

② 참여는 시민의 이익을 적극적으로 옹호하고 증진시킨다.

③ 참여는 시민의 주권의식을 증대시켜 정치발전의 기틀을 이룰 수 있다.

④ 시민들의 많은 참여는 정책결정에 혼란을 가중시킨다.

> ✔ 해설 정치참여의 방법
> ㉠ 선거에의 참여 : 국민은 누구나 선거에 참여한다.
> ㉡ 직접적으로 정치담당 : 스스로 정치인이 되어 정책결정과정에 참여할 수 있다.
> ㉢ 언론매체를 통한 참여 : 잡지나 신문, 방송 등을 통해 정부의 정책을 지지하거나 비판할 수 있다.
> ㉣ 정당, 단체를 통한 참여 : 정당이나 단체를 결성하여 자신의 정치적 의사를 실현할 수 있다.

10 어떤 나라가 선거구마다 5인의 대표자를 선출하던 방식에서 선거구마다 1인의 대표자를 선출하는 방식으로 변경하였을 때 예상되는 결과로 옳은 것은?

① 국민의 다양한 의사가 잘 반영될 것이다.

② 양당제의 확립이 용이해질 것이다.

③ 사표가 감소할 것이다.

④ 소수당에 유리해 정국의 불안이 우려된다.

> ✔ 해설 대선거구제와 소선거구제의 장·단점
>
> | 구분 | 대선거구제 | 소선거구제 |
> |---|---|---|
> | 대표자수 | 4인 이상의 다수인을 선출 | 1선거구에서 1인의 대표선출 |
> | 장점 | • 사표의 감소(비례대표제와 결부된 경우)
• 부정선거 가능성 감소
• 인물선택의 폭 증대
• 소수자를 보호할 수 있음 | • 양당제가 확립되어 정국안정 도모
• 선거관리 용이, 선거비용 절약
• 후보자에 대한 인물파악 용이
• 투표율이 높음 |
> | 단점 | • 군소정당의 쉬운 출현으로 정국불안의 조장 우려
• 선거비용이 많이 들고 관리가 어려움
• 후보자 식별 곤란, 선거인의 무관심 | • 사표발생률이 높고, 소수당에 불리
• 의원의 질적 저하 초래
• 부정선거의 위험성이 많음
• 게리맨더링의 가능성 |

Answer 9.④ 10.②

11 대중 민주주의에 기여하게 된 선거제도로 옳은 것은?

> 근대에는 중소상공업자들이 정치세력의 주체였다. 현대는 정치세력의 주체가 표면적으로 대중으로 옮아갔다. 그래서 각종 정책결정에 대중의 의사가 중요한 결정요소가 되었다.

① 직접선거　　　　　　　　　　② 평등선거
③ 보통선거　　　　　　　　　　④ 비밀선거

> ✔**해설** 보통선거 … 일정 연령에 도달한 사람은 성별 · 재산 · 종교 · 교육에 관계없이 누구나 선거를 할 수 있는 제도이다. 이것 때문에 정치인은 뭇사람들(대중)을 정치적 계산에 넣을 수밖에 없게 되었다. 반면, 대중은 특성세력이나 권력집난에 의해 의사결정을 쉽게 바꾸는 경향이 있어 언론 등 여론형성매체의 힘을 기하급수적으로 키우는 결과를 낳았다.
> ※ 신문이나 방송매체를 입법부, 사법부, 행정부와 견주어 제4부라고 부르기도 한다.

12 민주국가에서의 정당의 성격으로 옳지 않은 것은?

① 정권획득의 목표를 공개적으로 내세운다.
② 여론을 형성 · 조직화함으로써 국정을 지지 · 통제한다.
③ 전국적 조직과 함께 활동이 상의하달방식을 취한다.
④ 국민적 이익을 추구하며 정부구성능력을 보유해야 한다.

> ✔**해설** 정당
> ㉠ 정당의 뜻 : 정당은 정치적 견해를 같이 하는 사람들이 정권을 획득함으로써 자신의 정강을 실현할 것을 목적으로 모인 단체이다.
> ㉡ 정당정치 : 현대민주정치는 대의정치이며, 대의정치는 정당을 통하여 이루어지므로 민주정치를 정당정치라고도 한다.
> ㉢ 정당의 성격 및 기능
> • 정권획득을 목표로 하고 그것을 공개적으로 내세움
> • 조직이 민주적이며 국민전체의 이익을 도모한다는 정강을 가짐
> • 국민여론을 형성하고 조직화하여 정부에 전달함
> • 정부와 의회 간의 매개역할

13 헌법재판소가 다음과 같은 결정을 내린 것은 민주선거의 4대 원칙 중 어떤 원칙에 위배되기 때문인가?

> '경기 안양시 동안구 선거구'의 경우 전국 선거구의 평균인구수로부터 +57%의 편차를 보이고 있으므로, 그 선거구의 획정은 국회의 재량의 범위를 일탈한 것으로서 청구인의 헌법상 보장된 선거권 및 평등권을 침해하는 것임이 분명하다.

① 비밀선거　　　　　　　　　　　　② 평등선거
③ 직접선거　　　　　　　　　　　　④ 보통선거

✔ 해설 　선거구 획정에 관하여 국회의 광범한 재량이 인정되지만 그 재량에는 평등선거의 실현이라는 헌법적 요청에 의하여 일정한 한계가 있을 수밖에 없는 바, 선거구 획정에 있어서 인구비례원칙에 의한 투표가치의 평등은 헌법적 요청으로서 다른 요소에 비하여 기본적이고 일차적인 기준이기 때문에, 합리적 이유 없이 투표가치의 평등을 침해하는 선거구 획정은 자의적인 것으로서 헌법에 위반된다[헌재 2001.10.25, 2000헌마92 · 240(병합)].
① 투표자가 누구에게 투표했는지 알 수 없게 하는 제도이다.
② 투표의 가치에 차등을 두지 않는 제도이다.
③ 선거권자가 대리인을 거치지 않고 자신이 직접 투표 장소에 나가 투표하는 제도이다.
④ 일정연령에 도달한 사람은 어떤 조건에 따른 제한없이 누구나 선거를 할 수 있는 제도이다.

14 현재 우리나라가 채택하고 있는 국회의원선거방법으로 옳지 않은 것은?

① 지역대표제　　　　　　　　　　　② 선거구법정주의
③ 소수대표제　　　　　　　　　　　④ 소선거구제

✔ 해설 　① 지역적 구성을 표준으로 하여 선거구를 설정하고 그 안에서 대표자를 선출하는 선거방법으로 지역구의원이 선출된다.
② 선거구를 특정한 정당이나 후보자에게 유리한 일이 없도록 하기 위해, 선거구를 국회가 법률로써 정하는 제도이다.
③ 득표순위에 따라 대표자를 선출할 수 있는 제도로 대선거구제를 전제로 한다.
④ 한 선거구에서 다수표를 얻은 한 사람의 대표를 선출하는 제도로 다수대표제와 결합되며 우리나라에서 사용되는 선거방법이다.

Answer 13.② 14.③

15 선거에 대한 다음 내용 중 옳지 않은 것은?

① 오늘날 다원화된 사회의 요구에 부응하여, 지역대표제 외에 직능대표제를 병용하기도 한다.

② 오늘날 대중민주주의의 실현에 기여한 선거원칙으로는 평등선거를 들 수 있다.

③ 국회의원 선거소송은 3심제의 예외로 대법원 1심 판결로 한다.

④ 선거공영제는 선거운동의 기회균등과 선거비용의 국가부담을 원칙으로 한다.

> ✔해설 ② 보통선거는 선거민의 사회적 신분이나 재산·지위에 관계없이 모든 사람(19세 이상)에게 선거권
> 및 피선거권을 인정하는 제도로 현대대중민주주의의 실현에 기여하였다.

16 다음 중 현재 우리나라 국회의원선거에서 채택되고 있는 제도를 모두 고르면?

㉠ 소선거구제	㉡ 중선거구제
㉢ 소수대표제	㉣ 다수대표제
㉤ 비례대표제	㉥ 선거공영제
㉦ 직능대표제	

① ㉠㉢㉤㉥   ② ㉠㉣㉤㉥

③ ㉠㉣㉥㉦   ④ ㉡㉣㉤㉥

> ✔해설 지역구의원은 지역대표제, 다수대표제(소선거구제)를, 전국구의원은 비례대표제를 채택하고 있고, 선거
> 공영제는 국가 또는 지방자치단체가 선거를 관리하는 제도이다.

17 다음 중 선거구법정주의를 채택하는 근본적인 이유는?

① 선거비용을 국가가 부담하여 선거의 공정을 기하기 위해

② 투표 등 선거절차를 간편화하기 위해

③ 군소정당의 난립을 방지하기 위해

④ 특정한 정당에게 유리한 일이 없도록 하기 위해

> ✔해설 선거구법정주의 … 선거구가 특정한 정당이나 후보자에게 유리한 일이 없도록 하기 위해 선거구를 국회
> 가 법률로써 정하는 것으로, 대부분의 국가가 이 제도를 채택하고 있다.

18 다음 중 바람직한 정치참여의 태도는?

① 권리를 정당하게 행사하면서 의무를 성실히 이행한다.

② 사회를 위해서는 권리를 포기할 수 있다.

③ 의무수행보다 정당한 권리를 행사한다.

④ 자유보다는 먼저 책임을 완수해야 한다.

> **해설** 정치참여
> ㉠ 의미 : 민주정치의 참여란 모든 개인이 자신의 권리를 충분히 행사하면서 의무를 성실하게 이행하는 일이다. 이러한 참여의식은 비단 권리행사에만 국한되는 것이 아니고, 민주시민으로서 지켜야 할 필수적인 것이다.
> ㉡ 방법 : 선거, 정당 및 사회단체의 구성, 대중매체를 통한 지지·비판 등을 통해서 참여한다.

19 현대 민주정치의 과정에서 보기의 용어들이 공통적으로 관련이 있는 것은?

㉠ 선거	㉡ 정당
㉢ 언론	㉣ 압력단체
㉤ 대중운동	

① 정책심의기관이다.　　　　　　② 정책집행기관이다.

③ 시민운동의 일환이다.　　　　　④ 국민의 참여수단이다.

> **해설** 현대민주정치의 과정에서 국민들은 다양한 방법과 절차로 정치에 참여하고 있다.

20 현대사회에서 정치적 무관심이 확대되는 원인은?

① 경제적 부의 증대　　　　　　② 대중매체의 발달

③ 정치과정의 비대화와 복잡화　　④ 국민들의 의식상승

> **해설** 현대사회는 복잡화, 세분화, 다양화의 영향으로 정치과정에 변화를 가져왔다.

Answer 18.① 19.④ 20.③

CHAPTER

03 우리나라의 헌법

01 **우리나라 헌법의 기초 이해**

(1) 헌법의 의미와 특징

   ㄱ **고유한 의미의 헌법** : 국가의 최고 기관을 조직 · 구성하는 근본이 되고, 하고 이들 기관의 행위 및 상호관계를 규정한다.

   ㄴ **근대적 · 입헌주의적 의미의 헌법** : 근대적 의미의 헌법이 국가 권력을 조직하는 측면보다는 국가 권력을 제한하는 면에 더욱 중점을 둔다면 입헌주의적 의미의 헌법은 국민주권의 원칙, 기본권보장의 원칙, 권력분립의 원칙에 초점을 맞춘다.

   ㄷ **현대적 의미의 헌법** : 국민에게 인간다운 생활을 보장하고 나아가 국민의 복지 향상에 치중하며 실질적 평등의 보장을 중시하고 있다.

   ㄹ **헌법의 의의**

구분		내용
정치적 의의		• 헌법의 내용과 목적이 국가의 청설이라는 정치적 성격을 지님 • 정치활동을 주도하며 사회 통합을 실현
법적 의의	최고 규범	• 모든 법령의 제정 근거 • 법령의 정당성 평가
	조직 수권규범	국가 통치 조직에 권한을 부여
	권력 제한 규범	• 국가 권력의 분립과 상호 견제 • 국민의 기본권을 실질적으로 보장

   ㅁ **특징** : 현행 헌법은 1948년 7월 17일 제정 이후 1987년 6월 민주 항쟁을 계기로 9차 개정이 이루어졌으며, 대통령 국민 직선제, 국회 권한 강화, 헌법 재판소 신설, 사생활의 비밀과 자유, 연좌제 금지, 형사 피고인의 무죄 추정, 구속 적부 심사 청구권의 확대, 환경권, 평생 교육권 등을 명시하여 보장하고 있다.

(2) 우리나라 헌법 기본 원리

① **국민주권주의** … 국가의 의사를 결정하는 최고 권력인 주권이 국민에게 있다.

　　㉠ **국민자치** : 대의 민주주의, 간접 민주주의의 채택

　　㉡ **공정한 선거제도** : 국민주권주의의 확립을 위한 가장 기초적인 제도이다.

　　㉢ **수평적인 권력 분립** : 입법, 사법, 행정의 3권 분립

　　㉣ **수직적인 권력 분립** : 지방자치제도의 실시

　　㉤ **복수정당제도의 도입** : 국민들의 다양한 정치적 견해가 반영

　　㉥ **근거조항**

　　　• 대한민국은 민주 공화국이다〈제1조 제1항〉.

　　　• 대한민국의 주권은 국민에게 있고 모든 권력은 국민으로부터 나온다〈헌법 제1조 제2항〉.

② **자유 민주주의** … 개인의 자유를 옹호하고 존중하는 '자유주의'와 국가 권력 창출과 권력의 정당성이 국민의 합의에 의해 이루어진다는 '민주주의'가 결합된 원리이다.

　　㉠ **기본적 인권의 보장** : 인간의 존엄성과 인격의 존중

　　㉡ **권력분립의 원리, 책임정치의 원리**

　　㉢ **법치행정** : 행정은 법률에 근거가 있는 경우에 법률에 규정된 절차에 따라 행해야 한다.

　　㉣ **정당 활동의 자유의 보장** : 우리 헌법은 복수 정당제와 더불어 정당의 설립과 활동의 자유를 보장

　　㉤ **자유 민주주의 실현을 위한 제도** : 소극적인 방법으로 표현의 자유와 언론의 자유 보장, 정치과정의 공개, 민주적 정당제도의 보장 등이 있으며, 적극적인 방법으로 탄핵제도, 위헌법률심사제도, 헌법소원제도, 위헌 정당 강제 해산제도, 저항권의 행사 등이 있다.

　　㉥ **근거조항**

　　　• 헌법 전문 : 자율과 조화를 바탕으로 자유 민주적 기본 질서를 더욱 확고히 하여……

　　　• 정당은 그 목적, 조직과 활동이 민주적이어야 하며……〈헌법 제8조 제2항〉.

　　　• 정당의 목적이나 활동이 민주적 기본 질서에 위배될 때에는 정부는 헌법재판소에 그 해산을 제소할 수 있고, 정당은 헌법 재판소의 심판에 의하여 해산된다〈헌법 제8조 제4항〉.

　　　• 누구든지 법률에 의하지 아니하고는 체포, 구속, 압수, 수색 또는 심문을 받지 아니하며, 법률과 적법한 절차에 의하지 아니하고는 처벌, 보안 처분 또는 강제 노력을 받지 아니한다〈헌법 제12조 제1항〉.

③ **복지국가의 원리** … 인간의 존엄성을 유지할 수 있는 기본적 생활을 보장하고, 국민의 생활여건을 개선하는 것이 국가의 책임이며, 그것에 대한 요구가 국민의 정당한 권리로 인정된다는 원리이다.

　　㉠ **사회적 기본권의 규정** : 인간다운 생활을 할 권리, 사회 보장 제도를 통해 실질적 구현

　　㉡ **재산권의 제한** : 재산권이 무제한적으로 보장되는 권리가 아니라 사회적 구속성을 가지고 있음을 명시

　　㉢ **시장경제질서의 원리를 원칙으로 하되, 경제의 민주화를 위한 국가의 규제와 조정을 정당화**

ⓔ 근거조항

- 헌법 전문 : …정치·경제·사회·문화의 모든 영역에서 각인(各人)의 기회를 균등히 하고, 능력을 최고도로 발휘하게 하며, 자유와 권리에 따르는 책임과 의무를 완수하여 안으로는 국민 생활의 균등한 향상을 기하고…….
- 모든 국민은 인간다운 생활을 할 권리를 가진다〈헌법 제34조 제1항〉.
- 국가는 사회보장, 사회복지의 증진에 노력할 의무를 진다〈헌법 제34조 제2항〉.
- 재산권의 행사는 공공복리에 적합해야 한다〈헌법 제23조 제2항〉.
- 국가는 균형 있는 국민 경제의 성장 및 안정과 적정한 소득의 분배를 유지하고 시장의 지배와 경제력의 남용을 방지하며 경제 주체 간의 조화를 통한 경제의 민주화를 위하여 경제에 관한 규제와 조정을 할 수 있다〈헌법 제119조 제2항〉.

④ **문화국가의 원리** … 국가가 국민의 교육, 과학 및 생활을 보장하여 사회와 문화 발전을 적극 도모한다는 원리이다.

ⓐ 의의 : 국가로부터 문화의 자율성을 보장하면서 국가가 문화를 형성하고 보호하는 이중적인 의미를 갖는다.

ⓑ **문화국가를 실현하기 위한 원칙**

- 문화의 자율성을 보장 : 국가는 문화에 대하여 중립성을 지켜야 하며 간섭해서는 안 된다.
- 국가는 문화를 보호·육성하기 위한 경제적 지원을 책임진다.
- 문화적 기본권을 보장한다.

⑤ **국제 평화주의** … 국제 협조와 국제평화의 지향을 이념적 기반으로 하려는 원리이다.

ⓐ **국제평화주의와 침략전쟁의 부인** : 적의 직접적 공격을 격퇴하기 위한 방위전쟁(자위전쟁)은 인용

ⓑ **국제법 존중주의** : 우리나라가 가입한 조약과 일반적으로 승인된 국제법규가 국내법과 같은 효력을 가진다는 의미

ⓒ **외국인의 법적 지위 보장** : 상호주의(상대국의 자국민 보호 정도에 맞추어 상대국 국민의 보호 수준을 결정하려는 입장)의 원리에 따라 규정

ⓓ 근거조항

- 헌법 전문 : …밖으로는 항구적인 세계평화와 인류 공영에 이바지함으로써…….
- 대한민국은 국제 평화의 유지에 노력하고 침략적 전쟁을 부인한다〈헌법 제5조 제1항〉.
- 헌법에 의하여 체결·공포된 조약과 일반적으로 승인된 국제법규는 국내법과 같은 효력을 가진다〈헌법 제6조 제1항〉.
- 외국인은 국제법과 조약이 정하는 바에 의하여 그 지위가 보장된다〈헌법 제6조 제2항〉.

⑥ **평화통일의 원리** … 자유 민주적 기본질서에 입각하여 평화적 통일을 추구한다는 원리이다.

ⓐ 우리나라의 국가적 목표인 동시에 헌법의 기본원리이다.

ⓑ 근거조항

- 자유 민주적 기본 질서에 입각한 평화적 통일 정책을 수립하고 이를 추진한다〈헌법 제4조〉.

- 대통령은 조국의 평화적 통일을 위한 성실한 의무를 진다〈헌법 제66조 제3항〉.
- 대통령은 필요하다고 인정할 때에는 외교·국방·통일 기타 국가 안위에 관한 중요 정책을 국민투표에 붙일 수 있다〈헌법 제72조〉.
- 평화통일 정책의 수립에 관한 대통령의 자문에 응하기 위하여 민주 평화 통일 자문회의를 둘 수 있다〈헌법 제92조 제1항〉.

02 기본권의 보장과 제한

(1) 국민의 기본권

① 기본권 … 우리 헌법은 천부인권 사상을 표현한 헌법 제10조와 실정법 사상을 표현한 헌법 제37조 제2항을 두어 둘 간의 조화를 이루고 있다.

② 기본권의 내용
  ㉠ 일반적이고 원칙적 규정〈헌법 제10조〉
    - 인간으로서의 존엄과 가치 존중
    - 행복추구권
  ㉡ 평등의 권리 : 본질적으로 기본권으로 "모든 국민은 법 앞에서 평등하다〈헌법 제11조 제1항〉."의 평등은 누구든지 성별, 종교, 사회적 신분 등에 의해 차별받지 않는 상대적·비례적·실질적 평등을 의미한다.
  ㉢ 자유권적 기본권 : 평등권과 더불어 본질적인 기본권으로 국가권력으로부터의 개인의 자유를 보장하며, 핵심적이고 소극적이며 포괄적인 권리이다. 종류로는 신체의 자유, 거주·이전의 자유, 직업선택의 자유, 주거의 자유, 사생활 비밀과 자유의 불가침, 통신의 자유, 양심의 자유, 종교의 자유, 언론·출판·집회·결사의 자유, 학문과 예술의 자유, 재산권보장 등이 있다.
  ㉣ 참정권 : 민주국가에 있어서 국민이 국가의 정치에 참여할 수 있는 능동적 권리로 공무원 선거권, 공무 담임권, 국민 투표권 등이 있다.
  ㉤ 사회적 기본권 : 인간다운 생활을 위해 국가에 대하여 어떤 보호나 생활수단의 제공을 요구할 수 있는 적극적 권리이며 열거적 권리(개별적 권리)로 인간다운 생활을 할 권리, 교육을 받을 권리, 근로의 권리, 근로자의 노동 3권, 환경권, 혼인·가족·모성·보건에 관한 권리 등이 있다.
  ㉥ 청구권적 기본권 : 국민의 침해당한 기본권의 구제를 국가에 대해 청구하는 적극적 권리이며 기본권을 보장하기 위한 수단적 기본권으로 청원권, 재판청구권, 형사보상청구권, 국가배상청구권, 범죄피해자의 국가구조청구권 등이 있다.

(2) 기본권 보장을 위한 제도와 기본권의 제한

① 기본권 침해의 법적 구제

구분		내용
청원제도		• 국민이 국가기관에 대해서 의견을 표명하거나 희망을 요구하는 것 • 청원의 대상 : 행정기관, 입법기관, 법원 등
위헌법률 심판제도		• 헌법재판기관이 법률이 헌법에 위반되는지의 여부를 심사하여 헌법에 위반되는 것으로 인정되는 경우 그 법률의 효력을 상실하게 하는 제도 • 위헌법률심판제청권자는 법원으로, 법원이 위헌법률심사제청권을 행사하려면 현재 재판 중인 구체적인 사건에서 판단기준이 되는 법률의 위헌여부가 재판의 결과에 영향을 끼치는 경우여야 한다. • 위헌결정 시 즉시 효력이 상실되지만, 헌법불합치결정 시에는 법이 개정 될 때까지 한시적 효력이 있음
행정 쟁송제도		행정청의 위법, 부당한 처분으로 인해 권리를 침해당한 사람이 이의 시정을 구하는 제도로 행정심판과 행정소송 등이 있다.
헌법소원	권리구제형 헌법소원	공권력의 행사 또는 불행사로 인하여 헌법에 보장된 기본권을 침해당한 국민이 그 권리를 구제 받기 위하여 헌법재판소에 직접 심판을 청구하는 헌법소원
	위헌법률 심사형 헌법소원	위헌적 법률로 인하여 기본권을 침해당한 국민이 법원에 위헌법률심판제청을 해줄 것을 신청하였으나 법원이 이를 기각한 경우 직접 헌법재판소에 심판을 청구하는 헌법소원

② 기본권의 제한

구분	내용
목적상	• 국가안전보장, 질서유지, 공공복리를 위한 경우에만 기본권을 제한할 수 있다. –국가안전보장 : 외부로부터 국가의 독립, 영토의 보전, 헌법에 의해 설치된 국가 기관의 유지 –질서유지 : 타인의 권리 유지, 도덕질서 유지, 사회 공공질서 유지를 포함한 공공의 질서 유지 –공공복리 : 국가 구성원 전체를 위한 행복과 이익
형식상	• 원칙 : 기본권 제한은 국회가 제정한 법률에 의해야만 한다. • 예외 : 대통령의 긴급명령, 긴급 재정 경제 명령으로도 기본권을 제한할 수 있으며, 비상계엄 시에는 영장제도나 언론 · 출판 · 집회 · 결사의 자유에 대한 특별조치가 가능하다.
방법상	• 과잉금지의원칙 : 국가의 권력은 무제한적으로 행사되어서는 안 되며, 이는 반드시 정당한 목적을 위하여 필요한 범위 내에서만 행사되어야 한다. • 국가 권력이 기본권을 제한할 때에는 목적의 정당성, 방법의 적정성, 피해의 최소성, 법익균형성을 지켜야 한다. • 기본권을 제한할 때 기본권의 본질적인 내용은 침해할 수 없다.

03 국가 기관의 구성과 기능

(1) 국회

① 국회의 구성과 운영

    ⊙ **국회의 성격** : 국민의 대표기관, 회의제 입법기관, 민주정치의 핵심기관, 국정의 통제기관

    ⓒ **국회의 구성** : 단원제와 양원제가 있으며, 현재 우리나라는 단원제를 채택하고 있다.

        Point 》 국회 구성방식

구분	단원제	양원제
의의	• 국회를 한 개의 합의체로 구성 • 우리나라, 덴마크, 뉴질랜드 등	• 두 개의 합의체로 구성하여 일치된 의견을 의결 • 미국, 일본, 영국 등
장점	• 신속, 비용절약 • 책임 소재의 명백	• 의회 다수파의 횡포 방지 • 직능 대표제 도입용이 • 의회와 정복의 충돌완화
단점	• 경솔한 입법가능 • 다수파의 횡포 견제 곤란 • 의회와 정부 충돌 시 조정 곤란 • 직능대표제 도입곤란	• 비용낭비, 처리지연 • 책임 전가 • 급진적 개혁방해 • 상원의 보수화 · 반동화 우려

    ⓒ **우리나라 국회의 구성**

      • 국회의 구성 : 선거에 의해 선출되는 임기 4년의 지역대표(지역구의원)와 각 정당의 득표율 등에 비례하여 선출되는 비례대표의원(전국구의원)으로 구성된다.

      • 국회의 기관 : 의장 1인과 부의장 2인, 교섭단체, 각종 위원회가 마련되어 있다.

    ⓔ **국회의 의사결정**

      • 일반 의결 정족수 : 재적의원 과반수의 출석과 출석위원 과반수의 찬성으로 의결, 가부동수일 경우 부결

      • 특별의결 정족수

     –대통령 거부 법률안의 재의결 : 재적의원 과반수 출석, 출석의원 2/3 이상 찬성

     –헌법개정안의결, 국회의원제명, 대통령 탄핵소추 의결 : 재적의원의 2/3 이상 찬성

     –계엄해제요구, 국회의장 및 부의장선거 : 재적의원 과반수 찬성

     –대통령 선거에서 투표자가 2인일 경우 : 재적의원 과반수 출석, 출석의원 다수 찬성

     –대통령 이외의 탄핵소추발의 : 재적의원 1/3 이상 발의, 재적의원 과반수의 찬성

     –임시국회의 집회요구 : 재적의원 1/4 찬성

     –국회 의사정족수 : 재적의원 1/5 찬성

     –국회 의사비공개결정 : 출석의원 과반수 찬성

        Point 》 **캐스팅 보트**(Casting Vote) … 표결이 가부동수일 경우 의장의 결정 투표권으로 우리나라는 채택하지 않았다.

ⓜ 국회의 회의
- 의사공개의 원칙 : 국회의 회의는 공개한다. 단, 국가의 안정보장을 위해서라면 공개하지 않을 수도 있는데 이 때에는 출석의원 과반수의 찬성이나, 의장의 결정이 필요하다.
- 회기계속의 원칙 : 국회의 한 회기 중에 의결하지 못한 안건에 대하여 회기가 끝났더라도 폐기하지 않고 다음 회기에서 계속해서 심의하는 원칙으로 국회의원의 임기가 만료된 때에는 적용되지 않는다.
- 일사부재의의 원칙 : 국회에서 부결된 안건은 같은 회기 내에 다시 제출할 수 없는 원칙으로 소수파의 의사진행 방해를 방지하기 위한 것이다.

> Point 》 필리버스터(filibuster) … 합법적으로 의사진행을 방해하는 행위로 오랜 시간 발언, 투표의 지연, 유회·산회 동의, 불신임안의 제출 등의 방법이 있다.

② 국회의 입법과정
ㄱ 국회의 권한 : 국민의 대표기관으로서 국회가 지니는 가장 대표적인 권한은 헌법개정권한을 포함한 입법권을 행사하는 것이다.
ㄴ 입법과정 : 법률안의 제출과 심의 → 의결 → 공포 → 효력 발생
ㄷ 거부권 : 대통령은 이송된 날로부터 15일 이내에 국회에 보내어 재의결을 요구할 수 있으며, 재의결한 법률은 다시 거부할 수 없으며, 5일 이내에 공포하여야 한다.

③ 국회의 권한과 기능
ㄱ 국회의 권한
- 입법에 관한 권한 : 법률안 제안·의결·공포권, 헌법개정안의 제안·의결권, 조약 체결·비준에 대한 동의권 등을 갖는다.
- 재정에 관한 권한 : 조세법률제정권, 예산안의 심의·확정권, 결산심사권 등을 갖는다.
- 일반 국무에 관한 권한 : 중요 공무원 임명에 대한 동의권, 중요 헌법기관의 구성권, 국정조사·감사권, 계엄해제요구권, 탄핵소추의결권 등을 갖는다.
ㄴ 국회의원의 특권 : 면책특권, 불체포특권 등이 있다.

(2) 행정부

① 행정부의 구성
ㄱ 의원내각제 : 의회의 다수당이 행정부인 내각을 구성하는 의회중심의 일원적 정치체제를 뜻한다.
- 특징
- 의회중심주의로 행정권은 의회의 다수당이 구성하는 내각이 담당한다.
- 내각은 의회에 대해 연대적 책임을 진다.
- 의회는 내각불신임권을, 내각은 의회해산권과 법률안의 제안권을 행사한다.
- 의원과 각료는 겸직이 가능하다.
- 장점 : 정치적 책임에 민감하며 의회와 내각의 협조가 용이하다.
- 단점 : 다수당의 횡포 우려, 군소정당 난립 시 정국의 불안, 신속한 정책결정의 곤란 등이 있다.

ⓛ **대통령제** : 국민이 선출한 대통령이 행정부 수반이 되어 정책을 수행하는 정치체제를 뜻한다.
　　　　• 특징
　　　－엄격한 권력분립이 이루어진다.
　　　－국민에 대한 정치적 책임을 지나 의회에 대한 책임은 지지 않는다.
　　　－의회의 정부불신임권과 정부의 의회해산권을 인정하지 않는다.
　　　－의원과 각료의 겸직을 금지한다.
　　　－대통령은 법률안거부권을 가지며, 의회는 대통령에 대한 탄핵소추권을 가진다.
　　　　• 장점 : 임기 동안 정국안정, 국회 다수파의 횡포방지 등이 있다.
　　　　• 단점 : 정치적 책임에 민감하지 못함, 정부와 국회의 조화 곤란 등이 있다.
　　　ⓒ 두 정부는 사법권의 독립을 철저하게 보장하며 기본권을 수호한다는 공통점을 가지며, 대통령제
　　　　는 입법부와 행정부의 독립을 통한 권력분립을, 의원내각제는 둘 간의 융합을 중시한다는 차이점
　　　　이 있다.
　　　ⓔ **우리나라의 의원내각제적 요소** : 정부는 법률안제출권, 각료의 국회출석 발언권, 국회의 국무총리
　　　　임명동의권, 국회의 국무총리·국무위원 해임건의권, 국회의원과 장관의 겸직가능, 부서제도 채
　　　　택 등이 있다.

② **행정과 법치행정**

　　ⓞ **행정** : 법률을 집행하고 국가목적이나 공익을 적극적으로 실현하기 위해서 여러 가지 정책을 세우
　　　고, 실현하는 국가작용을 의미한다.

　　ⓛ **현대복지국가의 정부업무** : 효율성이 강조되며 전문적 행정 관료가 주도한다.

　　ⓒ **법치행정** : 행정권도 법의 구속을 받고, 법을 준수해야 한다는 것을 의미한다.
　　　　• 필요성 : 적법성, 타당성, 정당성을 갖춘 행정을 도모한다.
　　　　• 한계점 : 법치행정이 단순히 규칙에 의한 행정 또는 행정에 의한 지배로 타락되어서는 안 된다.

③ **행정부와 대통령**

　　ⓞ **행정부의 조직과 권한**
　　　　• 행정부 : 법률과 정책의 내용을 구체적으로 집행하는 국가기관이다.
　　　　• 국무총리 : 국회의 동의를 얻어 대통령이 임명한다.
　　　　• 국무회의 : 국정의 최고 심의기관으로, 대통령의 신중한 권한행사와 국정통일을 위해 주요 정책을 심의한다.
　　　　• 감사원 : 합의제 기관으로서, 대통령에 소속된 헌법상의 필수기관이다.
　　　－권한 : 국가의 세입·세출의 결산, 국가 및 법률이 정한 단체에 대한 회계검사권과 행정기관 및 공무원에 대한
　　　　직무감찰권이 있다.
　　　－특징 : 형식상 대통령에 소속되어 있지만, 직무에 관해서는 독립적인 지위를 갖는 기관이다.

ⓛ **대통령의 지위와 권한**

- 대통령의 지위 : 행정부수반으로서의 지위와 국가원수로서의 지위가 있다.
- 대통령의 권한
- 행정부수반으로서의 권한 : 행정의 최고지휘감독권, 국군통수권, 공무원임면권, 대통령령발포권, 법령집행권 등
- 국가원수로서의 권한
- 대외적 국가대표권 : 조약체결·비준권, 외교사절의 신임·접수·파견권, 선전포고와 강화권 등
- 국가·헌법수호권 : 긴급재정·경제처분 및 명령권, 계엄선포권, 위헌정당해산제소권 등
- 국정조정권 : 국민투표부의권, 헌법개정안제안권, 임시국회소집요구권 등
- 헌법기관구성권 : 일정한 헌법기관의 구성

ⓒ **대통령의 의무와 특권**

- 대통령의 권한수행 : 대통령은 국가의 원수로서, 개별적인 행정업무를 넘어서 국가적 차원의 정치적 판단을 기초로 헌법적 권한을 수행하게 된다.
- 대통령의 권한행사방식 : 국무회의의 심의, 국회의 동의와 승인, 문서와 부서, 자문기관의 자문 등을 통해서 행해진다.
- 대통령의 신분상 특권 : 중죄가 아니면 대통령 지위를 보장하여 책임완수를 위해 주어진다.
- 형사상의 소추 : 대통령은 내란 또는 외환의 죄를 범한 경우를 제외하고는 재직 중 형사상의 소추를 받지 아니한다.
- 민사상의 소추 : 재직 중에 민사상의 소추는 받을 수 있으며, 재직 중에 범한 범죄에 대해서 퇴직 후에 소추할 수 있다.

ⓓ **행정의 견제와 통제**

- 현대복지국가 : 행정권력의 비대화현상이 초래된다.
- 행정권력 비대화의 통제 : 민주적 통제의 필요성이 요청된다.

(3) 법원과 헌법재판소

① **사법권**

ⓐ **사법의 의의**

- 사법 : 국가통치기능의 하나로서, 무엇이 법인가를 판단하고 선언하는 작용을 일컫는 말이다.
- 법원 : 사법권을 가지며, 삼권분립의 기초 위에서 국민의 권익과 자유를 보호하려는 국가작용을 실천하는 국가기관이다.
- 심급제도의 운용 : 공정하고 정확한 재판을 하기 위해 심급제도를 두어 여러 번 재판을 받을 수 있도록 하고 있다.

ⓑ **사법권의 독립**

- 사법권 독립 : 재판의 독립을 의미한다.
- 사법권 독립의 의의 : 행정권의 영향을 배제하고 독립된 법원이 법과 양심에 따라 공정하고 정당한 재판을 하는 것을 의미한다.
- 사법권 독립의 내용 : 헌법적 규정(독립의 원칙), 법의 독자성 요구(기본권의 실현), 법 적용의 공평성(정의 구현) 등이 있다.

② **법원의 조직과 재판**

　㉠ **법관의 자격과 지위**
　　• 재판의 독립 : 구체적인 재판에서 법관의 독립으로 발현된다.
　　• 재판의 독립 내용
　　－법관의 임기 : 헌법으로 규정한다.
　　－법관의 자격 : 법률로 정하도록 규정한다.
　　• 법관의 독립 : 법관은 헌법, 법률, 양심에 따라 심판할 의무를 지닌다.
　　• 법관의 임명절차 : 헌법으로 규정한다.

　㉡ **법원의 조직** … 대법원, 고등법원, 지방법원 및 지방법원지원, 가정법원, 특별법원 등이 있다.

　㉢ **재판의 종류**
　　• 재판의 종류 : 민사재판, 형사재판, 행정재판, 선거재판
　　• 민주재판제도의 2대 원칙 : 공개재판주의, 증거재판주의
　　• 법원의 권한 : 재판에 관한 권한, 명령·규칙·처분심사권, 위헌법률심사제청권, 법원의 자율권(규칙 제정권, 법원 행정권)

③ **헌법재판소** … 사법적 절차에 따라 헌법의 해석과 관련된 모든 사건을 결정하는 헌법기관이다.

출제예상문제

1 다음 중 우리나라 헌법의 기본권에 대한 사상은?

① 실정법은 부당한 자연법을 개정하는 기준이 된다.

② 실정법상 권리와 천부인권(자연법)의 조화로 보고 있다.

③ 실정법보다 자연법이 항상 우선한다.

④ 자연법보다 실정법을 중시하고 있다.

> **✔ 해설** ① 자연법은 실정법이 지향하는 보편적 기준으로 실정법을 제정하거나 개정하는 기준이 된다.
> ③④ 자연법의 정신은 실정법을 통해서 구체화되고 실정법의 내용은 자연법에 근거해야 한다.
> ※ 헌법 제10조와 제37조 제2항
> ㉠ 헌법 제10조 : 모든 국민은 인간으로서의 존엄과 가치를 가지며, 행복을 추구할 권리를 가진다. 국가는 개인이 가지는 불가침의 기본적 인권을 확인하고 이를 보장할 의무를 진다.
> ㉡ 헌법 제37조 제2항 : 국민의 모든 자유와 권리는 국가안전보장, 질서유지 또는 공공복리를 위하여 필요한 경우에 한하여 법률로써 제한할 수 있으며, 제한하는 경우에도 자유와 권리의 본질적인 내용을 침해할 수 없다.

2 인간이 누려야 할 기본권의 궁극적인 목적은?

① 법 앞에서의 평등

② 정치에의 능동적인 참여

③ 침해당한 권리의 구제

④ 인간으로서의 존엄과 가치 존중

> **✔ 해설** ④ 우리 헌법은 천부인권 사상을 표현한 헌법 제10조와 실정법 사상을 표현한 헌법 제37조 제2항을 두어 둘 간의 조화를 이루고 있다. 기본권에 대한 일반적이고 원칙적인 규정으로 헌법 제10조에서는 '모든 국민은 인간으로서의 존엄과 가치를 가지며, 행복을 추구할 권리를 가진다. 국가는 개인이 가지는 불가침의 기본적 인권을 확인하고 이를 보장할 의무를 진다.'라고 정의하고 있다.

Answer 1.② 2.④

3 다음 글의 밑줄 친 부분을 실현하기 위해 실시하고 있는 제도에 해당하는 것은?

> 사법권의 독립이 실현되려면, 사법을 담당하는 기관인 법원이 제도적으로 독립되어 있고, 재판을 담당하는 사람인 법관의 신분이 확실하게 보장되어야 한다.

① 법관의 자격을 헌법으로 정하고 있다.

② 법관의 임기를 헌법으로 보장하고 있다.

③ 법관의 임명절차도 법률에서 정하고 있다.

④ 징계 처분에 의해서만 법관을 파면할 수 있다.

> ✔해설 ② 법관의 임기는 헌법에 정함으로써 법률로 그 임기를 함부로 고칠 수 없게 하고 있다.
> ① 법관의 자격은 법률(법원조직법)로 정하고, 아무나 법관으로 임명하지 못하게 하고 있다.
> ③ 법관의 임명절차도 헌법에서 정하고 있다.
> ④ 법관은 탄핵 또는 금고 이상의 형의 선고에 의하지 아니하고는 파면되지 아니하며, 징계처분에 의하지 아니하고는 정직·감봉 기타 불리한 처분을 받지 않는다(헌법 제106조).

4 다음 법 규정에 공통적으로 나타나는 민법의 기본 원칙으로 가장 적절한 것은?

> • 민법 제2조 제1항: 권리 행사와 의무의 이행은 신의에 좇아 성실히 하여야 한다.
> • 민법 제103조: 선량한 풍속 기타 사회 질서에 위반한 사항을 내용으로 하는 법률 행위는 무효로 한다.

① 무과실 책임주의 　　　　　　　　② 자기 책임의 원칙

③ 계약 공정의 원칙 　　　　　　　　④ 사적 자치의 원칙

> ✔해설 민법의 기본원칙
>
> | 구분 | 근대 민법 | 현대 민법 |
> |---|---|---|
> | 기본
원칙 | • 소유권절대의 원칙(사유재산권 존중의 원칙)
• 사적자치의 원칙(계약자유의 원칙)
• 자기책임의 원칙(과실책임의 원칙) | • 소유권 공공의 원칙
• 계약 공정의 원칙(신의성실의 원칙)
• 무과실책임의 원칙 |
>
> ③ 진정한 의사 뿐 아니라 계약 내용의 공정성도 고려하게 되었다.

Answer 3.② 4.③

5 기본권 침해시 국가기관에 취할 수 있는 행동에 관한 설명 중 옳은 것은?

① 청원 – 국가기관에 문서로 한다.

② 헌법소원 – 대법원에 청구한다.

③ 행정소송 – 행정기관에 청구한다.

④ 행정상 손해배상 – 적법한 행정행위에 의해 가해진 손해를 전보하여 주는 것이다.

> ✔해설 ② 헌법소원은 헌법재판소에 구제를 청구한다.
> ③ 행정소송은 법원에 구제를 청구한다.
> ④ 행정상 손해배상은 위법한 행정행위에 의해 가해진 손해를 전보하여 주는 것이다.

6 다음 중 법률로 정하는 것이 아닌 것은?

① 조세의 종목과 세율   ② 국회의원의 선거구

③ 계약의 종류와 내용   ④ 행정각부의 설치

> ✔해설 ① 조세법률주의〈헌법 제59조〉
> ② 선거구법정주의〈헌법 제41조 제3항〉
> ③ 미풍양속에 위배되지 않으면 사인 간에 자유로이 정할 수 있다.
> ④ 정부조직의 입법화〈헌법 제96조〉

7 법의 이념 중의 하나인 합목적성을 지나치게 강조한 것은?

① 악법도 법이다.   ② 국민이 원하는 것은 곧 법이다.

③ 법의 극치는 부정의 극치이다.   ④ 세상이 망하여도 정의를 세우라.

> ✔해설 합목적성 … 국가와 사회가 전체적으로 어떤 가치를 추구하는 것이 이상적인가를 예상하고 그것에 맞추어 방향을 설정하는 것을 말한다.
> ①③ 법의 안정성을 설명한 말이다.
> ② 국민이 원하는 것은 법의 질서조율기능이지 법 그 자체는 아니다.
> ④ 정의를 설명한 말이다.

Answer   5.①   6.③   7.②

8 법의 이념에 대한 내용으로 옳지 않은 것은?

① 자연법의 정신은 실정법을 통해 구체화되고 실정법의 내용은 헌법에 근거하여 그 타당성을 인정받을 수 있다.
② 정의는 오늘날의 평등·공정 및 기본적 인권의 존중 등으로 파악되는 것이 일반적인 경향이다.
③ 합목적성이란 그 국가와 사회가 추구하는 법적 가치와 목표를 말한다.
④ 법적 안정성을 위해서는 법의 내용이 명확하고 자주 변경되어서는 안되며, 국민의 법의식에 합당해야 한다.

> ✔해설 ① 자연법의 정신은 실정법을 통해서 구체화되고 실정법의 내용은 자연법에 근거하여 그 타당성을 인정받는다.
> ※ 법의 이념(법의 목적)
>   ⊙ 정의
>   • 사회의 평화 · 번영 · 안정의 필요조건
>   • 오늘날에는 평등 · 공정 및 기본적 인권의 존중 등으로 파악
>   • 사회구성원 개개인의 인간으로서의 존엄과 가치를 최대한 보장, 사회공동체의 조화와 복리증진을 실현
>   ⊙ 합목적성 : 국가와 사회가 전체적으로 어떤 가치를 추구하는 것이 이상적인가를 예상하고 그것에 맞추어 방향을 설정
>   ⊙ 법적 안정성
>   • 국민들이 법에 따라 안심하고 생활할 수 있는 것
>   • 법의 내용이 명확하고, 함부로 변경되지 않으며, 국민의 의식에 합당해야 함

9 법적용의 우선순위가 옳지 않은 것은?

① 공법은 사법에 우선한다.
② 특별법은 일반법에 우선한다.
③ 상위법은 하위법에 우선한다.
④ 신법은 구법에 우선한다.

> ✔해설 ① 공법 · 사법의 분류는 법이 규율하는 실체에 따른 것이므로 공법과 사법 간에는 서로에 대한 우선순위가 적용되지 않는다.
> ※ 법적용의 우선순위
>   ⊙ 신법우선의 원칙 : 동일한 사항에 대하여 신법과 구법의 내용이 상호 저촉되는 경우 그 범위 안에서 구법은 효력을 상실하고 신법이 우선하여 적용된다.
>   ⊙ 특별법우선의 원칙 : 일반법과 특별법이 서로 충돌할 때에는 특별법이 우선하여 적용된다.
>   ⊙ 상위법우선의 원칙 : 상위법과 하위법이 상호 저촉하는 경우에 상위법이 우선하여 적용된다(헌법 > 법률 > 명령 > 자치법규).

Answer 8.① 9.①

10 국가형벌권의 한계를 제시하여 그 남용을 방지함으로써 국민의 인권을 보장하기 위한 형법의 가장 중요한 기본원칙은?

① 관습형벌의 배제   ② 죄형법정주의

③ 일사부재리의 원칙   ④ 형벌불소급의 원칙

> ✔**해설** 죄형법정주의
> ㉠ 의의 : 공동생활의 질서를 해하는 행위인 범죄와 이에 대한 제재인 형벌의 내용을 미리 법률로 정해야 한다는 원칙이다. 죄형법정주의는 국가형벌권의 한계를 제시하여 그 남용을 방지함으로써 국민의 인권을 보장한다.
> ㉡ 죄형법정주의의 파생원칙 : 관습법 적용의 금지, 유추해석의 금지, 형벌불소급의 원칙, 절대적 부정기형의 금지 등이 있다.

11 다음 보기의 설명에 해당하는 것은?

> 일정한 기준 이하의 빈곤자에게 보험료를 부담할 수 없는 사람의 보호를 전적으로 국가가 맡아 부조하는 것이다.

① 의료보호   ② 국민연금

③ 고용보험   ④ 국민건강보험

> ✔**해설** ① 의료보호제도는 1977년 의료보호법의 제정으로 그 보호내용이 확대되고 보호의 질적 개선이 이루어졌으며, 1986년부터는 저소득층에까지 확대 실시하고 있다.
> ②③④ 사회보험제도이다.

12 인터넷상의 주민번호 도용 등 개인정보를 도용하는 문제에 관해 국가가 입법을 마련할 경우 이는 무엇을 위한 정책인가?

① 정보화의 발전   ② 정보화의 안전화

③ 사생활 보호   ④ 공공기관의 보호

> ✔**해설** 개인정보(사생활) 보호를 위함이다.

Answer 10.② 11.① 12.③

13 다음 중 '법의 사회화' 또는 '사법의 공법화'현상과 관련하여 나타난 법에 해당하는 것은?

① 행정법

② 노동법

③ 민사소송법

④ 형사소송법

✔해설 사회법 … 자본주의의 문제점을 합리적으로 해결하기 위하여 비교적 근래에 등장한 법으로 사법과 공법의 성격을 모두 가지고 있는 법이다(노동법, 경제법, 사회보장법 등).

14 법을 공법, 사법, 사회법으로 분류할 때 분류의 기준은?

① 법을 규율하는 내용

② 법의 효력이 미치는 범위

③ 법을 규율하는 생활의 실체

④ 법의 제정주체

✔해설 법의 분류

㉠ 법을 규율하는 내용에 따라 실체법, 절차법으로 분류한다.

㉡ 법의 효력이 미치는 범위에 따라 일반법, 특별법으로 분류한다.

㉢ 법을 규율하는 생활의 실체에 따라 공법, 사법, 사회법으로 분류한다.

㉣ 법의 제정주체와 효력이 미치는 지역적 범위에 따라 국내법, 국제법으로 분류한다.

15 국민의 의무를 헌법에 규정하고 있는 근본적인 목적은?

① 국가의 목적달성을 위하여

② 헌법에 규정이 없는 새로운 의무를 부과하지 못하도록 하기 위해서

③ 국민 모두가 국민된 도리를 다하게 하기 위하여

④ 국민에게 의무의 중요성을 인식시키기 위하여

✔해설 국민의 기본적 의무를 헌법에 규정하고 있는 것은 국민에게 의무를 강조하자는 데에 그 뜻이 있는 것이 아니라 헌법에 규정된 경우와 헌법이 정하는 방법과 절차에 의하지 아니하고는 새로운 의무를 부과하지 못하게 하려는 데 원래의 목적이 있다.

Answer 13.② 14.③ 15.②

16 다음 중 사회법에 속하는 것은?

① 행정소송법   ② 국가배상법

③ 형사보상법   ④ 의료급여법

> ✔ **해설** 사회법의 종류
> ㉠ 노동법 : 근로기준법, 노동조합 및 노동관계조정법, 노동위원회법
> ㉡ 경제법 : 독점규제 및 공정거래에 관한 법률
> ㉢ 사회보장법 : 국민기초생활보장법, 의료급여법, 산업재해보상보험법

17 "사회 있는 곳에 법이 있다."라고 할 때의 법이 내포하고 있는 뜻은?

① 종교적 규범을 의미한다.

② 모든 사회의 규범을 의미한다.

③ 국가의 최고규범인 헌법을 의미한다.

④ 국가기관에 의해 성문화된 실정법을 의미한다.

> ✔ **해설** "사회 있는 곳에 법이 있다." … 인간의 사회생활과 규범과의 관계를 잘 설명해 주고 있는 법언으로 인간이 공동생활을 영위하기 위해서는 무엇인가 통일적인 사회질서가 존재하지 않으면 안 된다는 의미이다. 여기에서 법은 일체의 사회규범을 뜻한다.

18 법적 안정성이 유지되기 위한 요건과 관계가 없는 것은?

① 법은 영원불변이어야 한다.   ② 법의 내용이 명확해야 한다.

③ 법이 실제로 실현가능해야 한다.   ④ 법이 쉽게 변경되지 않아야 한다.

> ✔ **해설** 법적 안정성의 유지조건
> ㉠ 내용이 명확해야 한다.
> ㉡ 법이 쉽게 변경되어서는 안 된다.
> ㉢ 법이 실행 가능한 것이야 한다.
> ㉣ 법은 국민의 법의식과 합치되어야 한다.

19 그림은 우리나라의 법률 제정 절차이다. 이에 대한 설명으로 옳은 것은?

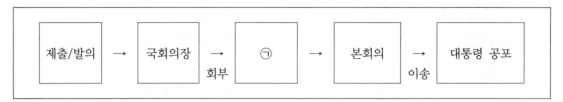

① ㉠은 법률안을 수정하거나 폐기할 수 없다.

② 본회의에서 법률안의 내용을 수정·가결할 수 있다.

③ 일반 법률안은 재적 의원 과반수의 찬성으로 가결된다.

④ 국회의장은 ㉠에서 폐기된 법안을 본회의에 직권상정할 수 있다.

> ✔해설 ㉠은 상임위원회이다.
> ② 본회의에서 원안 그대로 가결할 수도 있고, 법률안의 내용을 수정하여 가결할 수도 있다.
> ① 상임위원회에서 법률안을 심사, 수정, 폐기할 수 있다.
> ③ 일반 법률안은 재적의원 과반수 출석, 출석의원 과반수 찬성으로 가결된다.
> ④ 국회의장의 직권상정은 여야가 ㉠상임위원회에서 상정·협의하지 못하는 법안을 국회의장이 심사 기일을 지정한 뒤 기일이 지나면 직접 해당 법안을 본회의에 상정해 처리하는 것이다. 폐기된 법안은 본회의에 직권상정할 수 없다.

20 다음 법 규정들이 공통적으로 추구하는 법이념으로 가장 적절한 것은?

> • 민법 제162조 제1항 : 채권은 10년간 행사하지 아니하면 소멸 시효가 완성된다.
> • 헌법 제13조 제1항 : 모든 국민은 행위 시의 법률에 의하여 범죄를 구성하지 아니하는 행위로 소추되지 아니하며, 동일한 범죄로 거듭 처벌받지 아니한다.

① 정의

② 정당성

③ 합목적성

④ 법적 안정성

> ✔해설 법적 안정성 … 법에 의하여 보호 또는 보장되는 사회생활의 안정성을 의미하며 법이 자주 변경되면 사회 안정을 해치게 되므로 법의 제정은 신중하게 이루어져야 한다.
> ① 정의란 같은 것은 같게, 다른 것은 다르게 취급한다는 추상적 이념이다.
> ③ 합목적성은 같은 것과 같지 않은 것을 구별하게 해 주는 구체적 기준이 된다.

Answer 19.② 20.④

CHAPTER 04 개인생활과 법

01 민법의 기초 이해

(1) 민법의 의미

① **공법**(公法)**과 사법**(私法)**의 구분**

　　㉠ **공법** : 국가와 같은 공적 기관이 개입하여 사회질서 및 공공의 생활을 규율하는 법으로, 헌법, 형법, 행정법 등이 이에 해당한다.

　　㉡ **사법** : 개인 간의 법적 관계를 규율하는 법으로, 민법, 상법 등이 이에 해당한다.

② **민법** : 개인 간의 법적 관계를 규율함에 있어 일반적으로 적용되는 법으로, 로마 제국 시대의 시민법이 유럽으로 보급되고, 시민 혁명을 거치면서 형성되었다.

(2) 민법의 원칙

① **근대 민법의 3대 원칙**

　　㉠ **소유권 절대의 원칙**(사유 재산권 존중의 원칙) : 개인의 사유 재산에 대한 절대적 지배를 인정하며, 국가나 타인의 간섭을 배제한다.

　　㉡ **사적 자치의 원칙**(계약 자유의 원칙) : 계약 체결 여부, 상대방 선택, 계약 내용 형성 등 개인은 자신의 자유로운 의사에 기초하여 법률관계를 형성할 수 있다.

　　㉢ **과실 책임의 원칙**(자기 책임의 원칙) : 개인이 타인에게 끼친 손해에 대해서는 고의 또는 과실이 있을 때만 책임을 지며, 타인의 행위에 대해서는 책임을 지지 않는다.

② **근대 민법의 3대 원칙의 실천에 따른 제약**

　　㉠ 법률행위나 계약이 강행 법규, 선량한 풍속, 그 밖의 사회 질서에 반하면 무효이다.

　　㉡ 채무의 이행에는 신의와 성실이 요구된다.

　　㉢ 소유권의 행사에는 법률의 제한이 따르며, 소유권을 타인에게 해를 끼칠 목적으로 행사할 수 없다.

③ 현대 민법의 3대 기본 원리

구분	내용
소유권 공공의 원칙	• 개인의 재산권은 법에 의해 보장되지만, 사회 전체의 이익을 위해 그 권리의 행사가 제한될 수 있음 • 근거조항 : 재산권의 행사는 공공복리에 적합하도록 하여야 한다〈헌법 제23조 제2항〉.
계약 공정의 원칙	• 공정성을 잃은 계약은 법의 보호를 받을 수 없음 • 근거조항 : 당사자의 궁박(窮迫), 경솔 또는 무경험으로 인하여 현저하게 공정을 잃은 법률행위는 무효로 한다〈민법 제104조〉.
무과실 책임의 원칙	과실이 없는 경우에도 일정한 상황에 대해서는 관계있는 자에게 책임을 물을 수 있음

02 계약과 불법 행위

(1) 계약의 의미와 과정

① 계약의 의미와 특징

  ㉠ 의미 : 계약이란 거래를 하고 관계를 맺기 위한 사람과 사람 사이의 일정한 합의 또는 약속을 말한다.

  ㉡ 특징 : 기본적으로 계약 당사자들의 의사가 가장 중요하며, 당사자들이 원하는 대로 법적인 관계를 형성할 수 있는 계약 자유의 원칙을 가진다. 당사자의 합의만으로도 법적 효력이 인정되면 계약서가 반드시 요구되는 것은 아니다.

② 계약 성립의 조건

  ㉠ 성립조건 : 자유로운 의사에 합치하며 사회 질서에 반하지 않고 일정한 형식을 갖출 경우 계약이 성립한다. 반사회적이거나 일정한 형식을 갖추지 못한 경우, 필요한 내용을 다 담지 못한 경우 법적 효력이 발생하지 않는다.

  ㉡ 계약서 : 계약서에는 일반적으로 계약한 사람(대개 이름 외 주소나 주민등록번호 포함), 계약의 내용, 계약한 날짜를 명시하고 확인의 의미로 서명이나 도장을 찍는다.

  ㉢ 공증 : 계약의 내용을 국가가 지정한 사람이 확인하는 제도로, 다툼 발생 시 법정에서 증거로 활용된다.

③ 미성년자와의 계약

  ㉠ 원칙 : 미성년자는 행위 무능력자로 단독으로 법적 계약을 맺을 수 없으며 법정 대리인의 동의가 필요하다. 법정 대리인의 동의가 없는 계약은 취소할 수 있다.

  ㉡ 예외 : 미성년자에게 처분이 허락된 재산의 처분, 허락된 영업에 관한 법률 행위, 단순히 권리만

을 얻거나 의무를 면하는 행위, 임금의 청구, 혼인 이후의 민법상 법률 행위는 미성년자가 단독으로 할 수 있다.

ⓒ **거래 상대방 보호** : 미성년자를 보호하기 위한 제도로 인해 거래 상대방이 피해를 입는 것을 방지하기 위해 다음의 조치를 취할 수 있다.

- 최고(催告)권 : 미성년자의 상대방이 미성년자의 법정 대리인에 대해 계약 취소 여부를 묻고 기한 내에 확답이 없을 경우, 추인으로 간주하여 거래를 확정할 수 있다.
- 철회권 : 미성년자의 법정 대리인의 조치를 기다리지 않고 거래 자체를 철회할 수 있다.
- 취소권의 배제 : 미성년자가 변조나 위조 등과 같은 적극적인 사술(詐術) 행위로 법률 행위를 맺은 경우 미성년자의 법정 대리인의 취소권이 배제된다.

(2) 불법 행위의 이해

① **의미** … 고의 또는 과실로 위법하게 타인에게 손해를 입힌 가해자의 행위

② **성립 요건** … 가해 행위, 위법성, 고의 또는 과실, 손해의 발생, 가해 행위와 손해 간의 인과 관계, 책임 능력

③ **특수한 불법 행위** … 일반적인 불법 행위의 성립 요건과 달리 책임의 성립 요건이 경감되거나 타인의 가해 행위에 대해서도 책임을 지는 경우

책임무능력자의 감독자의 책임	다른 자에게 손해를 가한 사람이 미성년자, 심신상실자의 책임능력에 따라 책임이 없는 경우에는 그를 감독할 법정 의무가 있는 자가 그 손해를 배상할 책임이 있다. 다만, 감독의무를 게을리하지 아니한 경우에는 그러하지 아니하다〈민법 제755조 제1항〉.
사용자의 배상책임	타인을 사용하여 어느 사무에 종사하게 한 자는 피용자가 그 사무집행에 관하여 제삼자에게 가한 손해를 배상할 책임이 있다. 그러나 사용자가 피용자의 선임 및 그 사무 감독에 상당한 주의를 한 때 또는 상당한 주의를 하여도 손해가 있을 경우에는 그러하지 아니하다〈민법 제756조 제1항〉.
공작물 등의 점유자·소유자 책임	• 공작물의 설치 또는 보존의 하자로 인하여 타인에게 손해를 가한 때에는 공작물점유자가 손해를 배상할 책임이 있다. 그러나 점유자가 손해의 방지에 필요한 주의를 해태하지 아니한 때에는 그 소유자가 손해를 배상할 책임이 있다〈민법 제758조 제1항〉. • 동물의 점유자는 그 동물이 타인에게 가한 손해를 배상할 책임이 있다. 그러나 동물의 종류와 성질에 따라 그 보관에 상당한 주의를 해태하지 아니한 때에는 그러하지 아니한다〈민법 제759조 제1항〉.
공동불법 행위자의 책임	• 수인이 공동의 불법행위로 타인에게 손해를 가한 때에는 연대하여 그 손해를 배상할 책임이 있다〈민법 제760조 제1항〉. • 공동 아닌 수인의 행위 중 어느 자의 행위가 그 손해를 가한 것인지를 알 수 없는 때에도 전항과 같다〈민법 제760조 제2항〉.

(3) 손해 배상

① 의미 … 타인에게 입힌 손해를 전보(塡補)하고, 손해 발생 이전과 똑같은 상태로 회복시키는 것

② 손해 배상의 범위
ㄱ 채무불이행으로 인한 손해배상은 통상의 손해를 그 한도로 한다.
ㄴ 특별한 사정으로 인한 손해는 채무자가 그 사정을 알았거나 알 수 있었을 때에 한하여 배상의
책임이 있다.

③ 손해 배상의 방법 … 금전 배상이 원칙이며, 명예훼손의 경우에는 손해 배상과 함께 사죄 광고 등과
같은 명예회복에 필요한 처분을 명할 수 있다.

03 개인 간의 분쟁 해결

(1) 개인 간의 분쟁 해결을 위한 간편한 절차

① 내용 증명 우편 … 우체국에서 발송인이 언제, 누구에게, 어떤 내용의 문서를 발송했는지 증명해주는
제도

② 민사 조정 제도 … 소송 이전에 법관이나 조정 위원회에서 타협안을 제시하여 당사자들이 수용하도록
하는 제도

③ 소액 사건 심판 … 2천만 원 이하의 작은 액수를 빌려 준 경우

(2) 민사 소송의 이해

① 민사 소송 … 개인 간의 문제에 대해 법원이 개입하여 분쟁을 해결·조정해주는 정식 절차로 가장 강
제적인 분쟁 해결 수단이다.

② 절차

단계	내용
재산 확보	가압류 신청 등과 같이 채무자의 재산을 미리 확인하고 확보해 주는 조치
재판 및 판결	• 돈을 받을 권리가 있음을 법원으로부터 확인 • 객관적으로 증명할 수 있는 자료 제시 • 변호사의 도움을 받을 수 있음
강제 집행	• 국가의 힘을 빌려 권리를 실현 • 가압류된 재산을 매각하거나 채무자가 타인에 대해 가지고 있는 채권을 대신 행사 • 미리 공증을 받은 경우, 재판 절차 없이 바로 강제 집행 가능

(3) 분쟁을 해결하는 다른 방법

① 대안적 분쟁 해결 방법

　⊙ 협상 : 분쟁 당사자들이 대화를 나누어 자율적으로 해결책 모색

　ⓒ 조정 : 분쟁과 관련이 없는 타인이 개입하여 당사자 간의 대화를 주선하는 경우로 주로 민사 사건
　　에 활용

　ⓒ 중재 : 제3자에게 결정을 맡기는 해결 방식으로 법적 구속력이 있으며, 주로 언론 문제나 노동 문
　　제의 해결에 활용

② 법률 구조 기관

　⊙ 대한 법률 구조 공단 : 민사 사건과 형사 사건에 모두 관여하며 무료 법률 상담 등을 제공하는 비
　　영리 공익 법인이다.

　ⓒ 한국 가정 법률 상담소 : 가정 문제를 비롯하여 법률문제 전반에 대한 상담 및 교육을 담당한다.

　ⓒ 대한 변호사 협회 : 현직 변호사들이 법률 상담을 제공하고 법률 구조 대상자를 선정하여 변호사
　　선임 및 소송에 필요한 각종 비용을 지원한다.

04　생활 속의 법 – (1) 가족관계와 법

(1) 출생

① **출생시점** … 민법은 태아가 살아 있는 상태로 완전히 어머니의 몸 밖으로 나온 때를 출생시점으로 보
는 완전 노출설의 입장을 취한다. 태아의 경우 상속, 불법 행위로 인한 손해 배상 청구 등의 경우에
예외적으로 권리 능력을 인정한다.

② **이름 짓기** … 한글 또는 한자 사용이 가능하며, 성을 제외하고 5자 이내로 제한한다.

③ **출생신고** … 출생증명서를 갖추고 주민 센터에서 신고하며, 출생 후 1개월 내에 신고하지 않으면 과
태료가 부과된다.

④ **인지** … 혼인 외의 관계에서 태어난 자녀에 대해서는 아버지나 어머니가 자신의 자녀라고 인정하는
절차를 거쳐야 부모와 관련된 법적 권리를 보장받을 수 있다.

⑤ 입양의 경우 양자는 친자녀와 동등한 법적 권리를 가진다.

(2) 결혼과 이혼

① 결혼

㉠ 결혼(법률혼)의 성립요건

구분	내용
실질적 요건	• 혼인하겠다는 의사의 합치가 있어야 함 • 법적으로 혼인이 제한되는 친족 관계가 없어야 함 • 혼인 가능 연령(만 18세, 미성년자의 경우 부모의 동의 필요)에 도달해야 함
형식적 요건	혼인 신고

㉡ 사실혼과 동거 : 혼인 신고 없이 결혼 생활을 하는 사실혼의 경우 제한적 범위에서만 법적 보호를 받으며, 동거의 경우 법적 보호를 받지 못한다.

㉢ 결혼의 효력
- 친족 관계의 발생
- 부부 동거, 부양, 협조, 정조를 지킬 의무 발생
- 성년의제 : 만 18~19세의 미성년자가 혼인하면 민법상 성인으로 간주되어 단독으로 법률 행위가 가능하다.
- 부부 간의 계약 취소권 : 부부사이에서 혼인 중에 맺은 계약은 언제든지 부부의 일방이 이를 취소 할 수 있다.
- 부부간의 일상 가사 대리권 : 가정생활에 필요로 하는 통상적 사무의 수행은 부부 서로가 상대방을 대리할 수 있다.

② 이혼

㉠ 협의상 이혼 : 부부의 의사 합치에 의한 이혼으로 이유나 원인을 묻지 않는다. 이혼 의사 확인 후 자녀 양육 문제를 결정하고 법원에 서류를 제출하면, 이혼숙려기간 거쳐 가정 법원에서 이혼 의사 여부를 공적으로 확인한다. 3개월 이내에 등록기준지 또는 주소지 관할 구청에 신고하면 이혼의 과정이 완료된다.

㉡ 재판상 이혼 : 부부관계가 파탄의 상태에 이르러 부부관계를 더 이상 유지할 수 없지만, 협의를 통한 이혼이 불가능 할 때 주소지 관할 법원에 이혼소송을 청구하여 판결로써 부부관계를 해소할 수 있다.

㉢ 이혼의 효력
- 혼인에 의해 성립한 부부 사이의 모든 권리와 의무, 친족관계 소멸
- 부부 공동 재산에 대한 분할 청구권
- 유책 배우자에 대한 위자료 청구 및 손해배상청구권 발생

(3) 사망과 상속

① 사망시점 … 사망시점에 대해서는 심장과 폐의 기능이 다하는 시점인 심폐 기능 정지설(민법에서의 일반설)과 뇌의 기능이 돌이킬 수 없는 손상으로 정지되는 시점인 뇌사설(제한적 인정)이 인정된다.

② 유언 … 유언자의 사망과 동시에 일정한 법률 효과를 발생시키기 위한 것으로 자필 증서, 녹음, 공정 증서, 비밀 증서 등과 같은 법에서 정한 형식이나 절차에 맞게 한 유언만 효력을 인정한다.

③ **상속** … 고인의 재산에 관한 권리와 의무가 배우자 및 일정한 범위의 친족에게 승계되는 것으로 재산 뿐만 아니라 빚도 상속된다.

ⓐ **종류**
- 유언 상속 : 피상속인의 유언이 있을 경우 유류분(법정 상속인에게 법으로 보장되는 부분)을 제외하고 유언에 따름
- 법정 상속 : 피상속인의 유언이 없을 경우 법에 정해진 대로 상속이 이루어짐

ⓑ **상속인 보호**
- 상속포기 : 법정 상속을 받지 않겠다는 표시
- 한정승인 : 상속받을 재산 범위 내에서만 빚을 갚겠다는 표시
- 상속 여부의 재결정 : 뒤늦게 피상속인의 빚이 재산보다 더 많다는 것을 알게 된 경우, 일정 기간 내에 상속 여부를 재결정 할 수 있다.

ⓒ **상속 순위**

구분	상속인	비고
제1순위	직계 비속, 배우자	
제2순위	직계 존속, 배우자	배우자의 경우 직계 비속이나 직계 존속이 있으면 공동으로 상속하며, 그렇지 않을 경우 단독 상속한다.
제3순위	형제자매	
제4순위	4촌 이내의 방계 혈족	

ⓓ **상속분과 기여상속분** : 성별, 결혼 여부 등에 관계없이 모두 균등하게 상속받으며, 배우자는 상속 분의 50%를 더 받는다. 고인을 특별히 부양하였거나 고인의 재산 형성에 이바지한 공로가 인정 되는 상속인에 대해서는 법에 정한 상속분보다 일정액을 더 상속받도록 기여상속분을 인정한다.

05 ▶ 생활 속의 법 – (2) 부동산 관련 법

(1) 부동산 물권

① 물권법정주의

구분	내용
점유권	물건을 사실상 지배하고 있을 때, 그 상태를 보호해 주기 위한 권리
소유권	대표적 물권으로 물건을 직접적 및 배타적으로 사용, 수익, 처분하거나 그 밖의 방법으로 지배할 수 있는 권리
제한물권	• 물건의 한정된 면만 지배할 수 있는 권리 • 용익물권 : 타인의 물건(토지 또는 건물)을 일정 범위 내에서 사용, 수익할 수 있는 물권으로 지상권, 지역권, 전세권 등이 해당 • 담보물권 : 목적물을 자기 채권의 담보에 제공함을 목적으로 하는 물권으로, 유치권, 저당권 등이 해당

② 물권의 효력

    ⊙ **상호간의 우선적 효력** : 시간적으로 앞서서 성립한 물권은 뒤에 성립한 물권에 우선한다.

    ⓛ **물권과 채권간의 우선적 효력** : 동일물에 대하여 물권과 채권이 병존하는 경우에는 그 성립 시기에 관계없이 항상 물권이 우선한다.

③ 공시

    ⊙ **의미** : 물권의 변동은 거래의 안전을 위하여 당사자는 물론 제3자도 쉽게 그 변동관계를 알 수 있도록 해주는 것으로 언제나 외부에서 인식할 수 있는 방법을 수반해야 한다.

    ⓛ **공시의 방법**

구분	물권의 공시	물권변동의 공시
동산	점유	인도
부동산	등기	등기

(2) 부동산 매매와 등기

① **등기** … 등기부라는 공적 장부에 부동산과 관련된 권리를 기재하는 것으로, 필요한 경우 다른 사람이 열람할 수 있으며 부동산의 거래는 등기부상에 내용이 기재되어야만 법적 효력이 발생한다.

② **등기부 등본의 구성** … 갑구와 을구에 관계없이 먼저 등기가 된 권리가 우선 보호된다.

구분	내용
표제부	소재지, 면적, 용도, 구조 등이 변경된 순서대로 기재
갑구	소유권에 관한 사항이 접수된 날짜순으로 기재
을구	저당권, 전세권 등 같은 소유권 이외의 권리에 관한 사항 기재

③ 부동산 거래의 절차

    ⊙ **탐색** : 위치, 가격 등을 탐색

    ⓛ **등기부 열람** : 토지나 건물의 소유자 확인, 권리설정관계의 유무 파악

    ⓒ **토지대장 열람** : 등기부와 다른 점 확인, 해당 구청에서 열람

    ⓔ **매매계약 체결** : 매도인이 실소유자가 맞는지 반드시 확인

    ⓜ **계약금 지불** : 계약서 작성 후 통상 매매가의 10%

    ⓗ **중도금 지급** : 계약일과 잔금일의 중간쯤 매매가의 40%

    ⓢ **잔금 지급** : 매매대상물을 인도하는 날, 등기서류 및 부동산 인수

    ◎ **등기** : 신청서, 등기원인을 증명하는 서면, 매도인의 등기필증(집문서, 땅문서), 매매용 인감증명서 등을 첨부하여 지방법원관할 등기소에 신청

(3) 부동산 임대차

① **의미** … 임대인이 임차인에게 건물이나 토지 등을 빌려 주고 임차인이 그 대가를 지급하기로 하는 계약으로, 통상적인 전월세 계약을 임대차 계약으로 볼 수 있다.

② **임대차 계약 시 주의사항**
  ㉠ 등기부 등본을 열람하거나 발급받아 계약 해지 시에 보증금을 안전하게 돌려받을 수 있는지를 확인
  ㉡ 등기부 등본에 기재가 안 된 선순위의 임차권자의 보증금이 얼마나 되는지, 해당 부동산이 경매될 경우 매각금액 예측
  ㉢ 잔금 지급 시에 주민 등록 전입신고를 하면서 임대차 계약서에 확정일자를 받음
  ㉣ 주택 임대차 보호법상의 대항력을 인정받으려면 현실로 주택을 인도받아야 함

③ **주택 임대차 보호법**
  ㉠ **목적** : 세입자의 주거 및 보증금의 회수를 보장하고, 과도한 집세 인상 등에서 세입자를 보호하기 위하여 제정
  ㉡ **대항력** : 계약 기간까지 그 주택에 거주할 수 있고, 계약기간이 지났더라도 임차 보증금을 돌려줄 때 까지 계속 거주할 수 있는 권리
  ㉢ **우선변제권** : 임차 주택이 경매 처분될 경우 자신의 임대차 보증금을 후순위 저당권에 우선하여 우선 돌려받을 수 있는 권리
  ㉣ **계약기간특례** : 계약기간이 없거나 2년 미만으로 정한 임대차는 그 기간을 2년으로 본다. 또 임대인이 기간 만료 전 갱신 거절이나 조건 변경의 통지를 하지 않았을 경우 이전과 같은 조건으로 다시 계약한 것으로 본다.
  ㉤ **임차권 승계** : 임차인의 사실혼 배우자도 임차인이 사망한 경우 임차권을 승계할 수 있다.
  ㉥ **소액보증금 최우선 변제권** : 일정 범위의 소액 보증금은 다른 담보물권자보다도 우선하여 최우선으로 변제받을 수 있다.

출제예상문제

1   다음 내용에 대한 설명으로 옳은 것은?

> ㈎ 동시 사망 : 동시에 사망한 것으로 <u>추정</u>하는 것
>
> ㈏ 인정 사망 : 사망한 것으로 <u>추정</u>하는 것
>
> ㈐ 실종선고 : 사망으로 <u>간주</u>하는 것

① 보통 실종 선고의 신청은 생사 불명 상태가 3년 이상 계속될 때 할 수 있다.

② 실종 선고는 사망하지 않았다는 반증으로도 그 효과를 뒤집을 수 있다.

③ 동시사망과 인정 사망의 추정은 반증만으로 추정의 효과를 뒤집을 수 있다.

④ 실종 선고로 실종자의 권리 능력은 상실한다.

> ✔ 해설 ③ 추정은 반증만으로 추정의 효과를 뒤집을 수 있다.
> ㈎ 동시 사망 : 두 사람 이상이 같은 사고로 사망했을 때, 동시에 사망한 것으로 추정하는 것
> ㈏ 인정 사망 : 수난, 화재, 기타 사변 등으로 시체는 발견되지 않았으나 사망이 확실시 될 때, 이를 조사한 관공서는 지체없이 사망지의 시·읍·면의 장에게 사망 보고하고, 가족 관계등록부에 사망 사실을 기재하여 사망한 것으로 추정하는 것
> ㈐ 실종선고 : 부재자의 생사 불명 상태가 일정 기간(특별 실종 선고 1년, 보통 실종 선고 5년 이상) 계속될 때, 가정 법원의 선고에 의하여 사망으로 간주하는 것
> ① 보통 실종 선고의 신청은 생사 불명 상태가 5년 이상 계속될 때 할 수 있다.
> ② 실종 선고는 사망하지 않았다는 반증으로도 그 효과를 뒤집을 수 없다. 실종 선고는 그 효과를 뒤집기 위해 법원의 실종선고 취소 절차가 별도로 필요하다.
> ④ 실종 선고는 실종자를 사망으로 간주하는 효과가 있지만, 이것은 종래의 주소지를 중심으로 한 사법상의 법률 관계에만 한정되며 실종자의 권리 능력을 상실하는 것은 아니다.

Answer 1.③

2 다음 밑줄 친 내용이 담고 있는 의미는?

> 민법 제2조는 "권리행사와 의무이행은 신의에 좇아 성실히 하여야 한다.", "권리는 남용하지 못한다."라고 규정하여 <u>신의성실</u>과 권리남용 금지의 원칙을 규정하고 있다.

① 정의와 형평 ② 도덕적 양심

③ 국가안전보장 ④ 법률

✔️**해설** 신의성실은 원래 사람의 행위나 태도에 대한 윤리적·도덕적 평가를 나타내는 말이지만, 민법 제2조의 신의성실은 구체적인 사건에서 객관적인 법률을 무차별적으로 적용함으로써 발생하는 부작용을 회피하기 위한, 즉 정의와 형평을 의미한다.

3 다음과 같은 판결의 근거가 될 수 있는 법의 원리는?

> 토지소유자가 자신의 친딸에게 그 소유의 대지 위에 건물을 신축하도록 승낙하여 딸이 건물을 짓고 소유권보존등기를 하였는데, 그 딸의 채권자의 강제경매신청에 의하여 그 건물을 경락받은 제3자에게 토지소유자가 지어서 얼마 되지 않은 건물의 철거를 요구하는 것은 특별한 사정이 없는 한 이 원칙에 어긋난다.

① 신의성실의 원칙 ② 권리남용금지의 원칙

③ 자력구제금지의 원칙 ④ 공공복리적합의 원칙

✔️**해설** 민법 제2조 제1항의 "권리의 행사와 의무의 이행은 신의에 좇아 성실히 하여야 한다."는 규정은 민법 전체를 지배하는 원칙으로서 사권(私權)의 사회성·공공성으로부터 도출된다는 원칙이다. 따라서 채권자의 강제경매신청에 의하여 그 건물을 경락받은 제3자에게 토지소유자가 건물의 철거를 요구하는 것은 민법 제2조 제1항의 신의성실의 원칙에 위배된다고 할 수 있다(1991. 6. 11, 91다9299).

Answer 2.① 3.①

4 다음의 '권리내용' 진술에서 공통적인 성격으로 옳은 것은?

> • 타인소유 토지를 통행도로로 이용할 때 그 토지를 대상으로 생긴 권리
> • 타인의 토지를 빌려 건물을 신축할 때 빌린 토지에 대해서 건축주가 갖는 권리
> • 채무불이행으로 채무자의 집을 매각하여 충당키로 한 계약에서 채권자가 채무자의 집에 대해 갖는 권리

① 지역권, 청구권　　　　　　　　② 채권, 소유권
③ 용익물권, 담보물권　　　　　　④ 제한물권, 용익물권

> ✔**해설** 용익물권과 담보물권
> ㉠ 용익물권 : 타인의 물건을 일정한 목적을 위하여 사용, 수익하는 것을 내용으로 하는 물권이다.
> • 지상권 : 건물이나 수목을 소유하기 위하여 다른 사람의 토지를 이용하는 권리
> • 지역권 : 자기집에 드나들기 위하여 다른 사람의 토지를 통행하는 경우와 같이 서로 인접한 토지에서 자기 편익을 위하여 다른 사람의 토지를 이용할 수 있는 권리
> • 전세권 : 전세금을 지불하고 다른 사람의 부동산을 그 용도에 따라 사용, 수익할 수 있는 권리
> ㉡ 담보물권 : 자기 채권을 확보하기 위해 다른 사람 소유의 물건에 제한을 가하는 물권이다.
> • 유치권 : 다른 사람의 동산을 점유한 자가 그 물건 때문에 생긴 채권을 변제받을 때까지 그 물건을 자기의 지배하에 두는 권리
> • 질권 : 채권의 담보로 받은 동산을 채권자가 가지고 있다가 채권의 변제가 없을 때에는 그 물건을 처분하여 우선변제를 받을 수 있는 권리
> • 저당권 : 가옥을 담보로 하여 은행 등에서 돈을 빌려주는 경우와 같이 채권의 담보로 내놓은 부동산을 그 제공자의 사용 · 수익에 맡겨두면서 채권의 변제가 없을 때, 그 물건에서 다른 채권자보다 우선적으로 변제를 받을 수 있는 권리

5 다음 중 우리 민법상 민사에 관하여 법률에 규정이 없으면 제1차로 어느 것이 적용되는가?

① 관습법　　　　　　　　　　　② 명령
③ 조례　　　　　　　　　　　　④ 조리

> ✔**해설** 민법은 개인 상호 간의 사적 생활관계를 규율하는 일반사법으로, 민사에 관하여 법률에 규정이 없는 경우에는 관습법의 적용을 받는다.

Answer　4.③　5.①

6 개인 간의 생활관계를 규율하는 법의 내용으로 설명이 옳은 것은?

① 물권이 변동될 때는 공시의 원칙에 따라 모두 등기해야 한다.

② 민사상의 분쟁해결은 자력구제의 원칙을 적용한다.

③ 전세권, 질권, 유치권 등은 모두 제한물권이다.

④ 채권의 발생은 계약으로 성립되고, 인도로써 소멸된다.

> ✔해설 ③ 제한물권 : 물권의 한정된 면만 지배할 수 있는 권리로서 용익물권(지상권, 지역권, 전세권), 담보물권(유치권, 질권, 저당권)이 있다.
> ① 물권변동 : 공시의 원칙에 따라 부동산은 등기, 동산은 인도한다.
> ② 민사상 분쟁해결 : 자력구제금지의 원칙이 적용된다.
> ④ 채권발생은 계약, 채권소멸은 변제로써 소멸된다.

7 법의 효력에 대한 설명으로 가장 옳은 것은?

① 법이 구체적으로 적용되기 위해서는 실효성과 강제성이 있어야 한다.

② 오늘 대부분의 국가는 속인주의를 원칙으로 하고, 속지주의를 보충적으로 채택하고 있다.

③ 일반법과 특별법이 서로 충돌할 때에는 특별법이 우선한다.

④ 법률은 항상 공포한 날로부터 20일이 지나면 효력을 발생한다.

> ✔해설 ③ 일반법과 특별법이 서로 충돌할 때에는 특별법 우선의 원칙이 적용된다.
> ① 법이 구체적으로 적용되기 위해서는 타당성과 실효성이 있어야 한다.
> ② 오늘 대부분의 국가는 속지주의를 원칙으로 하고, 속인주의를 보충적으로 채택하고 있다.
> ④ 법률은 특별한 규정이 없는 한 공포한 날로부터 20일이 지나면 효력을 발생한다.

Answer 6.③ 7.③

8 다음 중 원칙적으로 무효법률행위에 해당되는 것은?

① 착오에 의한 의사표시

② 사기나 강압에 의한 계약

③ 한정치산자나 금치산자

④ 지나치게 불공정한 계약

> ✔해설 원칙적인 무효행위 … 사회질서에 반하는 계약, 지나치게 불공정한 계약, 강행법규를 위반한 계약, 선량한 풍속을 해치는 계약
> ①②③ 취소법률행위이다.

9 미성년자의 매매행위는 완전한 효과를 발휘하기 어렵다. 이것을 정당화시켜주는 것으로 옳은 것은?

① 실현가능성이 희박한 행위이기 때문이다.

② 법률행위는 각 행위능력자의 책임하에 이루어져야 한다.

③ 매매행위는 권리와 의무의 변동을 가져오지 않는다.

④ 미성년자는 완전한 도덕적 인격을 갖추지 못하고 있다.

> ✔해설 법률행위를 함에 있어 각자는 자신의 창의와 책임하에 자유의사에 따라 하는 것을 원칙으로 하며, 법률행위의 효력발생요건은 실현가능성, 적법성·사회적 타당성(인신매매 등의 계약은 무효), 자유로운 의사결정(생명의 위협 때문에 체결한 계약은 무효), 행위능력자의 행위(미성년자, 한정치산자, 금치산자 등의 법률행위는 무효) 등을 바탕으로 한다.

10 채무자 甲이 채권자 乙에게 채무를 이행하는 과정에서 이자문제로 의견이 상반되고 있다. 이때 가장 합리적인 문제해결의 방법은?

① 소송을 한다.

② 채권자가 자력구제한다.

③ 신탁회사에 중재요청을 한다.

④ 당사자가 자체적으로 해결한다.

> ✔해설 사법상의 구제 … 개인과 개인 사이에 분쟁이 발생했을 때 당사자 간의 해결이 가장 합리적인 해결이라 할 수 있다.

Answer 8.④ 9.② 10.④

CHAPTER 05

사회생활과 법

01 ▶ 범죄의 성립과 형사 절차

(1) 형법의 의의

① **범죄와 형벌** … 범죄란 법률로 정해진 공권력을 동원해서라도 금지해야 하는 행동이며, 범죄가 저질러졌을 때 동원되는 공권력을 형벌이라고 한다.

② **죄형법정주의**

　ⓐ 의미 : 어떤 행위가 범죄가 되고 그 범죄에 대하여 어떤 처벌을 할 것인가는 미리 성문의 법률로 규정되어 있어야 한다는 근대 형법의 최고 원칙으로, "법률이 없으면 범죄도 없고 형벌도 없다." 라는 말로 요약될 수 있다.

　ⓑ 목적 : 국가 형벌권의 확장과 남용 방지하여 국민의 자유와 인권 보장하기 위함이다.

　ⓒ 원칙

　　• 관습 형법 금지의 원칙 : 법관이 적용할 형벌에 관한 법은 반드시 성문의 법률이어야 하고, 관습법이나 불문법을 적용할 수 없다.

　　• 명확성의 원칙 : 형법에 의하여 금지되는 행위가 무엇인지, 또 그 행위로 부과될 형벌의 종류와 형기가 명확하여 누구나 알 수 있어야 한다.

　　• 유추 해석 금지의 원칙 : 법률에 규정되지 않은 사항에 대해 그것과 유사한 성질을 가지는 사항에 관한 법률을 자의적으로 해석하여 적용할 수 없다. 단, 행위자에게 유리한 우추해석은 가능하다.

　　• 형벌 효력 불소급의 원칙 : 형벌 법규는 그 시행 이후에 이루어진 행위에 대해서만 적용되고, 이전의 행위에까지 소급하여 적용할 수 없다. 단, 행위자에게 신법이 유리한 경우에는 신법을 적용한다.

　　• 적정성의 원칙 : 법률 자체가 적정해야 하고 범죄와 형벌 간에 균형이 이루어져야 한다.

③ **범죄 성립의 3요소**

　ⓐ 구성 요건 해당성 : 구성 요건이란 형법의 규정에 범죄로 규정한 행위로, 즉 형벌 법규에 규정되어 있는 위법 행위의 정형을 말한다. 구성 요건에 해당하면 위법성이 추정된다.

　　• 객관적 요소(행위, 인과관계, 결과 등)와 주관적 요소(고의, 과실)가 필요하다.

　　• 살해행위, 재물절취 등이 해당한다.

ⓒ **위법성** : 구성 요건에 해당하는 행위가 전체 법질서로부터 부정적 가치판단이 내려지면 위법성이 인정된다. 단 구성 요건에 해당하는 행위 중 예외적으로 위법성이 인정되지 않는 위법성 조각 사유가 있으면 범죄가 성립하지 않는다.

위법성 조각 사유	근거조항
정당방위	자기 또는 타인의 법익에 대한 현재의 부당한 침해를 방위하기 위한 행위는 상당한 이유가 있는 때에는 벌하지 아니한다〈형법 제21조〉.
긴급피난	자기 또는 타인의 법익에 대한 현재의 위난을 피하기 위한 행위는 상당한 이유가 있는 때에는 벌하지 아니한다〈형법 제22조〉.
정당행위	법령에 의한 행위 또는 업무로 인한 행위 기타 사회상규에 위배되지 아니하는 행위는 벌하지 아니한다〈형법 제20조〉.
자구행위	법정 절차에 의하여 청구권을 보전하기 불능한 경우 그 청구권의 실행 불능 또는 현저한 실행 곤란을 피하기 위한 행위는 상당한 이유가 있는 때에는 벌하지 아니한다〈형법 제23조〉.
피해자 승락	처분할 수 있는 자의 승낙에 의하여 그 법익을 훼손한 행위는 법률에 특별한 규정이 없는 한 벌하지 아니한다〈형법 제24조〉.

ⓒ **책임성** : 어떠한 행위를 이유로 그 행위자가 사회적으로 비난받을 만한 책임이 있어야 하며, 행위 자가 법 규범의 의미 및 내용을 이해하여 당해 행위를 법률이 금지하고 있다는 것을 인식할 수 있는 통찰능력이 없는 경우나 행위 시의 구체적인 사정으로 보아 행위자가 범죄 행위를 하지 않고 적법행위를 할 것을 기대할 수 있는 가능성이 없는 경우에는 책임성 조각 사유가 된다. 심신 미약자, 농아자 등은 책임성 감경 사유에 해당한다.

④ **형벌과 보안 처분**

㉠ **형벌의 종류**

종류		내용
생명형	사형	범죄자의 생명을 박탈하는 형벌로, 형법 중에서 최고형
자유형	징역	범죄자를 교도소 내에 가두어 노역을 하게 하는 형벌
	금고	징역형과 마찬가지로 구금형에 해당하지만 교도소에서 노역을 시키지 않는다는 점에서 구별됨
	구류	1일 이상 30일 미만의 기간 동안 교도소 등의 수용 시설에 구금시키는 형벌
명예형	자격상실	• 법원으로부터 사형 · 무기징역 · 무기금고의 형의 선고가 있을 때에는 그 효력으로서 당연히 일정한 자격을 상실시키는 형벌 • 공무원이 되는 자격, 공법상의 선거권과 피선거권, 법률로 요건을 정한 공법상의 업무에 관한 자격, 법인의 이사, 감사 또는 기타 법인의 업무에 관한 검사역이나 재산 관리인이 되는 자격 등
	자격정지	일정 자격을 일정 기간 정지시키는 형벌
재산형	벌금	금전으로 과해진 형벌(5만 원 이상)
	과료	일정한 액수를 기준으로 벌금보다 상대적으로 가벼운 재산형(2천 원~5만 원 미만)
	몰수	유죄판결을 선고할 때 범죄 행위에 제공하였거나, 제공하려고 한 물건, 또는 범죄로 말미암아 생겼거나 범죄로 인해 취득한 물건, 그 밖에 이러한 물건의 대가로 취득한 물건을 범죄자의 수 중으로부터 국가에 귀속시키는 형벌

ⓒ 보안처분 : 범죄로부터 사회를 방위하고 범죄자를 사회로 복귀시키기 위해 형벌과 함께 혹은 형벌을 대신하여 부과하는 예방적 조치이다. 책임을 전제로 하는 형벌과는 달리 장래의 범죄적 위험성을 기초로 하며, 보호관찰, 사회봉사, 수강명령, 치료 감호 등이 있다.

(2) 형사 절차의 이해

① 수사 절차와 피해자의 권리

　ㄱ 수사의 의미와 절차 : 수사란 범죄가 저질러졌을 가능성이 있는 경우에 실제 범죄 행위 여부를 확인하는 활동으로, 피해자의 고소 또는 제3자의 고발로 수사가 개시되면, 입건 → 구속과 불구속 → 송치 → 구속 적부 심사를 거쳐 기소여부가 결정된다.

　ㄴ 피의자의 권리 보호

　　• 무죄 추정의 원칙 : 피의자는 유죄 판결이 확정될 때까지 무죄로 추정한다.

　　• 진술 거부권(묵비권) : 피의자는 진술을 강요당하지 않을 권리가 있다.

　　• 변호인의 도움을 받을 권리 : 누구든지 변호인의 도움을 받을 권리가 있다.

　　• 구속 적부 심사 제도 : 체포, 구속된 피의자는 절차의 적법성을 심사해 줄 것을 법원에 신청할 수 있다.

　　• 미란다 원칙 : 체포 또는 신문 시 피의자에게 체포 및 구속 이유, 변호인의 도움을 받을 권리, 묵비권 행사의 권리 등을 고지해야 한다.

② 형사 재판 절차

　ㄱ 기소와 불기소 : 기소란 피의자에게 혐의가 있어 유죄 판결을 기대하며 검사가 재판을 청구하는 것을 말한다. 불기소란 기소하지 않고 사건을 종결하는 것으로, 무혐의 처분이나 기소 유예 등이 이에 해당한다.

　ㄴ 형사 재판의 절차 : 기소 → 법원 구성 → 재판의 시작 → 검사의 논거 → 피고인의 반박 → 심증 형성 → 법원의 선고

③ 형의 선고와 집행

　ㄱ 형의 선고 : 피고인의 죄가 인정되는 경우 실형을 선고하거나 집행 유예, 선고 유예 등의 유죄 선고를 할 수 있으며, 기소한 사건에 대해 죄를 인정할 만한 증거가 없는 경우 무죄를 선고한다.

　ㄴ 상소 : 제1심 판결 선고에 대한 이의 제기는 항소, 제2심 판결에 대한 이의 제기는 상고라고 한다.

　ㄷ 형의 집행 : 징역형 또는 금고형의 경우 교도소에 수감한다. 교도소에 갇힌 수형자가 잘못을 뉘우치고 모범적으로 수감 생활을 하는 경우, 법원이 선고한 기간이 지나기 전에 임시로 석방하는 가석방 제도가 있다.

④ 즉결 심판과 국민 참여 재판

　ㄱ 즉결 심판

　　• 20만 원 이하의 벌금형, 30일 이내의 구류형 등이 예상되는 경미한 범죄에 대하여 정식 재판 절차를 거치지 않고 판사가 그 자리에서 바로 형을 선고하는 절차로 즉결 심판 또는 줄여서 즉심이라고 한다.

- 즉결 심판 절차는 약식 절차와 달리 반드시 검사가 청구하지 않아도 되고 경찰서장의 청구에 의해 이루어질 수 도 있다.
- 피고인은 즉결 심판에 이의가 있다면 정식 재판을 청구할 수 있다.

ⓛ **국민 참여 재판**
- 일반 시민이 배심원으로 참여하여 유무죄에 관한 평결을 내리고, 유죄로 평결이 내려진 피고인에 대해 선고할 적정한 형벌을 담당 재판관과 토의하는 제도이다.
- 배심원은 만 20세 이상의 국민이면 누구나 가능하며(단, 전과자나 변호사·경찰관 등의 직업을 가진 사람은 예외), 배심원 평결의 효력은 재판부에 권고의 효력만 있다.

(3) 범죄 피해자의 보호와 형사 보상

① **범죄 피해자 구조와 보호**
- ㉠ **범죄 피해자 구조 제도** : 범죄로 인해 사망, 상해 또는 재산상의 피해를 보고도 가해자를 알 수 없거나 가해자가 가난하여 피해를 보상받지 못하는 경우, 국가가 피해자 또는 유족에게 구조금을 지급한다. 단, 피해자와 가해자가 친족 관계이거나 범죄를 유발한 경우에는 제외한다.
- ㉡ **범죄 피해자 보호법** : 피해자 상담, 긴급 구호, 의료 및 경제적 지원 등의 정책 시행
- ㉢ **피해자 지원 센터** : 민간 주도로 범죄 피해자를 지원

② **형사 보상 및 명예 회복 제도**
- ㉠ **형사 보상 제도** : 불기소 처분을 받거나 무죄 판결을 받은 사람에게 국가가 그에 대한 보상을 해 주는 제도
- ㉡ **보상 청구**
  - 피고인 : 재판이 확정된 사실을 안 날로부터 3년, 재판이 확정된 날로부터 5년 이내에 무죄 판결을 한 법원에 청구
  - 피의자 : 불기소 처분 통지를 받은 날로부터 3년 이내에 그 처분을 한 검사가 소속된 지검의 피의자 보상 심의회에 청구
- ㉢ **명예 회복 제도** : 형사 보상 제도에 대한 보완책으로 무죄 판결이 확정된 때로부터 3년 이내에 자신을 기소한 검사가 소속된 지검에 무죄판결 관련 재판서를 법무부 홈페이지에 게시해 줄 것을 청구할 수 있다.

③ **배상 명령 제도** … 피해자가 형사 재판 과정에서 간단한 신청만으로 민사상 손해 배상 명령까지 받아 낼 수 있는 제도로, 피고인의 재판이 진행 중인 법원에 2심 변론이 끝나기 전까지 배상 명령 신청서를 제출(형사 재판의 증인으로 출석하고 있는 경우에는 구두로도 신청 가능)하면 가능하다.

02 법치 행정과 행정 구제

(1) 법치 행정과 시민 참여

① 행정의 원리

　㉠ 민주행정의 원리 : 국민 주권의 원리에 따라 행정은 국민 모두의 이익과 의사가 반영되는 방향으로 진행되어야 한다.

　㉡ 법치행정의 원리 : 행정기관의 행정 작용이 법에 위배되어서는 안 되며, 미리 정해진 법률에 의거하여 행정권이 발동되어야 한다.

　㉢ 복지 행정의 원리 : 행정은 국민의 소극적인 자유권 보호 작용에 머무르는 것이 아니라, 적극적으로 국민의 인간다운 생활을 보장해야 한다. 우리 헌법의 관련 규정으로, 인간다운 생활을 할 권리, 행복추구권, 사회권적 기본권의 보장, 국가의 사회 보장 의무 등이 있다.

　㉣ 사법 국가주의 : 국민의 권리 보호에 중점을 둔 것으로, 행정에 대한 재판을 행정 재판소에서 하는 행정 국가주의를 지양하고 행정에 대한 개괄적 사법심사를 인정한다.

　㉤ 지방 분권주의 : 지방 자치 단체는 주민의 복리에 관한 사무를 처리하고, 재산을 관리하며 법령의 범위 안에서 자치에 관한 규정을 제정할 수 있다〈헌법 제117조〉.

② 행정에의 시민 참여

　㉠ 거버넌스(governance) : 행정에 시민의 참여가 일반화되는 것으로 전통적인 통치인 거번먼트(government)와 구별하여 부르는 용어

　㉡ 장점 : 분쟁의 예방, 효율적이고 합리적인 행정 작용 도모, 행정에 대한 민주적 통제

　㉢ 참여 방법 : 청문, 공청회, 의견 제출 등

③ 행정 정보 공개 제도

　㉠ 의의 : 국민의 알 권리 보장, 행정의 민주화 및 공정화 실현

　㉡ 한계 : 일반 회사가 아닌 공공 기관에만 청구 가능

(2) 다양한 행정 구제 제도

① 행정상 손해배상제도 … 국가 또는 공공단체의 위법한 행정작용으로 인하여 발생한 개인의 손해를 국가 등의 행정기관이 배상하여 주는 제도이다.

　㉠ 공무원의 위법한 직무행위로 인한 손해배상 : 국가나 지방자치단체는 공무원 또는 공무를 위탁받은 사인(이하 공무원)이 직무를 집행하면서 고의 또는 과실로 법령을 위반하여 타인에게 손해를 입히거나, 「자동차손해배상 보장법」에 따라 손해배상의 책임이 있을 때에는 이 법에 따라 그 손해를 배상하여야 한다. 다만, 군인·군무원·경찰공무원 또는 예비군대원이 전투·훈련 등 직무 집행과 관련하여 전사·순직하거나 공상을 입은 경우에 본인이나 그 유족이 다른 법령에 따라 재해 보상금·유족연금·상이연금 등의 보상을 지급받을 수 있을 때에는 이 법 및 「민법」에 따른 손해배상을 청구할 수 없다〈국가배상법 제2조〉.

ⓒ 영조물의 설치 · 관리상의 하자로 인한 손해배상 : 도로 · 하천, 그 밖의 공공의 영조물의 설치나 관리에 하자가 있기 때문에 타인에게 손해를 발생하게 하였을 때에는 국가나 지방자치단체는 그 손해를 배상하여야 한다〈국가배상법 제5조〉.

② **행정상 손실보상제도** … 공공필요에 의한 적법한 공권력 행사에 의하여 개인의 재산에 가하여진 특별한 손해에 대하여 전체적인 평등부담의 견지에서 행하여지는 재산적 보상을 말한다.

ⓖ **손실보상의 요건** : 손실보상을 받기 위해서는 공공필요를 위해 재산권에 대해 적법한 공권력의 침해가 있고 이로 인한 개인이 특별한 희생이 있어야 한다.

ⓛ **손실보상의 기준** : 학설은 헌법 제23조 제3항에서 규정하고 있는 정당한 보상에 대하여 완전보상설과 상당보상설이 대립하고 있는데, 현재는 완전보상설이 다수설이라고 할 수 있다.

ⓒ **손실보상의 절차 및 방법** : 손실보상의 절차에 대해서는 일반법이 없고 각 단행법에서 당사자 간의 협의, 행정청의 재결, 또는 행정 소송에 의하는 경우 등을 개별적으로 규정하고 있다. 손실보상의 지급방법은 금전보상을 원칙으로 한다.

ⓔ **손실보상에 대한 구제** : 재산권 수용 자체에 불복이 있는 경우 행정심판을 제기하여 이의신청을 하거나 행정소송을 제기할 수 있으며, 보상금의 액수에 대해서만 불만이 있는 경우, 공법상 당사자소송에 의해 토지소유자와 사업시행자가 대등한 관계에서 증액 또는 감액을 다툴 수 있다.

③ **행정 쟁송** … 행정상 법률관계에 있어서의 다툼을 심리 · 판정하는 절차이다.

ⓖ **행정 심판** : 행정기관이 행정법상의 분쟁에 대하여 심리 · 판정하는 절차이다.

ⓛ **행정 소송** : 법원이 행정법상의 분쟁에 대하여 심리 · 판정하는 절차이다.

ⓒ **행정심판과 행정소송**

구분	행정심판	행정소송
공통점	소송대상의 개괄주의, 불고불리의 원칙, 불이익변경금지의 원칙, 직권증거조사주의, 단기제소기간, 집행부정지원칙, 사정재결 · 사정판결	
본질	행정통제적 성격	행정구제적 성격
대상	위법 · 부당한 처분, 부작위	위법한 처분, 부작위
판정기관	재결청	법원
절차	약식쟁송	정식쟁송
제소기간	처분이 있음을 안 날로부터 90일, 처분이 있은 날로부터 180일 이내	• 행정심판을 거치는 경우 : 재결서의 정본을 송달받은 날로부터 90일, 재결이 있은 날로부터 1년 이내 • 행정심판을 거치지 않는 경우 : 처분 등이 있음을 안 날로부터 90일, 처분 등이 있은 날로부터 1년 이내
심리	구술 · 서면심리	구두변론
공개	비공개원칙	공개원칙
내용	적극적 변경 가능	소극적 변경(일부 취소)만 가능
종류	취소심판, 무효등확인심판, 의무이행심판, 당사자심판, 민중심판, 기관심판	취소소송, 무효등확인소송, 부작위위법확인소송, 당사자소송, 민중소송, 기관소송

03 청소년의 권리와 학교생활

(1) 청소년의 법적 지위와 권리

① 청소년 보호법상의 보호

　㉠ 목적 : 보편적 인권의 주체인 청소년이 경험과 판단 능력의 부족으로 유해 환경에 노출되거나 범죄의 피해자가 되는 것을 방지하기 위함

　㉡ 주요내용
- 만19세 미만의 청소년에게 술과 담배의 판매 금지
- 선량한 풍속을 해칠 우려가 있는 장소 출입 금지 및 풍기 문란 행위 규제
- 음란물(도서 및 음반) 등 소지, 제작, 판매, 대여, 관람금지

② 청소년 근로의 보호

　㉠ 고용 가능 연령 : 만 15세 이상, 단 15세 미만이라도 고용노동부장관이 발급한 취직 인허증이 있으면 고용 가능

　㉡ 근로기준법에서 보호대상이 되는 연소자(15세 이상~18세 미만의 미성년자)의 근로계약
- 근로계약 체결 : 18세 미만의 미성년자는 법정대리인의 동의가 있어야 근로계약이 유효(18세 이상의 미성년자의 경우 법정대리인의 동의 없이 근로 계약의 단독 체결이 가능)
- 법정 대리인의 대리권 : 법정대리인이 미성년자를 대리하여 근로 계약의 체결 불가능
- 18세 미만의 미성년자의 근로시간 : 1일 7시간, 1주일에 40시간을 초과하지 못한다. 다만, 당사자 간의 합의에 의하여 1일에 1시간, 1주일에 6시간을 한도로 연장이 가능하다.
- 사용자는 임산부와 18세 미만자를 오후 10시부터 오전 6시까지의 사이 및 휴일에 근로시키지 못한다. 다만, 본인의 동의와 고용노동부장관의 인가를 받은 경우에는 가능하다.

③ 청소년 범죄 사건의 처리 … 청소년의 건전한 육성을 위해 성인보다 완화된 절차를 밟는다는 것이 특징으로, 형사 처분에 관한 특별 조치를 적용, 가정 법원 소년부에서 재판을 받는다.

　㉠ 결정 전 조사 제도 : 검사가 사건의 처분을 결정하기에 앞서 피의자의 주거지 또는 검찰청 소재지를 담당하는 보호 관찰소의 장, 소년 분류 심사원장, 소년원장 등에게 피의자의 품행, 경력, 생활환경 등에 대해 조사하는 제도

　㉡ 선도 조건부 기소 유예 : 사건의 죄질 및 범법 의도를 살펴 재범 가능성이 희박하다고 여겨지는 19세 미만의 청소년 범죄자에 예방 위원의 선도를 조건으로 기소를 유예하는 제도

(2) 학교생활과 법

① 학생의 권리와 의무

　㉠ 권리
- 인권 : 학생은 피교육자인 동시에 인권의 주체로, 학생을 포함한 학습자의 기본적 인권은 학교 교육 또는 사회

교육의 과정에서 존중되고 보호되어야 한다.

- 학습권 : 교육을 받을 수 있도록 국가의 적극적인 배려를 요구할 수 있는 적극적인 권리로, 교사의 수업을 수강할 수 있는 수학권, 학교 시설 이용권, 자치 활동권, 교육의 기회 균등권 등이 인정된다.
  - ⓛ 의무 : 교칙준수, 교원의 교육과 연구 활동 방해 금지, 학내 질서 유지 등
- ② 학생의 징계
  - ㉠ 징계의 사유
    - 품행이 불량하여 개전의 가망이 없다고 인정된 자
    - 정당한 이유 없이 결석이 잦은 자
    - 학칙을 위반한 자
  - ㉡ 징계의 종류 : 교내 봉사, 사회봉사, 특별 교육 이수, 1회 10일 이내 연간 30일 이내의 출석정지, 퇴학처분 (의무 교육 대상자 제외)
  - ㉢ 징계의 절차와 방법
    - 학교장은 학생의 인격이 존중되는 교육적인 방법으로 징계 결정
    - 사유의 경중에 따라 단계별로 적용하여 학생에게 개전의 기회 부여
    - 의견 진술권 : 해당 학생 또는 학부모에게 의견 진술의 기회 부여

04 소비자의 권리와 법

(1) 소비자의 권리

① 소비자기본법상의 소비자 권리

- ㉠ 안전할 권리 : 물품 또는 용역으로 인한 생명·신체 또는 재산에 대한 위해로부터 보호받을 권리
- ㉡ 알권리 : 물품 등을 선택함에 있어 필요한 지식 및 정보를 제공받을 권리
- ㉢ 선택할 권리 : 물품 등을 사용함에 있어서 거래의 상대방, 구입 장소, 가격, 거래조건 등을 자유로이 선택할 권리
- ㉣ 의견을 반영할 권리 : 소비생활에 영향을 주는 국가 및 지방자치단체의 정책과 사업자의 사업 활동 등에 대하여 의견을 반영시킬 권리
- ㉤ 피해를 보상받을 권리 : 물품 등의 사용으로 인하여 입은 피해에 대하여 신속·공정한 절차에 따라 적절한 보상을 받을 권리
- ㉥ 교육을 받을 권리 : 합리적인 소비 생활을 위하여 필요한 교육을 받을 권리
- ㉦ 단체를 조직·활동할 권리 : 소비자 스스로의 권익을 증진하기 위하여 단체를 조직하고 이를 통하여 활동할 수 있는 권리
- ㉧ 안전하고 쾌적한 소비생활 환경에서 소비할 권리

② 국가 및 지방자치단체와 사업자의 의무

　　㉠ **국가 및 지방자치단체** : 소비자 관계 법령 마련 및 필요한 행정 조직을 정비하고, 소비자의 자주적 조직 활동을 지원해야 한다.

　　㉡ **사업자** : 국가 정책에 적극적으로 협조하고 소비자의 의견을 수렴하며 소비자 피해 발생 시 신속하고 정당한 피해 보상이 될 수 있도록 노력해야 한다.

③ **한국 소비자원** … 소비자의 권익을 증진하고 소비 생활의 향상을 도모하며 국민 경제의 발전에 이바지하고자 국가가 설립한 전문 기관으로 소비자 상담 및 분쟁의 조정, 소비자 관련 정책 연구 및 건의, 소비자에 대한 교육 등을 담당한다.

(2) 소비자 권리의 보호

① 공정거래와 소비자 보호

　　㉠ **필요성** : 경제발전과 산업 구조 고도화, 기업 간의 과열 경쟁으로 인한 상품의 허위·과장 광고 등으로 인한 소비자의 피해가 증가하는 추세이다.

　　㉡ **독점 규제 및 공정거래에 관한 법률** : 부당한 공동 행위 및 불공정 거래 행위 규제하여 자유롭고 공정한 경쟁을 촉진하고, 국민 경제의 균형 있는 발전 및 창의적 기업 활동의 보장, 소비자 보호 등의 근거가 된다.

② 소비자 피해의 구제

　　㉠ 품질 보증 기간 또는 유효 기간 이내의 제조, 유통 과정이나 용역의 이용 과정에서 발생한 소비자의 피해에 대하여 사업자가 행하는 수리나 교환, 환불이나 배상, 해약 등

　　㉡ 당사자 간의 합의

　　㉢ 민간 소비자단체를 통한 조정과 소비자 분쟁 조정위원회에 조정신청

　　㉣ 한국소비자보호원에 피해구제신청

　　㉤ 국가기관에 있는 소비자보호를 위한 기구를 통한 조정신청

　　㉥ **민사소송** : 민사조정제도, 소액사건심판제도

③ 제조물 책임법과 리콜제도

　　㉠ **제조물 책임법** : 상품의 대량 생산 및 복잡한 유통 구조로 발생한 제조물의 결함으로 인한 피해에 대해 제조자나 유통 관여자에게 배상 책임을 강제하는 법으로, 사후적 구제방법의 성격을 가진다.

　　㉡ **리콜제도** : 결함 있는 제품을 회수하여 무상으로 수리해 주거나, 유통을 막는 제도로, 소비자 보호를 위한 사전적 예방 조치이다.

05 근로자의 권리와 법

(1) 근로의 권리와 노동3권

① 근로권 ⋯ 근로의 능력과 의사를 가진 자가 사회적으로 근로할 수 있는 기회의 보장을 요구할 수 있는 권리

② 노동3권(근로3권)

　㉠ 단결권 : 근로자들이 자주적으로 노동조합을 설립할 수 있는 권리

　㉡ 단체 교섭권 : 근로자가 근로 조건을 유지, 개선하기 위하여 조합원이 단결하여 사용자와 교섭할 수 있는 권리로, 노동조합이 합리적인 조건으로 교섭을 요청할 때 사용자는 정당한 이유 없이 이를 거부 또는 회피할 수 없다.

　㉢ 단체 행동권 : 근로자가 사용자에 대해서 근로 조건에 관한 자기 측의 주장을 관철하기 위하여 단결권을 배경으로 각종 쟁의 행위를 할 수 있는 권리

(2) 근로자 권리의 보호

① 근로기준법

　㉠ 의미 : 최저 근로 조건을 정하고 감독관청으로 하여금 근로 감독을 실시하게 하여 근로자를 보호하려는 법으로, 개별적 근로관계에 있어서 근로자의 근로 조건과 그 밖의 생활 조건을 일정한 수준 이상으로 유지하는 것을 목적으로 한다.

　㉡ 기본원칙

　　• 최저 근로 기준 : 근로기준법에서 정하는 근로 조건은 최저 수준으로, 당사자는 이 기준을 이유로 근로 조건을 저하시킬 수 없다.

　　• 자유로운 합의 : 근로 조건은 근로자와 사용자가 동등한 지위에서 자유의사에 의해 결정해야 한다.

　　• 계약의 성실 이행 의무 : 근로자와 사용자는 단체협약, 취업 규칙과 근로 계약을 준수해야 하며 성실하게 이행할 의무가 있다.

　　• 차별 대우 금지 : 근로자에게 남녀 차별적 대우를 하지 못하며, 기타 국적, 신앙, 사회적 신분 등을 이유로 근로 조건에 대한 차별적 대우를 할 수 없다.

　　• 강요, 폭행 금지 : 사용자는 폭행 등의 수단으로 근로자의 자유의사에 반하는 근로를 강요할 수 없으며, 어떠한 이유로도 근로자에 대한 폭행이나 구타 행위가 정당화되지 않는다.

② 근로자 권리의 보호 절차

　㉠ 부당해고 : 노동 위원회에 구제 신청, 법원에 해고 무효 확인 소송

　㉡ 부당 노동 행위 : 노동 위원회에 사건 진정, 소송제기

　㉢ 임금 체불 : 노동부에 진정, 민사 소송, 사용자 형사 처벌

　㉣ 성희롱 : 행위 중지 요구 → 회사 내 고충처리기관이나 사업주에게 시정조치 요구 → 국가인권위원회에 진정

출제예상문제

1 「형법」상 죄형 법정주의를 실현하는 구체적인 원칙과 그에 대한 설명으로 가장 옳지 않은 것은?

① 관습 형법 금지의 원칙 – 불문법인 관습법을 근거로는 처벌할 수 없다.

② 유추 해석 금지의 원칙 – 범죄 행위가 형법에 명확히 규정되어 있지 않은 때에 유사한 규정을 적용해서는 안 된다.

③ 명확성의 원칙 – 무엇이 범죄이고 그 범죄에 어떤 형벌이 부과되는지 법률에 명확히 기재되어 있어야 한다.

④ 소급효 금지의 원칙 – 범죄 행위 당시 그 처벌 규정이 법률에 없었으나 범죄 행위 이후에 그 처벌 규정이 법률에 제정되었다면 반드시 소급하여 처벌해야 한다.

> **✔해설** 죄형법정주의란 어떤 행위가 범죄가 되는지, 그러한 범죄를 저지르면 어떤 처벌을 받는지가 미리 성문의 법률에 규정되어 있어야 한다는 원칙이다. 파생원칙 또는 구체적 내용으로 관습 형법 금지의 원칙, 명확성의 원칙, 유추 해석 금지의 원칙, 형벌 불소급의 원칙, 적정성의 원칙이 있다. 이 중 소급효 금지의] 원칙(형벌 불소급의 원칙)은 형법 법규는 그 시행 이후에 이루어진 행위에 대해서만 적용되고, 시행 이전의 행위에까지 소급하여 적용할 수 없다는 원칙이다.

2 "행정행위는 행정주체가 국민에 대하여 명령·강제하는 법의 집행으로 일단 유효하고 적법한 것으로 추정된다."와 관련이 깊은 것은?

① 행정행위의 기술성

② 행정행위의 타당성

③ 행정행위의 자율성

④ 행정행위의 공정성

> **✔해설** 행정행위는 하자가 있더라도 권한이 있는 기관에 의해 취소되기 전까지는 일단 유효하고 적법한 것으로 간주되는 것을 행정행위의 공정력(공정성)이라 한다.

Answer 1.④ 2.④

3 다음 사례에 해당되는 소송의 종류로 바르게 연결된 것은?

> (가) 갑은 구청 계약직 공무원으로 일을 했으나 퇴직금을 지급받지 못했다. 갑은 밀린 퇴직금을 청구하려고 한다.
> (나) 을은 지방 경찰청장으로부터 운전 면허 취소 처분을 받았다. 을은 그 처분의 위법을 주장하는 소송을 제기하려고 한다.
> (다) 지방자치법의 규정에 따라 주민들이 시장의 처분이 헌법에 위반되는지에 대해 법원에 소송을 제기하려고 한다.

① (가) 민중소송   (나) 항고소송   (다) 민중소송
② (가) 민중소송   (나) 기관소송   (다) 항고소송
③ (가) 당사자소송   (나) 항고소송   (다) 민중소송
④ (가) 당사자소송   (나) 기관소송   (다) 항고소송

> ✔해설 (가) 공법상 권리관계(밀린 퇴직금을 청구) 또는 행정청의 처분을 원인으로 하는 법률관계에 관하여 그 법률관계의 한쪽 당사자를 피고로 하는 것이 당사자소송이다.
> (나) 운전 면허 취소 처분의 위법을 주장하여 취소 처분에 대한 취소를 요구하는 취소 소송(항고 소송)이다.
> (다) 민중소송은 직접적인 이해관계인이 아닌 사람이 자기의 법률상의 이익과 관계없이 행정 관청의 위법한 행정행위 시정을 구하기 위해 제기하는 소송이다.

4 근로자의 근로의욕을 향상시키고 기본적 생활을 보장·향상시키며, 균형있는 국민경제의 발전을 이룩하기 위하여 일정한 근로조건과 최소한의 한계를 규정하고 있는 법은?

① 직업안정법   ② 근로기준법
③ 노동조합 및 노동관계조정법   ④ 노동위원회법

> ✔해설 ① 모든 근로자가 각자의 능력을 계발·발휘할 수 있는 직업에 취업할 기회를 제공하고, 산업에 필요한 노동력의 충족을 지원함으로써 근로자의 직업안정을 도모하고 국민경제의 발전에 이바지하기 위한 법이다.
> ③ 근로자의 단결권·단체교섭권·단체행동권을 보장하여 근로조건의 유지·개선과 근로자의 경제적·사회적 지위의 향상을 도모하고, 노동관계를 공정하게 조정하여 노동쟁의를 예방·해결함으로써 산업평화의 유지와 국민경제의 발전에 이바지하기 위한 법이다.
> ④ 노동관계에 있어서 판정 및 조정업무의 신속·공정한 수행을 위하여 노동위원회를 설치하고 그 운영에 관한 사항을 규정함으로써 노동관계의 안정과 발전에 이바지하기 위한 법이다.

Answer 3.③ 4.②

5 행정행위에 대한 설명으로 옳지 않은 것은?

① 행정행위는 행정주체가 행정목적을 달성하기 위해 법을 집행하는 공법행위이다.

② 행정행위는 행정주체와 국민의 대등한 당사자 사이의 행위이다.

③ 행정행위는 반드시 법에 근거를 두어야 한다.

④ 비록 잘못된 행정행위일지라도 일단 유효하고 적법한 것으로 추정된다.

> ✔ **해설** 행정행위
> ⊙ 개념 : 행정주체가 국민에 대하여 명령·강제하고, 권리·이익을 부여하는 법의 집행을 말하는데, 행정처분이라고도 한다.
> ⊙ 행정행위의 성립 : 행정행위는 공권력을 사용하기 때문에 반드시 법에 근거를 두어야 하고, 법이 정하는 절차에 적합해야 한다.

6 다음 보기의 상황에서 적용되는 행정구제제도는?

> 지방자치단체가 건설한 교량이 시공자의 흠으로 붕괴되어 지역주민들에게 상해를 입혔을 때 지방자치단체가 상해를 입은 주민들의 피해를 구제해 주었다.

① 흠 있는 직무행위로 인한 손해배상

② 적법한 행정작용으로 인한 손실보상

③ 손해전보제도는 국민의 재산성에 국한함

④ 흠 있는 행정작용으로 인한 행정쟁송

> ✔ **해설** 행정구제제도
> ⊙ 행정구제 : 행정작용으로 권리나 이익을 침해당한 국민이 행정기관이나 법원에 대하여 그것의 취소·변경, 손해배상, 손실보상을 요구하는 절차(국민의 기본권을 보장)이다.
> ⊙ 손해전보제도
> • 손해배상제도 : 공무원의 위법한 직무행위, 국가 또는 단체가 관리·경영하는 사업 또는 설비의 설치·관리의 흠으로 인한 손해를 배상해주는 제도
> • 손실보상제도 : 적법한 행정작용으로 인한 희생을 보상하는 제도
> ⊙ 행정쟁송제도
> • 행정심판제도 : 위법하거나 부당한 행정처분으로 말미암아 권익을 침해당한 경우 시정을 구하는 절차
> • 행정소송제도 : 행정심판에 의하여 구제받지 못했을 때, 최종적으로 법원에 구제를 청구하는 제도

Answer 5.② 6.①

7 다음은 형사 소송의 절차를 도식화한 것이다. 이에 대한 설명으로 옳은 것은?

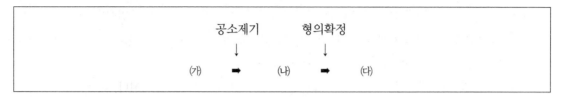

① (가)단계에서 영장 없이 체포된 현행범인도 자기에게 불리한 진술을 거부할 권리가 있다.

② (나)단계에서 사실의 인정은 피고인의 자백만으로도 가능하다.

③ (나)단계에서 구속된 피고인은 검찰청에 보석을 청구할 수 있다.

④ (다)단계에서 가석방된 자는 가석방 기간 중 원칙적으로 수강명령을 이행하여야 한다.

> ✔해설 (가) 수사 (나) 공판 (다) 형의 집행
> ① (가)단계에서 영장 없이 현행범인을 체포할 때도 불리한 진술을 거부할 권리가 있음 등을 내용으로 하는 미란다원칙을 고지해야 한다.
> ② 피고인의 자백이 그 피고인에게 불리한 유일한 증거인 때에는 이를 유죄의 증거로 하지 못한다.
> ③ 보석 청구는 법원에 한다.
> ④ 가석방된 자는 가석방기간 중 보호관찰을 받는다.

8 행정주체가 법의 절차에 따라 도시계획사업을 추진하는 경우, 어떤 절차에 따라 개인의 사유재산의 희생을 행정적으로 구제할 수 있는가?

① 손실보상

② 손해배상

③ 민사소송

④ 행정심판

> ✔해설 손실보상 … 적법한 공권력 행사에 의해 가하여진 사유재산상의 특별한 희생에 대하여 사유재산의 보장과 공평부담의 견지에서 행정주체가 이를 조정하기 위하여 행하는 재산적 보상이다.

9 의사가 환자를 수술하는 행위와 교도관의 사형집행행위가 범죄가 되지 않는 이유는?

① 위법성이 없기 때문이다.

② 책임성이 없기 때문이다.

③ 범죄의 구성요건에 해당되지 않기 때문이다.

④ 자구행위이기 때문이다.

> ✔해설 ① 교도관의 행위는 위법성조각사유, 즉 업무로 인한 행위 및 법령에 의한 행위에 해당하므로 범죄가 성립되지 않는다.

Answer 7.① 8.① 9.①

10 행위자가 만 14세 미만인 형사미성년자이거나, 저항할 수 없는 폭력에 의하여 강요된 경우의 행위는 범죄가 성립될 수 없는데, 그 이유는?

① 정당행위이기 때문에

② 구성요건에 해당하기 때문에

③ 위법성이 없기 때문에

④ 책임성이 없기 때문에

> ✔해설 ④ 위법행위를 이유로 그 행위자가 사회적으로 비난받을 만한 책임이 있어야 범죄가 성립된다. 행위자가 형사미성년자(14세 미만)이거나, 저항할 수 없는 폭력에 의하여 강요된 경우 등이면 책임성이 없어진다.
> ※ 범죄의 성립요건
> ㉠ 구성요건해당성 : 그 행위가 형법에서 범죄로 규정하고 있는 구성요건(폭행, 절도 등)에 해당해야 한다.
> ㉡ 위법성 : 구성요건에 해당되는 것으로서 전체 법질서로부터 부정적인 행위라는 판단이 가능해야 하며, 정당방위 등 합당한 이유가 있을 경우에는 위법성이 없다고 본다.
> ㉢ 위법성조각사유 : 어떤 행위가 범죄의 구성요건에는 해당되지만 그 행위의 위법성을 배제하여 적법으로 하는 사유를 말한다(정당행위, 정당방위, 긴급피난, 자구행위, 피해자의 승낙 등).
> ㉣ 책임성조각사유 : 형사미성년자, 심신상실자, 강요된 행위 등인 경우 책임성이 없어지며, 심신장애자, 농아자의 행위는 경감한다.

11 다음 중 정당방위로 인하여 살인을 했을 경우 살인의 죄가 성립되지 않는 이유는 어느 것인가?

① 책임성이 없기 때문이다.

② 구성요건에 해당되지 않기 때문이다.

③ 위법성이 없기 때문이다.

④ 책임성조각사유에 해당되기 때문이다.

> ✔해설 위법성조각사유 … 어느 행위가 범죄의 구성요건에는 해당되지만 그 행위의 위법성을 배제하여 적법으로 하는 예외적인 특별사유로서 정당행위, 정당방위, 긴급피난, 자구행위, 피해자의 승낙에 의한 행위 등이다.

Answer 10.④ 11.③

12 다음 중 헌법상 탄핵소추의 대상으로 볼 수 없는 것은?

① 대통령 　　　　　　　　　　　 ② 국무총리

③ 감사원장 　　　　　　　　　　 ④ 국회의원

> ✔해설 탄핵소추 … 헌법과 법률이 정한 공무원이 직무집행시 헌법과 법률을 위반한 때에 국회에서 소추와 헌법재판소의 심판으로 공무원을 파면시키는 제도이다.

13 형벌의 목적과 가장 관련이 없는 것은?

① 사회질서 유지 　　　　　　　　 ② 손해의 전보

③ 법률상 이익 박탈 　　　　　　　 ④ 범죄의 예방

> ✔해설 형벌
> ㉠ 개념 : 국가가 일정한 범죄행위에 대응하여 그 행위자에게 법률상의 이익을 박탈하는 제재를 가하는 것이다. 형벌의 주체는 국가이고 객체는 범죄이다.
> ㉡ 형벌의 목적 : 범죄자의 교화와 범죄예방 및 사회질서의 유지를 목적으로 한다.
> ㉢ 형벌의 종류 : 박탈되는 법익의 내용에 따라 생명형(사형), 자유형(징역, 금고, 구류), 재산형(벌금, 과료, 몰수), 명예형(자격상실, 자격정지)의 4종으로 구분하고 9종의 형벌을 규정하고 있다.

14 다음 중 형벌의 종류를 연결한 것으로 옳지 않은 것은?

① 생명형 – 사형 　　　　　　　　 ② 신체형 – 구류, 몰수

③ 자유형 – 징역, 금고 　　　　　 ④ 명예형 – 자격정지

> ✔해설 형벌의 분류
> ㉠ 생명형 : 사형
> ㉡ 자유형 : 징역, 금고, 구류
> ㉢ 재산형 : 벌금, 과료, 몰수
> ㉣ 명예형 : 자격정지, 자격상실

Answer 12.④ 13.② 14.②

15 다음 중 공무원 징계인 파면과 해임의 차이를 적절하게 제시한 것은?

① 공무원 연금법상 연금의 지급 여부

② 공무원 신분을 박탈당하느냐의 여부

③ 공무원 신분을 회복할 수 있느냐의 여부

④ 공무원 직무상의 위법한 행위인가의 여부

> **✔해설** 파면과 해임은 공무원직을 박탈당한다는 점에서는 같다. 차이점으로는 파면은 연금지급이 금지되고 해임은 연금이 지급되며, 공무원이 될 수 없는 기간이 파면은 5년, 해임은 3년이다.

경제생활과 경제문제의 이해

01 경제생활과 경제문제

(1) 경제활동의 이해

① 경제활동의 의미
- ㉠ 경제활동 : 인간에게 필요한 물품이나 서비스를 생산, 분배, 소비하는 사람의 모든 활동을 의미한다.
- ㉡ 경제원칙 : 최소의 비용으로 최대의 효과를 달성하려는 인간 활동의 원리이다.

② 경제활동의 과정
- ㉠ 생산 : 재화나 용역을 창출하는 일체의 활동을 의미한다.
- ㉡ 분배 : 생산활동에 대한 기여를 시장가격으로 보상받는 것을 의미한다.
- ㉢ 소비 : 분배된 소득으로 필요한 재화와 서비스를 구입해서 사용·소모하는 것을 의미한다.

③ 경제활동의 주체와 객체
- ㉠ 경제주체 : 경제활동에 참여하는 경제단위로 가계(소비의 주체), 기업(생산의 주체), 정부(생산과 소비의 주체), 외국(교역의 주체)이 이에 해당한다.
- ㉡ 경제객체 : 경제주체의 경제활동대상이 되는 물적 단위로, 재화(생산된 물품)와 용역(서비스)을 의미한다.

(2) 희소성과 경제문제

① 희소성과 경제재
- ㉠ 경제문제 : 물질적 수단의 희소성 때문에 발생된다.
- ㉡ 희소성의 원칙 : 인간의 무한한 욕구에 비하여 이를 충족시킬 수 있는 자원이 상대적으로 부족한 현상을 의미한다.
- ㉢ 경제활동의 대상 : 경제적 가치가 있는 것(경제재)이다.

② 기본적 경제문제

  ㉠ **자원배분의 문제** : 무엇을, 얼마나 생산할 것인가 하는 문제로 최대 생산의 문제(효율성)와 관련된다.

  ㉡ **생산방법의 문제** : 어떻게 생산해야 할 것인지를 결정하는 문제로 최소 비용의 문제(효율성)와 관련된다.

  ㉢ **소득분배의 문제** : 생산물을 누구에게 분배해야 할 것인지를 결정해야 하는 문제로 공평 분배의 문제(형평성)와 관련된다.

  ㉣ **경제문제의 해결원칙** : 효율성, 형평성, 자주성 등이 있다.

③ 선택과 기회비용

  ㉠ **합리적 선택** : 자원배분이 효율적으로 이루어지도록 하는 선택이며, 만족을 극대화시킬 수 있는 선택을 의미한다.

  ㉡ **기회비용** : 어떤 재화나 용역을 선택하기 위하여 포기하거나 희생한 재화 또는 용역의 가치이다.

02 ▶ 경제체제와 경제목표

(1) 경제체제

① **전통경제체제**

  ㉠ 의의 : 전통과 관습에 의해서 경제문제를 해결한다.

  ㉡ 특징

    • 경제활동의 변화가 크지 않고 구성원의 자발적 선택을 찾아보기 어렵다.

    • 변화보다 전통의 연속성과 안정성을 중요하게 생각한다.

② **명령경제체제(계획경제체제)**

  ㉠ 의의 : 중앙정부의 명령과 지시에 의해서 경제문제를 해결한다.

  ㉡ 특징

    • 개인의 소유권이 제한되어 개인 및 기업이 생산수단을 소유할 수 없다.

    • 개인의 선택의 자유가 제한되어 본인의 의사와 무관한 작업을 하게 된다.

    • 개인의 이윤추구 동기를 약화시켜 경제성장 동력을 상실하는 한계가 있다.

③ **시장경제체제**

  ㉠ 의의 : 개인이 자신의 이익을 추구하기 위해 의사결정을 내려 경제문제를 해결한다.

  ㉡ 특징

    • 소비자는 시장가격에 의해 소비를 결정하고 만족의 극대화를 추구한다.

    • 생산자는 소비자가 원하는 상품을 생산하여 이윤의 극대화를 추구한다.

    • 정부는 외교, 국방, 치안, 경제적 약자 보호의 영역에서만 역할을 한다(작은 정부).

ⓒ 장점 : 소비자가 원하는 상품을 생산하게 하고, 개인의 창의력 발휘에 대한 동기부여로 기술혁신을 통한 경제성장이 촉진된다.

ⓔ 단점 : 빈부격차 확대, 시장 실패(불완전한 경쟁 등으로 시장에 의한 자원의 최적 배분 실패) 발생, 구성의 모순(개별적으로는 합리적이지만 전체적으로는 비합리적인 것이 되는 모순) 발생, 유효 수요의 부족으로 극심한 경기 침체(경제 대공황, 1929년) 발생

④ **혼합경제체제**

ⓐ **의의** : 명령경제체제와 시장경제체제의 요소를 적절히 결합하여 경제문제를 해결한다.

ⓑ **특징**

- 시장경제체제에 바탕을 두고 공공부문의 생산이나 시장의 보완에 대해서 정부의 적극적 역할을 강조한다(큰 정부).

- 경제 대공황을 극복하기 위해 정부가 시장에 직접 개입한 것을 계기로 등장하였으며, 대부분의 나라가 채택하는 방식이다.

> Point 》 경제 대공황 … 자유방임주의에 의해 생산력이 증대되면서 총공급이 증가했으나 소득분배의 실패로 총수요가 감소하면서 발생한 디플레이션 현상으로 자유방임주의를 붕괴시켰다.

(2) 우리나라의 경제체제와 경제제도

① **선택의 자유 보장** … 경제적 자유를 통해 자신의 이익을 추구할 권리를 가진다.

② **시장경제체제를 유지하기 위해 필요한 경제제도**

ⓐ **사유재산권** : 개인 또는 민간 기업이 재산을 소유하고 그것을 자유롭게 관리 · 사용 · 처분할 수 있는 권리를 말한다.

- 사람들은 자신의 재산을 축적하고, 보유 중인 재산을 더 가치 있게 만들려는 동기를 부여한다.
- 재산 가치를 증가시키기 위해 노력하는 과정에서 보유재산이 다른 사람에게 유익하게 사용된다.
- 사유재산의 보장으로 다른 사람과의 교환도 발생한다.

ⓑ **경쟁** : 시장경제체제에서 개인의 이익추구는 경쟁을 전제로 한다.

- 기업의 생산성을 제고하며, 경쟁력이 떨어지는 기업을 시장에서 솎아내 희소한 자원이 낭비되지 않게 한다.
- 소비자의 만족도를 높이는 상품 개발, 생산방법 혁신을 통해 저렴한 상품을 생산한다.
- 재화의 가격에 타당한 가치를 느끼는 소비자만이 구입하게 하여 재화가 꼭 필요한 사람에게 배분된다.
- 우리나라는 공정한 경쟁을 촉진하기 위해 공정거래법을 제정하였다.

③ **정부의 시장참여**

ⓐ **공공부문의 생산** : 국방, 치안, 교육, 사회간접자본 등

ⓑ **개인의 자유를 일부 제한** : 사회적으로 금기시되거나 유해한 상품의 거래와 소비 규제

ⓒ **국가경제를 이상적인 상태로 이끌기 위해 다양한 경제정책 시행**

- 세금 징수, 재정 지출 통한 특정계층의 경제생활 지원
- 연구개발비 지원으로 민간부문의 기술개발 촉진, 환경보전을 위한 투자와 규제

(3) 다양한 경제목표

① 국가의 경제목표

    ㉠ 효율성 : 주어진 자원으로 최대효과를 달성하거나 의도한 효과를 최소비용으로 달성하는 상태를 말한다.

    ㉡ 형평성 : 구성원들이 공정한 대우를 받는 상태를 말한다.

    ㉢ 물가안정

      • 인플레이션 발생 : 가계 구매력 약화, 소비와 투자 억제

      • 디플레이션 발생 : 장기간의 경기침체에 빠져 투자 · 고용 위축, 기업 · 금융기관 부실화

    ㉣ 경제성장 : 일자리의 안정성과 질적 개선에 기여, 기업의 부실위험 감소, 삶의 풍요 제공

    ㉤ 완전고용 : 실업자가 없는 상태(전직과 개인사정으로 쉬는 사람이 있으므로 현실성 없음)

② 경제목표 간의 충돌(상충관계)

    ㉠ 효율성과 형평성 : 능력에 따른 보상은 효율성을 높이지만, 형평성의 달성에는 부적절하다.

    ㉡ 완전고용과 물가안정 : 통화량을 늘리면 고용은 증대되나 물가안정을 이루기 어렵다.

03 경제 문제의 합리적 해결

(1) 합리적 선택

① 비용과 편익

    ㉠ 기회비용 : 어떤 것을 선택하기 위해 포기한 것들 가운데 가장 가치 있는 것을 말한다.

      • 암묵적 비용 : 어떤 것을 선택함으로써 포기한 다른 기회나 가치

      • 명시적 비용 : 현금의 지출과 같이 직접 명시적으로 지불한 비용

    ㉡ 매몰비용 : 지불하고 난 뒤 회수할 수 없는 비용을 말한다.

    ㉢ 편익 : 경제행위를 통해 얻게 되는 이득이나 만족을 말한다.

    ㉣ 순 편익 : 편익에서 비용을 뺀 것을 말한다.

    ㉤ 합리적 선택 : 편익과 비용을 비교하여 편익이 비용보다 크면 선택하고 여러 대안 중에 가장 순 편익이 큰 것을 선택한다(매몰비용은 고려하지 말아야 한다).

② 합리적 의사결정

    ㉠ 문제 인식 : 직면한 희소성의 문제가 무엇이고, 추구하는 목적이 무엇인지 정확히 인식한다.

    ㉡ 대안 나열 : 취할 수 있는 선택 대안들을 나열한다.

    ㉢ 기준 설정 : 나열한 대안의 특성과 장단점을 평가하기 위한 기준을 마련한다.

    ㉣ 대안 평가 : 자료와 정보를 수집해 각 선택 대안을 구체적으로 평가하여 의사결정표를 작성한다.

ⓜ **최종 선택** : 의사결정표에서 가장 높은 점수를 얻은 대안을 선택한다.

(2) 경제적 유인

① 경제적 유인

ⓐ **의의** : 편익이나 비용에 변화를 주어 사람들의 행동 및 선택을 유도하거나 바꿀 수 있는 요인이 유인이며, 돈과 관련된 것을 경제적 유인이라 한다.
  - 긍정적 유인 : 보상이나 이득처럼 편익이 증가하여 어떤 행위를 더하게 한다.
  - 부정적 유인 : 벌금이나 손실처럼 비용이 증가하여 어떤 행위를 덜하게 한다.
ⓑ **효과** : 경제적 유인은 사람들의 선택에 영향을 주므로 시장경제의 원동력으로 평가된다.

② 경제적 유인의 사례

ⓐ **시장경제와 유인**
  - 유가 상승→소비자는 대중교통 이용, 연비 좋은 차 구매→버스·택시 운행 늘리고, 운전기사 채용 확대→자동차회사는 연비 개선된 차량 생산→에너지회사는 대체 에너지 개발에 박차
  - 경제 주체들이 더 많은 이득을 얻기 위해 경제적 유인에 자발적으로 반응→경제 전체적으로 효율성이 높아진다.
ⓑ **정부의 유인책 사례** : 과속 운전 범칙금 부과, 쓰레기종량제, 전력요금누진제, 환경오염세, 예방주사 접종비용 지불 등
ⓒ **정책의 간접 효과** : 간접 효과가 가져온 손해가 긍정적인 직접 효과를 압도해서 전혀 다른 결과가 나타날 수 있어, 정부는 간접 효과까지 따져보고 정책을 채택해야 한다.
  예 영국 정부의 창문세

(3) 비교우위와 거래의 이득

① 생산 가능 곡선

ⓐ **의미** : 기업이 주어진 생산요소를 이용하여 최대로 생산할 수 있는 상품의 조합들을 연결한 선이다.
ⓑ **형태** : 자원의 희소성으로 우하향 형태를 나타낸다(음의 기울기).

ⓒ 생산 가능 곡선의 이해

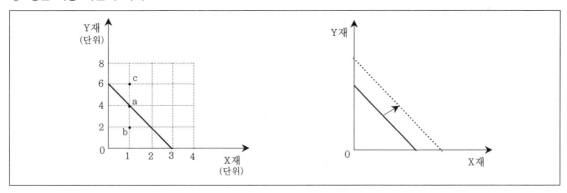

- a : 효율적인 생산 조합
- b : 비효율적인 생산 조합
- c : 불가능한 생산 조합
- 생산 가능 곡선의 기울기 : 기울기의 절댓값은 X재를 1단위 더 생산할 때 발생하는 기회비용
- X재를 1단위 더 생산하는 기회비용은 Y재 2단위
- 경제가 성장하게 되면 생산 가능 곡선이 바깥쪽으로 이동

② 분업과 특화

ⓐ 분업 : 재화 또는 서비스를 생산하는 과정에서 작업자들이 각기 다른 공정을 담당하는 생산 방식을 말한다.

ⓑ 특화 : 각자 잘하는 일 또는 자원을 가장 효율적으로 사용할 수 있는 일에 전념한다.

ⓒ 교환(거래)의 이득 : 특화 생산하여 거래하면 자급자족하는 경우보다 다양한 재화와 서비스를 저렴한 가격으로 구입할 수 있다.

③ 절대 우위와 비교 우위

ⓐ 절대 우위 : 동일한 자원을 이용하여 다른 생산자보다 더 많이 생산할 수 있는 능력이나 동일한 양을 생산하면서 자원을 더 적게 사용하는 능력을 말한다.

ⓑ 비교 우위 : 다른 생산자보다 작은 기회비용으로 생산할 수 있는 능력을 말한다.

- X재의 생산을 늘리기 위해 발생하는 기회비용이 상대방보다 작은 경우에 X재 생산에 비교우위가 있다고 한다.
- 한 사람이 상대방에 비해 두 재화 모두에서 생산의 절대 우위를 가질 수는 있지만, 비교우위를 가질 수는 없다.

출제예상문제

1 다음은 아담 스미스의 말이다. 이러한 관점과 일치하는 내용을 〈보기〉에서 모두 고르면?

> "사람들은 단지 자신의 안전과 이익을 위하여 행동할 뿐입니다. 그런데 이렇게 행동하는 가운데 '보이지 않는 손'의 인도를 받아서 원래 의도하지도 않았던 목표를 달성하게 되는 것입니다. 이와 같이 사람들은 자신의 이익을 열심히 추구하는 가운데 흔히 국익을 증진하게 되는데, 이렇게 하는 것이 의도적으로 하는 경우보다, 공익을 오히려 더 증진하게 되는 것이다."

> ㉠ 효율성보다 형평성에 더 큰 비중을 둔다.
> ㉡ '보이지 않는 손'의 역할이 갖는 중요성을 강조한다.
> ㉢ 정부의 적극적인 시장 개입을 긍정적으로 평가한다.
> ㉣ 개인은 사회적 이익보다 자신의 이익에 더 많은 관심을 갖는다.

① ㉠㉡

② ㉠㉢

③ ㉡㉣

④ ㉢㉣

✔해설 아담 스미스는 시장 가격에 의해 사회가 조화를 이루면서 발전한다고 보았고 정부는 모든 경제 활동에 개입해서는 안된다고 주장하였다.
　㉡ 시장 가격에 의한 조화 즉 '보이지 않는 손'의 역할을 강조한다.
　㉣ 사람들은 단지 자신의 안전과 이익을 위하여 행동할 뿐이다.
　㉠ 형평성보다 효율성에 더 큰 비중을 둔다. 자유 경쟁하의 시장은 자원의 배분을 효율적으로 하게 된다고 하였다.
　㉢ 정부의 시장 개입을 반대한다.

Answer 1.③

2 다음 표는 각국이 보유한 생산요소를 X재나 Y재 중 한 재화에만 투입하였을 때 생산 가능한 최대 생산량을 나타낸 것이다. 이에 대한 설명으로 옳은 것은? (단, 생산요소의 양은 양국이 동일하다)

구분	X재	Y재
갑국	100개	80개
을국	90개	60개

① X재 생산에 따른 기회비용은 을국이 갑국보다 크다.

② 갑국은 두 재화 생산에 모두 비교우위를 가지기 때문에 교역을 통해 이득을 얻을 수 없다.

③ 양국이 비교우위를 가진 재화에 특화할 경우 X재 1개당 Y재 $\frac{11}{15}$개의 교역이 가능하다.

④ 양국이 비교우위를 가진 재화에 특화할 경우 갑국은 X재를, 을국은 Y재를 각각 생산한다.

✔해설 갑국과 을국에서 각 재화 1개 생산의 기회비용은 다음과 같다.

구분	X재 1개 생산의 기회비용	Y재 1개 생산의 기회비용
갑국	Y재 80/100개($=\frac{4}{5}$개)	X재 100/80개($=\frac{5}{4}$개)
을국	Y재 60/90개($=\frac{2}{3}$개)	X재 90/60개($=\frac{3}{2}$개)

③ 갑국이 교역 이익을 얻기 위해서는 비교우위에 있는 Y재 1개를 생산해서 얻는 이익이 그 기회비용 X재 $\frac{5}{4}$개보다 커야 한다(Y재 1개 > X재 $\frac{5}{4}$개). 또, 을국의 입장에서는 특화 상품 X재 1개를 생산해서 얻는 이익이 Y재 $\frac{2}{3}$개보다 커야 한다(X재 1개 > Y재 $\frac{2}{3}$개). 따라서 X개 1개를 기준으로 양국이 모두 이익을 얻을 수 있는 교역 범위를 나타내 보면, 'Y재 $\frac{2}{3}$개 < X재 1개 < Y재 $\frac{4}{5}$개'이다. X재 1개당 Y재 $\frac{11}{15}$개는 교역 범위 안에 있으므로 교역이 가능하다.

① X재 생산의 기회비용은 을국($\frac{2}{3}$개)이 갑국($\frac{4}{5}$개)보다 작다.

② 갑국은 Y재 생산에 비교 우위가 있고, 을국은 X재 생산에 비교 우위가 있다.

④ 양국이 비교 우위를 가진 재화에 특화할 경우 갑국은 Y재를, 을국은 X재를 각각 생산한다.

Answer 2.③

3 다음 사례에서 야구 경기 관람의 기회비용은?

> 주유소에서 아르바이트를 하면 시간당 5,000원을 벌고, 고기집에서 아르바이트를 하면 시간당 6,000원을 벌 수 있는 대학생이 아르바이트를 하는 대신에 4시간 동안 8,000원의 입장료를 내고 프로 야구 경기를 관람하였다.

① 20,000원　　　　　　　　　　② 24,000원

③ 28,000원　　　　　　　　　　④ 32,000원

> ✔해설 〈포기1〉주유소 아르바이트(4시간) 수입 : 4 × 5,000원 = 20,000원
> 〈포기2〉고기집 아르바이트(4시간) 수입 : 4 × 6,000원 = 24,000원
> 야구 경기 관람의 기회비용 = 명시적 비용(야구경기 입장료 8,000원) + 암묵적 비용(포기한 것 중 가장 가치가 큰 것→고기집 아르바이트 24,000원) = 32,000원

4 경제체제에 대한 설명으로 옳지 않은 것은?

① 경제체제란 경제생활양식을 그 특질에 따라 통일적으로 파악한 것이다.

② 혼합경제체제는 자본주의체제와 사회주의체제의 단점을 서로 보완한 것으로 대부분의 국가들이 운영하고 있는 경제체제이다.

③ 시장경제체제는 시민사회의 형성과 산업혁명을 통해 성립되었으며, 그 주체가 개인이다.

④ 부의 불평등을 불러온다는 문제점이 있다.

> ✔해설 ④ 계획경제는 정부가 주체가 되어 공익과 형평성에 가치를 둔다는 장점이 있지만, 비효율적이라는 문제점이 있다. 부의 불평등은 시장경제의 단점이다.

Answer 3.④ 4.④

5 다음 중 서구 여러 나라의 근대시민계급에 대한 설명으로 옳지 않은 것은?

① 처음에는 중앙집권적 민족국가를 형성하는 절대군주에 적극 협력하였다.

② 경제활동에 있어서 보호무역을 주장하였다.

③ 산업혁명 이후부터 부의 축적이 강화되면서 절대군주와 대립하였다.

④ 자유와 평등을 보장하는 정치제도를 요구하였다.

> ✔️**해설** ② 개별경제주체가 자유로운 계약에 기초하여 합리적으로 경제활동을 수행하는 자본주의 시장경제를 주장하였다.

6 다음의 그래프는 감자와 고구마의 생산조합을 나타낸 것이다. 이에 대한 설명으로 옳은 것은?

① 감자의 기회비용은 반비례한다.

② 고구마의 기회비용은 반비례한다.

③ c점에서 b점으로 이동하는 과정에서 고구마의 생산을 줄이지 않고도 감자의 생산을 늘릴 수 있다.

④ 일정한 양의 고구마 생산을 늘리기 위해서 포기해야 하는 감자의 양은 b점보다 c점에서 많아진다.

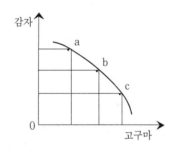

> ✔️**해설** 기회비용 … 제한된 자원과 재화의 이용은 다른 목적의 생산 또는 소비를 포기한다는 전제하에서만 이루어질 수 있다. 이때 포기되거나 희생된 재화 또는 용역을 선택된 재화와 용역의 기회비용이라 한다.

7 경제생활이란 대가를 지불해야만 하는 것이라는 관점에서 볼 때 경제생활의 출발점은?

① 형평성　　　　　　　　　　② 효율성

③ 기회비용　　　　　　　　　④ 희소성

> ✔️**해설** 희소성의 원칙 … 무한한 인간의 욕망에 비해 이를 충족시켜 줄 재화와 용역이 상대적으로 부족하기에 가치를 가진다는 원리로서, 경제문제를 발생시키는 출발점으로 선택의 의미인 경제원칙을 제기한다.

8 효율성만을 중시하는 성장 위주의 경제정책으로 나타난 결과로 보기 어려운 것은?

① 소득분배의 불공평

② 도시와 농촌의 불균형

③ 정부 내지 관(官)의 지도력 약화

④ 내수산업과 수출산업의 불균형

> ✔ 해설 효율성만을 중시하는 성장 위주의 경제정책으로 나타난 결과
> ㉠ 소득분배의 불공평(계층 간의 격차 심화)이 나타났다.
> ㉡ 도시와 농촌의 격차가 심화되었다.
> ㉢ 내수산업과 수출산업의 불균형이 이루어졌다.
> ㉣ 대기업과 중소기업의 격차가 심화되었다.
> ㉤ 기본적 수요충족에서의 불평등이 심화되었다.
> ㉥ 기업 간의 임금격차가 심화되었다.

9 A재의 소비량이 8에서 9로 증가하고 한계효용이 0일 때 가장 적절한 설명은?

① A재를 9단위 소비할 때 총효용은 0이다.

② A재를 9단위 소비할 때의 총효용이 8단위 소비할 때보다 크다.

③ A재를 9단위 이상으로 소비량을 늘리면 총효용은 증가한다.

④ A재를 9단위 소비할 때 최대의 총효용을 얻는다.

> ✔ 해설 한계효용 … 재화 1단위를 더 소비함으로써 얻어지는 총효용의 증가분으로 총효용의 증가분을 소비량의 증가분으로 나눈 것과 같다. 한계효용이 0일 때 총효용은 최대가 된다.

10 다음 중 경제활동을 가장 잘 설명한 것은?

① 경제원칙에 입각한 행위

② 재화와 용역을 유상으로 조달하는 인간의 행위

③ 시장에서 상품을 구입하고 판매하는 행위

④ 이윤을 극대화하려는 행위

> ✔ 해설 물이나 공기 등과 같이 대가 없이 재화나 용역을 얻는 경우는 경제활동이 아니다.

Answer 8.③ 9.④ 10.②

11 시장경제체제에서 경제의 기본문제들을 해결하는 과정을 잘못 설명한 것은?

① 생산방법은 생산요소의 가격에 맞는 것을 선택한다.

② 값을 치를 수 있는 자를 위해 생산이 이루어진다.

③ 소득분배의 몫은 생산가격에 따라 결정된다.

④ 노동력, 토지, 자본 등의 가격이 곧 소득이 된다.

> **✔해설** 시장경제체제하에서의 기본적인 경제문제해결은 보이지 않는 손에 의해 이루어진다.

12 경제문제에 대한 설명으로 옳지 않은 것은?

① 모든 사회에는 생산량, 생산방법, 분배 등의 문제가 존재한다.

② 무엇을 얼마나 생산할 것인가의 문제에서는 선택한 재화의 생산경비가 기회비용이다.

③ 누구를 위하여 생산할 것인가의 문제는 효율성과 형평성의 문제이다.

④ 생산량과 생산방법에 대한 합리적 결정은 최소희생으로 최대효과를 얻으려는 것이다.

> **✔해설** ② 얻을 수 있으나 다른 선택을 위해 포기하거나 희생된 재화 또는 용역이 기회비용이다.

13 보이지 않는 손(Invisible hand)에 관한 설명 중 옳지 않은 것은?

① 시장가격을 의미한다.

② 화폐를 의미한다.

③ 재화와 서비스의 가격을 결정하는 역할을 한다.

④ 경제활동을 하는 데 있어서 국가개입을 최소화한다.

> **✔해설** 보이지 않는 손 … 애덤 스미스가 그의 저서 '국부론'에서 사용한 말로 보이지 않는 손은 시장가격을 의미하며, 시장을 국가의 간섭 없이 내버려두면 자연스레 공급과 수요가 균형을 이루고 가격이 결정되어 합리적이고 효율적인 경제상태가 마련된다는 이론이다.

Answer 11.③ 12.② 13.②

14 다음 중 경제적이라는 개념을 가장 잘 설명하고 있는 것은?

① 수요공급의 법칙에 따라 행동한다.

② 경제체제의 이념에 맞게 행동한다.

③ 최소비용으로 최대효과를 얻는다.

④ 효율성과 공평성 모두를 고려한다.

✔ 해설 경제적인 것과 경제는 다르다. 전자는 경제원칙과 관련된 행동을 의미한다면 후자는 생산, 소비, 분배활동을 의미한다.

15 다음 중 의미가 다른 하나는?

① 사회정의   ② 공공복리

③ 소득재분배   ④ 경제성장

✔ 해설 효율성은 기회비용을 고려하여 경제원칙에 따라 선택할 때 이루어진다.

16 다음 중 경제활동이라고 할 수 없는 것은?

① 생산   ② 분배

③ 소비   ④ 지출

✔ 해설 경제활동 … 인간에게 필요한 물품이나 서비스를 창출하는 것을 말한다.

17 다음 용역 중 간접용역에 해당하는 것은?

① 변호사의 활동   ② 음악가의 음악활동

③ 운수업자의 운수활동   ④ 의사의 진찰활동

✔ 해설 직접용역은 인적 용역을 뜻하고 간접용역은 물적 용역을 말한다.

Answer   14.③   15.④   16.④   17.③

18 다음 보기의 경제체제 발달과정 중 빈칸에 들어갈 체제에 대한 설명으로 옳은 것은?

> 상업주의 ──→ 산업혁명 ──→ ( ) ──→ 수정자본주의

① 자본주의체제 성립의 결정적인 계기가 되었다.

② 근로자 생활의 불안정이 심화되었다.

③ 산업생산력과 노동생산성이 급격하게 증대되었다.

④ 금융과 회사제도의 발달을 가져왔다.

> ✔해설 자본주의 … 아담 스미스(A. Smith)의 자유방임주의적 경제사상의 대두로 경제에 대한 정부의 간섭 없이
> 도 개인의 자유로운 경제활동으로 균형가격이 형성되고 '보이지 않는 손'이 시장경제를 이끌어 간다는 사
> 상이다. 그러나 결과적으로는 생산구조의 변동과 경기순환에 따른 실업으로 근로자 생활이 불안정해지고
> 빈부격차가 심화되는 등 문제점이 드러나게 되었고, 이로써 수정자본주의가 대두하게 되었다.

19 다음 두 시대를 구분하는 가장 중요한 근거는?

> • 봉건경제   • 자본주의경제

① 화폐의 발생   ② 상인계급의 출현

③ 종교세력의 몰락   ④ 임금노동자의 발생

> ✔해설 봉건체제하에서는 없었으나 자본주의경제체제하에서 나타난 결과이다.

20 다음 글의 ( ) 안에 알맞은 말로 짝지어진 것은?

> 자본주의경제가 성립되려면 자본의 축적, ( ), 노동력이라는 세 가지 요건이 갖추어져야 한
> 다. 이 세 가지가 다 갖추어진 시기는 나라에 따라 다르나, 대체로 16세기에서 ( )까지에 걸
> 쳐 유럽제국에서 이루어졌다.

① 자본재사용, 17세기   ② 상품시장, 18세기

③ 전문경영인, 18세기   ④ 자유경쟁, 17세기

> ✔해설 자본재는 자본주의 이전 원시시대부터 사용되었다.

경제 주체의 역할과 의사 결정

01 **가계의 역할과 의사 결정**

(1) 가계의 소비활동

① 가계와 경제활동

 ㉠ 소비생활 : 욕구를 충족시키기 위하여 이루어지는 경제활동이다.

 ㉡ 소비지출의 원천 : 가계소득(임금 · 이자 · 지대 · 이윤)이 소비의 원천을 이룬다.

 ㉢ 가계소득의 차이 : 생산요소의 종류와 질에 따라 가계의 소득이 달라진다.

② 합리적 소비(소득배분의 합리적 선택)

 ㉠ 합리적 선택 : 한정된 소득으로 최대 만족을 보장하는 선택을 의미한다.

 ㉡ 합리적 소비 : 주어진 소득범위 내에서 시장에서 거래되는 상품을 적절하게 선택하고, 현재와 미래를 감안하여 가계의 만족을 극대화하는 소비행위이다.

 ㉢ 합리적 소비를 위한 고려사항 : 소비액과 저축액의 결정, 구매하고자 하는 상품의 가격, 품질, 만족감, 기회비용 등을 고려하여 선택해야 한다.

  Point 》 한계효용균등의 법칙 ··· 각 상품의 소비에 지출하는 비용 1원어치의 한계효용이 서로 같도록 소비할 때, 소비자는 가장 큰 총효용을 얻게 되어 합리적인 소비를 하게 된다(고센의 제2법칙).

$$\frac{X재의\ 한계효용}{X재의\ 가격} = \frac{Y재의\ 한계효용}{Y재의\ 가격} \text{(=화폐 1원어치의 한계효용)}$$

  즉, X재 1원어치의 한계효용=Y재 1원어치의 한계효용(=화폐 1원어치의 한계효용)이다.

(2) 소비와 국민경제

① 소비와 저축

 ㉠ 가계소득의 지출 : 생산요소를 제공하고 얻은 소득을 재화와 용역의 소비에 지출하고, 나머지는 저축한다.

 ㉡ 가계소득과 저축 : 가계소득이 증가하면 소비가 증가하게 된다. 따라서 장래의 예비를 위한 저축이 필요하다.

② 소비와 국민경제

　　㉠ 가계의 소비와 저축

　　　• 저축의 증가 : 대출 증가→기업 투자 증가→경제성장

　　　• 저축의 감소 : 대출 감소→기업 투자 감소→경제위축

　　㉡ 소비성향 : 소득 중에서 소비가 차지하는 비율(C / Y)

　　㉢ 저축성향 : 소득 중에서 저축이 차지하는 비율(S / Y)

　　㉣ 소비성향과 생산활동 : 소비성향이 확산되면 상품에 대한 수요가 증대되고 경제가 활성화되거나 물가가 상승된다.

02 기업의 역할과 의사 결정

(1) 기업의 생산활동

① 생산

　　㉠ 재화의 생산 : 인간생활에 유용한 유형의 재화를 직접 만들어내는 활동이다.

　　㉡ 용역의 생산 : 인간의 활동 즉, 무형재의 재산(보관 · 저장 · 운반 · 판매 등의 간접적 생산활동 포함)을 의미한다.

　　㉢ 생산요소의 구입 : 가계로부터 토지, 노동, 자본 등을 구입하고 그 대가로 지대, 임금, 이자 등을 지불한다.

　　㉣ 생산의 주체 : 기업(생산을 위한 조직체)

② 기업

　　㉠ 기업의 목적 : 이윤 추구

　　㉡ 극대 이윤을 위한 기업의 결정 : 총수입을 늘리고 총비용을 줄이는 방향에서 결정해야 총이윤을 극대화시킬 수 있다.

(2) 기업의 형태

① 민간기업과 정부기업(기업의 소유 및 운영 주체에 따른 분류)

　　㉠ 민간기업 : 민간이 소유, 운영하는 기업으로서 일반적으로 이윤 추구를 목적으로 한다.

　　㉡ 정부기업 : 정부가 소유, 운영하는 기업으로서 민간기업에 맡기는 것이 부적절한 재화와 서비스의 생산을 담당한다.

② 민간기업의 종류

    ⊙ 개인기업 : 기업 운영에 필요한 자본 전액을 개인이 출자하고, 기업 운영에 따른 위험부담도 모두 개인이 지는 기업형태로 소규모 기업이 이에 속한다.

    ⓛ 회사기업 : 많은 사람이 자본을 출자하고 선정된 전문가에게 경영을 맡기는 기업형태이다. 위험부담이 분산될 수 있으며, 대규모 기업이 이에 속한다. 회사는 구성원의 회사 채권에 대한 책임 정도에 따라, 합명·합자·유한·주식회사로 나뉜다.

(3) 기업의 역할과 책임

① **사회적 역할** ··· 값싸고 품질 좋은 제품을 공급하며 생산설비를 확충하고 새로운 기술을 개발하고 고용기회를 늘리고 부가가치를 증대시킨다.

② **사회적 책임** ··· 사회구성원으로서의 책임, 근로자 및 소비자의 권리를 보호해야 할 책임, 문화활동 지원 및 공익활동에 대한 참여 등 기업의 사회적 책임이 확대되고 있다.

03 정부의 역할과 의사 결정

(1) 시장경제의 효율성

① 경쟁시장의 균형

    ⊙ 경쟁시장 : 개별 기업이나 소비자가 시장가격에 영향을 줄 수 없는 시장이다.

    ⓛ 균형가격의 형성(시장의 균형) : 수요량과 공급량이 같아지면 균형가격이 형성된다.

② 경쟁시장의 효율성

    ⊙ 경쟁시장의 원리 : 경쟁시장에서 생산자와 소비자는 모두 시장정보를 바탕으로 개인의 이익을 추구·지향하며 이를 통하여 사회적 이익을 실현하려고 한다. 생산자는 이윤을 극대화 하고자 하며, 소비자는 만족의 극대화를 추구한다.

    ⓛ 개인과 사회 이익의 실현 : 생산자와 소비자의 경쟁적 이익 추구 행위는 사회 전체적으로 희소한 재화와 용역의 효율적 배분을 실현시켜 준다.

(2) 정부의 경제적 역할

① **경쟁체제의 유지와 보호** ··· 정부는 공정한 경쟁 유지, 개인의 재산권 보호, 자유로운 경제활동 보장, 화폐의 공급 및 통화량을 조절하는 기능을 담당한다.

② **경제활동의 규제** ··· 정부는 독과점 기업의 담합, 불공정한 거래 활동, 공해 유발행위의 규제 등 바람직하지 않은 경제활동에 적절한 규제를 행한다.

③ **사회간접자본의 건설** … 철도, 도로, 항만, 댐 등과 같은 사회간접자본의 건설과 시설 유지 및 관리는 정부나 공기업이 수행하는 중요한 경제적 기능이다.

④ **정부에 의한 생산**

    ㉠ 재화나 용역의 생산을 민간기업이 담당할 경우 나타날 수 있는 폐단을 막기 위하여 정부나 공기업이 사업자가 되어 직접 생산, 공급한다.

    ㉡ 작은 기업들이 나누어 생산하는 것보다는 하나의 대기업이 도맡아 하는 것이 비용이 적게 든다.

    ㉢ 민간기업이 규모의 경제가 존재하는 사업을 맡으면 이윤극대화를 위해 생산량을 제한하고 가격을 지나치게 올릴 수 있으므로, 이것을 방지하기 위하여 정부나 공기업이 직접 생산, 공급한다.

> Point 》 규모의 경제(Economics to scale) … 생산요소의 투입량 증가 시 생산량이 그 이상으로 크게 증가하는 경우를 말한다. 단위당 생산비(평균비용)는 체감하게 되며, 독점이 발생한다. 이 경우의 독점을 자연독점(Ratural monopoly)이라고 한다.

⑥ **경제의 안정** … 정부는 물가를 안정시키고, 국민경제의 균형적 발전을 도모하는 역할을 수행한다.

    ㉠ **긴축정책** : 경기가 과열되어 물가가 빠르게 오르는 인플레이션이 나타날 때 정부는 재정 및 금융활동에서 긴축정책을 채택한다.

    ㉡ **확장정책** : 불경기가 심화되어 도산하는 기업이 많아지고 실업자가 증가할 경우, 정부는 기업의 생산을 원활하게 하고 근로자에게 일자리를 더 많이 만들어 주기 위해 재정 및 금융활동에서 확장정책을 채택한다.

⑦ **공정한 분배** … 누진소득세제도 채택, 생계비 보조, 사회보장제도 등 소득재분배정책을 실시하고 있다.

출제예상문제

1 경제주체에 대한 설명으로 옳지 않은 것은?

① 가계는 소비주체이다.　　　　　　　② 기업은 생산주체이다.

③ 정부는 공공서비스를 소비하는 주체이다.　　④ 외국은 교역주체이다.

> **해설** ③ 정부는 국방, 치안, 의료, 교육 등의 공공서비스를 생산하는 동시에 이를 위해 필요한 자원을 활용한다.

2 공직자의 경제윤리라고 할 수 없는 것은?

① 행정편의주의에 치우쳐서는 안 된다.

② 공익을 우선하는 마음으로 솔선수범해야 한다.

③ 시장의 실패로 비롯되는 부작용을 최소화해야 한다.

④ 이윤추구만이 아니라 사회적 책임도 수행해야 한다.

> **해설** ④ 기업의 경제윤리이다.

3 다음 중 기업의 사회적 책임으로 옳지 않은 것은?

① 근로자, 소비자들의 권리보호

② 기업이윤의 사회환원을 통한 공익활동에의 참여

③ 기술혁신을 통한 값싸고 품질좋은 상품의 공급

④ 독과점방지를 통한 시장에서의 공정한 경쟁력 추구

> **해설** 기업의 사회적 책임은 생산활동을 하면서 사회구성원으로서 지켜야 할 책임이다.

Answer 1.③ 2.④ 3.④

4 기업의 생산활동에서 합리적인 선택이 필요한 이유로 옳은 것은?

① 국민의 복지증진을 위하여

② 소비자의 권익 보호를 위하여

③ 기업의 사회적 책임을 다하기 위하여

④ 이윤극대화 추구를 위하여

> ✔해설 기업의 목적은 극대 이윤 추구이다. 따라서 기업은 이 목적을 달성하기 위하여 합리적인 생산방법을 선택한다.

5 주식회사의 특징으로 옳지 않은 것은?

① 많은 사람이 출자하여 대규모 자금조달이 용이하다.

② 회사의 손실에 대해 자기가 출자한 한도 내에서 책임을 진다.

③ 무한책임사원으로 구성된 인적 회사이다.

④ 소유와 경영이 분리되어 운영되는 회사이다.

> ✔해설 ③ 주식회사는 많은 출자자들이 동원될 수 있고 소유와 경영이 분리되어 위험부담을 분산할 수 있는 물적 회사이다.

6 회사기업이 민간기업으로서 중요한 위치를 차지하게 된 배경과 관련이 없는 것은?

① 기업의 경제규모 확대

② 산업기술의 고도화

③ 대자본의 필요성

④ 노동조합의 활성화

> ✔해설 많은 사람이 자본을 출자하고 선정된 전문가에게 경영을 맡기는 기업형태를 회사기업이라 한다. 기업의 경제규모가 커지고 산업기술이 고도화되면서 기업은 많은 자본을 필요로 하게 되고 사업에 따르는 위험부담도 커지게 되었다. 따라서 많은 사람들로부터 자금이 조달될 수 있고 위험부담도 분산시킬 수 있는 회사기업이 민간기업으로서 중요한 위치를 차지하게 되었다.

Answer 4.④ 5.③ 6.④

7 주식회사에서 회사의 운영을 책임지고 있는 곳은?

① 이사회   ② 주주

③ 감사   ④ 주식

✔해설 주식을 소유한 사람을 주주라 하고 주주는 이사를 선임하여 이사회를 구성하고 이사회가 회사운영의 책임을 맡는다.

8 정부에서는 2000년 1월 1일부터 다음 표에 나타난 물품들을 특별소비세의 과세대상에서 제외하기로 결정하였다. 이러한 정책의 시행에 따라 나타날 수 있는 경제적 효과를 알 수 있는 것을 모두 고르면?

구분	과세대상에서 제외되는 물품
식·음료품	청량·기호음료, 설탕, 커피, 코코아 등
생활용품	화장품, 크리스탈 유리제품, 피아노 등
가전제품	TV, 냉장고, VTR, 세탁기, 음향기기, 전자렌지 등
대중스포츠	스키, 볼링용품, 스키장 및 퍼블릭 골프장 이용료

> ㉠ 지방세의 수입이 증가할 것이다.
> ㉡ 조세부담의 역진성이 완화될 것이다.
> ㉢ 근로자의 일할 의욕이 감소할 것이다.
> ㉣ 특별소비세가 폐지된 상품의 가격이 인하될 것이다.

① ㉠㉡   ② ㉠㉢

③ ㉡㉢   ④ ㉡㉣

✔해설 ㉠ 특별소비세는 국세이므로 지방세의 증감과 관련이 없다.
㉡ 특별소비세는 부가가치세의 단일세율에서 오는 세부담의 역진성을 보완하는 것이므로 이를 과세대상에서 제외한다면 역진성이 완화될 것이다.
㉢ 특별소비세를 과세하지 않으면 오히려 지나친 조세부담에서 벗어난 근로자들이 좋아할 것이다.
㉣ 특별소비세의 과세대상에서 제외되는 물품은 그만큼 가격이 인하될 것이다.

Answer   7.①   8.④

9 민간기업과 정부기업으로 구분하는 기준으로 옳은 것은?

① 고정자본시설   ② 운영주체

③ 회사의 규모   ④ 투자규모

> ✔ 해설 기업의 형태는 여러 가지가 있으나, 크게 소유 및 운영주체형태에 따라 민간기업과 정부기업으로 구분할 수 있다.

10 (가), (나)는 과세 대상에 따른 조세의 분류이다. 이에 대한 설명으로 옳은 것은?

> Q 세금에 대해 궁금한 것이 있습니다. 제가 살아가면서 어떤 세금을 내야 하나요?
> A 우리는 살면서 알게 모르게 많은 세금을 납부하고 있어요. 일을 하여 돈을 벌었으면 소득세, 번 돈을 가지고 부동산을 사면 취득세와 등록세, 집 등 재산을 가지고 있으면 재산세 등을 납부해야 해요. 이런 종류의 세금을 (가) 라고 합니다. 또한, 물건을 사거나 음식을 먹으면 그 값에 부가가치세, 고급가구 등을 사면 개별 소비세, 증권을 사고팔면 증권 거래세가 포함돼 있어요. 이런 종류의 세금을 (나) 라고 합니다.

> 〈보기〉
> ㉠ (가)의 인상은 소비를 증가시키는 결과를 가져온다.
> ㉡ (나)는 과세 대상 금액과 관계없이 동일한 세율이 적용된다.
> ㉢ (가)는 (나)에 비해 조세전가가 이루어진다.
> ㉣ (나)는 (가)에 비해 저소득층에게 불리하게 작용한다.

① ㉠, ㉡   ② ㉠, ㉢

③ ㉡, ㉢   ④ ㉡, ㉣

> ✔ 해설 (가)는 직접세이고, (나)는 간접세이다. 직접세의 인상은 가처분소득의 감소를 가져오므로 소비를 감소시키고, 납세자와 담세자가 같으므로 조세의 전가가 이루어지지 않는다.

Answer 9.② 10.④

11 그래프와 같이 갑국에서 조세 제도를 변경했을 때 나타나는 현상으로 적절한 것은?

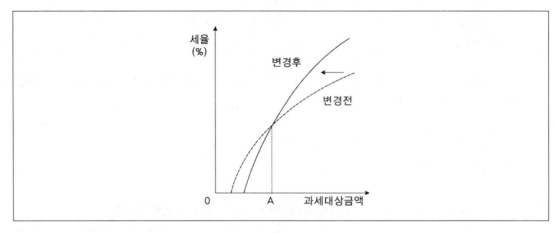

① 조세의 역진성이 나타난다.

② 변경 후에 과세대상금액에 관련한 가처분 소득의 차이가 벌어진다.

③ 과세 대상 금액이 클수록 세액이 누진적으로 증가한다.

④ 과세 대상 금액이 A보다 큰 납세자의 조세 저항이 약해진다.

> **✔해설** 세율이 변경후에 과세대상 금액이 낮은 경우에는 감소하고 높아진 경우에 증가한 것을 알 수 있다. 따라서 조세의 역진성은 약해지고, 부자에게 세금을 많이걷고 빈자에게 세금을 적게 걷으므로 가처분 소득의 차이가 작아지며, 소득이 높은사람의 조세저항이 커지게 된다.

12 다음 중 재정에 관한 내용으로 옳은 것은?

① 우리나라 세출구조의 특징은 정부주도의 경제개발비의 비중이 점차 높아지고 있어 경직성을 띠고 있는 것이다.

② 간접세의 비율이 높아진 관계로 소득분배를 많이 개선시켰다.

③ 직접세 위주의 조세정책은 간접세에 비해 보다 많은 조세저항을 가져온다.

④ 국민경제가 불경기일 때 긴축재정은 물가를 안정시키고 경기를 회복시킨다.

> **✔해설** ① 경제개발비의 비중이 낮아지고 있는 것은 경제개발을 이끌어 나가는 데 있어서 민간부문의 역할이 증대되고 정부의 역할이 감소하는 추세에 있기 때문이다.

Answer 11.③ 12.③

② 직접세의 비율이 높을수록 소득재분배효과가 있다(종합소득세, 법인세, 상속세, 재산세 등).

④ 불경기일 때 정부는 경기회복을 위해서 조세인하, 재정지출 증가 등의 팽창정책을 실시하여 경제 안정화를 추구하고 호경기 때에는 반대로 조세인상, 재정지출 감소의 긴축재정을 펼친다.

※ 재정과 예산

㉠ 재정 : 정부의 활동과 관련된 정부의 경제활동

• 세입(재정수입) : 정부의 수입

• 세출(재정지출) : 정부의 지출

㉡ 예산 : 일정기간(보통 1년)의 정부의 재정수입·지출에 대한 계획서

13 정부에서 고율의 세금부과로 사치품의 범람을 막으려는 재정정책을 실시할 때 기대되는 효과는?

① 소득재분배

② 경제안정

③ 효율적인 자원배분

④ 물가안정

✔ 해설 재정정책의 기능

㉠ 경제안정화

• 불황기 : 조세인하, 재정지출 증가

• 호황기 : 조세인상, 재정지출 감소

㉡ 경제발전 : 정부의 재정 투자·융자를 통해 경제성장에 기여한다.

㉢ 소득재분배

• 세입면 : 누진세 적용, 특별소비세 부과

• 세출면 : 사회보장비 지급

㉣ 자원배분

• 세입면 : 사치품에 대한 세율인상, 필수품에 대한 세율인하

• 세출면 : 공공주택부문 등에 정부자금 사용

14 소득효과가 가장 큰 재정지출수단으로 옳은 것은?

① 비례세율에 의한 지출

② 누진세율에 의한 지출

③ 단일세율에 의한 지출

④ 간접세율에 의한 지출

✔ 해설 소득과 관계있는 누진세율 적용이 가장 효과가 크다.

Answer 13.③ 14.②

15 다음은 두 종류의 세금을 대비시킨 것이다. 정부가 세금제도를 ⓛ 중심에서 ⓣ 중심으로 개편했을 때 예상되는 결과로 적절한 것은?

구분	부과기준	세율 적용	종류
㉠	소득원천	누진세율 적용	소득세, 상속세 등
㉡	소비지출	비례세율 적용	부가가치세, 특별소비세 등

① 물가상승이 우려된다.　　　　　　② 조세저항이 줄어든다.

③ 소득의 불균형을 완화시킨다.　　　④ 상류층에게 유리하게 적용한다.

> **✔해설** 제시된 표에서 ㉠은 직접세, ㉡은 간접세를 각각 나타낸다. 직접세는 세금의 부담자와 납세자가 같은 세금으로 소득에 기준을 두어 부과하며, 소득이 높아질수록 세율이 높아지는 누진세율을 적용한다. 이에 따라 소득의 불균형을 완화시키는 효과가 있다. 그러나 납세자들이 세금을 덜 내기 위해 소득규모를 축소하여 신고하거나 세원(稅源) 노출을 꺼리게 되는 등 조세저항이 강해진다.

16 경제주체들의 공정한 경쟁여건을 조성하기 위한 정부의 규제로 적절하지 않은 것은?

① 담합행위에 대하여 법으로 금지한다.

② 개인의 조림사업을 지원해 준다.

③ 소비자의 권리를 보호해 준다.

④ 대기업의 부당한 거래조건의 강요를 규제한다.

> **✔해설** ② 바람직한 경제활동으로 정부가 장려 또는 권장하는 사례이다.

17 공공재 생산을 정부가 주관해야 하는 이유로 옳은 것은?

① 수익자부담의 원칙이 적용될 수 없기 때문이다.

② 기업에 맡기면 너무 과다한 이윤을 얻기 때문이다.

③ 소비자들의 욕망이 무한하기 때문이다.

④ 소비자들의 소비억제를 유도하기 위해서이다.

> **✔해설** 공공재 … 정부예산을 통하여 공급되는 재화로 비배제성을 가지고 있으므로 수익자부담 적용이 어려워 정부가 주관해야 한다.

Answer　15.③　16.②　17.①

18 정부가 공공사업을 위하여 지출액을 증가시킬 경우의 효과로 옳은 것은?

① 실업자 증가   ② 지속적인 불황

③ 가처분소득의 증가   ④ 빈부의 차이 증가

> ✔ **해설** 정부가 지출을 확대하면 통화량의 증가로 소득증대를 가져와 가처분소득이 증가한다.

19 다음과 같은 정책을 실시할 때 추구하는 목표로 가장 알맞은 것은?

> 수질오염의 주요 원인이 되는 합성세제에 적절한 소비세를 부과하였다.

① 효율적인 자원배분   ② 공정한 소득재분배

③ 경제의 발전   ④ 소비자보호

> ✔ **해설** 사회적 비용은 줄이고 사회적 효용은 증가시키기 위한 활동으로서 자원을 효율적으로 배분하기 위한 정책이다.

20 오늘날 정부의 경제적 역할이라고 할 수 없는 것은?

① 국방·치안 등의 공적서비스 공급

② 사회간접자본시설의 확충

③ 불공평한 소득분배의 시정

④ 최소한의 공공재공급으로 민간기업의 자율성 보장

> ✔ **해설** ④ 오늘날 정부는 충분한 공공재를 공급하기 위하여 노력하며 민간기업을 적절히 통제하는 역할을 하고 있다.

Answer 18.③ 19.① 20.④

시장과 경제활동

01 시장의 수요와 공급가격 탄력성

(1) 시장의 형태

① 시장형태

　㉠ 완전경쟁시장 : 다수의 거래자들이 참여하고 동질의 상품이 거래되며, 거래자들이 상품의 가격, 품질 등에 대한 완전한 정보를 지니고, 거래자들이 시장에 자유로이 들어가거나 나갈 수 있는 시장을 말한다(주식시장, 쌀시장).

　㉡ 불완전 경쟁시장

　　• 독점시장 : 한 기업이 한 상품을 도맡아 시장에 공급하는 경우에 발생, 가격의 차별화가 가능하다(전력, 상·하수도, 담배).

　　• 독점적 경쟁시장 : 많은 기업들이 각기 질적인 측면에서 조금씩 다른 상품을 공급하는 시장형태로 상품의 차별화가 이루어진다(주유소, 약국).

　　• 과점시장 : 소수의 기업들이 공급에 참여하여 경쟁하는 시장형태로 과점기업들은 서로 담합하기도 하고, 독자적인 행동을 취하기도 한다(가전제품, 자동차).

② 시장형태의 결정요인 … 상품의 공급자와 수요자의 수, 상품의 동질성 정도, 신규 공급자의 시장진입 정도, 기존 기업들의 행동양태 등이 있다.

(2) 시장형태의 특징

① 완전경쟁시장

　㉠ 완전경쟁시장의 특징

　　• 수요자와 공급자의 수가 많아야 한다.

　　• 완전경쟁시장에서 거래되는 같은 상품은 품질과 판매 조건 등이 모두 같아야 한다.

　　• 새로운 기업이 시장으로 들어오는 것과 비능률적인 기업이 시장에서 견디지 못하여 나가는 것 모두가 자유로워야 한다.

　　• 상품의 가격, 품질 등 시장정보에 대하여 수요자와 공급자가 모두 잘 알고 있어야 한다.

      ⓛ **완전경쟁시장의 의의** : 이상적인 시장형태이며, 합리적인 경제활동을 영위하는 길잡이가 된다.

② **독점시장** … 한 상품의 공급이 하나의 기업에 의해서만 이루어지는 시장형태로, 정부가 투자한 공기업, 경쟁 기업의 파산, 특허권과 판권에 의한 독점, 공익을 위한 정부의 독점 등에 의해 생성된다 (전력 · 상수도 · 담배 · 철도사업 등).

③ **독점기업의 가격결정**

      ㉠ **독점기업의 특징** : 독점기업은 한 상품의 유일한 공급자이므로 가격과 공급량을 마음대로 정할 수 있어 독점기업의 수요곡선은 우하향 형태를 띤다.

      ⓛ **독점기업의 가격결정** : 최대 이윤을 보장하는 수준에서 생산량과 가격을 결정한다.

        • 생산비가 드는 경우 : 한계수입과 한계비용이 일치하는 수준에서 최적 산출량이 결정, 수요곡선과 만나는 점에서 독점가격이 결정된다.

        • 생산비가 들지 않는 경우 : 한계수입 = 한계비용 = 0이기 때문에 한계수입이 0일 때의 생산량이 최적 산출량이 된다.

④ **독점적 경쟁시장** … 상품의 특수성에 따른 차별화, 가격 변동에 민감한 반응, 단기적인 시장 지배력의 행사 등의 특징이 있다.

⑤ **과점시장** … 소수의 기업만이 서로 경쟁하면서 한 상품을 생산, 공급하는 시장형태로, 제조업의 주요 업종들이 과점시장의 형태를 이루고 있다. 과점기업 간의 행동 예측 곤란, 높은 가격과 적은 공급량, 과점기업 간의 담합 등 복잡성과 다양성이 나타난다.

(3) 수요

① **수요계획** … 수요자의 구매계획을 의미한다.

② **수요법칙**

      ㉠ **수요법칙** : 상품 가격과 수요량 사이에 역의 관계(상품의 가격이 오르면 수요량을 줄이고, 가격이 내리면 수요량을 늘리는 것)가 성립하는 현상을 말한다.

      ⓛ **수요곡선** : 동일한 가격수준에서 소비자의 수요량을 모아 합계한 것이다.

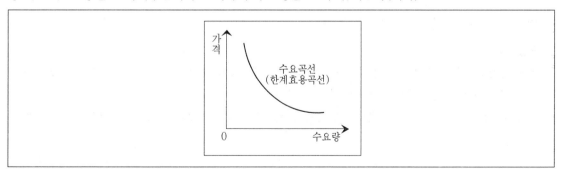

③ **수요의 변동과 수요량의 변동**

　　㉠ **수요의 변동** : 가격 이외의 요인(기호 변화, 소득 증감, 인구 증감, 대체재와 보완재 가격의 등락 등)이 변동함으로써 일어나는 변동을 뜻하며, 수요곡선의 이동으로 나타난다.

　　　• 수요의 증가요인 : 소비자의 기호상승, 소득증가, 인구증가, 대체재 가격상승, 보완재 가격하락, 재화의 용도확대 등

　　㉡ **수요량의 변동** : 상품의 가격변동에 대응하는 수요량을 나타내는 수요곡선상의 이동을 뜻한다.

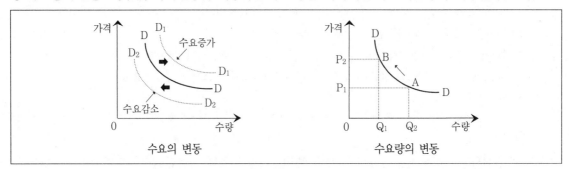

④ **수요의 가격탄력성** ⋯ 상품의 가격이 변동될 때 수요량이 변동되는 민감도를 나타낸다.

　　㉠ **탄력성의 크기**

　　　• $eD = \infty$: 완전탄력적, 수요곡선은 수평

　　　• $eD > 1$: 탄력적, 가격변동률 < 수용량의 변동률(사치품)

　　　• $eD = 1$: 단위탄력적, 수요곡선은 직각쌍곡선

　　　• $eD < 1$: 비탄력적, 가격변동률 > 수용량의 변동률(생활필수품)

　　　• $eD = 0$: 완전비탄력적, 수요곡선은 수직

　　㉡ **수입과의 관계** : 탄력성이 1보다 큰 탄력적 상품의 경우 가격이 하락하면, 총수요가 늘어 판매수입이 증가하나, 탄력성이 1보다 작은 비탄력적 상품의 경우 가격이 하락해도 수요가 많이 늘지 않아 판매수입은 감소한다.

(4) 공급

① **공급계획** ⋯ 공급자의 판매계획을 의미한다.

② **공급법칙**

　　㉠ **공급법칙** : 한 상품의 가격이 오르면 그 상품의 공급량이 증가하고, 가격이 떨어지면 공급량이 감소하는 현상(정의 관계)을 말한다.

　　㉡ **공급곡선** : 동일한 가격수준에서 개별공급곡선을 합하여 나타낸다(개별공급곡선의 수평적 합계).

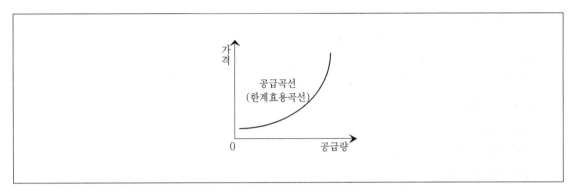

③ **공급의 변동과 공급량의 변동**

　ⓞ **공급의 변동** : 가격 외의 다른 요인(생산요소가격, 소비자 취향, 생산기술의 변화 등)이 변동함으로써 일어나는 공급량의 변동으로 공급곡선 자체의 이동을 표시된다.

　　• 공급의 증가요인 : 생산요소가격 하락, 생산기술의 진보, 정부의 보조금 지급, 다른 재화의 가격하락 등

　ⓛ **공급량의 변동** : 다른 조건이 일정할 때에 상품 자체의 가격이 변하면 공급량이 변하는데 이러한 변동은 공급곡선상의 움직임으로 표시된다.

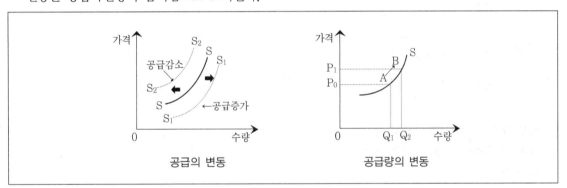

④ **공급의 가격탄력성** … 상품의 가격이 변동될 때 공급량이 변동되는 민감도를 나타내는 지표이다. 공급의 탄력성이 농산물은 작고 공산품은 크다. 또한 공급이 고정되어 있는 재화는 탄력성이 0이다.

02 시장 균형 가격의 결정과 변동

(1) 가격의 기능

① **시장** … 수요자와 공급자가 만나 거래가 이루어지는 장소 또는 범위를 말한다.

② **가격의 기능**

　ⓞ **가격** : 시장에서 상품 한 단위와 교환되는 화폐단위

ⓒ 가격의 역할
- 신호등 역할 : 생산자와 소비자가 경제활동을 어떻게 조절할 것인지를 알려 주는 역할을 한다.
- 생산물의 배분 : 인위적인 간섭 없이 생산물 배분에 있어서 가장 가격을 높게 지불하려는 사람들의 순으로 공급해 주는 기능을 수행한다.

③ 시장가격의 결정
  ㉠ **초과공급과 가격** : 수요부족현상이 발생하여 가격이 하락한다.
  ㉡ **초과수요와 가격** : 공급부족현상이 발생하여 가격이 상승한다.
  ㉢ **균형가격의 결정** : 시장 공급량과 시장 수요량이 같은 상태에서 균형가격이 결정된다.

(2) 시장 균형 가격의 변동

① 시장의 균형 가격의 변동

구분		공급		
		불변	증가	감소
수요	불변	균형 가격 불변 균형 거래량 불변	균형 가격 하락 균형 거래량 증가	균형 가격 상승 균형 거래량 감소
	증가	균형 가격 상승 균형 거래량 증가	균형 가격 불분명 균형 거래량 증가	균형 가격 상승 균형 거래량 불분명
	감소	균형 가격 하락 균형 거래량 감소	균형 가격 하락 균형 거래량 불분명	균형 가격 불분명 균형 거래량 감소

② **생산 요소 시장에서의 수요와 공급** … 생산 요소 시장에서의 가격은 생산 요소에 대한 수요와 공급에 의해 결정되며, 노동 시장의 가격은 임금, 자본 시장의 가격은 이자율, 토지 시장의 가격은 지대라고 한다.

③ **생산 요소 시장에서 가격 변동** … 수출 경기가 좋아져 기업의 신규 고용이 증가하면 기업의 노동에 대한 수요가 증가한다. 그러나 노동 공급 곡선은 경기의 영향을 받지 않으므로 변화하지 않는다. 노동의 수요곡선이 오른쪽으로 이동하면 균형 가격과 균형 거래량이 증가하고, 노동자들의 임금과 고용량도 동반 상승한다.

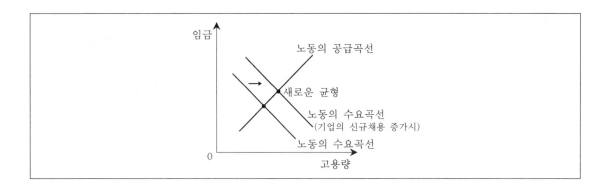

03 시장의 한계와 보완

(1) 시장의 실패

① **불완전한 경쟁시장** … 자원의 비효율적 배분, 공급의 제한과 가격의 상승, 품질의 하락과 비효율성을 증대시킨다.

② **사회적 비용의 발생**
  ㉠ **외부효과**
    • 사회적 비용이 발생하는 경우(외부불경제) : 개인의 행위가 정당한 가격의 지불 없이 사회 또는 다른 개인에게 불리한 효과를 미치는 경우이다.
      예 환경오염, 공해
    • 사회적 수익이 발생하는 경우(외부경제) : 어떤 개인의 행위가 정당한 가격의 지불 없이 사회 또는 다른 개인에게 이익을 주는 경우이다.
      예 과수원과 양봉업자, 공원의 조성으로 인한 쾌적성 증가
  ㉡ **환경오염** : 외부효과로 인해 사회적 비용이 발생하는 대표적인 경우이다.

③ **공공재의 공급** … 교육, 국방, 치안, 도로 등과 같이 공익과 관련되어 있는 재화를 공공재라 하며, 공공재는 시장에 의해서 자율적으로 공급되기 어렵다.

④ **시장의 실패** … 시장의 가격기능이 경제의 기본 문제를 자연스럽게 해결하지 못하거나 최선의 답을 제시하지 못하는 경우를 말한다. 독과점 기업, 해로운 외부효과, 공공재공급 등에서 시장실패가 나타난다.

(2) 정부의 규제

① **정부규제의 필요성** … 시장의 실패가 나타나면서 정부의 규제가 필요(인 · 허가, 가격통제, 독과점 및 불공정 거래 규제 등)해졌다.

② 정부의 인·허가

   ⊙ **특정 업자에 대한 인·허가** : 정부의 규제 가운데 대표적인 것은 특정 산업부문에서의 기업활동을 특정한 업자에게만 인·허가하는 방법이다.

   ⓒ **인·허가 규제를 하는 이유** : 과당 경쟁의 방지, 공익 목적의 실현, 자원의 효율적 관리, 전략 산업의 육성 등을 위해 규제한다.

   ⓒ **정부의 인·허가에 대한 문제점**

     • 독과점의 폐해로 인한 손실이 규제에 의한 이익보다 클 수 있다.

     • 보호받는 기업과 보호받지 않는 기업 간의 공평성 문제가 발생할 수 있다.

     • 육성·보호되는 기업이 타성에 젖어 기술개발이나 비용절감, 고객서비스에 대하여 소홀히 할 우려가 있다.

③ **가격통제** … 정부가 최고가격(소비자 보호) 또는 최저가격(생산자 보호)을 정해 가격을 규제하는 방식이다.

   ⊙ **가격규제가 필요한 경우** : 소비자의 보호, 독점기업의 규제, 근로자의 생활 보장, 경기변동의 조정 등을 위해 규제가 필요하다.

   ⓒ **가격규제의 부작용** : 많은 인력과 비용에 따른 비효율성, 수요와 공급의 불균형, 암시장 형성 등

   ⓒ **가격통제의 예** : 근로자 최저임금제 도입, 금융기관의 최고 이자율 설정 등

④ **불공정 거래 및 독과점 규제**

   ⊙ **자원배분의 비효율화 방지** : 기업 간의 담합행위를 금지하고 기업의 결합·합병을 규제한다.

   ⓒ **힘의 우위를 이용한 불공정 거래의 방지** : 정부는 시정명령을 내릴 수 있다.

(3) 공기업의 필요성과 민영화

① **공기업의 필요성**

   ⊙ **공기업** : 정부가 직접 기업활동을 하거나 출자하여 지배하는 기업을 의미한다.

   ⓒ **공기업 운영의 필요성** : 효율성과 공익성이 높으며 독점기업의 횡포 방지, 공공이익의 보호, 재화의 안정적 공급 등의 역할을 한다.

   ⓒ **공기업의 형태와 종류**

     • 정부가 직접 수행하는 사업 : 철도, 우편, 상·하수도, 청소사업 등이 있다.

     • 정부가 주식을 보유하는 사업 : 전력, 가스, 전화, 도로사업, 토지 및 주택개발사업, 자원개발사업, 방송사업 등이 있다.

     • 수익을 주목적으로 하는 사업 : 담배, 인삼 등의 전매사업이 해당된다.

     • 정책목적을 위해 설립하는 사업 : 한국은행, 주택은행 등이 있다.

② **규제 완화의 필요성** ⋯ 규제의 현실적 곤란성, 정부 규제의 남발 경향, 경제적 여건과 구조의 변화, 정부기구의 비대화 현상에 따른 자원낭비 우려 등으로 인해 규제를 완화할 필요성이 대두되고 있다.

③ **공기업의 민영화**

    ㉠ **공기업의 부작용**: 경쟁이 배제된 경우가 많아 조직이 방만해지고 관료화되어 비효율적이 될 가능성이 높다.

    ㉡ **공기업의 민영화 효과**: 경쟁원리를 도입하여 서비스의 개선, 가격의 인하, 경영의 효율화에 많은 성과를 거두고 있다.

출제예상문제

1 다음의 내용을 가장 적절하게 설명해 줄 수 있는 개념은?

> • 한 개인의 흡연행위는 담배를 피우지 않는 많은 사람에게 피해를 주게 된다.
> • 전력생산을 위해 댐을 건설하면 홍수조절과 함께 경관이 좋은 관광자원을 얻을 수 있다.

① 규모의 경제   ② 기회비용
③ 감가상각   ④ 외부효과

> ✔ 해설 외부효과 … 시장경제에서 모든 문제를 전적으로 가격기능에만 의존할 수 없는 경우에 발생하는 문제 중 하나로, 어떤 한 사람의 행동이 제 3 자에게 의도하지 않은 이익이나 손해를 가져다 주는데도 이에 대한 대가를 지불하지도 받지도 않았을 때, 외부효과가 발생했다고 한다.

2 독점기업의 수요곡선이다. 그래프가 다음과 같이 주어져 있을 때, 이를 바르게 추론한 것은?

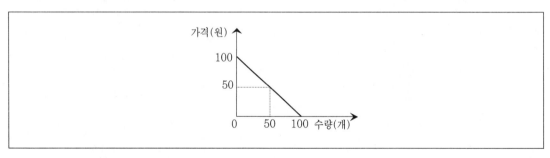

① 기업이 판매량을 늘리려면 가격을 내려야 한다.
② 가격이 100원일 때, 기업의 총수입이 최대가 된다.
③ 기업의 공급곡선은 우상향하는 형태가 될 것이다.
④ 가격을 50원에서 60원으로 올리면 총수입은 증가한다.

> ✔ 해설 ① 독점기업이 가격을 내리면 수요가 늘어나 판매량이 증가한다.

Answer 1.④ 2.①

② 가격이 100원일 경우 수요가 0이므로 기업의 수입이 없다.

③ 독점기업은 유일한 공급자이므로 시장 전체의 수요가 곧 그 기업의 상품에 대한 수요가 되어 생산량을 늘리면 가격이 내려가게 되고 생산량을 줄이면 가격이 오르게 된다. 따라서 기업의 공급곡선은 존재하지 않는다.

④ 기업의 총수입은 가격 × 판매량으로 그림에서 보면 가격이 50원일 때 수요량은 50개로 총수입은 50 × 50으로 최대가 된다. 따라서 생산량을 조절하여 가격이 50원보다 낮아지거나 높아지면 총수입은 가격이 50원인 경우보다는 감소하게 된다.

3 다음 그림에서 독점시장의 가격결정과 관련된 설명 중 옳지 않은 것은?

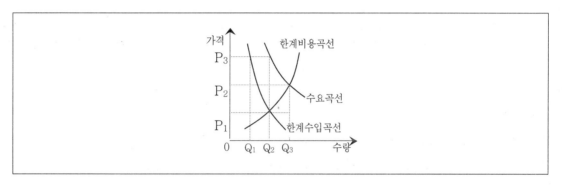

① 독점기업의 한계수입은 시장가격과 일치하지 않는다.

② 독점기업의 한계수입은 시장가격보다 낮다.

③ 독점기업의 공급량은 Q_2에서 결정된다.

④ 독점기업의 균형가격은 P_1에서 결정된다.

✔ **해설** 독점기업은 이윤극대화를 위한 가격결정력이 있으므로 한계비용 = 한계수입인 곳에서 이윤극대 생산량을 결정한다(Q_2). 그러나 가격은 그 교차점인 P_1이 아니라 수요곡선상의 한 점인 P_3에서 결정하여 독점이윤을 극대화한다. ①과 ②에서 이윤극대점(Q_2)에서 한계수입은 P_1이고, 시장가격은 P_3이다.

※ 완전경쟁시장은 시장가격 = 한계수입 = 한계비용이 된다. 그러나 독점시장에서는 시장가격 > 한계수입 = 한계비용이 된다.

Answer 3.④

4 다음 상황으로 나타나는 결과는?

> • 주식상장하는 기업이 늘고 있다.
> • 외국자본의 주식투자가 늘고 있다.

① 주식거래량은 증가하고, 주가지수는 상승한다.
② 주식거래량은 감소하고, 주가지수는 상승한다.
③ 주식거래량은 증가하나, 주가지수는 알 수 없다.
④ 주식거래량은 감소하나, 주가지수는 알 수 없다.

✔해설 설문의 상황은 주식의 수요와 공급이 모두 증가하고 있음을 나타낸다. 따라서 수요곡선과 공급곡선 모두 우측으로 이동하여 주식거래량은 증가하나, 수요량과 공급량의 변화는 알 수 없으므로 주가지수는 알 수 없다.

5 수요의 가격탄력성이 탄력적인 경우 가격이 상승하면?

① 수요량이 감소하고, 그 상품의 소비에 지출되는 금액도 감소한다.
② 수요량이 감소하나, 그 상품의 소비에 지출되는 금액은 증가한다.
③ 수요량이 증가하고, 그 상품의 소비에 지출되는 금액도 증가한다.
④ 수요량이 증가하나, 그 상품의 소비에 지출되는 금액은 감소한다.

✔해설 수요의 법칙에 의해 수요량은 감소하고, 가격의 상승효과보다는 수요량의 감소효과가 크므로 가계의 소비지출금액은 감소한다. 그러므로 사치품(탄력적인 재화)의 가격이 오르면 오히려 가계의 소비지출은 줄어들고, 농산물과 같은 생활필수품(비탄력적인 재화)의 가격이 오르면 가계의 소비지출이 증가하여 가계의 부담을 가중시킨다.
① 수요의 가격탄력성이 탄력적인 경우 가격이 상승하면 총판매수입이 감소하고 소비자 총지출액은 감소한다.

Answer 4.③ 5.①

6 다음 그림에서 커피의 수요곡선이 D에서 D₁으로 이동하였을 때 그 원인으로 보기 어려운 것은?

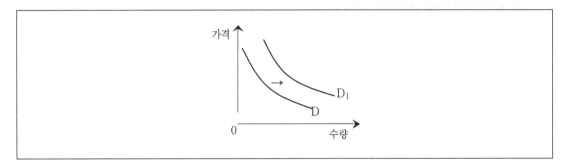

① 커피소비자들의 소득의 증가　　　② 커피소비인구의 증가

③ 홍차가격의 상승　　　④ 커피가격의 하락

> **✔해설** 수요의 증가요인 … 인구의 증가, 대체재의 가격상승, 보완재의 가격하락 등이 수요를 증가시키는 요인
> 이다.
> ④ 가격의 하락은 생산비가 감소되어 공급이 증가할 경우이고, 반대로 공급이 감소할 경우 가격은 상
> 승한다.

7 다음의 내용을 종합하여 개념정의를 한다면?

> • A는 집주변 공한지를 이용하여 지난해 작황소득이 좋았던 고구마를 심기로 했다.
> • B는 생산공장을 확장하면서 노동인력과 기계설비 양자를 놓고 선택의 고민을 하던 중 장기적
> 으로 보아서 인건비 상승이 우려되어 당장은 투자비가 더 들지만 기계설비 쪽을 선택하였다.

① 시장지배　　　② 시장실패

③ 수요공급　　　④ 가격기능

> **✔해설** 가격과 경제문제
> ㉠ 가격의 기능 : 시장경제체제하에서 기본적인 경제문제를 해결, 가격의 자유로운 변동은 인위적인 계
> 획이나 명령에 의하지 않고도 해결되도록 한다.
> ㉡ 경제문제해결
> • 생산선택의 문제해결
> • 생산방법의 문제해결
> • 소득분배의 문제해결

Answer 6.④ 7.④

8 다음 그림은 배추의 수요곡선이다. 배추생산량이 0Q일 때 시장가격이 0P에서 결정되었다. 그러나 배추의 생산이 풍년으로 $0Q_2$만큼 생산되어 $0P_2$로 가격이 폭락했다. 정부가 $0P_1$의 가격을 유지하려면?

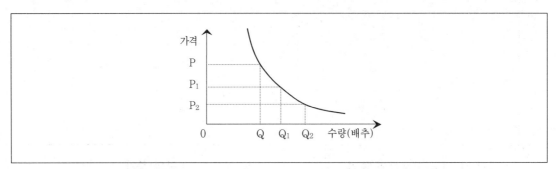

① $0Q_2 - 0Q$만큼 수매한다.　　　　② $0Q_2 - 0Q_1$만큼 수매한다.

③ $0Q_1$만큼 수매한다.　　　　　　④ $0Q_2$만큼 수매한다.

> ✔️해설　정부의 수매정책 … 풍년기근현상이 나타날 때 실시하는 정책으로, 정부가 Q_1, Q_2만큼의 배추를 사들이기로 한다면 배추의 일시적인 공급곡선은 Q_1점에서 위로 올라가는 수직선이 되는 셈이므로 배추가격은 $0P_1$으로 결정된다. 이때 정부의 농산물 수매가격 역시 $0P_1$이라면 농민의 소득은 $0P_1 \times 0Q_1$이 되어 풍년기근현상을 예방할 수 있다.

9 정부가 사치품에 대해서 가격을 올릴 때 이 가격정책이 최대의 효과를 나타낼 수 있는 경우는?

① 수요의 탄력성이 0일 때
② 수요의 탄력성이 1일 때
③ 수요의 탄력성이 1보다 클 때
④ 수요의 탄력성이 1보다 작을 때

> ✔️해설　수요의 가격탄력성
> ㉠ 사치품 : 수요의 가격탄력성이 1보다 큰 상품은 가격을 내릴 때 수요량 증가율이 하락률보다 커서 총판매수익이 증가한다.
> ㉡ 생필품 : 수요의 가격탄력성이 1보다 작으면 가격을 내린 상품의 수요량 증가율이 가격의 하락률보다 작아 총판매수익은 감소한다.

Answer　8.②　9.③

10 일반적인 재화의 수요곡선이 다음 그림과 같은 형태로 나타나는 까닭이라고 보기 어려운 것은?

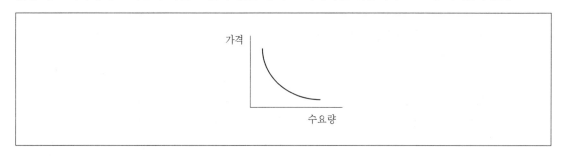

① 소득이 한정되어 있기 때문이다.

② 한계효용체감의 법칙이 작용하기 때문이다.

③ 한계비용체증의 법칙이 작용하기 때문이다.

④ 한계효용균등의 법칙에 따라 소비하기 때문이다.

✔ 해설 ③ 한계비용체증의 법칙은 한계생산이 체감하기 때문에 생산량이 늘어남에 따라 한계비용이 점차 증가하는 현상으로 기업의 합리적 생산과 관련이 있다.

※ 합리적인 소비
  ㉠ 수요곡선 : 한정된 소득으로 합리적인 소비를 하기 위해서는 가격이 오른 재화의 소비를 줄이고 가격이 내린 재화의 소비를 늘려야 한다. 이러한 이유는 한계효용체감의 법칙이 작용하며, 합리적인 소비자는 한계효용균등의 법칙에 따라 소비하기 때문이다.
  ㉡ 한계효용체감의 법칙 : 재화의 소비가 증가할수록 어느 정도까지는 총효용은 증가하나 총효용의 증가분인 한계효용이 점점 줄어드는 경향을 말한다.
  ㉢ 한계효용균등의 법칙 : 각 상품의 소비에 지출하는 비용 1원 어치의 한계효용이 서로 같도록 소비할 때 소비자는 가장 큰 효용을 얻게되어 합리적인 소비를 하게 된다는 것이다.

Answer 10.③

11 다음의 조건하에 쌀시장에서 발생될 수 있는 경제현상으로 옳은 것은?

> • 식생활의 개선으로 빵의 수요가 급증
> • 쌀시장의 개방

① 가격하락, 거래량증가　　　　　　② 가격하락, 거래량감소
③ 가격상승, 거래량증가　　　　　　④ 가격상승, 거래량감소

> ✔해설 식생활의 개선으로 빵의 수요가 급증하면 결국은 가격이 하락하게 되고, 쌀시장이 개방되면 거래량이 감소하게 된다.

12 가격이 1,000원인 어떤 상품을 생산함에 있어서 투입되는 가변비용과 그에 따른 생산량의 관계가 다음 도표와 같을 때 합리적인 생산량은 몇 단위인가?

가변비용(만 원)	8	9	10	11	12
생산량(단위)	177	189	200	210	219

① 177단위　　　　　　② 189단위
③ 200단위　　　　　　④ 210단위

> ✔해설 합리적인 생산 … 한계비용 = 생산물의 가격
>
> $$한계비용 = \frac{가변비용의\ 증가분}{생산량의\ 증가분}$$
>
> | 가변비용(만 원) | 8 | 9 | 10 | 11 | 12 |
> |---|---|---|---|---|---|
> | 생산량(만 원) | 177 | 189 | 200 | 210 | 219 |
> | 한계비용 | | 833 | 909 | 1,000 | 1,111 |
>
> ④ 가격이 1,000원이므로 한계비용이 1,000일 때, 즉 생산량 210단위에서 합리적인 생산량이 결정된다.

13 상품 A, B, C의 가격은 각각 100원, 200원, 300원이고 상품수입에 지출할 수 있는 금액은 2,000원이다. 아래의 한계효용표에서 소비자가 최대만족을 얻을 수 있는 각 상품의 구입량은 상품 A, B, C의 순서대로 보아 다음 중 어느 것인가?

단위 \ 상품명	A	B	C
1	10	14	21
2	8	10	15
3	7	6	9
4	5	4	6
5	3	2	3
6	2	1	2
7	1	0	0

① 3단위, 1단위, 1단위
② 4단위, 2단위, 2단위
③ 5단위, 3단위, 3단위
④ 6단위, 3단위, 2단위

✔ **해설** 합리적 소비는 한계효용균등의 법칙에 따라

$$\frac{\text{A재 한계효용}}{\text{A재 가격}} = \frac{\text{B재의 한계효용}}{\text{B재 가격}} = \frac{\text{C재 한계효용}}{\text{C재 가격}}$$

$\therefore$ A재 $= \frac{3}{100}$, B재 $= \frac{6}{200}$, C재 $= \frac{9}{300}$

즉, A재 5단위, B재 3단위, C재 3단위일 때이다.

Answer 13.③

14 다른 생산요소를 고정시켜 놓고 노동투입을 증가시키면 결국 한계비용은 체증하게 된다. 그 이유는?

① 고정비용이 증가해서

② 한계생산성이 체감해서

③ 생산기술이 향상되고 전문화되어서

④ 한계생산균등의 법칙이 적용되어서

> ✔해설 한계생산체감의 법칙과 한계생산균등의 법칙
> ㉠ 한계생산체감의 법칙 : 다른 생산요소를 고정시키고 노동투입만을 계속 증가시키면 그 생산요소의 한계생산은 점점 감소하게 되는 현상이다. 모든 생산활동에는 이 법칙이 적용되기 때문에 합리적인 생산활동을 모색하게 된다.
> ㉡ 한계생산균등의 법칙 : 각 생산요소의 한계생산이 같아지도록 결합하는 것이 최적의 상태이다.

15 효용의 개념에 대한 설명 중 옳지 않은 것은?

① 재화는 효용이 인정되나, 용역에는 효용이 인정되지 않는다.

② 효용은 수량적으로 측정할 수 없는 것이다.

③ 어떤 재화의 소비로부터 얻게 되는 효용의 총량을 총효용이라고 한다.

④ 소비자가 재화나 용역의 소비로부터 느끼는 만족도가 효용이다.

> ✔해설 효용의 종류와 개념
> ㉠ 효용 : 소비자가 재화나 용역의 소비로부터 느끼는 만족 또는 즐거움의 크기이다.
> ㉡ 총효용 : 어떤 재화의 소비로부터 얻게 되는 효용의 총량이다.
> ㉢ 한계효용 : 재화 1단위를 더 소비함으로써 얻어지는 총효용의 증가분이다.
>
> $$한계효용 = \frac{총효용의\ 증가분}{소비량의\ 증가분}$$
>
> ㉣ 재화의 소비와 총효용 : 일반적으로 재화의 소비량이 늘면 총효용은 증가한다. 그러나 일정량 소비후에는 오히려 감소한다(한계효용체감의 법칙).

Answer 14.② 15.①

16 생산량의 변화에 따라 변하는 가변비용으로 옳은 것은?

① 공장구입비   ② 원자재구입비

③ 자본설비구입비   ④ 기계설비도입비

> ✔ 해설   기술개발비, 공장구입비, 자본설비구입비, 기계설비도입비 등은 고정비용에 포함된다.

17 토지 1단위의 비용이 1만 원이고 노동 1단위의 비용이 5만 원이라면, 양파생산자가 최소비용상태가 되는 합리적 행위는?

① 토지의 한계생산과 노동의 한계생산이 같도록 한다.

② 사용된 토지의 양이 사용된 노동의 양의 5배가 되도록 한다.

③ 노동의 한계생산이 토지의 한계생산의 5배가 되도록 한다.

④ 양파가격을 모르므로 알 수가 없다.

> ✔ 해설   생산자의 최소비용상태는 한계생산균등의 법칙에 따라 $\dfrac{\text{노동의 가격}}{\text{노동의 한계생산}} = \dfrac{\text{자본의 가격}}{\text{자본의 한계생산}}$ 의 수준에서 이루어진다.

18 독점적 경쟁시장에서의 가격은 완전경쟁시장에서의 가격보다 다소 높을 수 있지만 바람직한 점도 있다. 이 독점적 경쟁시장의 장점은?

① 수요자 기호에 맞추어 다양한 상품이 공급된다.

② 공급자가 일방적으로 가격을 결정한다.

③ 동일한 상품에 대하여 가격차별이 가능하다.

④ 소수의 기업이 담합으로 이윤을 증대시킬 수 있다.

> ✔ 해설   ②③ 독점시장   ④ 과점시장
> ※ 독점적 경쟁시장 … 수요자 입장에서 볼 때 많은 기업들이 제각기 조금씩 다른 상품을 공급하는 시장형태로 양장점, 주유소, 병원, 약방 등에서 찾아볼 수 있다.
>   ⊙ 장점 : 완전경쟁시장에서는 동질의 상품만이 공급되는 데 반하여 독점적 경쟁시장에서는 수요자들의 기호에 맞추어 선택할 수 있는 다양한 상품이 공급된다.
>   ⓛ 단점 : 독점적 경쟁시장에서는 상품의 차별화라는 독점적 요소 때문에 완전경쟁시장에 비하여 상품의 가격이 다소 높아져 수요자의 부담이 늘어난다.

Answer   16.②   17.③   18.①

19 수요량과 공급량을 결정짓는 가장 중요한 요인으로 옳은 것은?

① 임금수준

② 소득수준

③ 재화의 가격

④ 소비자의 기호

> ✅ **해설** 수요량과 공급량을 결정짓는 가장 중요한 요인은 가격이며 나머지는 수요나 공급의 변동요인이다.

20 도영이는 동네 햄버거 집에 대한 시장조사를 하였다. 다음은 그 결과를 적은 표이다. 표에서 알 수 있는 것을 고르면?

햄버거집 \ 구분	햄버거의 가격(원 / 한 개)	구입고객수(명 / 월)	햄버거 매출액(만 원 / 월)
L 햄버거	1,500	1,000	150
O 햄버거	1,200	1,200	144
M 햄버거	1,800	2,000	360

> ㄱ 햄버거는 공급법칙의 적용을 받지 않는다.
> ㄴ 동네 햄버거시장은 불완전경쟁상태에 있다.
> ㄷ 햄버거의 수요는 가격 이외의 요인에 의해서도 결정된다.
> ㄹ 햄버거는 수요의 가격탄력성이 1보다 큰 상품이다.

① ㄱㄴ

② ㄱㄷ

③ ㄴㄷ

④ ㄷㄹ

> ✅ **해설** 자료에서 햄버거는 가격이 비싼 집에서 오히려 고객이 더 많고, 매출액이 많은 상태이다. 이를 통해 햄버거의 수요가 가격 이외에 다른 요인, 예를 들어 맛이나 상점의 서비스 등에 의해 더 크게 작용함을 알 수 있다. 또 햄버거의 가격이 서로 다른 점으로 미루어 보아 동네 햄버거시장은 불완전경쟁상태에 있음을 알 수 있다. 한편, 공급법칙이라든가 수요의 가격탄력성은 자료의 내용과는 무관하다.

Answer 19.③ 20.③

CHAPTER 09 국민 경제의 이해

01 한국 경제의 변화와 위상

(1) 우리 경제의 여건과 발전과정

① 어려운 경제 여건

　㉠ 광복 이후의 사회적 여건

　　• 경제적 여건 : 좁은 국토와 불리한 농업 여건, 국토의 분단, 불균형적인 산업 분포, 남한 인구의 급증 등이 있다.

　　• 정치적 여건 : 미국의 군정시대에 이어 새 정부가 들어섰으나 국가경영이 미숙하였고, 정치적 주도권 싸움이 발생하였다.

　㉡ 6·25전쟁 후 : 생계유지 곤란, 인구집중현상 등 최빈국 상태에 놓여 있었다.

② 폐허 속의 전후 복구

　㉠ 1950년대의 경제 : 전후 복구사업으로 어느 정도 경제성장을 이루었으나 식량의 부족, 공업과 사회간접자본의 부족 등 여전히 사회가 불안하였다.

　㉡ 외국 원조의 역할 : 전후 복구사업에 도움을 주었으며, 1960년대 초 이후 고도성장을 이룩하는 데 밑거름이 되었다.

③ 개발계획의 성과

　㉠ 1960년대의 경제개발 : 군사정변을 계기로 등장한 새 정부는 경제개발 5개년계획을 1962년부터 입안·시행하기 시작했다.

　　• 성과 : 경제규모의 확대, 산업구조의 고도화, 공업구조의 개선, 절대 빈곤 퇴치, 대외 위상의 향상 등을 들 수 있다.

　　• 문제점 : 경제적 불균형 심화, 경제력 집중현상, 환경오염 등이 나타났다.

　　• 발전요인 : 정부주도형 개발, 풍부한 노동력, 기업의 투자 의욕, 경제성장에 유리한 국제환경 등의 요인이 있다.

　㉡ 1970년대 초반의 경제개발 : 수출주도의 기조를 그대로 살리면서 중화학공업 육성과 농촌개발을 위한 새마을 운동에 박차를 가하였다.

　㉢ 1970년대 후반의 경제개발 : 중화학공업이 지속적으로 육성되었으며 경제개발과 아울러 사회개발의 중요성이 부각되었다.

　㉣ 1980년대의 경제시책 : 경제적 안정과 중화학공업 육성을 완성하는 데 역점을 두었다.

(2) 경제개발의 성과와 발전방향

① 신흥공업국으로 부상
   - ㉠ 공업국으로 변천 : 경제개발 5개년계획을 거듭하는 동안에 우리나라는 신흥공업국으로 부상하였고, 지금은 상위 중진국에서 선진국으로 발돋움하려는 단계에 있다.
   - ㉡ 산업구조의 고도화
     - 선진국형 산업구조 : 농림·어업의 비중이 크게 낮아지고, 광공업과 사회간접자본 및 서비스업의 비중이 크게 높아진 선진국형으로 전환되었다.
     - 공업구조의 고도화 : 중화학공업의 비중이 경공업 부문보다 훨씬 높은 수준에 달하였다.
     - 수출상품구조의 변화 : 노동집약적 공산품에서 자본 및 기술집약적인 것으로 큰 변화를 가져왔다.

② 우리 경제의 발전방향 … 선진 경제권으로의 진입을 위해서는 민간 주도형의 경제 운영, 경제적 불균형 개선, 신흥개발도상국과의 경제협력 증대, 산업기술 혁신, 원만한 노사관계의 정립 등의 노력이 필요하다.

(3) 우리 경제의 위상과 역할

① 의존관계의 심화
   - ㉠ 경제적 성과의 원인 : 교육받은 풍부한 인력을 활용하면서, 대외지향적인 공업화를 이루었기 때문이다.
   - ㉡ 우리 경제의 변모
     - 경제발전 초기 : 경제 및 무역의 규모가 미미하여 국제사회에서 관심의 대상이 되지 않았다.
     - 오늘날의 우리 경제 : 고도성장으로 인해 세계 각국의 주목 대상국이 되었고, 세계시장에서의 역량이 증대되었다.
   - ㉢ 대외지향적 발전전략의 결과 : 세계 각국과의 상호 의존관계가 심화되었으며, 국가 간의 교류가 확대되었다.
   - ㉣ 국제경제 질서의 세계화 : 경제적 실리추구의 자유시장경제체제가 형성되었으며 자유무역규범이 마련되었고(GATT체제) WTO체제가 출범하면서 무한경쟁시대가 전개되었다. 이런 과정 중에 국가 간의 경쟁이 격화되고 협력과 의존관계가 심화되었다.

② 우리 경제의 국제적 위상
   - ㉠ 신흥공업국으로 부상 : 급속한 경제성장에 따라 신흥공업국으로 부상하였으며, 국내총생산(GDP)에 의한 경제규모는 세계 10위권에 근접한 수준으로 확대되었다.
   - ㉡ 세계적 생산 및 수출국으로 부상 : 공업생산능력과 무역규모가 확대되었으며, 세계 유수의 생산 및 수출국으로 떠오르고 있다.
   - ㉢ 교역대국으로 부상 : 무역수지가 개선되고 있으며, 세계 8위의 교역대국으로서의 위치를 차지하고 있다.
   - ㉣ 우리 경제의 역량 증대 : 경제개발자금 융자대상국에서 탈피하였고, 외국과 대등한 국민경제 운용 역량을 인정받았으며, 원조 제공국으로 탈바꿈하게 되었다.

02 국민 경제 순환과 경제 성장

(1) 국민 경제의 활동과 경제지표

① **국민경제지표** … 국민경제활동을 총량화한 수치로 국민경제의 상태 파악이 가능하다.

② **국내총생산(GDP)** … 한 나라의 국경 안에서 일정기간에 걸쳐 새로이 생산한 재화와 용역의 부가가치 또는 모든 최종재의 값을 화폐단위로 합산한 것을 의미한다.

  ㉠ 국민경제의 전체적인 생산수준을 나타내며, 국내에서 생산된 재화와 용역의 생산물 가치가 포함된다.

  ㉡ 국내총생산 = 각 생산단계의 부가가치의 합계 = 최종 생산물 가치의 합계 = 총생산물액 − 중간 생산물액

  ㉢ **삼면등가의 법칙** : 국내총생산은 생산, 분배, 지출의 어느 측면에서 측정하더라도 같은 금액이 된다.

  ㉣ **국내총생산의 한계** : 국내총생산은 계산상의 어려움으로 시장 외의 거래가 제외되며, 복지수준과 소득분배 파악이 불가능하다.

③ **국민총생산(GNP)** … 한 나라의 국민이 국내와 국외에서 생산한 것의 총합을 의미한다.

④ **국민소득의 기타 개념**

  ㉠ **국민순생산(NNP)** : 국민총생산에서 감가상각비를 제외한 금액으로 국민경제의 순생산액이다.

    Point 》 국민순생산(NNP) = 국민총생산 − 감가상각비
              = 소비 + 순투자
              = 순생산물의 합계
              = 순부가가치의 합계

  ㉡ **국민소득(NI)** : 국민순생산에서 간접세를 빼고 정부보조금을 더한 합계액으로 요소소득의 합계액이다.

  ㉢ **개인소득(PI)** : 개인이 실제로 받는 소득이다.

  ㉣ **가처분소득(DI)** : 개인이 자유롭게 처분할 수 있는 소득이다.

  ㉤ **1인당 국민총생산** : 국민총생산을 국민수로 나눈 것으로 그 나라 국민들의 생활수준을 알 수 있으며, 보통 국제비교를 위해 미 달러화로 표시한다.

(2) 경기 순환과 안정화 정책

① **경기순환과 경기의 네 측면**

  ㉠ **경기** : 국민경제의 총체적인 활동수준을 의미한다.

  ㉡ **경기순환** : 국민경제에 있어서 어느 정도의 규칙성을 가지고 호황과 불황이 반복되는 과정을 뜻한다.

ⓒ **경기순환의 네 국면**

- 호경기 : 생산, 고용, 판매 등의 경제활동이 가장 활발한 시기
- 후퇴기 : 전반적인 경제활동이 점차 위축되는 시기
- 불경기 : 전반적인 경제활동이 침체된 시기
- 회복기 : 생산, 고용, 판매 등의 경제활동이 점진적으로 활발해지는 시기

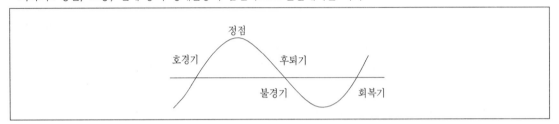

ⓔ **경기순환의 유형**

종류	주기	원인
콘드라티예프 파동	약 50년(주기가 가장 김)	기술혁신, 전쟁, 혁명 등 사회변동
쿠즈네츠 파동	약 20년	인구증가율, 경제성장률의 변동
주글라 파동	10~20년(주순환)	기업의 설비투자 변동
키친 파동	3~4(소순환)	재고, 이자율의 변동

② **경기안정화 정책**

ⓐ **경기안정화 정책** : 국민경제의 지속적 · 안정적인 성장을 위한 일련의 정책으로 재정정책, 금융정책 등이 있다.

ⓑ **경기안정화 정책의 수단**

- 경기 과열 시 : 재정지출 축소, 금리 · 세율 인상→민간투자와 소비 억제→경기 진정
- 경기 불황 시 : 정부투자 및 소비지출 확대, 금리 · 세율 인하→민간투자와 소비 증대→경기 회복

ⓒ **미국의 뉴딜(New Deal) 정책**

- 1929년 발생한 경제 불황을 타개하기 위해 미국의 루즈벨트 대통령이 실시한 경제회복정책이다.
- 적자재정을 실시하여 새로운 도로와 댐을 건설하고 구매력을 살려 다시 이 구매력을 수요로 연결했다.
- 케인즈(J. M. Keynes)의 수정자본주의에 이론적 기초를 두었다.

(3) 경제의 성장

① **경제성장과 성장률**

ⓐ **경제성장** : 국민경제 생산능력의 확대를 통한 성장을 의미한다.

ⓑ **경제성장률** : 국내총생산의 증가율로, 이때의 성장률은 물가의 변동을 제외한 실질 성장률이어야 한다.

$$실질 경제성장률 = \frac{금년도\ 국내총생산 - 전년도\ 국내총생산}{전년도 국내총생산} \times 100$$

② 경제성장의 요인

    ㉠ 생산요인 : 토지, 자원, 인력, 자본, 기술 등이 있다.

      • 경제성장 초기단계 : 인력과 자본의 기여도가 기술보다 높다.

      • 산업구조의 고도화 단계 : 기술 진보의 중요성이 점차 커지고 있다.

    ㉡ 경제 외적인 요인 : 기업가정신, 정부의 정책과 법제·사회적 관행, 원만한 노사관계, 경제주체의 강한 의지 등이 있다.

③ 경제성장과 경제발전

    ㉠ 경제성장 : 국민경제의 생산이 양적으로 증가하는 것을 의미한다.

    ㉡ 경제발전 : 경제성장이 사회발전과 함께 이루어지는 경제의 질적 성장과정을 의미한다.

03 실업과 인플레이션

(1) 총수요와 총공급

① **총수요** … 국민경제의 모든 경제주체들이 소비와 투자를 목적으로 사려고 하는 재화와 용역의 총량이다.

> 총수요 = 민간 소비 + 민간 투자 + 정부 지출 + 수출

② **총공급** … 한 나라의 모든 경제주체들이 공급하는 재화와 용역의 총량이다.

> 총공급 = 국내총생산 + 수입

③ **총수요와 총공급의 변동**

    ㉠ **총수요 > 총공급** : 인플레이션이 발생된다.

    ㉡ **총수요 < 총공급** : 실업이 증가하고 물가가 하락한다.

(2) 실업과 물가

① 고용과 실업

    ㉠ 실업 : 노동자가 일자리를 가지고 있지 않은 상태를 뜻한다.

    ㉡ 실업의 종류

      • 자발적 실업 : 개인의 여가를 누리기 위해 스스로 일하지 않으려고 하는 상태

- 비자발적 실업 : 개인이 일하려는 의지는 있으나 일자리를 찾지 못하는 상태
  - ⓒ 실업의 폐해 : 장기간의 실업은 개인적으로는 경제적 곤란과 사회적으로는 인력의 낭비를 야기한다.
  - ② 경제활동참가율과 고용률·실업률
    - 경제활동참가율 = (경제활동인구 / 15세 이상 인구) × 100
    - 고용률 = (취업자수 / 15세 이상 인구) × 100
    - 실업률 = (실업자수 / 경제활동인구) × 100
- ② 물가와 물가지수
  - ㉠ 물가 : 개별적인 상품의 가격을 종합하여 평균한 것이다.
  - ㉡ 물가지수 : 물가수준을 나타내는 지표이다.

$$물가지수 = \frac{비교시의\ 물가지수}{기준시의\ 물가지수} \times 100$$

(3) 인플레이션의 원인과 영향

- ① 인플레이션의 의미와 종류
  - ㉠ 인플레이션 : 물가수준이 상당히 높은 비율로 지속적으로 오르는 현상을 말한다.
  - ㉡ 인플레이션의 원인
    - 초과수요 : 총수요가 총공급을 웃도는 초과수요에서 비롯된다.
    - 생산비의 상승 : 원자재 값, 임금 등의 상승으로 생산비가 높아짐에 따라 물가가 오르게 된다.
    - 독과점기업의 시장 지배 : 독과점기업들이 시장을 지배하여 시장의 수요와 공급과는 관계없이 평균비용에 일정한 이윤율을 더하여 높은 가격을 결정함으로써 물가가 오르기도 한다.
    - 해외 인플레이션의 국내 파급 : 해외 원자재 가격의 급격한 인상으로 인플레이션이 국내에 파급되는 경우도 있다.
- ② 인플레이션의 부정적 영향
  - ㉠ 부와 소득의 불공평한 재분배 : 실물자산(부동산, 상품 재고 등) 소유자, 채무자가 유리하다.
  - ㉡ 장래 가격에 대한 예측 곤란 : 저축 감소, 소비 증가, 금리 상승, 생산비 상승으로 예측이 곤란하다.
  - ㉢ 국제수지의 악화 : 수출이 위축되고 수입이 증가한다.
  - ㉣ 국민경제성장 저해 : 근로의욕 상실, 투자활동이 위축되는 등 국민경제성장에 악영향을 미친다.
- ③ 인플레이션 해결책 … 소비억제, 저축장려, 통화량감축, 대출억제, 폭리단속, 토지가격규제, 공공요금 대책 등이 있다.

(4) 물가안정대책

① 물가안정의 필요성

    ㉠ **물가불안** : 경제주체들이 자신의 이해득실을 고려하여 제각기 행동하기 때문에 국민경제의 악순환을 초래한다.

    ㉡ **물가안정정책** : 정부의 경제정책과 함께 각 경제주체들의 협조가 필요하다.

② 경제주체의 역할

    ㉠ **정부의 역할** : 정부가 직접 가격결정에 개입, 금융·재정정책을 통한 총수요 관리 및 안정적인 공급 기반 확충 등 경제안정화 정책을 실시한다.

    ㉡ **기업의 역할** : 공정한 경쟁, 경영혁신 등을 통해 물가를 안정시킨다.

    ㉢ **가계의 역할** : 건전한 소비풍조조성 등이 필요하다.

    ㉣ **근로자의 역할** : 생산성의 범위를 벗어난 임금인상요구를 자제한다.

출제예상문제

1 다음 그림은 소득 불평등도를 측정하는 하나의 지표인 로렌츠 곡선을 나타낸 것이다. 로렌츠 곡선을 a 에서 b로 변화하도록 정책을 시행하고자 할 때 적절치 않은 것은?

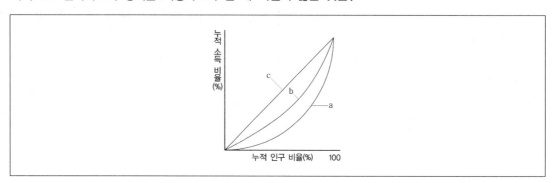

① 소득에 대한 누진세율을 강화한다.

② 각종 사회보험제도를 실시한다.

③ 의무 교육 연한을 확대하고, 직업 기술 교육을 강화한다.

④ 간접세의 비중을 늘리고 성장 위주의 경제 정책을 실시한다.

> ✔해설 • c는 완전평등선, 로렌츠 곡선이 c에 가까워질수록 소득분배는 평등하다.
> • a에서 b로 변화하도록 하기 위해서는 소득분배의 불평등을 개선해야 한다.
> ④ 간접세의 비중을 늘리는 것은 오히려 저소득층에 불리하고, 효율성을 추구하는 성장 위주의 경제 정책도 형평성을 저해하여 소득분배의 불평등도는 악화될 수 있다.
> ① 직접세(누진 소득세) 인상 ② 사회보장제도 확충 ③ 의무 교육 연한을 확대, 최저임금 보장 등은 소득분배를 개선하기 위한 대책이 된다.

Answer 1.④

2 다음 글을 통해 알 수 있는 국제 경제의 특성으로 가장 적절한 것은?

> 중동의 원유 가격 변동은 세계 각국 경제에 영향을 미친다. 원유 가격이 오르면 세계 각국의 물가가 오르고 경기가 침체되는 경우가 많다.

① 지역주의 심화
② 상호 의존성 증대
③ 지역 간의 격차 심화
④ 세계 시장의 경쟁 격화

✔해설 ② 국제경제가 세계화로 변화되면서 전 세계가 하나의 단일시장으로 통합되어 국제표준이 형성되고 국가 간 재화, 자본, 노동, 서비스 등의 생산요소가 자유롭게 이동하게 되었다. 따라서 국가 간 상호 의존성이 심화되고 지구촌이 시장화 되면서 세계표준이 보편화기 되었다.

3 GDP에 대한 설명으로 잘못된 것은?

① 한 나라의 국민이 국내와 국외에서 생산한 것의 총합을 의미한다.
② 국민경제 전체적인 생산수준을 나타낸다.
③ 국내에서 생산된 재화와 용역의 생산물 가치가 포함된다.
④ 각 생산단계의 부가가치의 합계 혹은 최종 생산물 가치의 합계로, 총 생산물액 – 중간 생산물액을 말한다.

✔해설 ① 국민총생산인 GNP에 대한 설명이다. 국내총생산인 GDP는 한 나라의 국경 안에서 일정기간에 걸쳐 새로이 생산한 재화와 용역의 부가가치 또는 모든 최종재의 값을 화폐단위로 합산한 것을 의미한다.

4 한 나라의 평균소비성향이 높으면 외자도입이 불가피하게 되는데 그 이유는?

① 소비의 감소로 투자재원이 감소하므로
② 소비의 증가로 물량이 부족하게 되므로
③ 저축성향의 감소로 투자재원이 부족하므로
④ 저축증가로 투자재원이 부족하기 때문에

✔해설 소득 = 소비 + 저축, 평균소비성향 = $\frac{소비}{소득}$, 평균저축성향 = $\frac{저축}{소득}$ 이므로 평균소비성향이 높으면 저축성향의 감소로 투자재원이 부족하므로 외자도입이 불가피하게 된다.

Answer 2.② 3.① 4.③

5 소득수준과 그에 따른 소비생활에 대한 설명으로 옳지 않은 것은?

① 소득이 높아질수록 소비지출의 증가보다 저축의 증대가 상대적으로 커진다.

② 같은 소득수준일 경우에 가족원의 수가 많을수록 저축액이 상대적으로 많을 가능성이 크다.

③ 가족수가 적을수록 소비지출이 소득에서 차지하는 비중이 상대적으로 작아질 것이다.

④ 소득수준이 높아질수록 음식비의 비중이 상대적으로 작아질 것이다.

✔해설 가족원의 수가 많을수록 지출액이 상대적으로 많아져서 저축액은 줄어들 것이다.

6 인플레이션이 국민경제에 미치는 영향으로 옳지 않은 것은?

① 사업가가 고정봉급자보다 유리하다.

② 임금과 부동산가격이 급격히 상승한다.

③ 수입은 감소하고 수출은 증가한다.

④ 물가가 상승하여 경제적 불안요소로 작용한다.

✔해설 인플레이션 … 물가가 상승하고 화폐가치는 하락하는 현상으로 수입은 증가하고 수출은 감소한다.

7 과소비가 국민경제에 미치는 영향으로 옳지 않은 것은?

① 물가상승

② 부동산시장의 침체

③ 근로자 임금상승욕구의 증대

④ 사치품 수입으로 인한 국제수지의 악화

✔해설 과소비는 물가상승, 임금상승, 부동산가격 상승, 기업의 투자자금 부족 등의 결과를 가져온다.

Answer 5.② 6.③ 7.②

8 다음 중 십분위분배율에 대한 내용으로 적당한 것은?

① 십분위분배율이 클수록 소득분배의 불평등이 개선된다.

② 우리나라에서는 십분위분배율이 계속 높아지고 있다.

③ 십분위분배율이 높을수록 상위소득계층이 하위계층에 비해 상대적으로 많아진다.

④ 십분위분배율은 소득과는 무관하다.

> ✔해설 십분위분배율 … 소득분배의 불평등 정도를 알아볼 수 있는 지표로서 이 계수가 높을수록 불평등의 정도가 개선된 것을 의미한다.
>
> $$십분위분배율 = \frac{하위\ 40\%의\ 가구가\ 받은\ 소득의\ 합계}{상위\ 20\%의\ 가구가\ 받은\ 소득의\ 합계}$$

9 소득 중에서 음식비가 차지하는 비중과 가장 관계가 깊은 것은?

① 제본스법칙　　　　　　　　　　② 슈바베법칙

③ 엥겔법칙　　　　　　　　　　　④ 고센법칙

> ✔해설 ① 일물일가의 법칙
> ② 근로자의 소득과 주거비에 대한 지출의 관계법칙
> ③ 음식비가 차지하는 비중
> ④ 욕망포화의 법칙

10 소득이 100만 원인 사람이 30만 원 소비할 경우 소비성향은?

① 0.2　　　　　　　　　　　　　② 0.3

③ 0.4　　　　　　　　　　　　　④ 0.5

> ✔해설 소비성향 … 소득 중에서 소비가 차지하는 비율이다.

11 다음 중 경기침체와 생산활동의 위축으로 실업률이 증가한 상황에서 가장 적절한 경제정책은?

① 세율의 인상　　　　　　　　　　② 재할인율의 인상

③ 지급준비율의 인하　　　　　　　④ 유가증권의 매각

> **✔해설** 경기침체시 정부는 투자 및 소비지출을 늘리고 금리와 세율을 인하하여 민간투자와 소비의 증대를 유도한다.

12 수정자본주의의 내용 중 유효수요의 증가를 통한 가장 중요한 정부정책은?

① 재정지출과 공공사업 추진　　　　② 복지정책 실시

③ 주요 산업의 국유화　　　　　　　④ 경제계획의 수립

> **✔해설** 재정정책과 공공투자정책 … 자본주의국가들이 공황극복을 위하여 대규모의 재정지출로 공공사업을 일으켜 유효수요를 증대시킴으로써 실업자를 구제하려는 정책을 추진하는 것으로, 미국에서 실시한 뉴딜(New Deal)정책이 그 대표적인 예이다.

13 민간의 경제활동이 과열되어 물가상승 등의 문제가 발생할 경우 이를 억제하기 위한 정책으로 옳은 것은?

① 긴축재정과 흑자예산　　　　　　② 팽창재정과 균형예산

③ 적극재정과 적자예산　　　　　　④ 팽창재정과 흑자예산

> **✔해설** 경기과열시에는 총수요억제 및 소비억제를 위하여 정부지출보다 수입을 늘리는 흑자예산을 편성하고 긴축재정을 실시한다.

14 경기침체 시 경기회복을 위한 정책으로 가장 바람직한 방법은?

① 개인의 소득에 대한 추가적인 세금 부과

② 직접세율의 인상

③ 부가가치세 세율의 인상

④ 중앙은행으로부터의 정부차입금 증가

> **✔해설** 경기회복을 위한 정책은 통화량 증대가 필요한 것이며, ①②③은 경기과열 시 필요한 정책이다.

Answer　11.③　12.①　13.①　14.④

15 경기침체 시 경제안정을 위한 정부의 경기조절대책으로 옳은 것은?

① 재할인율 인상   ② 긴축재정

③ 확장재정   ④ 유가증권 매각

> ✔ **해설** 정부의 경기조절대책
> ㉠ 경기침체시 : 확장재정, 재할인율 인하, 지급준비율 인하, 유가증권 매입 등
> ㉡ 경기과열시 : 긴축재정, 재할인율 인상, 지급준비율 인상, 유가증권 매각 등

16 국민경제에서 총수요가 총공급보다 지나치게 클 때 취해야 할 조치 중 옳지 않은 것은?

① 생산증대   ② 수입증대

③ 수출감소   ④ 정부지출증대

> ✔ **해설** 총수요와 총공급의 관계
> ㉠ 총수요 = 총공급 : 공급된 재화와 용역은 결국 여러 목적으로 쓰인 것이므로 일정기간이 지나고 나면 총공급과 총수요가 일치하게 된다.
> 총공급(국민총생산 + 수입) = 총수요(민간소비 + 민간투자 + 정부지출 + 수출)
> ㉡ 공급부족 : 국내수요가 늘어나면 공급부족이 발생하는데, 이를 해결하기 위해서는 생산을 늘리거나 수입을 늘리고 수출을 줄인다.
> ㉢ 공급과잉 : 국내수요에 비하여 공급이 지나칠 때 발생하며, 생산을 줄이거나 수입을 줄이고 수출을 늘린다.

17 국민총생산을 증가시킬 수 있는 방법 중 단기간에 할 수 있는 것은?

① 자본의 기간투자를 증대시킨다.

② 자연자원의 양적 공급을 증가시킨다.

③ 고용을 증가시켜 자본량을 늘린다.

④ 단기간의 생산기능을 향상시킨다.

> ✔ **해설** 국민총생산을 증대시키기 위해서는 생산요소를 양적으로 늘리거나, 그것을 활용하는 기술을 향상시켜야 한다.

18 다음 그림은 경기순환의 네 국면을 나타낸 것이다. A국면에서 나타나는 현상은?

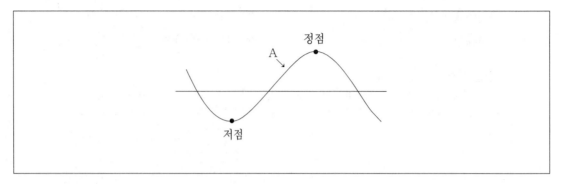

① 국민소득이 증가하고 기업의 이윤도 늘어나므로 설비투자도 활기를 띠게 된다.

② 경제활동이 둔화되고 생산과잉상태가 부분적으로 발생한다.

③ 기업이윤의 감소로 손해가 발생하게 되어 도산하는 기업이 생기고 실업자도 증가한다.

④ 경제활동이 활기를 띠기 시작하며 서서히 수요가 증가하고 생산량이 많아지므로, 실업자도 줄어들게 된다.

> **✔해설** A국면은 호경기이다.
> ② 후퇴기 ③ 불경기 ④ 회복기 ⑤ 불경기
> ※ 경기순환
> ㉠ 개념 : 한 나라의 경제는 장기적으로는 성장하는 추세를 보이지만, 단기적으로는 호경기와 불경기가 주기적으로 순환하는데, 국민경제의 이와 같은 단기적인 움직임을 경기순환이라 한다.
> ㉡ 경기순환의 네 국면
> • 호경기 : 경제활동이 가장 활발, 수요·생산·고용 증가, 기업의 이윤 증가
> • 후퇴기 : 경제활동 둔화, 부분적 생산과잉
> • 불경기 : 경제활동 쇠퇴, 기업의 이윤감소, 생산 감소, 실업 증대
> • 회복기 : 경제활동 회복, 점증적인 수요·생산 증가, 실업 감소

Answer 18.①

19 다음 내용에 해당하는 경기 순환의 종류는?

> 18세기 말에서 1920년까지의 영국 · 프랑스 · 미국 등의 경제현상을 연구한 결과 약 50년 주기의 장기순환이 존재함이 발견되었다. 자본주의 경기순환에는 3차례 경기순환이 있었는데, 제1차 파동은 산업혁명과 그 침투과정, 제2차 파동은 철도의 건설을 기간으로 하는 증기 · 강철의 보급, 제3차 파동은 자동차 · 전기 · 화학의 각 산업발달과 같이 경제활동을 급속하게 신장시키는 기술진보나 신제품의 출현이 있었다고 주장한다.

① 콘드라티예프 파동   ② 쿠즈네츠 파동
③ 주글라 파동   ④ 키친 파동

> **해설** 기술 혁신 등이 원인이 돼서 일어나는 약 50년 주기의 장기순환은 콘드라티예프 파동이다.

파동의 종류	주기	원인
콘드라티예프 파동	약 50년(장기 파동)	기술 혁신
쿠즈네츠 파동	약 20년	인구 증가율의 변동과 이에 따른 경제 성장률의 변동
주글라 파동	10~12년(중기 파동)	기업의 설비 투자 변동
키친 파동	3~4년(단기 파동)	재고의 변화, 이자율의 변동

20 경기가 침체되어 있을 때 수요가 급증하는 상황에서 채택할 수 있는 정책적 수단은?

① 중앙정부의 세율을 높인다.   ② 지급준비율을 내린다.
③ 재할인율을 높인다.   ④ 은행대출의 최고금액을 올린다.

> **해설** ② 지급준비율을 조절할 경우 은행이 대출할 수 있는 자금량과 은행수지에 끼치는 영향이 매우 크다. 지급준비율을 인하하면 일반은행의 대출이 증가되어 통화량이 증가한다.
> ※ 경기대책

구분	경기과열시(인플레이션)	경기침체시(디플레이션)
재정정책	긴축재정, 세율인상	적극재정, 세율인하
금융정책	• 지급준비율 · 재할인율 인상 • 유가증권 매각	• 지급준비율 · 재할인율 인하 • 유가증권 매입
공공투자정책	대규모 공공사업 억제	대규모 공공사업 추진

Answer 19.① 20.②

21 다음에서 물가상승을 유발시킬 가능성이 가장 큰 정책으로 옳은 것은?

① 지급준비율의 인하
② 세출의 축소
③ 국·공채의 매각
④ 부가가치세율의 인상

> ✔해설 지급준비율의 인하, 국·공채의 매입, 재할인율 인하 등은 통화증가의 요인으로 물가상승을 초래한다.

22 실업자가 늘고 경기가 좋지 않아 기업의 부도율이 올라간다고 할 때, 정부는 재정정책으로 대처하려 한다. 적당한 재정정책은?

① 정부발주 각종 사업을 일시중단 또는 지체시킨다.
② 흑자예산을 편성한다.
③ 정부의 공공부문 공사를 늘린다.
④ 부가가치세금을 올린다.

> ✔해설 경제안정화정책 … 정부가 인플레이션을 억제하고 완전고용 수준에 가깝도록 실업을 줄이면서 경제성장을 이루고자 재정정책이나 금융정책을 시행하는 것이다.
> ㉠ 불황기 : 팽창정책(조세인하, 재정지출 확대) → 국내수요 확대, 실업감소
> ㉡ 호황기 : 긴축정책(조세인상, 재정지출 감소) → 국내수요 억제, 물가안정

23 다음에서 국민소득(NI)을 계산하면?

•총생산물 : 50만 원	•감가상각비 : 5만 원
•간접세 : 3만 원	•보조금 : 2만 원
•중간생산물 : 15만 원	

① 20만 원
② 25만 원
③ 29만 원
④ 35만 원

> ✔해설 국민소득(NI) … 국민들이 생산활동에 종사함으로써 얻게 되는 요소소득의 합계이다.
> ㉠ 국민소득(NI) = 국민순생산(NNP) − 간접세 + 정부보조금 = 29만 원
> ㉡ 국민순생산(NNP) = 국민총생산(GNP) − 감가상각비 = 30만 원
> ㉢ 국민총생산(GNP) = 총생산물 − 중간생산물 = 35만 원

Answer 21.① 22.③ 23.③

24 다음은 국민총생산(GNP)과 국내총생산(GDP)의 개념을 표시한 것이다. 이를 토대로 바르게 설명한 것은?

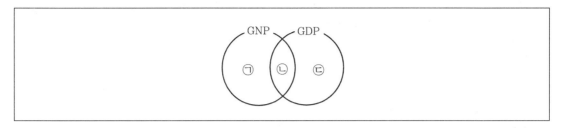

① ㉠은 국내에서 외국인들이 생산한 부가가치의 합계이다.

② ㉠과 ㉢을 합친 액수는 항상 ㉡보다는 크다.

③ ㉡은 우리국민이 해외에서 벌어들인 소득을 말한다.

④ ㉠이 ㉢보다 크면 국제수지의 흑자요인이 된다.

> ✔ 해설 국내총생산(GDP)은 일정기간 동안 자국 내에서 외국인 및 내국인이 새로이 생산한 재화와 용역의 가치를 합한 것이다. 이에 반해, 국민총생산(GNP)은 그 나라 국민이 국내와 해외에서 새로이 생산한 것을 합한 것이다. 그림에서 ㉠은 우리 국민이 해외에서 벌어들인 소득(생산액)을 나타내고, ㉡은 내국인이 순수하게 국내에서 생산하여 벌어들인 소득을 나타내며, ㉢은 외국인이 국내에서 벌어들인 소득(생산액)을 의미한다. 따라서 ㉠이 ㉢보다 크면 외화가 국내로 유입되므로 국제수지의 흑자요인이 된다.
> ① ㉢에 대한 설명이다.
> ② 근거없는 판단이다.
> ③ ㉠에 대한 설명이다.

25 경제활동참가율은 80%이고 고용률이 60%인 국가의 실업률은?

① 10%   ② 15%

③ 20%   ④ 25%

> ✔ 해설 • 경제활동참가율 = (경제활동인구 / 15세 이상 인구) × 100
> • 고용률 = (취업자수 / 15세 이상 인구) × 100
> • 실업률 = (실업자수 / 경제활동인구) × 100
> 15세 이상 인구를 100명으로 가정하고, 고용률이 60%라는 의미는 취업자가 60명이라는 의미와 같다. 경제활동참가율은 15세 이상 인구 중에서 차지하는 취업자와 실업자의 비율이므로 실업자는 20명이다. 실업률은 취업자와 실업자(80명)에서 차지하는 실업자(20명)의 비율로 25%다.

Answer 24.④ 25.④

세계 시장과 한국 경제

01 국제교역

(1) 국제교역의 필요성

① **국민경제** … 다른 나라와 상호교류 하는 개방경제를 지향한다.

② **국제경제** … 국가 상호 간의 인적 · 물적 교류에 의한 활발한 국제경제가 이루어지고 있다.

③ **국제거래의 특징**

　㉠ 국가 간의 생산요소의 이동은 다른 나라의 법규에 따라야 하므로, 국내에서 만큼 자유롭지 못하다.

　㉡ 국가 간에는 부존자원, 생산기술 등의 차이가 있으므로, 각국 상품의 생산비와 가격에도 차이가 생긴다.

(2) 국제교역의 대상

상품뿐만 아니라 생산요소, 서비스, 지적 소유권에 이르기까지 매우 다양하다.

(3) 국제교역의 발생

① **국제교역의 발생원인** … 자국의 이익 추구, 생산비와 가격의 차이 등으로 인하여 국가 간의 무역이 발생한다.

② **국제분업** … 생산비가 싼 비교우위상품을 중심으로 국제 분업이 발생하므로 각국이 상대적으로 생산비가 적게 드는 상품을 생산, 교환하면 양국이 모두 이익을 얻게 된다.

(4) 무역마찰

① **무역마찰의 발생원인** … 각국의 이해관계가 서로 대립되어 국가 간에 무역마찰이 발생한다.

② **선 · 후진국 간의 무역마찰**

　㉠ **후진국** : 자국 제품의 수출 기간산업과 수입대체산업을 보호, 육성하기 위하여 수입품에 관세를 부과한다.

  ⓛ **선진국** : 증대를 위해 무역장벽을 낮추어 달라는 협상을 요구한다.

③ **자유무역주의와 보호무역주의**

  ㉠ **자유무역주의** : 무역에 참가하는 모든 나라가 이익을 얻을 수 있으므로 무역거래를 자유롭게 해야 한다는 주장으로 영국의 스미스가 제창했다. 국내 상업, 생산향상, 기술개발 자극, 물가안정 등의 장점이 있으나, 장기적인 면에서의 국제수지 악화가능성, 국내산업의 기반약화 등의 단점이 있다.

  ⓛ **보호무역주의** : 국제경제력을 갖출 때까지 국내 산업을 보호·육성하고, 대외무역을 통제해야 한다는 주장으로 19세기 후반 독일의 리스트 등에 의해 체계화되었다. 국내 산업을 보호할 수는 있으나 국내기업의 독과점초래, 국제경쟁력 약화 등의 단점이 있다.

  ⓒ **보호무역정책** : 수입품에 대하여 일정 비율의 세금을 징수하는 관세부과조치나 국내 생산업체에 수출보조금과 수입보조금을 지불하는 방법을 사용하고 있다.

(5) 국제거래

① **경상거래**

  ㉠ **무역거래** : 재화의 수출입을 말하며, 국제거래 중에서 가장 대표적이다.

  ⓛ **무역외거래** : 운수, 통신, 보험, 관광 등 용역의 수출입이나 해외투자수익, 차관, 이자 등의 수입과 지급을 말한다.

  ⓒ **이전거래** : 국가 간에 반대급부 없이 수취되거나 지급되는 증여, 무상원조, 이민송금 등의 일방적 거래를 말한다.

② **자본거래** … 기업의 해외 직접투자와 금융기관을 통한 간접투자로 구분된다.

  ㉠ **장기자본거래** : 상환기간이 1년 이상인 자본의 이동이다.

  ⓛ **단기자본거래** : 상환기간이 1년 미만인 일시적인 자본의 이동이다.

(6) 국제수지와 구성

① **국제수지** … 일정 기간 동안에 한 나라가 받은 외화와 지급한 외화의 차액을 국제수지라 한다.

② **국제수지의 구성**

  ㉠ **경상수지** : 재화 및 서비스의 거래에 따른 외화의 수취와 지급을 말한다.

  ⓛ **자본수지** : 차관, 해외투자 등 자본거래에 의한 외화의 수치와 지급을 말한다.

  ⓒ **종합수지** : 경상수지와 자본수지의 합을 말한다.

  ⓔ **기초수지** : 경상수지와 장기자본수지를 합하여 말한다.

③ 국제수지 불균형의 문제점
  ㉠ 대내적인 측면
    • 국제수지 흑자 : 통화량 증대를 가져와 경제안정을 저해한다.
    • 국제수지 적자 : 통화량 감소를 가져와 경제위축을 초래한다.
  ㉡ 대외적인 측면 : 만성적인 국제수지 흑자나 적자는 무역마찰을 가져오는 원인이 된다.

02 환율의 결정과 변동

(1) 국제거래 결제수단

① 결제수단 … 국제거래에서의 대금의 결제는 각국이 화폐제도를 달리 하고 있으므로 국제통화인 외화를 사용한다.

② 결제방법 … 외화로 표시된 수표나 어음(외국환, 외환)으로 결제한다.

③ 주사용 외화 … 미국의 달러($), 영국의 파운드(£), 독일의 마르크(DM), 일본의 엔(¥)

(2) 환율의 의미와 결정

① 환율 … 통화제도가 다른 나라와 거래를 위해 정해 놓은 자국 화폐와 외국 화폐와의 교환 비율을 뜻한다.

② 환율의 표시 … 외국 화폐 1단위와 교환되는 자국 화폐의 단위로 표시한다.

③ 환율의 결정 … 각국의 화폐가 가지는 구매력으로 결정되는 것이 바람직하다.

④ 환율제도
  ㉠ 고정환율제도 : 한 나라의 환율을 정부(중앙은행)가 결정, 고시하여 운영하는 제도이다. 수·출입 계획을 세우기가 쉽고 국제 거래가 촉진되며 국내 경제가 안정되나, 무역 분쟁의 원인이 될 수 있다.
  ㉡ 변동환율제도 : 외환시장에서 수요·공급의 법칙에 따라 한 나라의 환율이 적정 수준으로 변동하는 제도이다. '보이지 않는 손'에 의한 자동적 균형유지가 이루어지고 국제수지의 불균형이 조절되나 수·출입 계획을 세우기가 어렵고, 환율의 변동으로 인해 경제가 불안정하다는 단점이 있다.

(3) 환율의 변동(평가절하와 평가절상)

구분	환율인상(평가절하)	환율인하(평가절상)
의미	우리나라 원화 가치의 하락 (1달러 : 700원→1달러 : 900원)	우리나라 원화 가치의 상승 (1달러 : 700원→1달러 : 500원)
효과	• 수출↑, 수입↓(국제수지 개선) • 수입원자재의 가격상승으로 물가상승 • 외채상환 부담증가 • 통화량증가, 물가상승 • 해외여행 불리	• 수출↓, 수입↑ • 수입원자재의 가격하락으로 물가안정 • 외채상환 부담감소 • 통화량감소, 물가하락 • 해외여행 유리

> Point 》 우리나라 환율제 변천 … 고정환율제→단일변동 환율제→복수통화 바스켓제→시장평균 환율제→자율변동 환율제

03 국제 경제 환경의 변화와 우리의 대응

(1) 국제 경제 질서의 변화

① 자유무역의 확대 … 국제 분업의 발달과 GATT체제 아래 자유무역이 확대되었다.

② 신보호주의의 등장

    ㉠ 신보호주의 : 1970년대 중반 이래 점차 강화되는 무역 제한 조치를 통틀어서 신보호주의라 한다.

    ㉡ 신보호주의 등장 원인 : 선진국의 경기 침체, 선진국의 일부 산업에서의 경쟁력 상실, 선진국간의 무역마찰 심화 등이 원인이 되었다.

    ㉢ 신보호주의 정책 : 국가와 상품에 따라 선별적으로 취해지는데 신흥공업국의 수출품에 대한 수입 규제, 선진국의 제조업 보호를 위한 비관세 장벽, 신흥공업국에 대한 관세 장벽 등의 방식으로 행해진다.

③ 국제무역의 전개과정

    ㉠ 남북문제의 대두

      • 남북문제 : 선·후진국 간의 소득격차 문제가 생겼다.

      • 남북문제의 원인 : GATT체제하의 관세인하교섭이 선진국 상호 간에 이루어짐에 따라 후진국의 이익을 경시하여 소득격차가 크게 확대되었다.

    ㉡ 무역마찰의 발생

      • 배경 : 세계무역의 다극화 현상이 생겼다.

      • 원인 : 각국 간의 무역 불균형현상이 두드러졌다.

    ㉢ 새로운 자유무역 질서의 성립 : 무역질서의 재편에 대한 노력으로 우르과이라운드협상이 타결됨에 따라 1995년 세계무역기구(WTO)체제가 구축되어 새로운 자유무역 질서가 성립되었다.

(2) 국제 경제 협력의 확대

① **지역적인 경제통합**

　㉠ **경제통합** : 국가와 국가 간에 존재하는 무역 장벽을 헐어 버리고, 자유무역의 무차별 원칙을 지역적으로 적용하려는 국제관계를 뜻한다.

　㉡ **경제통합의 형태**

　　• 자유무역지역 : 가맹국 간에 관세가 완전히 철폐되어 자유무역이 실현되지만, 비가맹국에 대해서는 공동관세로 대처하지 않고 독자적인 관세정책을 인정하는 형태로 유럽자유무역지역(EFTA), 북미자유무역지역(NAFTA)등이 있다.

　　• 관세동맹 : 가맹국 간에 자유무역이 실현되면서, 비가맹국에 대해서는 공동관세로 대처하는 형태로 중앙아메리카공동시장(CACM)이 있다.

　　• 공동시장 : 관세동맹에서 생산요소의 이동까지 자유로운 형태의 유럽공동시장(EC)이 있다.

　　• 경제동맹 : 공동시장에서 더 나아가 국가 간에 재정·금융정책까지 상호협조하게 되는 형태로 유럽연합(EU)이 있다.

② **국제경제협력 증대** ⋯ 경제통합의 형태는 아니지만 특정 지역 내의 국가들이 경제협력기구를 만들어, 국제경제관계를 더욱 긴밀히 하고 있다(OECD, ASEAN).

③ **우리의 경제협력** ⋯ 경제협력기구에 적극적으로 참여하여 협력, 국가 간 경제교류 증대, 저개발 국가에 대한 원조를 확대해야 한다.

(3) 국제 경제 환경의 변화와 우리의 대응자세

① **국제경쟁의 심화**

　㉠ **국제 경제 환경의 변동** : 세계경제의 통합, 세계무역기구(WTO)의 출범, 지역주의의 대두 등

　㉡ **세계경제질서의 과제** : 세계주의와 지역주의의 조화가 가장 중요한 과제

　㉢ **국제경쟁의 심화** : 기업 활동의 국제화로 인한 국경 없는 경쟁의 심화, 선진국 중심의 신보호주의 경향 심화, 중진국의 경쟁력확보의 어려움, 후발 개발도상국과의 경쟁이 점차 심화

② **우리의 대응자세**

　㉠ **우리 경제의 과제** : 대외적으로는 국제경제 질서의 변화에 능동적으로 대처해야 하며, 대내적으로는 남북통일에 대비하면서 우리 경제를 선진국 수준으로 계속 발전시켜야 한다.

　㉡ **우리의 대응자세** : 국제경쟁력을 강화하고 세계일류의식을 함양하면서 자주적인 경쟁체제를 마련하고 각 경제주체가 자신의 역할을 충실히 수행해야 한다.

출제예상문제

1 환율상승(평가절하)했을 때의 내용으로 옳지 않은 것은?

① 물가의 상승

② 수입업체의 이윤 증가

③ 외채상환 비용부담 증가

④ 유학간 자녀의 해외송금비용 증가

> ✔ **해설** ② 수입품의 국내가격 상승으로 수입업체의 이윤은 감소하게 된다.
>
> ※ 환율인상(평가절하) … 1달러가 500원에서 1,000원이 된 경우로 우리나라의 원화가치가 달러에 대해 하락한 것을 말한다.
>
> ㉠ 수출증가 : 국내에서 500원이던 재화의 국제가격이 1달러에서 0.5달러로, 달러화 표시가격이 하락하여 수출이 증가한다.
>
> ㉡ 수입감소 : 외국에서 2달러인 재화의 수입가격이 1,000원에서 2,000원으로, 원화표시가격이 상승하여 수입이 감소한다.
>
> ㉢ 외채상환부담 증가 : 1달러를 상환할 경우 부담액이 500원에서 1,000원으로 상승한다.
>
> ㉣ 해외여행 불리 : 100만원을 해외여행에 지출할 경우 해외에서 쓸 수 있는 돈이 2,000달러에서 1,000달러로 감소한다.
>
> ㉤ 물가의 상승 : 수출증가와 수입감소로 통화량이 증가하여 물가가 오른다.

2 환율이 인상되었을 때 나타나는 현상은?

① 수입원자재 가격의 상승으로 국내물가는 오른다.

② 수출품에 대한 해외수요의 감소로 수출은 줄어든다.

③ 수입품에 대한 국내수요의 증가로 수입은 늘어난다.

④ 이미 도입된 외국자본에 대한 상환부담은 감소한다.

> ✔ **해설** 환율인상(평가절하)이 되면 수입상품의 원화가격이 오르므로 수입이 감소되고, 수출상품의 외화가격을 내릴 수 있으므로 수출이 증가하게 되어 국제수지가 호전된다. 그러나 수입가격이 오르면 국내물가도 따라서 오르게 되어 물가안정을 저해하기도 한다.

Answer 1.② 2.①

3 그림은 A시기 이후 예상되는 미국 달러화에 대한 한국 원화의 환율 변화를 나타낸 것이다. 이에 대한 추론으로 가장 적절한 것은?

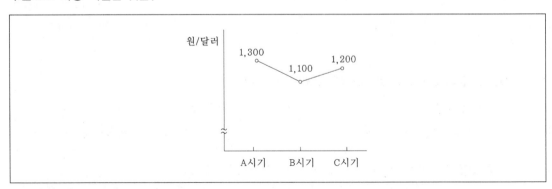

① 미국 달러대비 원화 가치는 A시기가 가장 높을 것이다.

② 한국을 여행하려는 미국인은 A시기에 비해 B시기가 유리할 것이다.

③ 한국 상품의 대미 수출 경쟁력은 C시기에 비해 B시기가 높을 것이다.

④ 미국에 유학 보낸 한국 학부모의 학비부담은 B시기에 비해 C시기가 클 것이다.

✔ 해설 A시기 : 1달러당 1,300원
　　　　B시기 : 1달러당 1,100원
　　　　C시기 : 1달러당 1,200원
　　　　A시기 → B시기 : 환율인하(원화가치 평가절상)
　　　　B시기 → C시기 : 환율인상(원화가치 평가절하)
　　　　A시기 : 미국 달러대비 원화 가치 가장 낮음(원화대비 미국 달러 가치 가장 높음)
　　　　B시기 : 미국 달러대비 원화 가치 가장 높음(원화대비 미국 달러 가치 가장 낮음)
　　　④ 미국에 유학 보낸 한국 학부모의 학비부담은 미국 달러대비 원화 가치가 낮을수록 커지므로, B시기에 비해 C시기가 클 것이다.
　　　① 미국 달러대비 원화 가치는 B시기가 가장 높을 것이다.
　　　② 한국을 여행하려는 미국인은 B시기에 비해 A시기가 유리할 것이다.
　　　③ 한국 상품의 대미 수출 경쟁력은 미국 달러대비 원화 가치가 낮을수록 높아지므로, B시기보다 C시기에 높을 것이다.

Answer 3.④

4 다음 표는 우리나라의 주요 경제지표를 나타낸 것이다. 이 표와 관련된 설명으로 옳지 않은 것은?
(단위 : 100만 달러)

구분 연도	경상수지	무역수지	자본수지	외환보유액(말)
1985	−795	−20	1,633	7,749
1990	−2,003	−2,450	2,564	14,822
1995	−8,508	−4,444	16,786	32,712
1997	−8,618	−3,875	5,438	20,406

① 일종의 가공자료라고 할 수 있다.

② 전수조사(全數調査)를 하였을 것이다.

③ 1997년의 무역규모는 1995년보다 작아졌다.

④ 경상수지의 적자를 자본수지의 흑자로 메웠다.

✔해설 ③ 1995년에 비해 1997년의 무역수지의 적자폭이 감소되었으나, 1997년의 무역규모는 알 수 없다.

5 국제수지의 불균형을 조절하기 위해서 다음과 같은 방법을 썼을 때 국내물가를 상승시킬 우려가 가장 큰 것은?

① 균형환율정책

② 금융확장정책

③ 수입자유화정책

④ 긴축재정정책

✔해설 금융확장정책
  ㉠ 정의 : 실업이 늘어나는 등 불황의 문제가 커질 경우에 중앙은행이 경기를 자극하기 위하여 시중의 자금사정을 풀어주는 금융정책이다.
  ㉡ 방법 : 국·공채나 통화안정증권의 매입, 지급준비율 인하, 재할인율 인하 등이 있다.

Answer 4.③ 5.②

6 다음 표는 원/달러 환율과 엔/달러 환율을 가정하여 나타낸 것이다. 이와 같은 환율 변동에 따라 2020년에 나타날 수 있는 효과로 가장 적절한 것은?

구분	원/달러	엔/달러
2015년	1,250	125
2020년	1,100	100

① 미국 시장에서 일본보다 우리나라 제품의 수출 가격 경쟁력이 높아졌다.

② 일본산 부품을 사용하는 우리나라 기업의 생산 비용이 감소하게 되었다.

③ 원화의 가치가 상승하여 우리나라의 달러 표시 외채 상환 부담이 증가하게 되었다.

④ 달러의 가치가 하락하여 미국이 한국과 일본에 수출하는 제품의 가격 경쟁력이 낮아졌다.

> ✔해설 달러화에 비해 원화와 엔화가 모두 평가 절상되고 있다.
> ① 엔화가 원화에 비해 더 평가 절상 되고 있으므로 미국 시장에서 우리나라 제품의 수출 가격 경쟁력이 높아질 것이다.
> ② 엔화가 원화보다 더 평가 절상되므로 원/엔화 환율은 상승할 것이다. 따라서 일본산 부품을 사용하는 우리나라 기업의 생산 비용이 증가하게 된다.
> ③ 원화의 가치가 상승하여 달러 표시 외채 상환 부담이 감소한다.
> ④ 미국이 한국과 일본에 수출하는 제품의 가격 경쟁력이 높아진다.

Answer 6.①

7 변동환율제도하에서 국내물가가 상승하면 환율은 어떻게 되는가?

① 수출감소와 수입증가로 환율이 인상된다.

② 수출증가와 수입감소로 환율이 인하된다.

③ 수출감소와 수입증가로 환율이 인하된다.

④ 수출증가와 수입감소로 환율이 인상된다.

✔해설 ① 국내물가가 상승하면 수출품의 외화가격이 올라 수출이 감소되고 수입이 증대되므로 외화의 공급 감소 및 수요의 증대를 가져와 환율이 인상된다.

※ 변동환율제도
    ⊙ 개념 : 외화에 대한 수요와 공급에 의하여 환율이 자유로이 변동되도록 하는 제도이다.
    ⓒ 장점 : 환율이 자동적으로 균형을 이루게 되므로 국제수지불균형을 조절하기 위한 정책을 실시 할 필요가 없다.
    ⓒ 단점 : 환율이 자주 변동하면 수입과 수출에 대한 계획을 세우기 어렵고, 수출품과 수입품의 가 격변동이 심해져 국민경제가 불안정하다.
    ⓔ 우리나라의 환율제도(시장평균환율제도) : 국내 외환시장에서 은행들간 원화와 달러화의 매매가격 에 의해 환율이 결정된다.
    ⓜ 변동환율제도하의 국제수지균형
      • 국제수지흑자 → 환율인하 → 수출감소 · 수입증가
      • 국제수지적자 → 환율인상 → 수출증가 · 수입감소

8 A, B국의 라디오와 옷감의 생산비가 도표와 같다. 양국이 비교우위에 따라 교역을 할 때, A국이 옷감 1단위를 얻는 데 드는 노동은? (단, 교역 조건은 1 : 1)

구분	라디오	옷감
A국	8	9
B국	12	10

① 8단위   ② 9단위

③ 10단위   ④ 11단위

✔해설 주어진 도표에 따라 A국은 라디오, B국은 옷감이 비교우위이다. A국과 B국은 라디오와 옷감의 1 : 1 교역이 가능하므로, A국은 노동 8을 들여 라디오 1단위를 생산하여 B국이 노동 10을 들여 생산한 옷 감 1단위와 교역하는 것이므로 A국은 옷감 1단위를 얻는 데 노동 8이 들어간 셈이다.

9 우리나라 무역수지를 흑자로 되게 하는 요인으로 보기 어려운 것은?

① 재할인율의 중단   ② 원화의 평가절상

③ 국제금리의 하락   ④ 원유가격의 하락

> ✔해설 ② 원화의 평가절상(환율인하)은 수입을 촉진시켜 무역수지가 악화될 수 있다.

10 우리나라가 미국에 대하여 원화의 평가절상을 꺼리는 근본이유는?

① 국내물가의 안정을 위하여

② 외채의 상환부담을 감소시키기 위하여

③ 수출증대를 지속하기 위하여

④ 국제경제의 협력을 강화하기 위하여

> ✔해설 평가절상(환율인하) … 자국화폐의 대외가치 상승 → 수출감소 · 수입증가 → 국제수지 악화, 수입원자재
> 의 가격 하락 → 국내물가의 하락 → 물가안정, 원화가치의 상승 → 외채상환부담의 감소

11 우리나라가 외국에 빌려준 돈에 대한 이자를 받아서 다른 나라에 직접 투자를 하였다. 이러한 경우에 국제수지표에서는 어떤 항목이 어떻게 변동되겠는가?

① 무역수지 수취↑, 자본수지 지급↑

② 무역외수지 수취↑, 자본수지 지급↑

③ 이전거래 수취↑, 무역외수지 지급↑

④ 자본수지 수취↑, 자본수지 지급↑

> ✔해설 국제수지 … 1년간 한 나라가 수취한 외화와 지급한 외화의 차액을 말한다.
> ㉠ 무역외수지
> • 무역외거래에서의 수취 : 우리 선박에 의한 해상운임, 해외공장 설립에 따른 투자수익, 외국에 빌려
> 준 돈에 대한 이자
> • 무역외거래에서의 지급 : 외국 선박에 의한 해상운임, 해외차관에 의한 이자
> ㉡ 자본수지
> • 외화의 수취 : 차관을 도입
> • 외화의 지급 : 차관에 대한 원금상환, 외국에 직접 투자

Answer   9.②   10.③   11.②

12 국제수지가 흑자일 경우 나타나는 경제적 상황으로 옳은 것은?

① 한국은행의 외환보유고가 감소한다.

② 환율이 상승하여 가격경쟁력이 증대된다.

③ 국내물가가 하락한다.

④ 시중의 통화량이 증가하여 유효수요가 증가한다.

✔해설 국제수지가 흑자이면 외환보유고가 증가하고 시중의 통화량이 증가하여 물가가 상승한다.

13 다음 중 평가절상에 관한 설명으로 옳은 것은?

① 수출이 증가한다.

② 국내 물가가 상승한다.

③ 유학생 자녀를 둔 경우 송금 부담이 증가한다.

④ 원자재를 수입해서 사업하는 회사의 경우 유리하다.

✔해설 ①②③ 평가절하가 국내 경제에 미치는 영향에 대한 설명이다.

14 다음 중 국제무역의 원인으로 옳지 않은 것은?

① 생산기술의 차이   ② 부존자원의 차이

③ 물가상승률의 차이   ④ 비교생산비의 차이

✔해설 ③ 물가상승률의 차이는 수출과 수입에 영향은 주지만, 국제무역의 원인은 되지 않는다.

Answer 12.④ 13.④ 14.③

15 ⊙~⊎의 사례를 외화의 수취와 지급에 바르게 연결한 것은?

⊙ 외국인이 국내 주식시장에서 주식을 구입하였다.
⊙ 우리나라의 자동차 회사가 미국에 공장을 건설하였다.
⊙ 한류 열풍으로 한국을 찾은 일본 관광객들이 많은 돈을 쓰고 갔다.
⊙ 우리나라의 전자 회사가 미국에 반도체를 수출하고 수출 대금을 받았다.
⊙ 우리나라의 정유 회사가 해외에서 원유를 수입하고 수입 대금을 지불하였다.
⊙ 우리나라에 체류하는 외국인 근로자가 임금을 자기 나라로 송금하였다.

        외화 수취   외화 지급
①   ⊙ⓒⓔ   ⓛⓡⓗ
②   ⊙ⓒⓡ   ⓛⓔⓗ
③   ⊙ⓡⓗ   ⓛⓒⓔ
④   ⓛⓡⓗ   ⊙ⓒⓔ

> ✔ **해설** 외화의 수취는 외화가 국내로 유입되는 경우, 외화의 지급은 외화가 해외로 유출되는 경우이다.
> 외화 수취(외화가 국내로 유입) – ⊙ⓒⓡ
> 외화 지급(외화가 해외로 유출) – ⓛⓔⓗ

CHAPTER

11 사회 · 문화현상의 탐구

01 사회 · 문화현상의 이해

(1) 자연현상과 사회 · 문화현상의 의미와 특징

구분	자연현상	사회 · 문화현상
의미	인간의 의지는 무관한 보편적인 자연법칙에 따르는 자연계의 모든 현상	인간에 의해 인위적으로 창조되는 모든 현상
지배법칙의 내용과 성격	• 사실법칙 : 자연적 사실을 지배하는 법칙 • 인과법칙 : 원인과 그로 인한 결과가 존재한다는 법칙 • 필연법칙 : 우연이나 예외가 없는 법칙 • 존재법칙 : 사실상 그러함을 나타내는 법칙	• 규범법칙 : 인간의 행위의 기준이 되는 법칙 • 당위법칙 : 마땅히 행해야 하는 법칙 • 목적법칙 : 반대현상이 발생할 가능성이 있는 법칙 • 자유법칙 : 자유의지에 따라 예외가 존재할 수 있는 법칙
특징	• 몰가치적(가치중립적)이고 보편이다. • 인간이 창조해낸 가치 기준과는 무관하게 존재한다. • 고정성과 불변성이 있다. • 규칙성의 발견 및 예측이 용이하다. • 관찰과 실험, 특히 통제된 실험을 통한 조사가 가능하다. • 확실성의 원리에 의해 이론화된다.	• 가치함축적이고 가치판단적이다. • 인간이 창조해낸 가치기준으로 특수성을 지닌다. • 유동성과 가변성이 있다. • 규칙성의 발견 및 예측이 곤란하다. • 통제된 실험이 불가능(조사 · 관찰 · 답사 · 사례연구 등)하다. • 확률의 원리에 의해 이론화된다.

(2) 사회 · 문화현상 연구의 특징

① **사회과학의 세분화 · 전문화** … 사회과학은 사회 · 문화 현상을 과학적으로 탐구하려는 학문이다. 사회 · 문화 현상이 점점 복잡해지고 다양해지자 그에 따라 세분화 되고 전문화 되었다.

㉠ **정치학** : 권력, 공공정책, 정치적 의사결정과정을 연구 대상으로 하는 학문이다.

㉡ **경제학** : 인간의 경제활동에 기초를 둔 사회적 질서를 연구 대상으로 하는 학문이다.

ⓒ 사회학 : 인간의 사회적 공동생활을 연구하는 학문이다.

ⓔ 문화 인류학 : 인류의 생활 및 역사를 문화적인 면에서 비교하고 연구하는 학문이다.

② 간학문적 연구

    ㉠ 전통적인 학문 영역간의 소통을 통해 특정한 현상을 통합적으로 이해하려는 방식이다.

    ㉡ 사회현상은 매우 복잡하기 때문에 개별 학문만으로는 모든 것을 설명하기 어려우므로 사회 · 문화현상을 종합적으로 분석하기 위해 여러 학문들을 적용하여 통합적으로 연구할 필요성이 있다.

02 사회 · 문화현상을 보는 관점

(1) 거시적 관점과 미시적 관점

구분	거시적 관점	미시적 관점
내용	사회 체계 전체의 수준에서 탐구하려는 관점	개인 및 개인 간의 상호작용에 초점을 맞추어 탐구하려는 관점
관심대상	계층구조, 사회조직, 사회제도,	개인의 태도나 행동, 개인 간의 상호작용
관련이론	기능론, 갈등론	교환이론, 상징적 상호작용론,

(2) 사회 문화 현상을 이해하는 여러 관점

① 기능론적 관점

    ㉠ 사회 구성요소들은 상호의존적인 관계에 있으며, 사회 전체의 유지와 통합에 기여한다.

    ㉡ 각 요소들의 역할과 기능은 사회구성원들의 합의에 의해 결정된 것이다.

    ⓒ 전체 사회는 유기체와 같이 부분들의 체계로 이루어져 있다.

    ⓔ 통합과 균형을 강조하며, 안정성과 지속성을 기본으로 한다.

    ⓜ 보수주의학자들의 지지를 받는다.

    ⓗ 갈등과 변동의 중요성을 간과하고 현상유지만을 강조하여, 혁명과 같은 급격한 사회변동을 설명하지 못하는 한계를 가지고 있다.

② 갈등론적 관점

    ㉠ 사회 구성요소들은 갈등적인 관계에 있으며, 사회 전체의 변동에 기여한다.

    ㉡ 각 요소들의 역할과 기능은 강제와 탄압에 의한 것이다.

    ⓒ 사회가 존속하는 한 희소가치를 둘러싼 갈등과 긴장은 끊임없이 존재한다.

    ⓔ 갈등과 강제를 중심으로 현상 파괴적 측면을 강조한다.

    ⓜ 진보주의 학자들의 지지를 받는다.

    ⓗ 갈등을 통한 변혁을 강조하며, 사회존속과 통합의 중요성을 경시하는 비관적, 부정적인 관점이라는 한계를 가지고 있다.

③ 상징적 상호작용론

    ㉠ 사람들이 주고받는 언어와 문자, 기호 등 상호 작용 속에 교환되는 상징과 그 의미의 중요성을 강조하는 이론이다.

    ㉡ 일상생활에서 사람들이 어떻게 행위하고 상호작용하는지에 관심을 둔다. 인간의 능동적 사고과정과 자율적 행위의 측면을 중시한다.

    ㉢ 사회는 사람들이 서로 주관적인 의미 규정과 해석을 주고받는 과정이며, 이를 통해 사회가 유지 또는 변동 된다.

    ㉣ 사회·문화 현상을 개인들의 일상생활 속의 행동을 통해 상호 작용한 결과로 발생한 주관적인 의미가 담긴 것으로 본다.

    ㉤ 사회적 행위에는 스스로가 상대방의 주관적 동기와 의미를 해석하는 과정, 즉 상황정의가 필요하다.

    ㉥ 개인은 상징적 상호작용을 통해 자아를 형성하게 되고 자신의 기대역할과 행동을 학습한다.

    ㉦ 사회구조의 힘이 개인의 상호작용에 미치는 영향을 과소평가하여 거시적 구조를 보지 못하는 한계를 가지고 있다.

④ 교환이론

    ㉠ 인간의 행위를 비용과 그에 따른 보상과 연관 지어 생각한다.

    ㉡ 인간은 교환을 통해 이익을 추구하는 합리적 존재이다.

    ㉢ 사회조직 속에서 흥정과 타협을 통하여 서로 주고받게 되어야 관계의 균형이 유지된다.

    ㉣ 교환되는 것은 물질적인 것뿐만 아니라 애정, 명예, 권력 등도 포함된다.

    ㉤ 개인이나 집단이 왜 그런 행동을 하는 가를 설명하는데 유용하다.

    ㉥ **교환관계** : 일대일로 이루어지기도 하고 세대 간 교환이 이루어지기도 하고, 순환적 교환이 일어나기도 한다.

    ㉦ 인간을 지나치게 단순하게 취급한다는 비판도 받고 있다.

(3) 사회 · 문화 현상을 보는 관점들의 조화와 균형

① 거시적 관점과 미시적 관점의 비교

구분	거시적 관점(기능론과 갈등론)	미시적 관점(상징적 상호 작용론과 교환 이론)
특징	개인을 구속하는 사회의 구조에 초점을 둔다.	개인의 능동적 사고 과정과 선택 그리고 타인과의 상호 작용과정에 초점을 둔다.
단점	개인의 주체적 능동성을 간과하였다.	개인을 구속하고 통제하는 거시적 구조를 설명하지 못하였다.

② 사회 · 문화 현상을 보는 관점들의 조화와 균형 … 사회문화현상에 대하여 종합적으로 인식하고, 균형 잡힌 시각을 가지고 개인과 사회의 관계를 보려면 거시적 관점과 미시적 관점을 종합하여 보아야한다.

03 사회 · 문화 현상의 연구 방법

(1) 사회과학의 연구방법

① 실증적 연구방법(양적 접근법) … 자료를 계량화하여 분석하는 연구방법으로 사회현상에 관한 일반적인 법칙을 발견한다.

  ㉠ 특징
    • 객관적으로 관찰 가능한 인간행위를 분석대상으로 삼는다.
    • 객관적 법칙발견이나 엄밀한 인과관계의 확인이 목적이다.
    • 수량적으로 표현할 수 있는 양적인 자료를 중시한다.
    • 통계적인 분석기법을 활용한다.
    • 연구자가 관찰대상과 일정한 거리를 유지한 채 가치중립적으로 연구한다.
  ㉡ 장점 : 객관적이고 정확 · 정밀한 연구, 법칙발견에 유리하다.
  ㉢ 단점 : 계량화가 곤란한 인간의 정신적 영역 등에 관한 연구는 제약을 받는다.
  ㉣ 전제
    • 자연현상과 사회 · 문화현상은 본질적으로 다르지 않다.
    • 자연과학적 연구방법을 사회 문화현상에 적용할 수 있다는 방법론적 일원론을 주장한다.
  ㉤ 절차 : 문제인식 → 가설설정 → 연구 설계 → 자료수집 → 자료 분석 → 가설검증 → 결론도출

② 해석적 연구방법(질적 접근법) … 연구자의 직관적인 통찰에 의해 사회현상의 의미를 해석하고 이해하려는 연구방법이다.

  ㉠ 특징
    • 인간의식의 심층적 영역에 관심을 가진다.
    • 인간행동의 동기, 의도 등과 같은 의미의 파악이 목적이다.

- 비공식적 문서, 역사적 기록의 이면적 의미를 중시한다.
- 연구자의 직관적 통찰에 의거하여 연구한다.
- 연구자가 관찰대상의 입장이 되어 볼 것을 강조한다.
ⓒ 장점 : 행위자의 주관적 의식의 심층에 대한 이해가 가능하다.
ⓒ 단점 : 실증적 연구와 같은 객관성 확보가 쉽지 않다.
ⓔ 전제
- 자연현상과 사회 · 문화 현상은 본질적으로 다르다고 생각한다. 그렇기 때문에 자연과학적 연구방법을 가치 함축적인 사회 문화현상에 적용할 수 없다는 방법론적 이원론을 주장한다.
- 사회는 행위자에 의해 구성되면 개인들은 지속적으로 상호작용을 한다.
ⓜ 절차 : 문제인식 → 연구 설계 → 자료수집 → 자료 처리 및 해석 → 결론 및 적용

(2) 자료수집방법

① **질문지법** … 조사하고자 하는 내용을 설문지로 만들어, 이를 조사 대상자가 직접 기입하게 하는 방법이다.
  ㉠ 장점 : 시간과 비용 절약, 분석기준 명확, 자료 분석용이 등이 있다.
  ㉡ 단점 : 회수율이 낮고 문맹자에게는 실시가 곤란하며 질문내용이 잘못 이해될 수 있다.
  ㉢ 단점보완책 : 질문지를 이해하기 쉽게 작성하고, 사전검사를 통해 질문에 대한 반응을 관찰하고 그 결과를 분석하여 결함을 보완한다.

② **면접법** … 연구자와 조사대상자가 직접 만나 필요한 정보를 대화를 통해 수집하는 방법이다.
  ㉠ 장점 : 문맹자에게도 실시가능하며 자세한 조사가 가능하다.
  ㉡ 단점 : 시간과 비용이 많이 들고 표본을 많이 구하기 어려우며 조사자의 편견이 개입할 우려가 있다.

③ **참여관찰법** … 연구자가 사회현상을 직접 보고 듣고 느끼면서 자료를 수집하는 방법이다.
  ㉠ 장점 : 의사소통이 곤란한 경우에도 실시 할 수 있으며, 정보를 깊이 있게 관찰할 수 있다.
  ㉡ 단점 : 원하는 현상이 나타날 때까지 기다려야 하는 경우가 발생하며 관찰자의 주관이 작용할 가능성이 높고 예상치 못한 변수가 발생할 우려가 있다.

④ **문헌연구법** … 역사적인 문헌을 수집하거나 이미 발표된 통계자료를 수집하는 방법이다.
  ㉠ 장점 : 적은 비용으로 폭넓은 연구가 가능하며 주어진 연구문제에 대한 기존 연구동향을 효과적으로 파악할 수 있다.
  ㉡ 단점 : 문헌자료의 신뢰성 문제가 따르며 연구자의 주관적 문헌해석 가능성이 존재한다.

⑤ **실험법** : 인간행위에 일정한 자극을 주고 이에 대한 반응을 구함으로써 자료를 수집하는 방법이다.
  ㉠ 장점 : 과학적인 연구가 가능하다.
  ㉡ 단점 : 인간에 대한 실험은 비윤리적이라는 비판이 있다.

04 **사회 · 문화 현상의 탐구 절차와 태도**

(1) 사회 · 문화 현상의 탐구 절차

① 연역적 방법과 귀납적 방법
- ㉠ **연역적 방법** : 보편적인 원리에서 가설을 설정하고 출발하여 연구하고 일반적인 법칙이나 이론을 찾아내는 방법이다.
- ㉡ **귀납적 방법** : 개별사례에 대한 관찰을 총괄하여 그 공통된 성질을 일반적인 법칙으로 확립하는 방법이다.

② 양적 연구방법의 탐구절차
- ㉠ **문제제기 및 연구 주제 선정** : 연구를 통하여 해결하고자 하는 문제가 무엇인지를 명확히 밝히는 단계이다.
- ㉡ **가설 설정**
  - 기존의 연구 결과와 이론 등을 참고하여 가설을 설정하는 단계이다.
  - 결론을 예측해 보는 것으로 원인에 해당하는 독립변수와 결과에 해당하는 종속 변수 간의 관계를 구체적으로 나타낸다.
- ㉢ **연구 설계**
  - 자료수집방법 : 조사대상과 범위, 조사 기간, 그리고 분석 도구에 대해 구체적으로 계획을 세우는 단계이다.
- ㉣ **자료수집 및 분석** : 연구 설계에서 계획된 자료 수집 방법에 따라 자료를 수집하고 수치화된 자료를 통계 기법을 이용하여 분석하는 단계이다.
- ㉤ **가설 검증 및 일반화** : 자료를 분석한 결과를 바탕으로 가설을 수용할지 기각할지 검증하고 가설이 입증된 경우에는 일반화를 시도하는 단계이다.

③ 질적 연구 방법의 탐구 절차
- ㉠ **문제제기 및 연구주제 선정** : 가설을 설정하지 않거나 설정하는 경우에도 추상적인 형태로 만드는 것이 일반적이다.
- ㉡ **연구 설계** : 자료수집 방법, 조사대상과 범위, 조사기간에 대해 구체적인 계획을 세우는 단계이다.
- ㉢ **자료 수집 및 분석**
  - 주로 녹음, 메모, 촬영 등의 방법을 통해 자료 수집을 한다.
  - 연구자의 직관적인 통찰에 의거하여 자료를 분석한다.
- ㉣ **결론** : 분석한 자료의 의미를 중심으로 결론을 도출하는 단계이다.

(2) 사회·문화 현상의 탐구 태도

① 사회·문화 현상의 탐구에서 필요한 연구자의 태도

   ㉠ 성찰적 태도 : 현상을 있는 그대로 받아들이지 않고 의문을 가지고 살펴보려하거나 자신의 연구과 정에 대해서 제대로 탐구하고 있는지 되짚어 보려는 태도

   ㉡ 객관적인 태도
- 자신의 주관을 떠나 사실을 있는 그대로 관찰하고 인식하려는 태도
- 자신의 선입관이나 감정적 요소를 배제한 제3자적 입장

   ㉢ 개방적인 태도
- 여러 가지 가능성이 동시에 공존할 수 있다고 인정하는 태도
- 논리적으로 옳아 보이는 주장이나 이론도 경험적으로 실증될 때까지는 가설로 받아들이는 태도
- 편견이나 편협한 가치관 배격, 무비판적 추종이나 무조건적 배격 탈피

   ㉣ 상대주의적인 태도
- 사회와 문화의 특수성을 이해하는 태도
- 동일한 사회·문화현상이라 할지라도 해당 사회의 역사적·문화적 배경이나 현실적 여건에 따라 다르게 이해 하려는 태도

   ㉤ 조화의 중요성을 인식하는 태도
- 사회는 조화를 이루는 가운데 발전하는 것임을 인식하는 태도
- 협동과 대립, 갈등이 교차하고 반복되면서 사회가 발전한다고 생각하는 태도

② 사회·문화 현상의 탐구에서 가치중립문제

   ㉠ 사실과 가치
- 사실 : 실재하는 어떤 것의 객관적 상태를 있는 그대로 설명해 주는 명제로, 경험적 증거를 바탕으로 하여 참 과 거짓을 객관적으로 규명할 수 있다.
- 가치 : 사물이나 사건, 행위나 사람, 관행, 제도 등에 대한 주관적 평가의식을 담고 있는 명제로, 평가적 용어 가 사용된다.

   ㉡ 가치중립 : 가치로부터 자유로운 상태, 즉 가치의 영향이 배제된 상태를 뜻한다.

   ㉢ 가치개입 : 특정한 가치를 전제로 그것과의 연관성 속에서 의사결정에 임하는 것이다.

   ㉣ 과학과 가치의 문제
- 가치중립의 필요성 : 사회과학의 탐구목적은 사회·문화현상을 기술하고 그 속에서 법칙을 찾는 것이므로 연구 자의 주관적인 가치가 배제되어야 한다(연구자의 주관적 가치 때문에 사실을 왜곡하여 자료를 수집해서는 안 된다).
- 가치중립성을 지키기 어려운 이유 : 사회현상 자체에 가치가 내포, 연구자 자신이 사회현상 내부에서 관찰, 연구 주 제와 대상의 선택에서 연구자의 가치판단이 불가피할 수밖에 없기 때문이다.

(3) 사회 · 문화 현상의 탐구에서 연구자가 지켜야하는 윤리문제

① 연구 윤리의 필요성

　　㉠ 사회 문화 현상의 탐구는 인간의 행위를 탐구의 기본으로 하므로 윤리적 원칙에 충실해야한다.

　　㉡ 연구의 대상이 사람이므로 연구 과정이나 결과가 인권을 침해하지 않도록 해야 한다.

② 연구 주제의 윤리성

　　㉠ 연구 주제가 윤리적으로 허용되는 범위 내의 것이어야 한다.

　　㉡ 인간 생활에 해를 끼치거나 불이익을 주는 것은 허용되지 않는다.

③ 연구 대상자와 관련된 윤리문제

　　㉠ 연구대상의 인권 보호 관련 문제 : 인간을 대상으로 하므로 탐구과정에서 조사 대상자에게 신체적, 정신적, 물질적, 법적으로 피해를 주지 않고 인권을 보호해야한다.

　　㉡ 연구대상자의 자발적인 참여 문제 : 연구대상자에게 연구의 성격과 목적, 내용 등에 대한 정보를 미리 제공하고 조사 참여에 대한 동의를 구해야한다.

　　㉢ 연구대상자의 사생활 보호문제 : 연구대상자의 사생활보호를 위해 익명성을 보장해야하며 연구결과의 분석과 보고과정에서도 연구대상자를 절대 공개해서는 안 된다.

④ 연구과정 결과 보고와 활용에서의 윤리문제

　　㉠ 연구 과정에서의 윤리문제 : 원하는 결과를 얻기 위해 자료를 편파적으로 수집하거나 자료를 조작해서는 안 된다.

　　㉡ 결과 보고에서의 윤리문제 : 연구결과의 확대 및 왜곡이나 타인의 연구결과물을 도용하는 것은 범죄에 해당한다.

　　㉢ 연구 결과 활용에서의 윤리 문제 : 결과가 다수에게 악영향을 미치거나 정부정책에 왜곡되어 반영될 수 있는지도 고려해야 한다.

출제예상문제

1 다음 사회현상의 탐구과정 중 가치중립이 필요한 곳은?

문제제기 → 가설의 설정 → 자료수집 및 해석 → 결론도출 → 대안모색
　　　ㄱ　　　　　　　ㄴ　　　　　　　　　ㄷ　　　　　ㄹ

① ㄱ

② ㄴ

③ ㄷ

④ ㄹ

✔**해설** 가치중립은 가치의 영향이 배제된 상태, 즉 가치로부터 자유로운 상태를 말한다. 사회현상의 탐구과정 중 자료의 수집 및 해석단계는 연구자의 가치가 개입될 경우 과학적 연구에 객관성이 결여되어 사실을 왜곡할 위험이 있다. 즉, 본인이 설정한 가치에 유리한 자료만을 증거로 채택하고 불리한 자료는 무시하여 잘못된 결론도출에 이를 수 있다. 따라서 연구자의 가치중립적 자세는 올바른 결론도출에 꼭 필요한 요소이다.

2 우리가 무심코 사용하는 말 중에는 특정집단과 국가의 가치관이나 편견이 개입된 것들이 많이 있다. 다음 중 이러한 사례로 보기 어려운 것은?

① 대한민국의 주권은 국민에 있다.

② 중국인들은 우리 민족을 동이족이라 불렀다.

③ 대한민국은 극동지역에 위치한 반도국이다.

④ 콜럼버스는 1492년 아메리카대륙을 발견했다.

✔**해설** ④ 역사적 사실에 대한 것으로 가치관이나 편견이 개입되었다고 할 수 없다. 물론 아메리카 대륙은 원주민 입장에서는 발견이 아니고, 유럽의 입장에서 보면 발견이 되나, 이는 가치관이나 편견의 문제는 아니다.

Answer 1.③ 2.④

3 다음 연구 절차에서 반드시 가치 중립을 지켜야 하는 단계를 모두 고른 것은?

> • 1단계 : 외환 위기 이후 실업 문제를 가장 절실하게 느낀 계층에 대하여 궁금해졌다.
> • 2단계 : 저소득 계층 여성 가장들의 실업 문제가 가장 심각할 것이라고 잠정적으로 결론을 내렸다.
> • 3단계 : 외환 위기 이후 계층별 임금과 실업 실태에 관한 자료를 수집하였다.
> • 4단계 : 자료 분석 결과 저소득 계층 여성 가장들의 실업이 가장 심각한 것으로 나타났다.
> • 5단계 : 저소득 계층 여성 가장들을 위한 취업 대책 마련을 제안했다.

① 1단계, 2단계 ② 1단계, 3단계
③ 2단계, 5단계 ④ 3단계, 4단계

✔해설 자료 수집 및 분석 단계에서는 반드시 가치중립을 지켜야 한다.
• 1단계 : 문제 인식 단계
• 2단계 : 가설 설정 단계
• 3단계 : 자료 수집 단계
• 4단계 : 자료 분석 단계
• 5단계 : 연구 결과의 활용 단계

4 다음 중 해석적 연구방법으로 옳은 것은?

① 직관적 통찰 ② 법칙 발견
③ 통계적 연구 ④ 조작적 정의

✔해설 해석적 연구방법 … 연구자의 직관적인 통찰에 의하여 사회현상의 의미를 해석함으로써 사회현상을 이해하는 연구방법이다.

5 사회현상에 대한 탐구는 일반적 법칙을 발견하는 일 못지않게 사회적 의미를 파악하는 일도 중요하다. 그 까닭으로 가장 적절한 것은?

① 사회현상에는 인과법칙이 존재할 수 없기 때문에

② 사회현상은 실증적 방법을 통하여서는 탐구할 수 없기 때문에

③ 사회현상은 가치와 목적이 개입되어 있기 때문에

④ 사회현상의 탐구과정에서 연구자의 관점을 배제할 수 있기 때문에

✔해설 사회현상은 가치와 목적이 개입되어 있기 때문에 사회적 의미를 파악하는 일도 중요하다.

6 비교적 소수의 응답자로부터 깊이 있는 정보를 얻고자 할 때 가장 적절하게 쓰일 수 있는 정보수집방법은?

① 질문지법 ② 면접법

③ 참여관찰법 ④ 문헌연구법

✔해설 면접법 … 많은 사람으로부터 비슷한 정보를 얻고자 할 때보다는 비교적 소수의 응답자로부터 깊이 있는 정보를 얻고자 할 때 더 적절하게 쓰일 수 있다.

7 사회현상을 바르게 인식하기 위해서는 새로운 사실 또는 다른 사람들의 주장을 편견없이 받아들이는 태도가 필요한데, 이와 관계 깊은 사회현상의 인식태도는?

① 객관적인 태도 ② 개방적인 태도

③ 상대주의적인 태도 ④ 특수성을 고려하는 태도

✔해설 개방적 태도 … 여러 가지 가능성이 공존할 수 있다는 사실을 인정하는 태도이다. 즉, 사회현상은 다소의 공통성도 가지지만 모두가 다른 특성을 가지기 때문에 사회현상을 바르게 인식하기 위해서는 새로운 사실 또는 다른 사람의 주장을 편견 없이 받아들이고 경험적으로 실증될 때까지는 가설로서만 받아들이는 태도를 지녀야 한다.

Answer 5.③ 6.② 7.②

8 다음 중 사회 · 문화현상을 탐구하는 태도로 옳지 않은 것은?

① 사회 · 문화현상의 특수성을 고려한다.

② 가능한 한 선입관이나 편견을 배제한다.

③ 부분적인 가치를 지닌 특정한 이론은 그대로 받아들인다.

④ 사회 · 문화현상 그 자체를 있는 그대로 정확하게 인식하는 단계에서는 냉정한 제3자의 입장에 서야 한다.

> ✔해설 ③ 부분적인 가치를 지닌 어떤 특정한 이론을 무비판적으로 받아들이거나 다른 사람의 주장을 무조건 배격하는 일은 피해야 한다.
> ※ 사회 · 문화현상을 탐구하는 태도 … 객관적인 태도, 개방적인 태도, 상대주의적 태도, 조화의 중요성 을 인식하는 태도가 요구된다.

9 다음의 두 가지 성질이 모두 사회현상이 지닐 수 있는 특징이라고 생각되는 것은?

① 구속법칙 – 당위법칙   ② 목적법칙 – 필연법칙

③ 특수성 – 존재법칙   ④ 특수성 – 보편성

> ✔해설 사회현상의 특수성과 보편성
> ㉠ 특수성 : 문화적 · 역사적 배경과 사고 및 행동양식이 상이하다.
> ㉡ 보편성 : 인류공통의 이상과 목표를 추구하는 사회과학이다.

10 다음의 내용과 관련이 있는 것은?

> '사람을 해치지 말라', '이웃을 사랑해야 한다' 등과 같이 '마땅히 그러해야 한다', '마땅히 그렇게 해야 한다' 등이 그 예이다.

① 사실법칙   ② 당위법칙

③ 존재법칙   ④ 인과법칙

> ✔해설 ①③④ 자연을 지배하고 있는 법칙의 내용들이다.

Answer 8.③ 9.④ 10.②

11 사회현상의 탐구와 자연현상의 탐구가 서로 다르다고 보는 사람들이 중시하는 입장으로 가장 옳은 것은?

① 일반적인 법칙발견　　　　　　　② 행위의 의미파악

③ 탐구의 목적과 주제　　　　　　　④ 주어진 환경과 조건

> ✔**해설** 의미의 파악을 통한 연구 … 사회현상을 모두 자연과학과 똑같은 방법으로 탐구할 수 있는지와 그 방법이 과연 타당한지에 대해서는 의문을 제기하는 학자들이 있는데, 그들의 주장에 의하면 사회현상은 인간의 의식과 의지를 바탕으로 일어나며, 인간의 행위에는 주어진 환경과 조건, 그리고 자신의 행위에 대한 해석과 의미가 담겨 있기 때문에 자연 과학적 방법과는 다른 방법으로 탐구해야 한다는 것이다.

12 사회현상의 탐구과정에 대한 진술로 옳지 않은 것은?

① 시대와 사회를 초월하는 보편적 가치를 지닌 사회현상도 있음을 인정한다.

② 연구의 결과 얼마나 사실과 일치하느냐의 문제는 연구가 얼마나 체계적이냐에 달려 있다.

③ 연구가 얼마나 정밀성이 있느냐의 문제는 측정의 단위가 얼마나 정확한가에 달려 있다.

④ '신은 있는가', '인생의 궁극적인 목적은 무엇인가' 등은 경험적으로 증명할 수 없으므로 연구의 대상으로 삼지 않는다.

> ✔**해설** 사회현상 탐구의 객관성과 체계성
> ㉠ 객관성 : 연구자 자신의 단순한 감정이나 느낌을 배제한다.
> ㉡ 정확성·정밀성 : 연구결과와 사실과의 일치여부의 문제이다.
> ㉢ 체계성 : 부분적 지식과 전체와의 적절한 연계성이 문제이다.

13 다음 내용을 읽고 사회과학연구에서 연구자의 주관이나 가치관이 개입될 수도 있는 단계를 고르면?

> 모든 사회현상이 객관적 성격을 가지고 있지는 않지만 사회현상 중에서도 자연현상과 마찬가지로 객관화시킬 수 있는 분야가 있다. 인구의 수, 연령 및 성별로 구분된 분포형태라든가, 봉급과 물가의 현황, 생산구조, 노동조건 등은 객관성을 갖는다. 뿐만 아니라 역사학에서의 전쟁과정이나 동맹의 내용, 정치학에서의 선거제도 등도 객관적 사실로 파악된다. 이처럼 사회과학에서도 여러 현상들이 객관성을 가지며 관찰자의 편견을 배제시킬 수 있는 장점을 가지기 때문에 사회과학자들은 가능한 한 많은 사회현상을 객관적인 방법으로 연구하려 한다.

① 개념의 규정   ② 가설의 설정
③ 대책의 수립   ④ 자료의 수집

✔해설 연구과정에서 중요한 것은 객관성이다. 그러나 연구결과를 어디에 어떻게 적용시키는가는 연구자의 주관에 의해 결정될 수도 있다.

14 다음의 내용과 가장 관련이 깊은 것은?

> • 여러 가지 개념 간의 상호관계에 대한 잠정적 결론을 미리 진술한 것이다.
> • 경험적인 검증을 거치지는 않았지만, 충분히 기대되고 예측되는 원리적이고 법칙적인 내용을 잠정적으로 서술한 것이다.

① 개념   ② 가설
③ 정리   ④ 공리

✔해설 ① 어떤 현상을 가리키기 위하여 그것을 구체적으로 관찰해서 얻은 공통의 특성을 추상해 낸 것이다.
② 경험적인 실증을 거쳐서 확실하게 된 가설은 결론이 된다.
③ 이미 진리라고 증명된 일반적인 명제이다.
④ 직접 자명한 진리로 승인되어 다른 명제의 전제가 되는 근본명제이다.

Answer 13.③ 14.②

15 다음의 사회 현상에 대한 여러 가지 인식 태도와 그 연결이 옳은 것은?

> ㉠ 우리나라는 다른 나라와 달리 남북이 분단되어 대결하고 있는 상황이므로 바른 국가관과 민족관을 가지고 사회를 보는 태도를 가져야 우리의 사회적 현상을 올바르게 인식하고 평가할 수 있다.
> ㉡ 어떤 사회는 종교적 권위에 의하여 쇠고기 또는 돼지고기를 먹는 것을 금한다. 이러한 종교적 금기를 그 사회의 맥락에서 살펴보게 되면 그 사회에서는 자연 환경을 고려한 삶의 지혜임을 알게 된다.
> ㉢ 행복이 무엇인가라는 질문에 대하여 가난에 허덕이는 사람은 '배불리 먹는 것'이라 할 것이고, 병에 시달리는 사람은 '건강'이라 할 것이다.
> ㉣ 사회 과학자는 그의 선입관을 버리고 가능한 한 냉정한 제3자의 입장을 유지할 때 사회 · 문화 현상을 과학적으로 인식할 수 있다.
> ㉤ 우리 사회의 제사 관습은 당연한 일로 여겨져 왔다. 왜 음식은 여자들이 차리는지, 왜 절은 주로 남자가 하는지, 의문을 제기할 수 있다.

① 상대주의적 태도 – ㉠㉡
② 객관적 태도 – ㉢㉣
③ 개방적 태도 – ㉡㉤
④ 성찰적 태도 – ㉠㉤

✔ 해설 ㉠ 사회와 문화의 특수성을 고려하는 태도가 상대주의적 태도이다.
㉡ 그 사회의 역사적 · 문화적 맥락을 고려하는 태도가 상대주의적인 태도이다.
㉢ 사회 현상은 보는 각도에 따라 다른 견해가 나올 수 있다는 것은 개방적인 태도이다.
㉣ 선입관을 버리고 제3자의 입장을 유지하는 것은 객관적 태도이다.
㉤ 과거의 인습적 사고를 수동적으로 받아들이지 않고 의문을 가지고 비판적으로 살펴보려는 성찰적 태도이다.

12 개인과 사회 구조

01 인간의 사회적 성장

(1) 사회화

① 사회화의 의미와 종류

   ㉠ 사회화의 의미 : 개인이 사회적 상호작용을 통해서 그 사회의 행동방식과 사고방식을 학습해가는 과정이다.

   ㉡ 사회화의 종류

구분	내용	예
탈사회화	새로운 문화나 환경에 적응하기 위해 이미 배웠던 것을 버리는 과정	군 생활
예기 사회화	지위 변화에 따른 역할을 미리 배우고 준비하는 과정	교육 실습, 신부 수업
재사회화	새로운 환경에 적응하고자 새로운 규범과 가치, 지식 등을 학습 하는 과정	교도소에서 복역할 경우

   ㉢ 사회화 과정

     • 1차적 사회화 : 유아기에 가족과 주변의 가까운 사람들에 의해 이루어지며 이시기에 습득되는 사회화 내용은 인성의 기본 틀을 형성한다.

     • 2차적 사회화 : 아동기 이후부터 의도적인 교육과 훈련, 일상의 경험을 통해 평생 이루어진다.

② 사회화를 바라보는 관점

   ㉠ 거시적 관점

구분	기능론	갈등론
사회화의 의미	• 합의와 균형을 강조 • 다양한 개인들의 행동을 원만하게 조정, 통합하는 과정	지배 계급의 문화를 전수하여 지배층의 지배를 정당화 시키는 과정
사회화의 기능	• 개인을 사회에 적응 통합시켜 사회를 유지함 • 사회 구조의 안정과 질서를 유지시킴	기득권을 가진 집단의 이익이 지켜지는 상태를 유지, 강화하기 위한 내용을 전달함
사회화의 내용	사회의 안정과 질서유지 및 통합에 필수적으로 개인과 사회의 필요에 따라 합의된 것	기득권층의 이익이나 의사를 대변하여 기득권층에 유리한 이데올로기 전파

ⓛ 미시적 관점

- 사회화란 타인들의 반응에 따라 어떻게 생각하고 행동하는 것이 바람직한지 내면화하는 과정이다.
- 사회화에서 인간의 자아형성과 상징적 상호작용의 중요성을 강조한다.
- 사회화는 개인을 사회적 성원으로 성장시키고 사회적 소속감을 형성한다.

(2) 사회화 기관

① 사회화 기관의 의미와 종류

ⓐ 사회화 기관의 의미 : 개인의 사회화를 담당하는 기관이다.

ⓑ 주요사회화기관

사회화 기관	주요사회화 내용	사회화 기관	주요사회화 내용
가족	기본적인 욕구충족, 정서적 반응방식 습득	학교	지식과 기술 습득, 진로 및 직업 선택, 역할 규범 학습
또래집단	언어, 규칙과 가치관습득	대중매체	새로운 정보와 지식 및 생활 양식 습득

② 사회화 기관의 분류

ⓐ 1차적 사회화 기관과 2차적 사회화 기관

구분	1차적 사회화 기관	2차적 사회화 기관
특징	자연발생적으로 형성, 전인격적 관계	인위적으로 형성, 형식적 비인격적 관계
기능	• 기초적인 사회화 담당 • 기본적 인성과 정체성 형성	• 전문적, 고차원적인 사회화 담당 • 사회생활을 위한 지식과 기능 습득
종류	가족, 친족, 또래집단	학교, 정당, 직장, 대중매체 등

ⓑ 공식적 사회화 기관과 비공식적 사회화 기관

구분	공식적 사회화 기관	비공식적 사회화 기관
특징	사회화를 주목적	부수적으로 수행하는 사회화
종류	학교, 유치원 등	가족, 직장, 대중매체, 군대

(3) 지위와 역할, 역할 갈등

① 지위

㉠ **지위** : 지위의 의미 한 개인이 집단이나 사회적 관계 속에서 차지하고 있는 위치이다.

㉡ **지위의 종류**

구분	귀속 지위	성취 지위
의미	태어나면서부터 자연적으로 획득하는 지위	개인의 재능과 노력에 의해 후천적으로 획득하는 지위
특징	전통 사회에서 중요시	현대사회에서 중요시

② 역할

㉠ **역할** : 지위에 따라 사회가 기대하는 일정한 행위 유형이다.

㉡ **역할행동**(역할 수행) : 개인이 자신에게 부여된 역할을 실제로 행동에 옮기는 방식으로 개인의 성격, 습관, 나이 등에 따라 각기 다르게 나타난다.

③ 역할 갈등

㉠ **역할 갈등** : 한 사람이 수행해야 할 여러 가지 역할들이 서로 모순을 일으켜 역할 수행자가 갈등을 느끼게 되는 현상을 의미한다.

㉡ **역할 갈등의 유형**

구분	역할긴장	역할모순
지위의 수	하나의 지위	여러 개의 지위
의미	한 개인이 가지고 있는 하나의 지위에서 서로 상반되는 역할이 요구될 때 발생하는 역할 갈등	한 개인이 가지고 있는 여러 가지 지위에 따라 기대되는 역할들이 서로 상충 될 경우에 발생하는 역할 갈등

㉢ **역할 갈등의 해결**
- 사회적으로는 어느 것을 우선시 하는 것이 바람직한지에 대한 합의와 기타의 역할을 다른 방법으로 수행할 만한 제도적 뒷받침이 마련되어야한다.
- 개인적으로는 역할의 우선순위를 정하여 중요한 것부터 처리해 나가거나, 여러 가지 역할 가운데 하나를 선택하여 수행해야 한다.

02 개인과 사회의 관계

(1) 사회적 상호작용

① **사회적 상호작용** … 사회생활을 하면서 사람들 간에 서로 영향을 주고받으면서 행동을 교환하는 것이다.

② 사회적 상호작용의 유형

ⓐ **협동** : 공동의 목표를 달성하기 위해 구성원들이 서로 힘을 합치는 것이다. 평등한 참여 기회가 보장되며 목표 달성 시, 그 혜택을 공평하게 나눠야 잘 이루어진다.

ⓑ **경쟁** : 둘 이상의 행위자 혹은 집단이 공통의 규칙에 따라 동일한 목표를 서로 먼저 차지하기 위해 애쓰는 것이다. 심할 경우 갈등으로 발전할 수 있다.

ⓒ **갈등** : 목표나 이해관계가 충돌하여 상대방을 강제로 굴복시키거나 제거해서 목표를 달성하려는 것이다. 사회 분열과 혼란을 초래하기도 하지만 사회문제를 파악하고 해결방안을 모색함으로써 사회발전에 기여한다는 긍정적인 작용도 한다.

(2) 개인과 사회의 관계

① 개인과 사회를 보는 입장

구분	사회 실재론	사회 명목론
내용	• 사회는 실제로 존재 • 사회는 개인들의 행위 양식이나 특성들만으로는 설명 불가 • 개인은 사회를 구성하는 하나의 단위에 불과하며 사회가 개인보다 우선시 됨	• 사회는 명목상으로만 존재 • 사회는 개인의 행위와 동기에 근거하여 설명됨 • 실재하는 것은 개인뿐이고 사회는 개인들의 단순한 집합체에 붙여진 이름에 불과하며 개인이 사회보다 더 근원적임
특징	• 개인보다 사회가 중요 • 사회현상을 파악 할 때 사회 조직이나 사회 집단을 탐구한다.	• 사회보다 개인이 중요 • 사회현상을 파악할 때 개인들의 특성을 탐구
관점	사회유기체설, 전체주의의 토대	개인주의, 자유주의의 토대, 사회계약설, 공리주의
장점	사회 통합에 기여	민주주의 발전에 기여
문제점	• 전체를 위한 개인의 희생을 정당화함 • 인간의 주체적이고 능동적인 사고와 행위의 측면을 간과함	• 극단적인 개인주의로 빠질 우려 • 개인의 행위에 대한 사회구조나 사회제도의 영향력을 간과함

② 개인과 사회를 보는 바람직한 관점

ⓐ 사회는 개인 없이 존재할 수 없고, 개인은 사회 없이 인간다운 삶을 누릴 수 없다.

ⓑ 사회명목론이나 사회 실재론 중 하나의 관점만을 적용할 경우, 현상을 바르게 이해할 수 없다.

ⓒ 개인과 사회의 밀접한 상호 연관성에 중점을 두고 개인과 사회의 관계를 이해해야한다.

03 사회 집단과 조직

(1) 사회 집단

① 사회 집단 ··· 두 사람 이상이 어느 정도의 소속감과 공동체 의식을 가지고 지속적인 상호작용을 하는 사람들의 집합체를 의미한다.

② 사회집단의 유형

ㄱ 내집단, 외집단 : 구성원의 소속감을 기준으로 분류(섬너)

구분	내집단(공동체의식)	외집단(적대의식)
특성	• 강한 소속감과 공동체 의식, 유대감과 동료애, 애착심을 가진 집단 • 자아 정체감 형성, 판단과 행동의 기준을 배우게 함	• 이질감과 적대감을 가진 집단 • 적대의식이나 공격적 태도를 가지기도 하며, 집단결속의 필요성을 가져오기도 함
예	친족, 이웃, 학교	게임의 상대편, 적군

ㄴ 1차 집단, 2차 집단 : 접촉방식을 기준으로 분류(쿨리)

구분	1차 집단(원초집단)	2차 집단
형성방법	자연발생적 형성	특정 목적달성을 위한 인위적 형성
친밀도	친밀한 대면관계	친밀감이 낮은 형식적 관계
목적	관계자체가 목적	목적 달성을 위한 수단
관계	자기 노출수준이 높고, 타인에 대한 지식과 관계가 포괄적	타인에 대한 지식과 관계가 부분적, 간접적
통제	관습 도덕 등 비공식적 관계	법 규칙 등 공식적 통제
실례	가족, 또래 집단, 이웃	학교, 회사, 군대, 국가 등

ㄷ 공동사회와 이익사회 결합의지에 따른 분류(퇴니스)

구분	공동사회(자연발생)	이익사회(인위적 형성)
형성방법	본질적, 자연적인 의지로 형성	의도적, 선택적으로 형성
결합목적	결합자체	특수목적달성
인간관계	• 서로 친밀함 • 정서적, 영구적인 인간관계 • 신뢰와 협동심이 강함	수단적, 형식적, 타산적, 목표지향적
특성	• 상호이해와 관습이 집단 구성의 바탕 • 가입과 탈퇴가 자유롭지 못함	• 효율성, 전문성 지향 • 구성원들의 이해관계에 따른 계약과 규칙이 집단구성의 바탕
실례	가족, 촌락	회사, 정당, 학교

ⓔ 준거집단 : 개인의 판단과 행동의 기준이 되는 집단으로, 준거집단은 그 개인이 소속하고 있는 집단일 수도 있고 그렇지 않을 수도 있다. 준거집단과 소속집단이 불일치할 경우 사회 이동의 증가, 문화 전파의 촉진 등이 나타난다.

(2) 사회조직

① **사회조직** … 공식적인 목표와 과업의 효율적 달성이 1차적 관심이며 구성원의 지위와 역할이 명백하게 구별되고 절차와 규범에 따른 구성원들의 형식적 · 비인격적 관계가 형성되며 구성원의 개인적 행동을 상당히 제한하는 집단이다.

② 사회조직의 유형

　㉠ 공식 조직과 비공식 조직

구분	공식 조직	비공식 조직
특성	• 뚜렷한 목표달성을 위해 의도적으로 형성 • 구성원의 지위와 역할이 명확하게 구분되고 전문화됨 • 효율적인 과업수행을 위해 성원들의 활동제한	• 공식 조직 내에서 개인적인 관심이나 취미에 따라 형성 • 구성원의 만족감과 사기를 높여 조직의 효율성을 높임
예	학교, 회사, 정당, 정부	사내 동호회, 교내 동아리

　㉡ 자발적 결사체 : 공동의 이해나 목표를 추구하는 사람들이 스스로 만든 집단을 의미한다.
　　• 특징 : 자발적 가입 · 탈퇴, 신념과 목표 뚜렷, 토론과 합의중시 등이 있다.
　　• 형태 : 친교목적(취미동호회, 동창회), 특정이익을 위한 목적(한의사협회), 공익목적(시민단체, NGO) 등이 있다.
　　• 기능 : 정서적 만족, 사회의 다원화, 정보제공, 사회운동 등의 기능을 한다.
　　• 역기능 : 배타적 특권집단화 가능성, 공익과의 상충 등이 나타날 수 있다.

(3) 관료제와 탈관료제

① **관료제의 특징과 장점** … 대규모 조직을 합리적으로 운영하는 방식으로 가장 발달된 조직형태이다.
　㉠ 특성 : 과업의 전문화, 권한과 책임에 따른 위계의 서열화, 문서화된 규약과 절차에 따른 업무수행, 지위획득 기회의 균등, 경력에 따른 보상 등이 있다.
　㉡ 기능
　　• 효율성 : 거대한 집단적 과업을 안정된 속에서 효율적으로 처리할 수 있다.
　　• 표준화 : 업무가 표준화되어서 구성원이 바뀌어도 과업수행에 차질이 없다.

② **관료제의 역기능** … 수단을 지나치게 강조하여 본래 목표보다 더 중시하는 현상이 나타난다.
　㉠ 무사안일주의(비능률성) : 구성원들은 자기에게 유리한 것은 과장하고, 불리한 것은 축소시켜 조직의 목표와 과업을 달성하는 데 지장을 초래할 수 있다.
　㉡ 인간소외 : 인간을 주어진 규칙과 절차만을 지키는 객체로 전락시킬 수 있다.

ⓒ 창의성 저하 : 규격화된 행동을 요구하며 진취적이고 독창적인 사고를 방해한다.

③ **탈관료제** … 변화에 빠르게 적응하며 조직의 구성과 해체가 자유롭다. 수평적 관계로 효율적인 의사 소통 및 빠른 업무처리가 가능하며 개인과 조직의 경쟁력 강화, 창의력 증진, 구성원의 능력과 업적에 따른 보상이 가능하다.

ⓐ **형태**

- 팀제조직 : 문제를 해결하기 위해 다양한 전문 인력들에 의해 임시적으로 조직되는 조직형태이다.
- 네트워크형 조직 : 실제 업무 담당자와 최고 경영층이 유기적인 관계를 맺어 신속하고 효율적인 의사 결정을 내릴 수 있는 조직 형태이다.
- 아메바형 조직 : 자율성과 유연성을 기본 원칙으로 하여 조직 편성의 변경, 분할, 증식이 수시로 일어난다.
- 오케스트라형 조직 : 구성원들이 협동하고 동등한 지위와 책임을 가진다.

ⓑ **역기능** : 소속부서가 자주 바뀌어 심리적 불안감 가중, 공동 작업으로 인해 책임의 경계가 불분명하다.

04 ▶ 사회구조의 의미와 특징

(1) 사회구조의 의미와 특징

① **사회적 관계** … 개인의 생존과 활동 과정에서 이루어지는 주변과의 상호 작용이 지속적으로 일어나면서 형성된 관계를 말한다.

② **사회구조** … 하나의 사회 내에서 개인들이나 집단들이 상호 관계를 맺고 있는 방식이 정형화되어 안정된 틀을 이루고 있는 조직적인 총체를 말한다.

③ **사회구조와 개인 및 집단 간의 상호작용**

ⓐ **사회구조는 구성원의 행동을 규정** : 사회구조가 일상생활에서 개인의 사회적 행위에 대하여 영향력을 행사한다.

ⓑ **개인이 사회구조를 변화** : 인간에게는 자율성과 독립적 의지가 있어서 사회구조를 바꿀 수 있는 원동력이 되기도 한다.

④ 사회구조에 대한 관점

기능론적 관점	갈등론적 관점
• 합의와 균형 강조 • 상호의존성 : 사회를 이루는 구성요소들은 상호 의존적 관계에 있으며, 사회의 유지와 통합에 기여하고 있다고 보는 입장 • 사회적 합의 : 각 사회적 요소들의 기능과 방식들은 이미 사회적으로 합의된 것이므로, 당연히 지켜져야 함 • 사회문제는 비정상적인 상태이므로 사회구조는 이를 극복하고 안정적인 상태로 돌아가려는 속성을 가진다.	• 갈등과 강제 강조 • 사회구성요소의 대립 : 사회의 구성요소들이 서로 대립되거나 불일치한 상태로 존재, 이러한 갈등은 사회 전체의 변동에 기여함 • 강제와 억압을 통한 집단 이익의 추구 : 사회구성요소들 간의 이해관계의 상충은 기존 사회에 변동을 촉진시킴 • 서로 다른 이해관계를 지닌 집단들이 서로 투쟁하면서 사회변동이 일어난다.

(2) 일탈 행동의 원인과 대책

① 일탈 행동의 의미와 특징

ㄱ 의미 : 한 사회의 구성원들이 인정하는 사회 규칙이나 사회적 규범에 어긋나는 행동

ㄴ 특징

   • 일탈행동의 여부는 역사적 조건, 시대적 상황과 지역에 따라 달라진다.
   • 개인적 긴장 야기, 사회문제로 확산될 수 있다
   • 일탈행동을 통해 사회문제 표면화가 일어나고 이를 해결함으로써 사회발전을 가능하게 한다.

② 일탈 행동의 원인

ㄱ 거시적 측면 : 일탈의 원인을 사회구조의 틀에서 찾는다. (관련이론 : 기능론, 갈등론)

ㄴ 미시적 측면 : 일탈의 원인을 개인들 간의 상호관계에서 찾는다. (관련이론 : 상징적 상호작용론)

③ 일탈 행동의 원인에 대한 이론

ㄱ 기능론

이론	일탈의 의미 및 원인	일탈에 대한 대책
아노미론	• 목표와 수단이 어긋나서 규범부재나 혼란의 상태에 있을 때, 일탈행동 발생 • 사회의 규범이 약화되거나 부재할 때, 또는 두 가지 이상의 규범이 동시에 존재할 때 행동지침을 잃게 되는 현상을 아노미로 규정	• 사회적 합의에 바탕을 둔 지배적 규범의 정립필요 • 다양한 사회적 욕구를 공평하게 해소 시켜줄 수 있는 사회제도의 정립
사회병리론	사회를 하나의 유기체와 같이 보고, 어느 집단이나 제도 등이 제 역할을 해주지 못하는 것을 일탈행위로 간주	도덕교육의 강화와 올바른 사회화
사회해체론	사회변동으로 인해 기존의 사회구조가 해체되어 제 기능을 담당하지 못할 때 일탈 행동 발생	사회체계의 불균형제거와 균형 상태를 회복하려는 제도적 노력 필요

ⓛ 갈등론

	일탈의 의미 및 원인	일탈에 대한 대책
집단 갈등론	지배적인 사회집단 혹은 계층의 가치와 규범, 이해관계가 법과 같은 강제성 있는 사회 규범으로 만들어지기 때문에 지배 집단이 정해 놓은 규범에 상충되는 행위를 함으로써 일탈 행동 발생	공정한 법 제정과 시행 및 사회 불평등 구조 해소
가치갈등론	지배집단이 갖고 있는 가치와 피지배집단이 갖고 있는 가치가 존재하며 지배집단의 가치에서 벗어난 행동을 일탈행동으로 봄	두 집단의 지배와 피지배의 역학관계 해소

ⓒ 상징적 상호작용론

이론	일탈의 의미 및 원인	일탈에 대한 대책
낙인이론	사회가 일탈행위자로 낙인찍을 경우, 스스로 체념하고 일탈행동을 반복하게 된다.	부정적 낙인에 대한 신중한 판단
차별적교제 이론	개인이 일탈유형과 지속적으로 접촉하면서 사회규범에 동조적인 행동유형과 멀어지고 일탈행동을 하게 됨	일탈행위자와의 접촉차단

④ 일탈 행동의 기능

ⓐ 역기능 : 사회의 기본 질서와 규범파괴, 혼란 야기, 사회결속 약화

ⓑ 순기능 : 범죄자에 대한 낙인과 엄격한 제재로 다른 구성원에게 범죄 예방효과가 나타난다. 사회 문제를 표면화하여 발전에 기여한다.

출제예상문제

1 관료제와 탈관료제에 대한 설명으로 가장 옳은 것은?

① 관료제는 업무의 세분화와 전문화를 강조한다.

② 탈관료제는 관료제에 비해 연공서열에 따른 보상을 중시한다.

③ 탈관료제는 관료제와 달리 조직 운영의 효율성을 추구한다.

④ 탈관료제는 업무 수행 방식의 표준화를 중시한다.

> ✔**해설** 관료제는 조직을 효율적, 합리적으로 관리하기 위한 하나의 방식으로 업무의 세분화와 전문화를 강조
> 한다. 탈관료제란 관료제의 역기능을 극복하기 위해 등장한 것으로 팀제 조직, 네트워크 조직, 아메바
> 형 조직, 오케스트라형 조직 등으로 세분화된다.
> ② 관료제는 탈관료제에 비해 연공서열에 따른 보상을 중시한다.
> ③ 관료제와 탈관료제 모두 조직 운영의 효율성을 추구한다. 다만, 탈관료제는 보다 유연하고 빠른
> 적응력을 강조한다.
> ④ 업무 수행 방식의 표준화를 중시하는 것은 관료제다.

2 피라미드형 계층구조와 비교하여 다이아몬드형 계층구조의 내용으로 옳지 않은 것은?

① 사회이동이 극히 제한되어 있어 불안정하다.

② 적극적인 복지정책을 추진하는 나라에 많이 보인다.

③ 분화된 산업사회의 계층구조이다.

④ 중간계층이 상·하층보다 상대적으로 많다.

> ✔**해설** 다이아몬드형 계층구조
> ㉠ 중류계층의 구성원 비율이 상류나 하류계층에 비하여 높아서 상대적으로 발전되어 있고 안정된 기
> 반을 갖추고 있는 경우이다.
> ㉡ 산업사회가 진행됨에 따라 전문직, 관료직, 사무직과 같은 직종이 크게 늘어남으로써 나타나게 되
> 었다.
> ㉢ 국가가 국민의 복지수준을 높이고 계층 간의 격차를 줄이고자 하는 정책을 적극 추진함에 따라 나
> 타나는 일반적 경향이다.

Answer 1.① 2.①

3 다음에서 설명하는 일탈 이론에 부합하는 사례로 옳은 것은?

> 같은 행동이라도 아무 일 없으면 그냥 '일상'이 되고, 문제가 생기면 '일탈'이 된다. 누구나 살면서 잘못을 저지르지만 적발되지 않으면 대부분 별 문제없이 지나간다. 하지만 그것이 다른 사람들에게 적발되고 세상에 알려지면 상황은 급격히 변화한다. 자신을 대하는 사회적 시선이 예전과 달라졌음을 인식하게 되면서 그는 점점 일탈을 내면화하고 정상적인 사회 규범과 멀어진다.

① 경로 사상이 퇴조하면서 노인에게 폭언과 폭행을 가하는 사건이 늘어난다.
② 실직 가장이 일확천금을 꿈꾸며 도박판에 뛰어들어 남은 재산을 모두 탕진한다.
③ 폭행을 당한 피해자가 법에 호소하는 대신 친구들을 동원해 가해자에게 보복을 한다.
④ 부유층 아이의 싸움은 자연스러운 성장 과정으로, 빈민층 아이의 싸움은 비행으로 가는 과정으로 간주한다.

> ✔해설 제시문은 특정 행위에 대해 사회 구성원들이 일탈 행동으로 낙인을 찍으면 그에 맞추어 정체성을 형성하고 일탈을 내면화하게 된다는 낙인 이론을 설명하고 있다.
> ④ 부유층 아이의 싸움과 달리 빈민층 아이의 싸움을 비행으로 가는 과정으로 간주, 즉 낙인을 찍으면 빈민층 아이들은 이를 내면화하고 다시 일탈적인 행동을 하게 된다고 보는 것은 낙인 이론의 입장이다.
> ①②③은 아노미 이론에 해당한다.

4 다음 중 관료제에 대한 설명으로 옳지 않은 것은?

① 업무의 분화와 전문화로 효율화를 추구한다.
② 조직 내의 모든 지위가 권한과 책임에 따라 위계서열화 되어 있다.
③ 공정한 경쟁을 통하여 귀속지위를 획득할 수 있다.
④ 승진과 보수는 근무경력과 능력에 의한다.

> ✔해설 ③ 관료제에서의 지위는 공개경쟁을 통한 공평한 기회가 부여되며, 이때의 지위는 귀속지위가 아닌 성취지위이다.

Answer 3.④ 4.③

5 사회구조를 이해함에 있어서 갈등론적 관점에 대하여 올바른 설명은?

① 사회구조를 하나의 유기적 관계로 파악한다.

② 강제와 변동을 사회구조의 기본성격으로 본다.

③ 사회구조에서 부분들 간의 상호의존적 관계를 강조한다.

④ 상호관계에서 사회성원들의 합의를 강조한다.

> ✔해설 ①③④ 기능론적 관점에 대한 설명이다.

6 다음 중 계층구조에 대한 설명으로 옳은 것은?

① 우리나라의 계층구조는 다이아몬드형에서 피라미드형으로 변화하고 있다.

② 안정된 사회에서는 흔히 피라미드형 계층구조가 이루어진다.

③ 폐쇄적 계층구조와 개방적 계층구조의 차이는 사회이동의 제도적 인정여부에 있다.

④ 폐쇄적 계층구조는 수직이동을 제도적으로 허용한다.

> ✔해설 ① 우리나라의 계층구조는 피라미드형에서 다이아몬드형으로 변화하고 있다.
> ② 안정된 사회에서는 흔히 다이아몬드형의 계층구조가 이루어진다.
> ④ 개방적 계층구조에서 수직이동을 제도적으로 허용한다.
> ※ 계층구조
> ㉠ 폐쇄적 계층구조
> • 수직이동의 가능성이 극히 제한된다.
> • 세대간 이동은 세습의 형태를 보인다.
> • 귀속지위 중심의 계층구조이다.
> ㉡ 개방적 계층구조
> • 수직이동을 제도적으로 허용한다.
> • 개인의 능력이나 노력이 사회이동의 중요한 요소이다.
> • 성취지위 중심의 계층구조이다.

Answer 5.② 6.③

7 사회구조에 대한 설명으로 옳지 않은 것은?

① 사회구조에 대한 기능론적 관점은 사회를 하나의 유기체로 보고 변화의 속성을 강조한다.

② 사회구조에 대한 갈등론적 관점은 갈등과 강제의 속성이 있다.

③ 사회구조는 구성원이 바뀌더라도 비교적 오랫동안 지속되는 특징을 지닌다.

④ 사회구조는 안정성과 변화의 가능성을 함께 지닌다.

> ✔️**해설** ① 변화의 속성을 강조하는 것은 갈등론적 관점이다.
> ※ 사회구조
>   ⊙ 개념 : 인간의 사회관계가 통일적이고 조직적인 총체를 이루고 있는 상태를 말한다.
>   ⓒ 특징 : 지속성, 안정성, 변동의 가능성을 지닌다.
>   ⓒ 기능론적 관점
>   • 사회는 하나의 유기체
>   • 각 부분은 상호의존관계
>   • 전체적인 균형과 통합 유지(지속성과 안정성 추구)
>   • 합의에 의한 협동적 관계
>   ⓔ 갈등론적 관점
>   • 대립적 불균형 상태
>   • 갈등 · 강제 · 변동관계
>   • 긴장 · 마찰에 의한 변화
>   • 강제에 의한 종속관계

8 다음 표는 사회집단을 구분한 것이다. 다음의 설명으로 옳은 것은?

구분	공동사회	이익사회
1차 집단	(가)	(나)
2차 집단	(다)	(라)

① 학교, 회사, 정당은 (가)의 예이다.

② 동호회는 (나)에 해당한다고 볼 수 있다.

③ (라)보다 (가)가 가입과 탈퇴가 더 자유롭다.

④ 가족, 친족, 또래집단은 (다)의 예이다.

> ✔️**해설** ② 동호회, 친목회, 동창회 등은 이익사회이면서 1차 집단적 성격을 갖는다.
>   ① 학교, 회사, 정당은 (라)의 예이다.
>   ③ 공동사회보다 이익사회가 가입과 탈퇴가 더 자유롭다.
>   ④ 가족, 친족, 또래집단은 (가)의 예이다.

Answer 7.① 8.②

9 집단은 하나의 사회단위로서 소멸되지 않고 유지·발전되어 간다. 그 요인이 아닌 것은?

① 구성원의 이동제한　　　　　　　　② 구성원들의 합의와 동조

③ 적당한 방식의 보상과 제재　　　　④ 집단의 지도력

> ✔ **해설** 집단의 유지·발전요인
> ㉠ 구성원들의 합의와 동조
> ㉡ 집단의 적절한 크기
> ㉢ 집단의 지도력
> ㉣ 적당한 방식의 보상과 제재

10 사회적 상호작용에 대한 설명으로 옳지 않은 것은?

① 협동은 달성된 목표나 혜택이 고루 분배된다는 조건이 보장될 때 잘 이루어진다.

② 경쟁은 모든 분야에서 무제한 허용되지는 않는다.

③ 타협과 공존은 갈등이 부분적일 때 일어난다.

④ 집단 간에 갈등이 생기면 집단 내부의 갈등은 심화되는 경향이 있다.

> ✔ **해설** 갈등적 상호작용
> ㉠ 의의 : 목표나 이해관계가 달라서 상대를 적대시하거나 상대를 제거·파괴하려는 상태이다(전쟁, 노사분규).
> ㉡ 특징 : 집단 간에 갈등이 생기면 집단 내부의 갈등은 줄어드는 경향이 있다(조정과 타협, 강제를 통한 일시적 잠재화).

Answer 9.① 10.④

11 '다른 집 아이들은 어찌되던 우리 집 아이만 좋고 괜찮으면 그만이다'라고 생각하는 형태는 다음 중 어디에 해당하는가?

① 아노미   ② 집단이기주의

③ 문화지체   ④ 문화해체

> ✔ **해설** 설문은 가족이기주의에 관한 설명으로 집단이기주의의 하나의 행태이다.
> ① 사회구성원들의 목표와 수단이 어긋나서 규범의 부재 또는 혼란의 상태를 보이는 것을 뜻한다.
> ③ 문화변동의 속도와 관련하여 비물질적인 제도나 가치의 변화가 물질적 측면의 변화를 따르지 못해 간격이 점점 커지는 현상이다.
> ④ 외래문화가 수용되어 종래의 문화체계까지 변동이 일어나 기존문화체계의 통합성마저 분리하게 되는 문화변용을 말한다.
> ※ 집단이기주의
>   ○ 의의 : 한 집단이 전체 사회의 공동의 이익과 발전은 고려하지 않고, 자기 집단의 이익과 발전만을 추구하는 것을 말한다.
>   ○ 형태 : 가족이기주의와 지역이기주의 등이 있다.

12 다음의 내용을 충족시키는 가장 적절한 개념은?

> • 동물에게서는 발견되지 않는다.
> • 사고, 의지와 관계가 있다.
> • 생각과 느낌의 흐름을 파악한다.

① 생리적 욕구   ② 사회적 존재

③ 상징체계   ④ 자기성찰력

> ✔ **해설** 생각과 느낌의 흐름을 파악한다는 것에 착안한다.

Answer   11.②   12.④

13 다음에서 협동의 조건이 되는 것만을 옳게 골라 묶은 것은?

> ㉠ 목표달성을 위한 활동에 누구나 참여할 수 있다.
> ㉡ 달성된 목표나 혜택이 고루 분배된다.
> ㉢ 달성목표가 제한되어 있다.
> ㉣ 달성목표나 이해관계가 상충되어 있다.

① ㉠㉡   ② ㉠㉢
③ ㉡㉢   ④ ㉢㉣

> ✔해설 협동의 성립조건 … 협동은 당사자들이 어떤 목표를 달성하기 위한 활동에 누구나 참여할 수 있고, 그 결과로 달성된 목표나 혜택이 고루 분배된다는 조건이 보장될 때에 잘 이루어진다.

14 갈등의 긍정적 측면으로서 거리가 먼 것은?

① 집단 내부의 결속과 연대의 강화
② 달성된 목표의 공정한 분배의 실시
③ 사회적 혁신을 촉진시키는 계기를 제공
④ 보다 확고한 협동을 이끌어내는 분위기 조성

> ✔해설 갈등에 대한 긍정적 측면
> ㉠ 집단 내부의 결속강화 : 갈등이 바로 혼란이나 파멸과 직결되는 것은 아니다. 그것은 오히려 집단 내부의 결속을 강화시키기도 한다.
> ㉡ 비합리적인 면의 폭로 · 개선 : 갈등은 인습에 가려 있어 당연시되던 비합리적인 면을 폭로하여 이를 개선시킬 수도 있다.
> ㉢ 확고하고 협동적인 상호작용의 유도 : 조정과 타협이 제대로 이루어지기만 하면, 갈등은 전보다는 더 확고하고 협동적인 상호작용을 이끌어낼 수도 있다.

15 다음 두 주장이 공통으로 근거하고 있는 관점에 대한 설명으로 가장 거리가 먼 것은?

> • '부(富)'라는 사회가치는 인정하지만 비합법적으로 부를 달성하려 할 때 일탈행위가 발생한다.
> • 사회계층화는 개인과 사회가 최선의 기능을 발휘하도록 하는 불가피한 사회적 장치이다.

① 사회는 갈등에 의해 발전한다.

② 사회적으로 합의된 가치가 존재한다.

③ 사회구성원은 사회통합에 기여한다.

④ 사회문제는 사회기능이 파괴될 때 발생한다.

> ✔해설 제시된 자료는 기능론에 의거하여 일탈행위와 사회계층현상을 설명하고 있다.
> ① 갈등론에 의한 사회발전인식이다. 기능론에서는 사회문제를 사회의 일정한 부문이 제기능을 발휘하지 못한 병리적인 현상으로 본다.

16 사회구조에 대한 설명으로 옳지 않은 것은?

① 사회구조는 그 구성원이 바뀌면 변동한다.

② 사회구조는 전체적으로 파악한 사회적 관계의 체계이다.

③ 사회구조는 안정성과 변화가능성을 동시에 지니고 있다.

④ 사회구조는 부분 이상의 기능과 힘을 지니고 있다.

> ✔해설 사회구조는 개인의 집합체 이상의 체계와 기능을 지니고 있기 때문에 사회구성원의 교체 여부와는 관계없이 사회구조는 존속 · 유지된다.

Answer　15.①　16.①

17 다음 글은 甲공무원이 일탈행동을 하게 되는 과정을 나타낸 것이다. 이 과정을 설명해 줄 수 있는 이론을 순서대로 나열한 것은?

> 甲공무원이 돈을 벌기 위하여 공무원신분을 망각한 채 이권에 개입하여 징계를 받았다. 이후 그는 주위 사람들과 동료들의 차가운 시선 때문에 헤어나지 못하고 계속 범죄의 수렁에 빠지게 되었다.

① 상호작용론, 낙인론　　　　　　　② 낙인론, 아노미론

③ 아노미론, 낙인론　　　　　　　　④ 상호작용론, 아노미론

> ✔해설 **일탈행동의 형성원인**
> ㉠ 아노미현상 : 사회적인 목표는 분명하지만 그것을 성취할 만한 적절한 수단들이 제공되지 못할 경우에 목표와 수단이 어긋나서 규범의 부재나 혼란상태를 보이게 되는 것을 의미한다.
> ㉡ 낙인론 : 일탈행동을 한 사람은 다른 사람들이 일탈행위를 한다고 낙인찍는 경향이 있기 때문에 그와 같은 행동을 더 저지르게 된다는 것이다.

18 갈등론적 관점에서의 계층화현상에 대해 옳지 않은 것은?

① 계층화현상은 필연성을 부정한다.

② 지배집단은 기득권 유지를 위해서 계층이 발생되었다고 생각한다.

③ 사회계층화는 집단 간의 갈등을 유발하고, 사회적 박탈감을 초래한다.

④ 희소가치의 균등한 분배에 의해 계층이 나타난다.

> ✔해설 **갈등론적 관점**
> ㉠ 계층화가 보편적인 현상일지는 몰라도 필수불가결하지는 않다.
> ㉡ 계층제도가 사회체계를 형성한다.
> ㉢ 사회계층화는 집단 간의 대립·갈등에서 생긴다.
> ㉣ 사회계층화는 개인과 집단의 최선의 기능수행에 장애가 된다.
> ㉤ 사회계층화는 지배적 집단이 지향하는 가치의 반영이다.
> ㉥ 사회적 희소가치는 지배집단의 의사와 결정에 따라 분배된다.
> ㉦ 경제분야가 사회를 지배한다.
> ㉧ 사회계층구조는 혁명적 과정을 통하여 변화한다.

Answer 17.③ 18.④

19 밑줄 친 ⊙, ⓒ에 대한 설명으로 옳지 않은 것은?

> 최근에는 ⊙기업에서 구성원 간 친목 도모를 위한 ⓒ동호회 활동을 장려하는 경우가 많다. 조직 내에서 이루어지는 구성원 간 친목 도모 활동이 조직의 효율성을 높이는 데 기여하기 때문이다.

① ⊙은 공식 조직에, ⓒ은 비공식 조직에 해당한다.

② ⊙과 ⓒ은 모두 자발적 결사체로서 가입과 탈퇴가 자유롭다.

③ ⓒ은 ⊙에서 나타나는 인간 소외의 문제를 완화시키는 데 기여한다.

④ ⓒ은 ⊙과 달리 구성원 간 수단적인 관계보다는 정의적인 관계를 중시한다.

> ✔해설 ② 동호회는 자발적 결합체로 볼 수 있으나, 기업은 가입과 탈퇴가 자유롭지 못하므로 자발적 결합체로 볼 수 없다.
> ① 기업은 공식 조직에, 기업 내 동호회는 비공식 조직에 해당한다.
> ③④ 비공식 조직은 친밀한 인간관계를 바탕으로 형성되어 구성원들에게 소속감 및 정서적 안정감, 만족감과 사기를 높임으로써 공식 조직에서 나타나는 인간 소외의 문제 등을 완화시키는 데 기여한다.

20 사회적 측면에서 볼 때 사회화의 기능에 해당하지 않는 것은?

① 사회구성원의 동질화를 꾀한다.

② 사회와 문화를 존속시킨다.

③ 개인을 사회적 성원으로 존속시킨다.

④ 한 사회의 문화가 다른 사회의 문화와 다른 양상을 보이도록 한다.

> ✔해설 사회화의 기능
> ⊙ 개인적 측면 : 개인을 사회적 성원으로 성장시키고 사회적 소속감을 가지도록 하는 기능을 수행한다.
> ⓒ 사회적 측면 : 사회화는 구성원의 동질화를 꾀하고 사회와 문화를 존속시키며, 한 사회의 문화가 다른 사회의 문화와 다른 양상을 보이도록 하는 기능을 하고 있다.

Answer 19.② 20.③

CHAPTER

13

문화와 사회

01 ▶ 문화의 의미와 특징

(1) 문화의 의미와 속성

① 문화의 의미
- ㉠ 좁은 의미 : 교양을 갖춘 혹은 개화되거나 세련된 상태를 말한다.
- ㉡ 넓은 의미 : 한 사회 구성원들이 생각하고 행동하는 방식인 생활양식의 총체이다.

(2) 일상생활에 담긴 문화

① 일상생활과 문화
- ㉠ 반복되는 일상은 우리가 의식하지 못한 채 행하는 문화 활동의 연속 과정이다.
- ㉡ 객관적으로 일상을 바라보면 그 속에 숨겨진 문화 현상의 의미를 파악할 수 있다.

② 정치 및 경제생활과 문화
- ㉠ 정치나 경제현상도 사람들의 가치관이나 전통, 종교적 지향 등에 의해 복합적으로 영향을 받는다.
- ㉡ 정치 및 경제생활을 통해서 그 사회의 문화현상과 문화의 여러 가지 속성을 파악할 수 있다.

(3) 문화 요소와 기능

① 문화 요소
- ㉠ 문화 요소 : 한 사회의 문화에서 총체적으로 나타나는 독특한 문화 복합체를 설명하는 기본요소이다. 예 기술, 언어, 가치, 규범, 상징, 예술 등
- ㉡ 기술 : 인간의 욕구나 욕망에 적합하도록 주어진 대상을 변화시키는 모든 인간적 행위이다. 문화의 창조와 변동, 전승과 축적에 영향을 미친다.
- ㉢ 언어 : 생각이나 느낌을 나타내거나 전달하기 위하여 사용하는 음성, 문자 등의 수단이다. 사람간의 소통 수단이 될 뿐만 아니라 삶의 방식과 연관이 있다.
- ㉣ 가치 : 사회구성원의 신념이나 감정 체계, 사회의 다양한 문화 현상에 영향을 미치며, 한 사회집단의 성격을 규정한다.

ⓜ **규범** : 사람의 사회생활에 있어서 판단, 행위, 평가 등의 기준이나 규칙이다. 따르지 않으면 사회적 제재를 받는다. 종종 사회의 존립을 위해 금지 하는 금기로 나타난다.

ⓢ **상징** : 사물이나 의미를 나타내는 작용을 하는 것을 말한다. 문화마다 다르게 부여되고 사람들의 관념이나 가치에 영향을 미친다.

ⓞ **예술** : 인간의 창의력과 아름다움을 표현하는 활동과 그 결과물로서의 작품, 한 사회의 상징이나 일상을 담아내는 중요한 문화요소이다.

ⓩ **개별문화요소간의 연계성** : 개별문화요소들은 그 자체로도 다양한 문화 형태를 만들어내지만 이것들은 서로 영향을 미치면서 한 사회의 문화를 만들고 사회 구성원의 일상에 영향을 미친다. 그래서 개별적 혹은 유기적으로 연계된 문화요소 없이는 인간의 문화적 특성을 발휘하기가 어렵고 사회생활을 영위하기도 어려우므로 사회구성원으로서 이에 대한 이해가 요구된다.

② **문화의 기능**

⊙ 문화는 집단 간에 소속감을 주고 동질감을 높이는 긍정적인 기능을 한다.

ⓛ 인간을 환경에 적응하게 하는 중요한 기제이다. 인간이 환경에 적응하는 과정에서 각각 다른 적응방식을 택함으로써 사회는 다른 문화를 발전시켜왔다.

ⓒ 인간이 가진 지식을 축적하고 확장하게 해준다.

ⓓ 인간의 기본 욕구를 충족시켜준다.

---

02 문화 이해의 관점과 태도

(1) 문화를 이해하는 태도

① **문화를 이해하는 잘못된 태도**

구분	자문화 중심주의	문화 사대주의
의미	자신의 문화를 우월하게 생각하여 자기 기준으로 다른 문화를 평가하는 태도	자신의 문화를 무시하거나 낮게 평가하고 다른 문화만을 동경하거나 숭상하는 태도
장점	같은 문화를 공유하는 사람들끼리 소속감과 자부심 고무	외래문화에 개방적인 태도로 새로운 문화수용이 용이
단점	• 다른 문화에 대한 편견 및 갈등 초래 • 국제적 고립으로 자문화의 발전 장애, 문화제국주의로 전락가능	• 문화에 대한 편협한 이해 초래 • 문화의 주체성과 정체성 상실, 전통문화의 발전 장애
사례	인디언보호구역 인디언문화퇴보	일본식 다도예찬, 서구인 체형에 맞춘 성형수술

② 문화를 이해하는 바른 태도(문화 상대주의)

　　㉠ 전제 : 각 사회의 문화는 독특한 의미가 있기 때문에 문화 간 열등하거나 우월한 것을 평가할 수 없다.

　　㉡ 의미 : 한 문화를 바르게 이해하기 위해서는 그 사회의 맥락과 환경을 고려하여 이해해야하고 각각의 특수성과 다양성을 인정하여 문화를 이해하는 태도이다.

　　㉢ 극단적 문화 상대주의 : 각문화의 특수성을 지나치게 강조하여 인류의 보편적 가치마저 부정하는 태도를 말한다. 문화상대주의는 비인간적인 문화까지 용인하고 이해하자는 것은 아니다. 예를 들어 식솔을 함께 묻는 순장제도, 지참금이 적다는 이유로 결혼한 여자를 살해하는 관습 등과 같은 인류의 보편적인 가치인 인간존엄성, 자유, 평등 등을 침해하는 문화적 관습까지 상대론적 시각으로 이해해서는 안 된다.

(2) 문화를 바르게 이해하는 관점

① **총체론적 관점** … 특정 문화를 사회 구성요소와 관련지어 이해하려는 관점, 문화현상을 부분적으로 바라본다면 편협하고 왜곡될 수 있다.

② **상대론적 관점** … 문화의 특수성을 인정하고 그 문화를 그 사회의 입장에서 이해하려는 관점이다.

③ **비교론적 관점** … 두 지역 이상의 문화를 비교하여 문화 간의 보편성과 특수성을 이해하려는 관점이다.

03　현대사회의 다양한 문화 양상

(1) 하위문화

① 하위문화

　　㉠ 하위문화 : 사회의 전통적인 문화에 대하여 어떤 특정한 집단만이 가지는 문화적 가치나 행동 양식

　　㉡ 집단구성원에게 독특한 기능 수행 : 정신적인 지향점 제시, 하위 집단 나름의 욕구해소, 소속감을 느끼게 하고 다른 집단과의 차별성 부여

　　㉢ 사회전체에 대해서 일정한 역할 : 문화의 다양성과 역동성 제공, 전제문화의 유지와 존속에 영향

② 지역문화

　　㉠ 한 나라를 구성하는 여러 지역에서 나타나는 고유한 생활양식이다.

　　㉡ 지역 공동체의 유지와 발전에 기여 한다.

　　㉢ 한 국가가 문화다양성을 지닐 수 있는 바탕을 제공한다.

ⓔ 우리나라의 지역문화
- 정부 주도의 근대화 과정으로 문화의 수용에서 수동적인 성향이 강하다
- 지방자치시대의 개막과 함께 지역문화에 대한 관심이 증가하였다.
- 지역적 특성을 반영한 문화축제나 문화 행사들을 많이 개발하고 있다.

③ 청소년문화
ⓐ 기성세대의 문화에 대하여 비판적이고 새로운 것을 추구하여 미래지향적이고 저항적이다.
ⓑ 대중매체나 대중문화의 영향을 받아 충동적이고 모방적인 성향이 강하다.
ⓒ 청소년들은 감각적이고 쉽게 싫증을 느끼므로 또 다른 특징을 가진 형태로 변모하는 일시적 성향을 가진다.

④ 반문화 … 지배 집단에 대하여 적극적으로 도전하거나 상반되는 문화
ⓐ 시대나 사회에 따라 반문화의 규정은 달라진다.
ⓑ 보수사회에 대한 저항의 문화로 작동하면서 사회변화를 견인하는 역할을 한다.
ⓒ 반문화의 대표적인 예로는, 종교적인 급진적 종파운동, 동성애의 자유화 운동자 집단 등이 반문화의 예가 될 수 있다.

(2) 대중문화

① 대중문화의 의미
ⓐ 대중문화
- 사회 다수 사람들이 소비하거나 누리는 문화
- 한 사회의 지배집단이 오랫동안 누려온 고급문화에 대응하는 의미로도 사용된다.

② 대중문화의 형성과정
ⓐ 대중사회 : 대중이 정치·경제·사회·문화의 모든 분야에 진출하여, 큰 영향을 발휘하는 사회
ⓑ 대중사회 이전사회 : 여가나 오락 등의 문화는 귀족 등 지배계층이 누리는 문화와 일반 사람들이 누리는 문화가 구분되었다.
ⓒ 대중사회 형성 과정 : 대중매체의 발달, 여가문화의 발달, 대중들의 경제적인 여유가 생기면서 대중이 즐기는 문화가 형성되었다.
ⓓ 대중문화 형성
- 자본주의 발달과정에서 대량 생산과 대량 소비 가능하게 되었다.
- 대중들에게 경제적인 여유가 생기면서 여가에 관심을 쏟게 되었다.
- 대중 매체의 발달로 다양한 문화 상품이 생성되었다.
- 근대 교육을 받은 대중이 확대되면서 대중의 지위상승, 문화적 역량이 증가하게 되었다.

③ 대중문화의 순기능 … 소식을 전하고 정보를 전달하는 교육적인 기능과 일상에서 오락 및 여가 문화로서의 기능을 제공하고, 삶의 활력소 역할을 하며 계층 간 문화 차이를 줄이고 문화 민주주의 실현, 사회비판적인 역할도 수행한다.

④ 대중문화의 역기능 … 이윤을 추구하는 성격이 강해 문화를 상업화 시키고 한순간에 유행되어 문화의 획일성과 몰개성을 가져오며, 사회의 퇴폐화와 저속화 및 문화의 질적 저하를 가중시킨다. 또한 대중 소외를 심화시키고 정치적 무관심과 배금주의적 가치를 양산하며 권위주의 정부가 대중조작을 일삼거나 대중들의 주체성을 잃게 만들 위험성이 크다.

04 문화 변동과 한국 문화의 다양성

(1) 문화의 의미 및 양상

① 문화 변동의 의미와 요인

    ㉠ 문화의 변동 : 새로이 등장한 문화 요소로 인해 기존의 문화 요소들이 변화하는 현상

    ㉡ 문화의 변동의 원인

      • 내부적 요인 : 발명과 발견(새로운 문화 요소 창조, 알려지지 않은 것을 알아내거나 찾아내는 행위)

      • 외부적 요인 : 전파(한 사회의 문화 요소가 다른 사회로 전해져 그 사회의 문화과정에 정착되는 현상)

② 문화 변동의 과정과 양상

    ㉠ 문화 접변 : 성격이 다른 문화 간의 접촉으로 한 문화가 다른 사회에 전파됨으로써 나타나는 문화를 말한다.

구분	내용
자발적 문화 접변	직접적인 접촉에 의해서나 간접적인 접촉에 의해서나 새로 접하게 된 문화체계가 기존의 것보다 효과적이라고 느끼고 자발적으로 일어나는 경우로 문화변동이 비교적 완만하며 문화통합정도가 강하다.
강제적 문화 접변	정복이나 식민통치와 같이 강제성을 지닌 외부의 압력에 의해 일어나는 경우로 복고운동이나 거부 운동이 일어날 수 있다.

    ㉡ 문화 접변의 결과

구분	내용
문화 공존	한 사회에 다른 문화요소가 나란히 존재하여 같이 발전하는 경우
문화 동화	한 사회의 문화 요소는 사라지고 다른 사회의 문화 요소로 대체되는 경우
문화 융합	서로 다른 두 문화 요소가 결합하여 기존의 문화와 다른 새로운 제3의 문화가 나타나는 경우

③ 문화 변동과 사회문제

    ㉠ 문화지체현상

      • 문화 변동 과정에서 물질문화와 비물질문화의 속도차이로 나타나는 부조화현상을 말한다.

      • 해결방안으로는 법 제도의 개선, 의식개선을 위한 캠페인 등이 있다.

ⓛ 문화적 전통과 정체성 상실 : 외래문화의 급격한 수용으로 기존의 문화 정체성의 약화 및 사회구성원 간의 갈등이 유발되며 기존 사회 규범의 붕괴로 사회 혼란 현상이 발생할 수 있다.

(2) 세계화와 한국 문화의 다양성

① 세계화와 다문화 사회의 도래

  ㉠ 문화의 세계화 : 세계화로 서로 다른 문화들 간의 접촉이 활발해지고, 정보 통신 기술의 발달로 인적, 물적 교류 뿐 아니라 일상적인 문화까지 교류가 가능하게 되었다.

    • 문화와 세계화의 영향

    - 긍정 : 새로운 문화의 유입으로 기존의 문화가 더욱 풍부해지게 되었다.

    - 부정 : 서구 중심의 문화에 일방적인 동화로 고유한 문화 소멸, 획일화가 이루어지고 있다.

    • 문화의 다양성의 심화 : 세계화로 인한 노동력의 이동과 국제결혼의 증가로 다양한 인종, 종교, 문화를 가진 사람들이 공존하면서 다인종·다문화 사회로 변화중이다.

  ⓛ 다문화사회의 바람직한 자세 : 다른 문화에 대하여 개방적이고 서로 존중하는 태도, 문화적 다양성 인정 등이 있다.

② 우리 문화의 정체성과 세계화

  ㉠ 문화의 정체성

    • 문화적 정체성 : 한 사회의 구성원이 그 사회에서 오랫동안 공유한 역사적 경험과 공동체로서의 의식, 구성원들 사이에 공유된 가치관·세계관·신념 등의 문화에 대해 갖는 일체감

    • 문화적 정체성의 약화 : 기존과 다른 문화요소의 유입으로 인한 급격한 문화변동으로 정체성이 약화되었다.

    • 발전방향 : 타 문화의 좋은 점을 주체적으로 수용하여 전통문화를 발전시키면서도 창조적 계승이 필요하다.

  ⓛ 세계화 시대의 문화 발전 방안

    • 문화의 세계화 : 우리 문화를 세계에 알릴 수 있는 기회 제공

    • 영향 : 우리 문화의 정체성 확립, 국가 경쟁력 강화, 전 세계적인 문화 다양성에 기여

    • 방법 : 대중매체를 이용한 우리 전통문화의 소개, 우리의 것을 세계적인 것으로 발전

출제예상문제

1 문화의 순기능으로 적절하지 않은 것은?

> ㉠ 인간의 물질적 정신적 욕구 충족   ㉡ 사회 집단의 유지 발전
> ㉢ 지식 제공과 축적   ㉣ 문화적 갈등 축소
> ㉤ 환경 오염 문제 해결

① ㉠㉢   ② ㉡㉣

③ ㉢㉤   ④ ㉣㉤

> ✔ **해설** • 문화의 역기능(부정적 기능) : 혼란 유발, 사회 문제 발생(자원 고갈, 환경오염, 무기경쟁, 교통체증)
> ㉣ 문화의 다양성으로 인한 문화적 갈등이 유발할 수 있다.
> ㉤ 공업화, 산업화 등으로 자원 고갈, 환경오염의 문제가 등장하였다.
> • 문화의 순기능 : 환경 적응의 수단, 사회 집단의 유지 · 발전, 지식 제공과 축적, 인간의 욕구 충족 –
> ㉠㉡㉢

2 인터넷의 발달로 UCC 등을 통하여 한류 열풍이 일어나는 등의 문화현상을 가장 잘 나타낸 용어는?

① 문화전파   ② 문화개혁

③ 문화지체   ④ 문화공존

> ✔ **해설** 문화의 전파… 한 사회의 문화요소들이 다른 사회로 직 · 간접적으로 전해져서 그 사회의 문화과정에
> 통합, 정착되는 현상을 의미한다.

Answer   1.④ 2.①

3 문화이해의 태도에 관한 다음 글에 대한 반론으로 적절한 것은?

> 어떠한 문화현상이든지 모두 나름대로의 의미와 가치를 가지고 있다. 따라서 자신의 가치와 다르다고 해서 나쁜 것으로 평가할 수는 없다. 예를 들면, 기형아를 물에 빠뜨려 죽이는 것이나 노인을 버리는 것도 그 사람 나름의 사정이 있기 때문에 어느 정도는 타당성을 인정해야 한다. 이렇게 보면, 인간이 하는 활동, 즉 문화는 어떠한 것이든지 나쁜 것이 없다고 인식해야 한다.

① 도덕성이 상실되었다.
② 그 사회의 맥락에서 해석해야 한다.
③ 어느 사회에서나 보편적으로 적용되는 가치는 있다.
④ 그런 문화를 가진 사회는 다 이유가 있으니까 비난하지 말아야 한다.

> **✔해설** 제시된 내용은 보편적 가치를 무시하는 극단적인 문화상대주의이다. 문화상대주의는 한 사회의 문화를 그 사회의 입장에서 평가하고 이해하려는 태도이지, 인류의 보편적 가치에 반하는 문화도 모두 다 옳다는 것은 아니다. 아무리 각 문화에서의 고유한 가치를 인정하더라도 인류가 보편적으로 합의할 수 있는 가치는 있게 마련이고, 그에 위배되는 행위는 어느 사회에서나 용납될 수 없는 것이다. 제시된 내용에서는 기형아와 노인의 생명의 존엄성을 무시하고, 인간의 기본적 가치를 고려하지 않는 태도가 드러나 있다. 그러므로 반론으로는 보편적 가치에 대한 문제를 제기하는 것이 적절하다.

4 다음의 예가 해당하는 문화의 속성은?

> 피임약이 개발됨으로써 임신과 출산율이 감소하고 여성의 사회진출이 늘어났으며 가족의 구조가 핵가족화 되고 있다.

① 문화의 전체성
② 문화의 공유성
③ 문화의 학습성
④ 문화의 축적성

> **✔해설** 문화의 전체성 … 문화의 각 부분들이 유기적 관련을 가지면서 전체로서 하나의 체계를 이루는 특성을 말한다. 즉, 문화를 구성하고 있는 어느 한 부분의 변화는 다른 부분에 연쇄적인 변동을 가져온다는 것이다.

Answer 3.③ 4.①

5 다음 중 문화의 상대성에 대한 설명으로 옳은 것은?

① 한 문화는 다른 사회의 기준에 의해 평가될 수 있다.

② 한 문화는 그 나라의 상황을 고려해서 평가해야 한다.

③ 문화는 인류 공통의 특성과 가치를 가지고 있다.

④ 문화 간의 우열은 상대적으로 가릴 수 있다.

> **✔해설** 문화의 상대성 인정
> ㉠ 한 사회의 문화특성은 그 사회성원들에게는 매우 가치 있고 의미 있는 것이므로 그 사회의 맥락에서 그 문화를 평가하고 이해하는 태도를 가져야 한다.
> ㉡ 어떤 나라의 생활양식도 그 나라의 상황을 고려하여 평가하고 이해하는 태도가 필요하다.

6 기술혁신에 따른 문화변동의 결과에 대한 비판적 견해라 할 수 없는 것은?

① 사회가 기계화되고 물질만능주의와 개인주의가 확산될 것이다.

② 정보화사회의 진전으로 개인정보가 노출되어 사생활을 침해받을 수 있다.

③ 대량 생산과 소비를 가져와 지구의 한정된 자원을 급격히 소모시킬 것이다.

④ 대중매체에 따른 대중문화의 역기능으로 인해 문화의 전반적인 침체를 가져올 것이다.

> **✔해설** 정보화시대에서 기술의 발전은 일반대중의 참여와 선택의 범위를 넓혀, 문화적 다양성을 증가시키고 풍요로운 문화로 발전시키는 데 기여한다.

7 다음에 제시된 내용과 관련된 가장 적절한 개념은?

> 중국의 우리 동포사회가 오랫동안 모국문화와 직접적인 접촉없이 전개되면서, 현지의 문화요소들이 많이 추가되어 점차 민족문화의 양식들이 변해가고 있다.

① 문화지체   ② 아노미

③ 문화접변   ④ 문화의 내재적 변동

> **✔해설** 문화접변 … 성격이 다른 두 개의 문화체계가 장기간에 걸쳐 전면적인 접촉을 함으로써 문화요소가 전파되어 일어나는 변동을 문화의 접촉적 변동 또는 문화접변이라 한다.

Answer 5.② 6.④ 7.③

8　인간이 문화적 전통을 이룩할 수 있는 것은 한번 고안해낸 것을 다음 세대에 전달할 수 있는 수단, 즉 (　　)와(과) 그것을 학습할 수 있는 능력을 가지고 있기 때문이다. (　　)의 대표적인 것으로는 언어와 문자가 있다. (　　) 안에 알맞은 것은?

① 충동

② 본능

③ 상징체계

④ 반사작용

✔ 해설　인간이 문화적 전통을 이룩할 수 있는 것은 상징체계(언어, 문자)와 학습능력을 바탕으로 한다.

9　다음 내용은 무엇에 대한 설명인가?

> ㉠ 의학의 발달로 인한 평균 수명의 연장으로 노인 인구가 현저하게 증가하고 있으나 노인들 개개인의 노후 대책과 노인 복지 제도는 제대로 마련되어 있지 않은 경우
> ㉡ 선진국에서 발전된 이념이나 지식이 후진국이나 개발도상국에 먼저 도입되어 교육을 통해 보급되었는데, 이를 지원하는 기술 체계가 미처 정립되지 못해서 사회적인 혼란이 야기되는 경우

① ㉠ 문화 지체 – ㉡ 문화 지체

② ㉠ 문화 접변 – ㉡ 문화 변동

③ ㉠ 기술 지체 – ㉡ 문화 접변

④ ㉠ 문화 지체 – ㉡ 기술 지체

✔ 해설　문화 지체와 기술 지체 : 의식주나 컴퓨터, 자동차, 기술과 같은 물질문화는 빠르게 변동하는 데 비해, 사회제도나 규범, 가치관과 같은 비물질 문화는 그 속도를 따라가지 못해 발생하는 부조화현상이 문화지체 현상이고, 문화지체 현상과는 반대로 기술(물질문화)이 비물질 문화의 변동속도를 따라가지 못해 발생하는 부조화현상이 기술지체 현상이다.
제시문에서 ㉠은 문화지체 현상, ㉡은 기술지체 현상이다.
• 문화 변동 : 새롭게 등장한 문화 요소로 인해 기존의 문화 요소들이 변화하는 현상
• 문화 접변 : 성격이 다른 두 문화 체계가 장기간에 걸쳐 전면적인 접촉을 함으로써 문화 요소가 전파되어 일어나는 문화 변동

Answer　8.③　9.④

10 우리 민족의 문화가 수도작문화에 기초했기 때문에 형성된 것이라고 볼 수 없는 것은?

① 농악, 계, 두레, 울력

② 향약

③ 상부상조의 전통

④ 풍수지리설

✔해설 ④ 풍수지리설은 신라시대 말 도선(道詵)이 중국에서 받아들인 인문지리적인 지식과 예언적인 도참신앙이 결부된 학설로서, 수도작문화와는 관련이 없다.

※ 수도작문화의 영향
  ㉠ 근면, 협동, 상부상조의 전통 형성(두레, 울력, 품앗이)
  ㉡ 계, 향약의 발달
  ㉢ 알뜰하고 정교한 솜씨
  ㉣ 토속신앙 형성(고사, 동제, 산신제)
  ㉤ 민속놀이(쥐불놀이, 농악, 지신밟기, 줄다리기)

11 오늘날 대중매체를 통해 외국가요나 복장이 우리 청소년들에게 쉽게 접촉되면서 이로 인해 그들의 행동양식에도 변화가 나타나는데 이러한 현상을 가장 잘 나타내는 말은?

① 문화전파

② 문화개혁

③ 문화지체

④ 문화진화

✔해설 문화의 전파 … 한 사회의 문화요소들이 다른 사회로 전해져서 그 사회의 문화과정에 통합·정착되는 현상을 의미한다.

12 다음 중 문화의 속성으로 보기 어려운 것은?

① 축적성

② 공유성

③ 학습성

④ 부분성

✔해설 문화의 속성
  ㉠ 공유성 : 문화란 한 사회구성원들에게 공통적인 경향으로 나타나는 행동 및 사고방식의 전체이다.
  ㉡ 학습성 : 문화는 후천적인 학습으로 습득가능하다.
  ㉢ 축적성 : 인간은 상징체계(언어·문자)를 사용함으로써 지식과 경험을 다음 세대로 전달, 축적할 수 있다.
  ㉣ 전체성 : 문화는 초개인적인 사회적 소산물이다.
  ㉤ 변동성 : 문화적 특성들은 어느 정도의 규칙성은 있으나, 고정불변한 것은 아니다.

Answer 10.④ 11.① 12.④

13 다음 내용으로부터 추론할 때 인간의 문화에 대한 설명으로 옳지 않은 것은?

> 영국의 인류학자 타일러(E.B. Tyler)는 「원시문화」라는 책에서 문화의 개념정의를 이렇게 하였다. "문화란 사회성원으로서의 인간이 습득한 지식, 믿음, 예술, 도덕, 법, 관습 기타 모든 능력과 습관을 다 포함하는 복합적인 총체이다."

① 문화란 특정한 인간집단의 성원들이 생각하고 행동하는 방식의 총체로서의 생활양식을 뜻한다.
② 인간이 출생 후 성장과정에서 사회생활을 하고 학습을 통하여 얻은 것은 문화적인 특성이다.
③ 문명은 발달된 사회에만 존재하지만 문화는 어느 사회에서나 존재한다.
④ 문화와 문명을 구분할 때 '발전된 것', '개화된 것'으로 파악하는 것은 문화의 개념이다.

✔해설 문화의 개념을 협의로 파악할 때는 '발전된 것', '개화된 것'으로 파악하기도 하지만, 이는 문명의 개념으로서 오늘날은 대부분 문화와 문명의 개념을 분리하여 사용한다. 즉, 문명은 발달된 사회에만 존재하지만 문화는 생활양식이므로 소규모의 단순사회 및 미개사회에도 존재한다.

14 광의의 문화개념이 옳게 사용된 것은?

① 미술전람회나 음악공연회에 자주 참석하면 문화시민이 된다.
② 한 사회의 사람들이 관습적으로 침을 뱉는 것은 그 사회의 문화적인 행위이다.
③ 어떤 사람들은 한국인이 일본인보다 더 문화적인 민족이라고 생각한다.
④ 아프리카 미개사회의 원주민은 문화인의 범주에 속하지 않는다.

✔해설 광의의 문화개념 … 넓은 의미의 문화란 인간에 의해서 학습, 창조, 전승되고 누적된 물질적 · 정신적 소산의 일체를 가리킨다. 특히 사회성원들이 가지고 있는 공통된 행동양식 또는 생활양식을 가리켜 문화라고 한다.
③④ '문명'의 개념과 같은 맥락에서의 좁은 의미의 문화개념과 관련이 깊다.

15 다음의 내용을 포괄적으로 지닌 문화로 옳은 것은?

> • 학문, 종교, 예술과 같은 정신적 창조물을 지칭하는 것으로 개인이나 집단이 가지는 의미와 가치, 즉 이상적인 문화를 내용으로 한다. 따라서 인간이 살아가야 할 궁극의 목표, 행위의 방향을 제시하여 준다.
> • 환경적인 제약을 극복해 나가는 데에 용기와 의욕을 불어넣어 주고, 생활의 지혜를 제공해 줌으로써 결과적으로 인간의 삶을 풍요롭게 해준다.

① 상징체계
② 제도문화
③ 관념문화
④ 물질문화

✔해설 관념문화
ⓐ 관념 : 자연, 초자연, 인간, 사회 등에 대한 인간의 지식, 신념, 가치 등을 의미한다.
ⓑ 내용 : 관념문화는 학문, 종교, 예술과 같은 정신적 창조물을 지칭하는 것으로 상징문화라고도 한다. 개인이나 집단이 가지는 의미와 가치를 내용으로 하며, 인간이 살아가야 할 궁극의 목표, 행위의 방향제시기능을 수행한다.

16 문화에 관한 설명 중 옳지 않은 것은?

① 모든 사회의 문화는 언어, 예술, 신화, 종교 등 서로 공통된 요소를 가진다.
② 문화는 각 사회마다 특수성이 있어 전체적으로 다양성을 가진다.
③ 각 문화는 고유의 가치를 가지고 있으므로 우열을 가려서는 안 된다.
④ 개개인의 특징적이고 독특한 버릇도 장기화되면 문화라 한다.

✔해설 문화의 특성
ⓐ 한 사람만이 가지고 있는 개인특유의 행동이나 생각은 다른 사람에게 전파되고 공유되지 않는 한 문화를 구성하지 않는다. 따라서 문화는 집단적인 사회생활을 통해서만 유지·존속될 수 있다.
ⓑ 문화는 사회구성원에게 공유되고 있는 공통의 사고 및 행동양식의 총체이기 때문에, 초개인적인 성격을 지니게 마련이다.

17 다음에서 문화의 공유성기능에 속하는 것만을 옳게 골라 묶은 것은?

> ○ 사회생활을 위한 공통의 장을 제공한다.
> ○ 사회구성원 간의 행동 및 사고를 예측하게 한다.
> ○ 그 나라의 사회생활을 전체적으로 파악하게 한다.

① ○　　　　　　　　　　　　　② ○○

③ ○○　　　　　　　　　　　　④ ○○

✔**해설** 문화의 공유성의 기능
　　○ 사회생활을 위한 공통의 장을 제공 : 문화를 공유하고 있는 구성원들에게 원활한 사회생활을 위한 공통의 장(場)을 제공한다.
　　○ 사회구성원 간의 행동 및 사고의 예측 가능 : 특정한 상황에서 상대방이 어떻게 행동할 것인지, 서로에게 무엇을 기대할 수 있는지를 예측할 수 있게 한다.

18 문화의 관념적 구성요소가 아닌 것은?

① 철학　　　　　　　　　　　　② 예술

③ 교육　　　　　　　　　　　　④ 신화

✔**해설** ③ 제도적인 구성요소에 속한다.
　　※ 문화의 구성요소
　　　○ 기술적인 구성요소 : 인간의 기본적 욕구충족과 관련된 구성요소로 물질문화와 관련이 깊은 문화구성요소이다.
　　　○ 제도적인 구성요소 : 사회구성원들의 행동기준과 관련된 요소로 사회구성원들에게 행동기준을 제공(가족, 친족, 혼인, 정치, 경제, 법률, 교육)한다.
　　　○ 관념적인 구성요소 : 신화, 전설, 철학, 언어, 문학, 예술, 종교 등이 있는데 삶의 의미와 방향을 제시해 준다.

19 다음의 내용은 문화의 속성 중 무엇을 말하는가?

> • 인간의 출생과 더불어 가지고 태어난 것은 아니다.
> • 성장과정에서 그가 어떠한 문화 속에 살았느냐에 달려 있다.
> • 어릴 때에는 주로 가정교육, 또래집단에서의 놀이, 친구들과의 담소 등을 통해서 익혀 나간다.

① 문화의 전체성   ② 문화의 학습성
③ 문화의 변동성   ④ 문화의 축적성

✔해설 인간이 어떤 문화를 학습하여 어떻게 행동하고 생각하는지는 부모로부터 물려받은 유전인자와는 상관 없고, 성장과정에서 그가 어떠한 문화 속에서 살았느냐에 달려 있다.

20 다음과 관련된 문화현상은?

> ㉠ 쌀 + 햄버거 → 라이스 버거   ㉡ 피자 + 김치 → 김치피자

① 문화종속   ② 문화융합
③ 문화수용   ④ 문화정체성

✔해설 문화융합
㉠ 전통적 문화특질들과 새로 도입된 문화특질들이 혼합되는 것이다.
㉡ 한 사회의 문화가 다른 사회로 전파될 때 상호간에 영향을 미쳐 새로운 제3의 문화가 나타나는 현상이다.

14 사회 계층과 불평등

01 사회 불평등의 의미와 유형

(1) 사회 불평등의 의미와 유형

① **사회 불평등** … 어떤 사회속의 개인들이 평등한 사회적 지위를 갖지 못한 상태를 말한다.
   ㉠ 사회구성원다수가 가치 있게 여기는 희소가치가 차등적으로 분배되면 사회 불평등이 발생한다.
   ㉡ 어느 시대 어느 사회에서나 사람들의 신체적 특징, 재능, 관심사 등의 차이를 바탕으로 사회적 지위가 부여되면서 사회적 분화가 일어나고 사회계층의 서열화가 발생한다.

② **사회 불평등의 유형**
   ㉠ **개인 간의 불평등** : 개인의 특성이나 하는 일의 기능적 중요성 또는 희소성 등의 이유로 급여 수준이 달라진다.
   ㉡ **집단 간의 불평등** : 백인종과 유색인종, 부유층과 중산층 및 빈곤층 등 다양한 사회 집단사이에 나타날 수 있다.

(2) 사회 불평등의 여러 형태

① **전통사회와 현대사회의 불평등**
   ㉠ **전통사회** : 신분제도에 따른 사회적 불평등이 핵심이다.
   ㉡ **현대사회** : 다양한 사회적 요인에 의해 여러 측면에서 불평이 발생한다.

② **사회적 불평등의 형태**
   ㉠ **경제적 불평등** : 경제적 자산이나 소득분배의 격차를 말한다.
   ㉡ **절대적 빈곤** : 기본적인 의식주의 해결이 불가능한 빈곤상태를 말한다.
   ㉢ **상대적 빈곤** : 생활 조건의 상대적 차이에서 느끼는 박탈감과 빈곤의식을 말한다.

② 정치적 불평등 : 권력이 불평등하게 분배되는 상태를 말한다.
⑩ 사회 · 문화적 불평등 : 사회적 위신, 명예, 신뢰도, 교육수준 등 사회 문화적 자원의 불평등한 분배에서 비롯된 격차를 말한다.
ⓑ 정보 격차로 발생하는 불평등 : 정보화의 혜택이 모든 사람에게 균등하게 분배되지 않아서 발생하는 것을 말한다.

02 사회 계층 현상에 대한 이론적 설명

(1) 사회 계층현상의 의미

① 사회 계층 현상
  ㉠ 한 사회 내에서 구성원들 간에 사회적 희소가치가 불평등하게 분배됨에 따라 개인과 집단이 서열화 되어 있는 현상을 말한다.
  ㉡ 사회적 희소가치가 개인의 능력 또는 가정적 배경 등에 따라 불평등하게 분배된다.

② 사회 계층 제도 … 사회적 업무와 지위 간의 불평등이 사회 전반에 받아들여져서 제도로 정착된 것을 말한다.
  ㉠ 사회 계층 제도의 종류
    • 노예 제도 : 주인의 재산이 되는 노예를 전제로 성립된 제도로 가장 오래된 불평등 형태
    • 카스트 제도 : 인도사회 특유의 제도로 개인의 출생 시부터 계층의 위치가 정해지는 제도
    • 신분 제도 : 개인의 사회적 지위가 혈연관계에 의해 세습되고 결정되는 계층 제도
    • 계급 제도 : 자본주의와 더불어 등장한 사회 계층 제도

③ 계급과 계층
  ㉠ 계급 : 경제적 요인에 의해 서열화 된 위치의 집단(일원론적 관점)
  ㉡ 계층 : 사회적 희소가치에 따라 다양하게 서열화 되어있는 집단(다원론적 관점)

(2) 현대사회의 계층과 불평등 현상을 바라보는 관점

① 기능론적 관점과 갈등론적 관점

구분	기능론적 관점	갈등론적 관점
계층 발생원인	개인의 능력, 역할의 기여도에 따른 사회적 희소 가치의 차등분배에 의한 필연적 결과	지배집단의 기득권 유지를 위한 노력의 결과
사회 불평등에 관한 입장	차등적 보상 체계, 사회의 기능이 원활히 작동	집단 간의 적대감과 불신을 조장하여 사회 갈등을 유발
자원배분의 기준과 절차	구성원들 간의 합의된 기준, 개인의 자질과 능력에 의해 합법적으로 배분	지배집단에 유리한 기준, 가정배경, 권력, 경제력 등에 의해 강제적으로 배분
사회 계층 현상의 사회적 기능	• 개인과 사회가 최선의 기능을 하도록 하는 장치 • 동기를 부여하고 인재를 충원함으로써 사회 발전에 기여	• 개인과 사회가 최선의 기능을 하는 데 장애 요소가 됨 • 상대적 박탈감과 집단 간 갈등을 유발하여 사회발전 저해
직업관	"중요하고 어려운 직업에 종사하는 개인에게 그에 합당한 지위와 높은 보상을 부여하는 것은 당연하다."	"직업의 중요도에는 차이가 없으며, 현존하는 직업 간 불평등 현상은 지배 집단의 이해관계가 반영된 결과이다."

② 기능론, 갈등론의 균형적·비판적 이해 … 기능론적 관점과 갈등론적 관점에서 각각 의미 있는 통찰력과 시사점을 찾아 사회 불평등 현상의 개선 방안을 모색해야 한다.

03 사회 계층 구조의 유형과 특징

(1) 사회 계층 구조의 유형과 특징

① 사회 계층 구조의 의미

　㉠ 계층
　　• 재산, 지위 신분 등 객관적인 조건이 동일한 사람들의 모임이다.
　　• 존재는 한 사회 내에서 희소한 자원이 불평등하게 분배되어 있음을 의미한다.
　　• 계층을 구분하는 기준은 사회에 따라 다르며 같은 사회 내에서도 시대에 따라 각기 다르다.

　㉡ 계층 구조
　　• 사회적 불평등이 지속적으로 상층, 중층, 하층의 형태로 고정된 구조이다.
　　• 계층 구조는 한 사회의 희소한 자원의 분배 형태를 보여준다.
　　• 어느 사회이든지 사회 계층의 모습이 일정한 정형화된 구조를 띠고 있다.
　　• 일반적으로 사회의 불평등 정도를 알아보는 척도로 쓰인다.

② 사회 계층 구조의 유형

㉠ 평등 유형별 계층구조

구분		평등유형	내용
수직형 계층 구조		완전 불평등	• 모든 사회 구성원이 서로 다른 계층에 속해 있음 • 실제로 존재할 수 없는 극단적 형태의 구조
수평형 계층 구조		완전 평등	• 모든 사회 구성원이 같은 계층에 속해있음 • 실제로 존재할 수 없는 극단적 형태의 구조
피라미드형 계층 구조	상 중 하	부분 불평등	• 상층 < 중층 < 하층의 순으로 계층비율 구성 • 소수의 상층이 다수의 하층을 지배하고 통제함 • 전근대적인 폐쇄사회에서 나타남
다이아몬드형 계층 구조	상 중 하	부분 평등	• 중층의 구성원비율이 상하층의 합보다 높은 경우 • 중간계층의 비율이 높아짐에 따라 사회가 안정적임 • 현대 산업사회에서 관료·사무직 등의 증가로 인해 나타남

㉡ 피라미드형에서 다이아몬드형 계층 구조로 바뀐 계기 : 신분제도의 철폐, 의무 교육의 확대, 사회 복지제도의 확대, 산업화로 인한 중산층 확대 등

㉢ 새롭게 등장한 계층구조

구분		내용
타원형 계층 구조	상 중 하	• 다이아몬드형 계층 구조에서 중상층과 중하층의 인구비율이 증가한 형태 • 중간계층의 비율이 가장 높음 • 가장 사회적 안전성이 높음
표주박형 계층 구조	상 중 하	• 다른 구조에 비해 중간 계층 비율이 상대적으로 낮은 형태 • 사회 양극화로 사회적 불안정이 매우 심각한 형태

(2) 사회 이동의 유형과 특징

① **사회 이동의 의미** … 개인 또는 집단의 계층 구조상 위치가 변하는 현상

    ㉠ 원인

- 개인적 원인 : 개인의 능력, 교육의 정도, 지위 상승에 대한 열망 등
- 사회 구조적 원인 : 산업 구조와 직업 구조의 변화, 과학 기술의 발달, 교육의 보급 등

    ㉡ 경향 : 전근대 사회보다 근대사회에서, 농촌보다 도시 사회에서 뚜렷이 나타남

② **사회 이동의 유형**

분류 기준	유형	내용
이동 방향	수평 이동	• 같은 계층 내에서의 위치변화 • 계층적 위치의 높낮이는 바뀌지 않은 상태에서 비슷한 위치의 다른 직업과 소속으로 옮겨가는 것
	수직 이동	• 계층적 위치가 상승 또는 하강하는 변화, 계층 간 이동 • 상승이동과 하강이동으로 구분
이동 기간	세대 내 이동	• 한 개인의 생애에 걸쳐 일어나는 계층적 위치의 변화 • 주로 직업 변동을 통해 알 수 있음
	세대 간 이동	• 세대를 가로질러 일어나는 계층적 위치의 변화 • 부모와 자식의 계층적 지위의 변화 • 세대 간 이동이 잘 이루어 지지 않으면 계층적 지위의 세습이 이루어질 가능성이 높음
이동 원인	개인적 이동	주어진 계층 구조 내에서의 개인의 능력이나 노력에 의한 사회적 지위의 변화
	구조적 이동	전쟁·혁명, 산업화, 도시화 등과 같은 급격한 사회 변동에 따라 기존의 계층구조가 변화하여 발생한 계층적 위치의 변화

③ **사회 이동과 계층 구조**

    ㉠ 이동가능성에 따른 계층구조

구분	내용
폐쇄형 계층 구조	• 수직이동이 제한되어 있거나 불가능한 경우, 수평이동은 가능 • 개인의 노력에 관계없이 수직 이동제한(귀속지위 강조) • 신분질서가 엄격했던 사회의 주요 계층 구조
개방형 계층구조	• 수직이동과 수평이동이 모두 가능한 경우 • 상승이동과 하강 이동, 세대 내이동과 세대 간 이동이 자유로움 • 개인의 노력과 능력 중시(성취지위 강조) • 현대산업사회의 주요 계층 구조

    ㉡ 사회 이동의 결과

- 개인적 : 심리적 만족감 또는 좌절감을 경험하게 된다.
- 사회적 : 정치적·사회적 통합에 이바지, 개방형 계층 구조는 사회 통합수준이 높다.

04 사회 불평등의 여러 형태

(1) 빈곤문제

① 빈곤의 의미와 유형

    ㉠ **빈곤** : 인간의 기본적 욕구가 충족 되지 않은 상태

    ㉡ **절대적 빈곤** : 생존욕구 충족에 필요한 자원이 부족하여 최저 생계비를 확보하지 못하는 상태를 의미한다.

    ㉢ **상대적 빈곤** : 다른 사람이나 계층과 비교해서 상대적 박탈감을 느끼는 상태

    ㉣ **주관적 빈곤** : 개인의 주관적인 판단 수준에서 스스로가 가난하다고 느끼는 상태

② 빈곤의 원인

    ㉠ **기능론(개인적 요인)** : 개인의 능력, 의욕부족으로 성공하지 못한 것, 빈곤층은 빈곤 문화를 형성하며 빈곤 문화는 자녀 세대에 전수되어 빈곤을 재생산시킨다.

    ㉡ **갈등론(사회구조적 요인)** : 개인의 능력과는 무관한 사회 구조에 빈곤이 원인이 있다고 봄, 빈곤층은 모순된 사회 구조의 희생자임을 강조한다.

③ 빈곤문제의 해결방안

    ㉠ 개인적 측면

        • 빈곤에서 벗어나기 위한 개인의 의지와 노력(교육, 직업훈련) 필요

        • 빈곤층에 대한 편견과 인식을 버리고, 공존의 가치관과 공동체 의식 함양 필요

    ㉡ 사회적 측면

        • 직접지원 : 기초 생활비 및 자녀 양육비 보조, 최저 생계비 이상 소득보장, 조세의 형평성 실현

        • 간접지원 : 최저 임금제, 고용규모 확대, 고용 정보 시스템 강화, 교육 기회 확대, 기회의 평등

(2) 성 불평등 문제

① 성 불평등의 의미

    ㉠ **성 불평등** : 한 사회에서 남자와 여자가 차지하는 지위, 권력, 위신 등에서 나타나는 차이로 남자이거나 여자라는 이유만으로 다른 사람과 불평등한 대우를 받는 것을 말한다.

    ㉡ **성별 분업** : 성에 따른 사회적 역할의 구분, 전통적으로 남성의 역할이 여성의 역할보다 더 높은 평가와 보상을 받음으로써 성 불평등을 초래한다.

② 성 불평등의 양상

    ㉠ **경제적 측면** : 경제 활동 참가율, 임금 수준 및 승진 기회의 남녀 차, 취업의 기회의 남녀 차

    ㉡ **정치적 측면** : 여성의 정치적 영향력 및 참여 여건 저조(국회의원, 지방 자치 단체장 등의 여성 비율)

    ㉢ **사회·문화적 측면** : 교육 기회, 직업 선택에서의 차이, 남녀 차별적 자녀 양육 관행, 왜곡된 여성상을 표현하는 미디어

③ 성 불평등의 원인

  ㉠ **기능론** : 남자와 여자의 생물학적 특성이 반영된 자연스럽고 바람직한 역할 문화, 불평등문제는 남녀 간 역할 체계가 새롭게 정립되지 못해 나타나는 일시적 교란 상태

  ㉡ **갈등론** : 남성 중심적 사회 구조(남성 위주의 경제 구조, 가부장제) → 여성의 역할 경시, 사회 참여제한, 보조적 역할 강요

  ㉢ **차별적 사회화** : 고정관념에 따른 성 정체성과 성 역할을 사회화 과정을 통해 학습한다.

④ 성 불평등의 해결방안

  ㉠ **제도적 차원** : 성 차별적 제도 철폐, 여성의 권익 신장을 위한 정책, 여성 관련 사회복지 개선

  ㉡ **의식적 차원** : 성 차별적 고정 관념·편견 타파, 평등 의식 제고, 양성성 함양

(3) 사회적 소수자 차별 문제

① 사회적 소수자의 의미

  ㉠ **사회적 소수자** : 신체적·문화적 특징 때문에 사회의 다른 구성원들로부터 불평등한 처우를 받으며, 집단적 차별의 대상이 되는 사람

  ㉡ **사회적 소수자 집단의 조건**

   • 구별 가능성 : 소수자 집단은 신체 또는 문화적으로 다른 집단과 구별되는 뚜렷한 차이가 있거나 그럴 것으로 여겨진다.

   • 권력의 열세 : 정치·경제·사회적 권력에서 열세에 있거나, 자원 동원 능력이 뒤처지는 사람들이 소수자 집단으로 간주된다.

   • 사회적 차별 : 소수자 집단은 그 집단 구성원이라는 이유만으로 사회적 차별의 대상이 된다.

   • 집합적 정체성 : 자기가 차별받는 집단의 구성원이라는 점을 느껴야 비로소 소수자가 된다.

  ㉢ **발생 기준** : 국적, 민족, 언어, 지역, 나이, 종교, 장애, 성, 계급, 문화, 가치관 등

② 사회적 소수자 차별의 주요 형태

  ㉠ **외국인 노동자와 결혼 이민자, 탈북자, 다문화 가정 자녀** : 취업, 교육 기회의 불평등

  ㉡ **장애인** : 이동의 자유 제한, 취업 기회의 불평등, 동정의 시선

  ㉢ **성적 소수자** : 정신 질환 또는 일탈 행위자로 인식, 혐오와 기피의 대상

③ 사회적 소수자 차별의 원인

  ㉠ **기능론** : 급격한 사회 변동에 따라 사회 제도의 일시적 기능 장애 상태

  ㉡ **갈등론** : 소수자에 대한 기득권층의 일방적 착취

④ 사회적 소수자 차별문제의 개선방안

  ㉠ **제도적 차원** : 차별적 제도의 철폐, 소수 집단 우대 정책, 올바른 인식 개선 캠페인 주최

  ㉡ **의식적 차원** : 배타적 민족주의·순혈주의 극복, 관용정신, 소수자에 대한 국민 의식 전환

05 사회 복지와 복지 제도

(1) 사회 복지의 의미와 발달과정

① 사회 복지의 의미와 등장배경

    ㉠ 사회 구성원의 기본적 욕구를 충족시키기 위한 사회적 활동체계이다.

    ㉡ 자유방임적 초기 자본주의 사회의 폐해에서 최소한의 인간다운 삶을 국가가 보장해야한다는 인식이 발생하였다.

    ㉢ 현대복지국가는 국가에 의한 사회보장제도, 사회정책 시행(강제적, 포괄적 성격), 사회 구성원 전체를 대상으로 삶의 질 향상을 추구한다.

    ㉣ 인도주의, 평등주의, 보상주의가 기본이념이 된다.

② 사회 복지의 발달 과정

    ㉠ **영국** : 엘리자베스 여왕의 구빈법(1601년) → 베버리지 보고서(1942년)

    ㉡ **독일** : 비스마르크의 사회보험제도(1883년)

    ㉢ **미국** : 대공황 시기 루스벨트의 뉴딜정책과 사회보장법(1935년)

    ㉣ **석유파동이후** : 정부역할 축소(1980년대) → 신자유주의

    ㉤ **제3의 길**(영국) 신자유주의 폐해와 복지병의 동시 극복 → 생산적 복지 추구

(2) 복지 제도의 유형

① **사회 정책** … 복지 향상을 위해 국가가 시행하는 모든 정책

    ㉠ 여러 가지 사회 복지 정책

      • 소득보장 정책 : 질병, 재해, 노령, 실업 등으로 소득을 얻지 못하는 경우에 국가와 사회가 개입하여 최저 생계를 보장하려는 정책이다(각종 연금제도, 생활보호, 최저임금제 등).

      • 의료보장 정책 : 의료보험(국민의 질병, 부상, 분만 시 보험 급여), 산업재해보상보험(업무상 재해 시 치료 및 생계 보장), 의료보호(생활보호대상자, 저소득층 대상) 등이 있다.

      • 교육 정책 : 복지사회 건설을 위한 가장 적극적인 수단으로 사람답게 살 수 있는 능력을 배양해 준다.

      • 주택정책 : 주거안정과 안락한 주거환경을 제공하여 안정된 생활을 유지하도록 해 준다.

    ㉡ 사회 복지 정책의 과제 : 복지에 대한 국민의 인식이 제고되어야 하며, 성장과 분배가 조화된 복지 정책이 추진되어야 한다.

② **사회 보장 제도** … 국민의 최저 생활을 보장하고, 높은 삶의 질을 영위 할 수 있도록 국가가 정책적으로 지원하는 제도

구분	대상	종류	특징	비용
사회보험	일정 수준 소득이나 재산이 있는 자	건강보험, 국민연금, 산업재해보상보험, 고용보험	사회적 위험예방, 강제 가입, 능력별 부담, 상호 부조의 성격, 비영리 보험, 소득 재분배 효과	피보험자 + 국가 또는 고용주
공공 부조	생계유지가 곤란한 생활 무능력자	국민 기초 생활보장 제도, 의료보호 제도, 긴급 구호(재해 지원)	최저 생활 보장, 일방적 지원, 조세 부담 증가	전액 국가 부담
사회 복지서비스	특별한 보호가 필요한 취약 계층	노인복지, 가족복지, 장애인복지, 아동복지, 여성복지	취약 계층의 자립과 생활 안정 지원(취업 지원, 시설 제공), 전문 사회서비스 제공	공공부문 부담 + 민간 지원

(3) 복지 제도의 역할과 한계

① **복지 제도의 역할** … 인간 존엄성의 실질적 보장, 사회 불평등 현상 극복, 사회 안정과 통합

② **복지 제도의 한계와 발전 방향**

　㉠ 한계 : 근로 의욕 저하 및 복지 의존, 생산성과 효율성 저하, 국가 재정 악화

　㉡ 우리나라 : 사회보험 재정 악화, 보험 가입자간 비용부담 불균형, 미흡한 정보공유제도

　㉢ 발전 방향 : 조건부 지원, 복지와 노동의 연계, 경제적 효율성과 복지 형평성의 조화

출제예상문제

1 우리 나라 복지정책 ㈎와 ㈏의 일반적인 특징에 대한 설명으로 가장 적절한 것은?

> ㈎ 소득이나 재산이 최저 생계비 이하인 가구의 생활을 보장하기 위해 자산 조사 등의 절차를 거쳐 급여를 제공한다.
>
> ㈏ 재해, 질병, 노령, 실업 등 사회적 위험이나 미래 생활의 불안에 대처하기 위해 국가, 기업, 개인이 부담한 분담금을 재원으로 급여를 제공한다.

① ㈎는 취약 계층을 위한 상호 부조의 성격을 띤다.

② ㈏는 능력별 비용 부담 및 임의 가입 원칙이 우선 적용된다.

③ ㈎는 위험에 대한 사전 예방적 기능을, ㈏는 사후 대응적 기능을 강조한다.

④ ㈎는 ㈏에 비해 수혜 대상자의 범위가 좁다.

> ✔ **해설** ㈎ 공공 부조 ㈏ 사회 보험
>
> ④ ㈏는 국민 전체를 대상으로 하나, ㈎는 일부 빈곤층을 대상으로 하므로 수혜 대상자의 범위가 좁다.
>
> ① 상호 부조는 ㈏의 특징이다.
>
> ② ㈏는 소득에 따라 차등적으로 보험료를 납부하는 능력별 비용 부담의 원칙이나, 일정한 조건에 해당하는 사람은 법에 의해 가입이 강제되는 강제 가입 원칙이다.
>
> ③ ㈎는 빈곤층이 확인된 다음에 지원을 하므로 사후 대응적 성격이 있고, ㈏는 위험에 대한 사전 예방적 성격을 가지고 있다.

Answer 1.④

2 좁은 의미의 사회보장제도에 해당하는 것을 모두 고르면?

㉠ 최저임금제	㉡ 실업수당
㉢ 고용정책	㉣ 의료혜택
㉤ 주택보장	㉥ 의무교육

① ㉠㉡㉢
② ㉠㉡㉢㉣
③ ㉠㉡㉢㉣㉤
④ ㉠㉡㉢㉣㉤㉥

✔해설 좁은 의미의 사회복지제도란 흔히 소득보장을 의미한다.

3 다음 글에서 추론할 수 있는 내용으로 옳은 것은?

> 인터넷이란 세계 각국의 수많은 통신망들이 서로 연결되어 각 망들이 보유하고 있는 정보들을 전세계 어느 곳에서든지 망이 연결된 사용자들에게 제공해 주는 지구촌 통신망(global network)이다.

① 사회이동의 감소로 계층간 격차가 심화될 것이다.

② 재택근무와 함께 소호(SOHO)산업이 등장할 것이다.

③ 원하는 정보를 얻기 위해 도시로의 인구이동이 가속화될 것이다.

④ 중간관리층의 역할이 증가할 것이다.

✔해설 ① 무한경쟁, 완전개방화로 사회이동을 촉진시켜 계층간 격차를 축소시킨다. 정보격차에 따른 문제는 발생할 수 있다.
② 고도의 정보화사회에서는 초고속정보통신망이 구축되고 정보고속도로의 활용으로 공동 학습, 재택근무, 원격지 의료활동 등을 할 수 있다.
③ 도시와 농촌의 구분이 없어진다.
④ 중간관리층의 역할이 퇴색하는 대신 어느 분야의 실무전문가가 곧 최고결정권자가 되어가는 현상이 심화되어간다.

Answer 2.① 3.②

4 단기적으로 소득재분배의 효과를 보다 크게 얻을 수 있는 사회보장의 방법은?

① 생활보호   ② 공무원연금

③ 국민건강보험   ④ 산업재해보장보험

> ✔해설 사회보장제도
> ㉠ 공공부조제도 : 생활무능력자의 생활보호를 목적으로 하고 있으며, 소득재분배의 효과를 가져온다. 소득이 낮은 나라에서는 시행하기 곤란하며, 국민의 나태심을 유발할 우려가 있다.
> 예 생활보호, 의료보호, 노인복지, 아동복지, 재해구호, 군사원호보상제도
> ㉡ 사회보험제도 : 불의의 사고·재해·질병 등에 대비함을 목적으로 상호부호·강제가입의 성격을 띠고 있으며, 근로의욕을 증진시킨다.
> 예 국민건강보험, 국민연금, 산업재해보상보험, 공무원연금, 사립학교교원연금, 군인연금

5 현재 우리나라에서 실시하고 있는 사회보험의 내용으로만 묶인 것은?

㉠ 의료보호제도	㉡ 생활보호제도
㉢ 공무원연금제도	㉣ 산업재해보장보험제도
㉤ 의료보험제도	㉥ 아동보호제도
㉦ 노인복지제도	

① ㉠㉡㉢   ② ㉡㉢㉦

③ ㉢㉣㉤   ④ ㉣㉤㉥

> ✔해설 사회보장의 방법
> ㉠ 사회보험
> • 수혜자가 납부하여 마련된 기금에서 사고발생시 급여하는 제도
> • 비용은 보험에 가입한 개인, 고용주, 국가가 부담
> • 국민건강보험제도(의료보험제도), 연금제도, 산업재해보상보험제도, 고용보험제도 등
> ㉡ 공공부조
> • 일정 기준 이하의 빈곤자에게 국가가 제공하는 부조
> • 비용은 국가가 세금으로 보조
> • 국민기초생활보장제도(생활보호제도), 의료보호제도, 재해구호제도 등

Answer 4.① 5.③

6 다음 중 균형 개발 방식에 대한 설명으로 적절한 것을 고른 것은?

> ㉠ 지역 격차를 심화시킬 우려가 있다.
> ㉡ 지방자치제도가 정착된 사회에 적합하다.
> ㉢ 투자의 효율성을 우선하는 개발 방식이다.
> ㉣ 낙후된 지역을 우선적으로 개발하는 방식이다.

① ㉠㉡ 　　　　　　　　　　　　　② ㉠㉢
③ ㉠㉣ 　　　　　　　　　　　　　④ ㉡㉣

> ✔해설 균형개발방식 … 낙후된 지역을 우선적으로 개발하여 지역격차를 줄이고자 하는 방식으로 주민의 욕구를 반영하고 지역 간 균형발전을 이루는 장점이 있으나, 자본의 효율적 투자는 불리하다.

7 (가), (나)는 사회 불평등 현상을 설명하는 개념에 대한 내용이다. 이에 대한 설명으로 옳은 것은?

> (가) 불평등의 경제적 측면이 중요하기는 하지만 이는 단순한 경제적 현상 이상의 것이다. 사회의 위계 질서적 성격은 계급 이외에 지위, 권력 등의 요소들이 서로 중복되면서 상호 작용하는 요소를 반영하는 것이므로 사회 불평등 현상은 이 세 가지 차원에서 이해되어야 한다.
> (나) 현재까지의 인류의 역사는 투쟁의 역사였다. 지배자와 피지배자가 정반대의 입장에 서서 때로는 숨겨진 싸움을, 때로는 공개적인 싸움을 끊임없이 해 왔다. 그리고 이러한 투쟁은 사회를 혁명적으로 변화시키기도 했다.

① (가)는 생산 수단의 소유 여부가 사회적 위계를 결정한다고 본다.
② (가)는 사회를 구성하는 두 집단 간의 대립적 집단의식을 강조한다.
③ (나)는 사회 구성원들이 경제적 요인에 의해 이분법적으로 구분되어 있다고 본다.
④ (가)보다 (나)의 개념이 지위 불일치 현상을 설명하기에 용이하다.

> ✔해설 (가)는 계층, (나)는 계급에 대한 설명이다. 계급은 생산 수단의 소유 여부라는 단일한 기준으로 사회집단을 이분법적으로 구분하는 개념이다. 경제, 정치, 사회적 요소들을 기준으로 사회집단을 구분하는 계층은 다원화된 현대 사회에서 발생하는 사회 불평등 현상을 설명하기에 용이하다.

Answer 6.④ 7.③

8 모든 사람이 인간다운 생활을 보장받을 수 있는 사회가 복지사회이다. 다음 중 그 요건이 아닌 것은?

① 민주주의의 토착화
② 소득의 공정한 분배
③ 최저생활의 보장
④ 완전고용의 실현

> ✔️ 해설 복지사회의 요건
> ㉠ 소득의 공정한 분배와 재분배
> ㉡ 최저생활의 보장
> ㉢ 완전고용의 실현

9 다음 중 사회보험제도에 대한 설명으로 적절한 것은?

① 생활무능력자에게 필요에 따라서 개별적으로 생활을 도와준다.
② 세금을 재원으로 하기 때문에 소득재분배효과가 있다.
③ 대상자에 대하여 개별적으로 자산상황, 건강상태 등을 조사한다.
④ 소요비용은 피보험자, 기업, 국가가 분담하게 된다.

> ✔️ 해설 사회보험제도 … 사회적 변화와 함께 발생이 예상되는 불안요소에 대처하여 사회성원들의 생활을 보장하기 위한 제도로서 강제가입의 원칙과 피보험자, 기업주, 국가가 보험료를 분담한다.

10 다음 중, 대중사회를 출현시킨 배경으로 적절한 것을 고른 것은?

㉠ 의무교육의 시행	㉡ 보통선거의 실시
㉢ 소수자의 권리 보장	㉣ 탈(脫)관료제의 정착

① ㉠㉡
② ㉠㉣
③ ㉡㉢
④ ㉡㉣

> ✔️ 해설 대중사회 … 산업사회의 생산양식에 토대를 두고, 대중이 정치·경제·사회·문화의 모든 분야에 진출하여 중심역할을 하는 사회로 불특정 다수의 사람들로 이루어진 집합체이다. 대중사회는 자본주의가 발달하고 자본의 집중으로 대량생산, 대량소비, 교통·통신의 발달, 대중매체의 발달, 보통선거제도의 도입, 의무교육제도 도입 등으로 출현했다. 대중사회는 평등의 이념과 참여 민주주의를 실현하고 대중의 지적 수준이 향상되나, 인간 소외와 주체성 상실, 대량 소비문화에 따른 정치적 무관심을 초래한다.

Answer 8.① 9.④ 10.①

CHAPTER 15 현대사회와 사회변동

01 사회변동과 근대화

(1) 사회변동

① 사회변동의 의미와 요인
  ㉠ 일정한 시간동안 나타나는 사회의 구조적 변화
  ㉡ 사회변동의 요인으로는 제도적 요인, 기술적 요인, 의식적 요인 등이 있다.

② 사회변동의 방향에 대한 관점
  ㉠ 진화론
    • 사회는 일정한 방향으로 진보·발전한다고 보는 것이다.
    • 단순하고 미분화된 상태에서 복잡하고 분화된 상태로 진보한다고 본다.
    • 사회가 일정한 방향으로 진보한다는 전제의 오류와 제국주의 국가의 식민지 지배를 정당화 한다는 비판을 받고 있다.
  ㉡ 순환론
    • 사회변동은 시간의 흐름에 따라 사회가 탄생, 성장, 쇠퇴, 해체를 반복하는 것이라고 본다.
    • 문명의 노쇠나 소멸까지 생각, 사회변동을 다소 비관적으로 바라보는 측면이다.
    • 앞으로의 사회변동에 대해 예측하고 대응하기 적합하지 않다는 비판을 받고 있다.

③ 사회변동 요인에 대한 관점
  ㉠ 기술 결정론
    • 기술 발달로 생산 능력이 향상되고 생산양식이 변화되면서 사회는 총체적으로 변화한다.
    • 기술의 발달로 인한 경제 영역의 변화가 정치 사회의 변화는 물론 인간의 의식 구조도 변화시킨다는 이론이다.
  ㉡ 문화결정론
    • 사고, 가치관과 같은 비물질 문화의 변화가 정치, 경제, 사회의 총체적 변화를 불러온다.
    • 인간의 의식과 정신생활이 사회구조의 전반적인 변동을 가져온다는 이론이다.

④ 사회변동에 대한 관점

　㉠ 기능론

　　• 사회가 전체적으로 균형을 유지하기 위해 각 부분이 조정되는 과정에서 나타나는 변화를 사회변동이라고 본다.

　　• 사회는 수많은 부분이 각각의 기능을 원활히 수행할 때 균형을 이루고 안정을 유지할 수 있으며, 이 균형이 무너지는 것이 곧 사회변동이다.

　㉡ 갈등론

　　• 사회변동을 보편적이고 자연스러운 현상으로 받아들인다.

　　• 사회의 여러 부분이 대립하는 과정에서 지배적인 위치에 있는 사람과 지배를 받는 사람들과의 불안과 갈등이 표출되면서 사회변동이 일어난다.

　　• 사회 구조나 사회제도를 혁명과 같은 급진적인 수단을 통하여 근본적으로 고쳐야한다고 주장한다.

(2) 근대사회의 형성

① 근대화의 의미

　㉠ 좁은 의미 : 기존의 농촌 중심의 사회에서 선진 공업 사회로 변화하는 과정

　㉡ 넓은 의미 : 정치, 경제, 사회, 문화, 가치관 등 모든 영역에서 구조적인 변화가 나타나 총체적으로 더욱 개선된 생활양식으로 바뀌어 가는 과정

정치적 측면	국가의 권위와 합법성이 국민으로부터 나오며, 국민의 의사에 따라 정책이 이루어지는 것
경제적 측면	절대적 빈곤상태에서 벗어나 의식주 해결에 어려움이 없는 상태, 또는 공업 사회가 이룩되는 것으로 자본주의의 시작
사회문화적 측면	문맹퇴치, 교육 지위 획득과 같은 사회적 기회의 평등, 동·서양 문화교류가 활발해짐

② 근대 사회의 형성배경

정치적 측면	• 시민 혁명을 통해 절대왕정의 전제정치와 봉건적 잔재를 타파하고, 시민계급이 주도하는 새로운 사회건설 • 정치 체제와 권력의 민주화과정
경제적 측면	• 지리상의 발견과 산업혁명으로 전 세계를 하나의 거대한 자본주의로 편입 • 산업혁명을 통한 생산 능력과 생활수준 향상으로 자본주의적 생활양식의 확산 • 자족적 농촌공동체에서 도시중심의 상공업으로 발전
사회문화적 측면	• 과학혁명과 계몽주의의 확산에 따른 합리적 신념 확산 • 개별 주체들의 특성과 권리가 강조되며 개인주의와 다원주의 확산

(3) 근대화를 설명하는 이론

① 서구 사회를 발전 모델로 제시한 이론

    ㉠ 근대화 이론
- 근대화를 진보적 사회 변동으로 이해
- 선진국 모델의 근대화 과정을 통해 민주적 정치 제도, 합리주의적 생활양식 등의 확산으로 삶의 질 향상이 이루어진다고 본다.
- 서구 사회의 개인주의, 물질주의, 인간소외 등의 문제점이 나타난다.

    ㉡ 수렴이론
- 뒤따르는 사회들이 앞선 사회의 발전 경로를 모방하면서 결국 각 사회의 발전 양상이 대체로 유사해진다는 이론
- 궁극적으로 정치적 다원주의를 수용하게 된다고 본다.

② 서구 사회를 발전 모델로 보는 이론에 대한 반론과 수정

    ㉠ 종속이론
- 서구식 근대화 모델을 저개발 국가에 적용하는 것을 비판한다.
- 저개발 국가가 선진국에 종속되어 착취당하기 때문에 저발전 상태에 머무른다고 보고 자국 산업을 중심으로 독자적인 발전을 도모할 것을 주장한다.
- 신흥 공업국에는 적합하지 않아 동아시아의 상황을 설명할 수 없다.

    ㉡ 신근대화이론
- 전통과 근대의 공존 및 보완 관계 강조하며, 전통이 근대성과 조화를 이룰 수 있다고 본다.
- 근대화모델이 다양하게 존재할 수 있음을 인정한다.

---

02 ▶ 사회변동과 사회문제

(1) 산업화와 노동 문제

① 산업화의 의미와 특성

    ㉠ 산업화
- 생산 활동의 분업화와 기계화로 2·3차 산업 중심으로 산업구조의 변화하였다.
- 공업이 차지하는 비율이 높아지고 그에 따라 생활양식이 변화하는 현상

    ㉡ 산업사회에서 나타나는 현상 : 과학 기술과 기계의 발달, 대량 생산과 대량 소비, 직업의 세분화와 전문성 증가, 관료제의 원리 확산, 자본주의적 원리 확산, 생산성 향상, 이촌 향도 등

    ㉢ 산업사회의 문제점 : 사회 불평등, 환경오염, 물질 만능주의, 노동자 소외, 지역 간 불균형, 도시 문제 등

② 산업화에 따른 노동 구조의 변화

    ㉠ 경공업에서 중화학공업으로 중화학공업에서 첨단 과학 산업, 정보 통신 산업, 서비스업 등으로 변화하였다.

ⓛ 산업 구조의 변화에 따라 노동의 구조도 변화하였다.

ⓒ 단순작업 노동 중심에서 창의적 노동중심으로 증가하였다.

③ **실업문제**

    ㉠ **실업의 영향** : 개인의 자아실현 기회와 생계유지 수단 박탈로 인한 삶의 질 저하와 의욕저하, 사회적으로는 인력자원의 낭비

       • 사회가 요구하는 능력이나 직업이 변화하면서 전체적으로 일자리가 부족해진다.

       • 마찰적 실업, 구조적 실업, 경기적 실업, 계절적 실업 등이 있다.

    ㉡ **해결방안** : 정부의 공공사업 확대를 통한 일자리 마련, 구인, 구직정보 제공 시설 확충, 취업교육 및 생계지원, 근무제도 변경, 새로운 산업분야 개척, 동절기 공공근로사업 등

④ **임금문제**

    ㉠ **임금문제의 발생원인과 유형**

       • 저임금 문제와 임금 격차 문제 발생.

       • 기업의 고용 관행 변화 : 비용절감을 목적으로 비정규직 노동자 고용 증가

       • 노동자가 받아야할 임금을 받지 못한 임금체불 문제

       • 남녀 차별 및 인종 갈등으로 인한 여성 노동자와 외국인 노동자 문제

    ㉡ **해결방안** : 사회적 형평성 고려, 최저임금제 도입, 비정규직 노동자의 정규직 전환, 임금체불 관련 법적 규제 만들기 등

⑤ **노사문제**

    ㉠ 더 많은 임금과 복지를 원하는 노동자와 적은 비용으로 많은 이윤을 얻고자 하는 사용자 간의 대립이다.

    ㉡ 노동자와 사용자는 근로 조건, 복지 등에 대해 대립한다.

       • 파업 : 노동자가 집단적으로 노동제공을 정지하는 행위

       • 태업 : 집단적으로 작업 능률을 저하시키고 소극적 작업으로 사용자에게 손해를 주는 행위

       • 직장 폐쇄 : 사용자가 자기의 요구를 관철하려고 공장이나 작업장을 폐쇄하는 행위

    ㉢ **해결방안**

       • 서로의 의견을 존중하며 더 큰 이익을 공유하는 협상이 필요하다.

       • 법적 보장범위 내의 권리 행사와 그에 따라 책임을 지는 자세가 요구된다.

(2) 도시화로 인한 사회문제

① **도시화의 의미와 특성**

    ㉠ 도시로 인구가 집중이 되면서 도시적 생활양식이 증가하고 확산되는 과정을 말한다.

    ㉡ 인구 집중으로 인한 높은 인구 밀도, 2 · 3차 산업 종사자 증가, 분업화 · 전문화, 주로 수단적 · 형식적 인간관계가 나타난다.

ⓒ 우리나라의 도시화 : 1960년대 이후 산업화가 진행되면서 도시의 인구 집중과 도시 비율이 상당히 높아졌다.

② 도시화로 나타난 문제
  ㉠ 도시문제 주택문제(주택부족, 지가 상승), 교통문제(교통체증, 주차난, 교통 혼잡), 환경오염, 각종 범죄 증가, 인간소외문제
  ㉡ 농촌문제 노동력 부족, 기반시설 부족, 상대적 박탈감 등

③ 도시문제에 대한 대책
  ㉠ 도시 인구분산이 가장 기본적인 문제 해결방법
  ㉡ 분야별 대책

주택문제	낡은 주거지 재개발, 위성 도시 건설, 서민용 주택 공급 및 지원 등
교통문제	대중교통 수단의 확보, 도로 재정비, 주행세부과, 자동차 5부제 시행 등
환경문제	쓰레기 종량제 실시, 환경오염관련 규정 만들기, 청정에너지 사용, 환경오염 기준 제시, 환경운동 등
범죄와 인간소외	CCTV설치, 작은 공동체 중심으로 인격적 인간관계 강조, 시민의식과 규범 활용 등

  ㉢ 농촌문제의 해결 : 귀농 정착금지원, 농촌의 생활환경 개선, 농촌의 소득 증대 방안 모색

(3) 인구변천으로 인한 사회문제

① 인구의 변천과정
  ㉠ 인구의 증가와 감소를 의미한다.
  ㉡ 인구변천에 영향을 주는 요소는 출생, 사망, 인구 이동 등이 있다.
  ㉢ 인구변천
    • 1단계 : 출생률과 사망률이 모두 높아 총인구의 변화가 거의 없는 단계로, 산업혁명 이전의 모든 국가와 오늘날의 중부 아프리카들이 여기에 속한다.
    • 2단계 : 출생률은 높으나 사망률이 감소하기 시작하여 인구증가율이 높아지는 단계로, 대부분의 아시아 국가들이 여기에 속한다.
    • 3단계 : 의학의 발달로 사망률은 급감하는데 비해 출생률은 약간 감소하여 인구증가율이 가장 높은 단계로, 대부분의 중남미 국가들이 여기에 속한다.
    • 4단계 : 가족계획과 생활수준의 향상으로 출생률이 급감하여 인구증가율이 낮아지는 단계로, 일부 남미 국가와 홍콩, 싱가포르 등이 여기에 속한다.
    • 5단계 : 출생률과 사망률이 모두 낮은 단계에 이르고 인구증가율이 다시 낮아지는 단계로, 선진 공업국들이 여기에 속한다.

② 인구변화로 나타나는 문제 및 대책

문제점	내용	대책
자원부족	부존자원의 개발이나 자원의 재생속도보다 인구증가 속도가 빨라 자원 고갈	에너지 절약, 대체자원개발, 농업생산성 개선 등
저출산	• 여성들의 지위가 향상되고 사회활동 참여의 기회가 증대 • 이혼율 증가, 독신 증가, 자녀 양육비 및 교육비 증가 등이 원인 • 사회의 유지와 부양에 심각한 위협	출산장려금 지급, 사회의 복지 수준 향상, 육아비용 시설, 휴직 등의 지원 확대, 교육비 부담 줄이기 위한 노력 필요
고령화	평균 수명 증대, 의학기술 및 보건 수준 향상, 경제수준 향상에 따른 식생활 개선으로 등장하였다. 산업인구 감소. 세대 간 갈등, 독거노인 증가. 노인부양비 증가	경로효친 사상 고양, 노령층의 취업 기회 강화, 노인 복지 지원 필요

03 현대사회의 변동과 대응

(1) 세계화

① 세계화의 의미와 요인
  ㉠ 세계화 : 삶의 범위가 민족과 국경의 범위를 넘어서 전 세계로 바뀌어 인적, 물적 교류가 활발하게 이루어지는 과정.
  ㉡ 세계화의 요인 : 과학 및 정보 기술과 교통·통신기술의 발달, 국가 간 교류의 폭 확대, 자본의 자유로운 이동

② 세계화 양상과 현황
  ㉠ 정치적 측면 : 민주주의의 확산
  ㉡ 경제적 측면 : 자본주의의 확산, 시장개방을 지향하는 세계 무역 기구(WTO) 체제, 자유무역 협정(FTA)
  ㉢ 사회 문화적 측면 : 세계 각 지역의 생활양식이 확산되면서 문화 간 접촉과 전파 증가로 인해 문화동화, 문화융합 등의 문화 변동이 일어나게 되었다.

③ 세계화의 특징 ⋯ 전 지구적 상호 의존성 증가, 물리적 공간과 시간의 제약이 줄어듦, 일부 특정한 문화권의 생활양식이 확산되며 상대적으로 약한 지역이나 문화가 소외된다.

④ 세계화에 대한 대응
  ㉠ 세계화의 문제점 : 한 국가의 상황이 전 세계적으로 경제상황에 영향을 미치고, 문화의 획일화 가능성이 크고, 경쟁력 약한 문화의 존립 기반과 정체성이 약화되며 지역·인종·민족·문화 등에 따른 불평등 심화 등의 문제점이 있다.

ⓛ 세계화에 대한 대응 : 다른 문화에 대한 열린 사고와 협력의 필요성을 인식하고 국제적 경쟁력을 확보하며, 세계 공통의 보편적 가치와 인류애 추구의 정신을 가진 세계 시민으로서의 자질이 필요하다.

(2) 정보화

① 정보사회의 형성과 특징

    ㉠ 정보사회 정보의 지배가 사회적인 권력관계의 결정적 요소가 되는 사회

    ㉡ 형성배경

        • 기술적 기반 : 새로운 기술이 등장하였다. 예 스마트폰, 트위터, 페이스 북

        • 경제적 기반 : 정보 기술이 자본과 결합하여 이윤을 창출할 수 있는 산업으로 발전하였다.

        • 사회적 기반 : 대중의 사회 참여 욕구 증대와 다원화 경향 등이 있다.

    ㉢ 특징 : 가치 창출의 원천으로서 지식과 정보 중시, 다품종 소량 생산 방식 확대, 쌍방향적 정보 흐름에 의한 의사 결정의 분권화, 지적 창조적 활동을 통한 자아실현의 부각, 공간적 범위 확대와 새로운 관계양상 증가 등

② 정보사회의 긍정적인 면

    ㉠ 정치적 측면 : 대중의 정치 참여를 확대하여 직접 민주주의의 실현기반이 되었다.

    ㉡ 경제적 측면 : 생산의 효율성을 증대시키고 소비자 중심의 시장을 만들었다.

    ㉢ 사회적 측면 : 새로운 인간관계 형성에 도움을 주어 사회통합에 긍정적 영향을 미친다.

    ㉣ 문화적 측면 : 다양성과 창의성을 중시하며 폭넓은 문화교류를 가능하게 했다.

③ 정보사회의 문제점 … 정보격차, 사생활 침해, 사회적 통제와 감시, 정보기기와 서비스에 대한 지나친 의존도, 정보의 오남용, 정보 윤리 미흡, 정보 유출, 인간 소외 등이 있다.

④ 정보사회의 문제에 대한 해결책

    ㉠ 개인적 차원 : 보안에 주의하고, 역기능을 인식하고, 정보 · 윤리를 실현하고, 올바른 정보 활용 능력을 갖추고 절제하는 습관을 기른다.

    ㉡ 사회적 차원 : 인터넷 실명제 실시, 사이버 범죄 담당부서 설치, 통신비 지원정책, 정보 · 윤리 공익 광고방송, 공유 정보 공개, 개인 정보 보호에 관한 법과 제도 구축, 정보 소외 계층 교육 등이 있다.

(3) 전 지구적 차원의 문제

① 환경 문제 … 산업화 이후로 인구가 증가하였고, 무분별한 개발과 자원의 낭비로 인해서 지구의 재생 능력의 한계에 도달하였다. 이로 인해 지구 온난화, 생물 멸종 위기, 열대 우림 감소, 사막화, 빙하 손실, 황사, 환경 재앙 사고 등의 환경문제들이 발생하고 있다.

② **자원 문제** … 인구 증가 및 급속한 개발로 인하여 자원이 부족하다. 삶에 필요한 물과 식량의 부족, 기아로 인한 어린이 생명의 위협 그리고 에너지 자원 고갈 등으로 인해 자원은 무기화 또는 분쟁의 씨앗이 되기도 한다.

③ **전쟁과 테러 문제** … 국가나 지역, 자원, 종교, 민족 등을 둘러싼 분쟁, 전략적 전쟁 및 테러가 발생한다. 무고한 인명 피해, 막대한 전쟁비용 소요, 테러발생으로 불특정 다수 피해, 인권문제와 환경 문제를 야기한다.

④ **전 지구적 문제에 대한 대응**

　㉠ 세계인들의 관심과 노력
　　• 그린피스(Green peace), 유엔 환경 계획(UNEP) 등의 국제 환경 NGO활동이 적극적으로 이루어져야 한다.
　　• 기후변화 협약, 생물 다양성 협약 등 지구 환경 보호 협약을 지키도록 노력한다.
　　• 지속 가능 한 개발에 대한 합의를 잘 지켜야한다.
　　• 국가 간 또는 지역 간 갈등과 분쟁에서의 국제 연합(UN)과 같은 국제기구의 중재와 지속적인 관심이 필요하다.

　㉡ 각 주체의 노력
　　• 시민 : 일상생활의 작은 것부터 노력하고, 국제적 감시 및 지지 활동을 해야 한다.
　　• 정부 : 국제적 연대를 견고히 하고, 선진국의 큰 책임감과 양보하는 자세가 필요하다.
　　• 기업 : 환경과 인간을 고려하고 국제적 약속과 정의의 범위에서 경제적 이윤을 추구해야 한다.

출제예상문제

1 사회 변동 이론 A, B에 대한 옳은 설명을 〈보기〉에서 고른 것은?

> 과거 다수의 중국인과 서구인은 사회 변동의 방향에 대해 다른 관점을 가지고 있었다. 중국인은 무질서의 시기가 있으면 질서의 시기가 있고 번영의 시기가 지나면 쇠퇴의 시기가 오는 것이 인간사의 일반적 과정이라고 보았다. 한편, 서구인은 변동이 곧 진보이며 그 과정은 무한히 지속될 것이라고 인식하여 사회 변동을 긍정적으로 보았다. 이를 사회 변동 이론에 적용해 보면, 중국인의 관점은 A에, 서구인의 관점은 B에 가깝다.

> 〈보기〉
> ㉠ A에 따르면 사회 변동은 부정적인 현상이다.
> ㉡ A에 따르면 현대 사회가 전통 사회보다 반드시 우월한 것은 아니다.
> ㉢ B에 따르면 사회는 안정적이고 단순한 형태로 발전한다.
> ㉣ A, B에 따르면 사회 변동에는 일정한 양상이 나타난다.

① ㉠, ㉡
② ㉠, ㉢
③ ㉡, ㉢
④ ㉡, ㉣

✔해설 제시문의 A는 사회가 탄생과 성장, 쇠퇴, 해체를 반복한다고 보는 순환론이다. B는 사회가 일정한 방향으로 발전과 진보가 이루어진다고 보는 진화론이다.
㉡ 순환론에 따르면 사회 변동은 일정한 과정이 반복되기 때문에 현대 사회가 전통 사회보다 반드시 우월하다고 볼 수 없다.
㉣ 순환론은 일정한 과정이 반복된다는 측면을, 진화론은 일정한 방향으로 진보한다는 측면을 강조한다. 따라서 모두 사회 변동에는 일정한 양상이 나타난다고 본다.
㉠ 순환론은 사회가 일시적으로 쇠퇴하거나 해체되기도 하지만 전체적으로는 발전되는 방향으로 변동된다고 보기 때문에 사회 변동에 대해 부정적이지 않다.
㉢ 진화론은 사회가 단순한 것에서 복잡한 것으로, 낡은 것에서 새로운 것으로 변화한다고 보기 때문에 사회의 안정성보다 변동성을 강조한다.

Answer 1.④

2 〈보기〉의 근대화를 설명하는 이론 중 밑줄 친 ㉠, ㉡에 대한 설명으로 가장 옳지 않은 것은?

> 〈보기〉
>
> 우리나라의 사회 과학계에 영향을 끼쳤던 사회학자 갑(甲)은 낙후된 국가의 빈곤 문제를 '종속에 의한 저발전의 심화'라고 설명하며, 근대화를 설명하는 ㉠또 다른 이론에 도전장을 던졌다. ㉡ 갑의 이론은 서구 선진국에 의해 주도된 이론에 대한 비판 이론으로 주목을 받으며 등장했다. 1970년대 한국에도 유입되어 최근까지 연구가 진행되고 있다.

① ㉠은 사회 변동 방향에 대해 진화론을 기초로 한다.
② ㉡은 낙후된 국가의 저발전 원인을 외부에서 밝히고 있다.
③ ㉡은 ㉠과 비교하여 개별 국가의 주체적 발전을 더 강조한다.
④ ㉠은 ㉡과 달리 각 국가는 다양한 경로를 거쳐 발전할 수 있다고 본다.

✔**해설** 낙후된 국가의 빈곤 문제를 종속에 의한 저발전의 심화로 설명하는 '갑의 이론'은 종속이론이다. 따라서 근대화를 설명하는 또 다른 이론 ㉠은 근대화론이다. ㉡은 서구 선진국에 의해 주도된 이론(근대화론)에 대한 비판으로 주목을 받으며 등장했다. 이는 낙후된 빈곤 문제를 종속에 의한 저발전의 심화로 보는 종속 이론에 해당한다.
④ 근대화론은 서구화를 이상적인 모습으로 제시함으로써 각 국가가 다양한 경로를 거쳐 발전할 수 있음을 부정한다.
① 근대화론은 사회 변동 방향과 관련하여 진화론을 기초로 한다.
② 종속이론은 낙후된 국가의 저발전의 원인을 중심부와 주변부라는 외부(국제)의 관점에서 밝히고 있다.
③ 종속이론은 중심부 국가인 선진국과의 종속 관계에서 벗어나 주체적 발전을 해야 함을 강조한다.

Answer 2.④

3 다음 중 후기 도시화의 과정에 해당하는 내용은?

① 공업도시의 형성   ② 이촌향도 현상

③ 도시로의 인구 집중   ④ 도시적 생활양식의 농촌 파급

✔해설 ④ 도시화의 후기단계에서는 도시적 생활양식이 농촌으로 파급되어 농민의 생활양식도 도시적으로 바뀌게 되는 현상이 나타난다.

4 노인문제와 청소년문제의 발생배경이 근본적으로 같다고 보는 시각의 근거로 볼 수 있는 것을 고르면?

     ㉠ 개인주의의 강화
     ㉡ 노동력 상실로 인한 빈곤
     ㉢ 가족의 사회적 중요성 약화
     ㉣ 수명의 연장으로 인한 건강문제
     ㉤ 과학문명의 발달로 인한 인간소외 현상

① ㉠㉡㉢   ② ㉠㉢㉤

③ ㉡㉣㉤   ④ ㉡㉢㉣

✔해설 노인과 청소년문제는 노인과 청소년의 사회부적응문제로 가족의 기능과 공동체의식의 강화 없이 근본적으로 해결될 수 없다.

5 농촌사회의 변동과 그 파생효과에 관한 다음 설명 중 옳지 않은 것은?

① 젊은 노동력의 부족현상으로 농업활동이 기계화되고, 기업농이 대두되었다.

② 인구의 노령화로 영농의 어려움이 가중되고, 생산성은 감소하여 생산연령층의 인구부양부담이 가중되었다.

③ 근교농업은 주로 채소재배에 치중하고, 오지에서는 목축업이나 고산작물을 재배하는 상업적 농업의 발달로 촌락 간의 이질성이 증대되었다.

④ 농촌의 전출인구는 대부분 경제적인 상층과 중간층이며, 주로 하층은 잔류한다.

✔해설 ④ 농업에 잔류하는 사람들은 주로 경제적으로 중간층이다.

Answer   3.④   4.②   5.④

6 다음 중 종속적 발전이론에 대한 내용으로 옳지 않은 것은?

① 동아시아의 신흥공업국의 발전과정을 설명하기 곤란하다.

② 제3세계 국가들은 저발전상태가 아니라 미발전상태에 있다.

③ 한 나라의 발전에 있어서 이념적인 문제를 부각시켰다.

④ 근대화론에 대한 반발로 등장하였다.

> ✔해설 ② 종속적 발전론에 따르면 제3세계 국가들은 발전을 시작하지 않은 '미(未)발전'의 상태에 있는 것이 아니라, 발전을 하려고 해도 되지 않는 '저(低)발전'의 상태에 있다는 것으로, 제3세계의 국가들의 저발전은 그들의 전통이나 제도 때문이 아니라 선진 자본주의 국가들에게 종속되어 있기 때문이라고 한다.

7 다음 중 환경오염의 원인이 아닌 것은?

① 인구증가와 도시화   ② 환경문제에 관한 인식부족

③ 노동집약적 농업   ④ 과학·기술의 발달

> ✔해설 ③ 노동집약적 농업은 환경오염과 무관하며, 오히려 환경친화적이다.

8 청소년문제나 노인문제의 가장 근본적인 원인은?

① 가족의 보호·통제기능의 약화

② 소득격차에 따른 상대적 빈곤감의 증대

③ 자유주의·평등주의 가치관의 확산

④ 국가의 사회복지대책 미흡

> ✔해설 청소년·노인문제
> ㉠ 청소년문제 : 현대선진공업사회에서 공통적으로 꼽히는 문제로서 대중사회화, 도시화의 결과로 나타난 광범위한 가족해체가 이 문제의 배경을 이루고 있다. 즉, 1차적인 사회통제의 기능을 수행해온 가족기능의 약화는 청소년들로 하여금 쉽게 일탈행위에 빠지게 한다.
> ㉡ 노인문제 : 노인문제 발생의 근본적인 배경은 청소년문제의 발생배경과 같다. 즉, 가족의 사회적 중요성의 약화, 개인주의의 강화, 그리고 과학문명의 발달로 인한 인간소외현상의 대두가 그것이다.

9 소수집단 또는 불리한 위치에 있는 집단에 대한 사회적 차별과 관련되어 있으며 평등주의적 사상을 받아들일 때에만 의미를 지니는 사회문제는?

㉠ 청소년문제	㉡ 여성문제
㉢ 인종문제	㉣ 노인문제

① ㉠㉡   ② ㉠㉢

③ ㉡㉢   ④ ㉢㉣

> ✔해설 여성문제, 인종문제는 소수집단 또는 불리한 위치에 있는 집단에 대한 사회적 차별과 관련되어 있으며, 평등주의적 사상을 받아들일 때에만 의미를 갖는다. 청소년과 노인문제는 특정인구집단에만 해당되는 사회문제이다.

10 다음의 내용을 뒷받침하는 근거로 적절하지 않은 것은?

> 대중문화는 대중매체를 소유하고 있는 대기업이나 국가가 국민을 일방적으로 조종하는 데 이용할 수 있다는 점에서 지배계층의 대중조작수단으로 규정되기도 한다.

① 집집마다 TV가 있고, 신문을 구독한다.
② 미국의 부시·케리의 대통령 선거에서 유태계인 뉴욕타임즈, 워싱턴타임즈 등 유력신문들은 사실상 케리에게 유리하도록 보도를 했다. 그리하여 선거는 치열한 접전을 하였다.
③ 대중들은 공신력 있는 대중매체를 통해 발표된 것이면 무엇이든 믿는 경향이 있다.
④ 드라마가 60%대의 시청률을 기록하기도 한다.

> ✔해설 관습적 사고를 하는 대중은 관습을 만들어 나가는 권력기관의 의도대로 생각하고, 판단하기도 한다. 비판적으로 사고하는 사람들에게는 TV나 신문은 오히려 권력기관의 지배의도를 파악하는 좋은 수단이 된다.

11 다음과 같은 원인으로 인하여 사회문제가 발생하게 된 것은?

> 사회문제는 반드시 사회변동의 결과로 나타난 새로운 현상들로만 이루어지는 것은 아니다. 어떤 것은 예전부터 있었던 것이, 또는 예전에는 바람직하다고 생각되던 것이, 사람들의 생각이 바뀌면서 심각한 사회적인 문제로 인식되기도 한다. 오히려 사회적으로 중요한 문제들 중에서 많은 것이 새로운 관념과 가치의 형성이나 도입으로 인해 나타난 것 등이다.

① 인권문제
② 환경오염문제
③ 자원고갈문제
④ 인구문제

✔해설 ②③④ 산업화와 경제발전에 따라 나타난 사회문제이다.

12 다음 내용을 바탕으로 하여 사회운동에 관한 결론을 내릴 때 가장 적절한 것은?

> • 서구에서는 환경운동, 반핵운동, 녹색운동, 소비자운동, 인권운동, 여성해방운동 등이 다양하게 일어나고 있다.
> • 미국에서는 특징적으로 흑인민권운동이 발생한다.
> • 우리나라에서는 1970~1980년대에 빈민운동, 농민운동, 노동운동 등이 격렬하게 전개되었다.

① 사회운동은 사회발전에 긍정적인 영향을 끼친다.
② 사회운동을 보면 그 사회의 변동모습을 예측할 수 있다.
③ 사회운동은 사회변동의 주요 요인 중의 하나이다.
④ 사회운동의 내용을 보면 그 사회의 구조적 모순을 알 수 있다.

✔해설 사회운동은 그 사회의 가장 격렬한 이슈를 포함하며, 사회변동을 일으키거나 막기 위해 행하는 지속적이며 집단적인 노력이다.

Answer 11.① 12.③

13 다음은 사회 문제에 대한 정의들이다. 이를 종합할 때 사회 문제의 성격으로 적절한 것은?

> • 사회 질서의 상당 부분이 일반적으로 받아들여지고 있는 하나 또는 그 이상의 규범을 위배하고 있다고 간주되는 행동 양식
> • 사회의 영향력 있는 집단이 어떤 사회적 상태에 대하여 그것이 사회의 가치를 위협하고 있고 집단적 행동으로 개선이 가능하다고 인식하는 것
> • 사회의 상당수 사람들이 그들의 가치와 윤리 기준에 의하여 사회 질서를 위협한다고 판단하고 사회적 행동으로 그 개선이 가능하다고 생각하는 현상

① 한 개인 혹은 가족의 노력으로 해결이 가능하다.
② 대다수의 신문 및 방송에서 문제로 판단하는 것이다.
③ 지진, 홍수, 태풍 등의 자연 현상을 지칭하기도 한다.
④ 어떤 현상이 한 개인의 특별한 가치에 위배되어야 한다.

✔해설 제시된 사회 문제의 정의를 종합하면, 사회 문제는 어떤 사회적 현상이 1) 사회적 가치(또는 규범)에서 벗어나고, 2) 상당수의 사람이 그 현상으로 인해 부정적 영향을 받으며, 3) 그 원인이 사회적인 것이고, 4) 다수의 사람들, 혹은 영향력 있는 사람들이 문제로 판단하고 있으며, 5) 사회가 개선을 원하고, 6) 개선을 위한 집단적 행동이 요청되는 것이다. 따라서, 이 조건에 해당되는 진술은 ②이다.

14 다음 내용과 관련된 사회변동에 관한 입장으로 옳은 것은?

> • 사회는 발전 · 퇴보 · 멸망하기도 한다는 비판을 받고 있다.
> • 서구의 선진사회가 후진사회를 식민지화하고 착취하는 것을 정당화하기 위한 것이라 비판받기도 한다.

① 종속이론
② 진화론
③ 갈등론
④ 균형론

✔해설 사회가 진보한다고 보는 전제조건이 잘못되었다는 비판을 받는 진화론은 후진사회를 식민화하는 것을 정당화시키며, 사회는 발전만 하는 것이 아니라 퇴보도 하며 멸망하기도 한다는 비판을 받고 있다.

Answer 13.② 14.②

15 사회변동에 대한 균형론적 시각으로 옳은 것은?

① 사회 여러 부분의 사이에는 항상 갈등이 존재한다.

② 현재의 사회는 과거의 사회보다 더 나은 사회이다.

③ 혁명적 사회변동의 설명에 적합하다.

④ 사회 어떤 부분에 마찰·갈등이 발생해도 정상을 회복하여 통합된다.

> ✔해설 균형론적 마찰
> ㉠ 사회의 여러 부분들은 서로 균형을 이루면서 통합되어 있다고 보는 입장이다.
> ㉡ 사회변동을 긴장·갈등의 발생과 해소의 과정으로 이해하는 입장이다.
> ㉢ 항상성을 바탕으로 사회변동을 설명하려는 입장이다.
> ㉣ 사회변동의 근원을 균형지향성에서 찾고자 하는 입장이다.

16 다음 내용이 설명하는 사회변동의 이론으로 옳은 것은?

> 사회는 항상 현재의 상태를 파괴하려는 힘을 가지고 있으며, 바로 이러한 힘에 의해 혁명을 포함한 여러 가지 중요한 사회변동이 일어난다.

① 진화론   ② 기능론

③ 균형론   ④ 갈등론

> ✔해설 ④ 마르크스와 베버의 이론에서 연유하였고 다렌도르프가 주장하였다.

17 사회의 빠른 변동이 우리 사회에 안겨준 심각한 문제에 해당하지 않는 것은?

① 아노미현상   ② 가치관의 혼란

③ 대중사회화현상   ④ 세대 간의 갈등

> ✔해설 사회문제
> ㉠ 가치관의 혼란 : 비물질적인 변화에 대한 부적응(문화지체), 세대 간의 갈등
> ㉡ 환경의 파괴와 오염 : 우리 삶의 근거를 위협, 대책 미흡
> ㉢ 계층간·지역간 불균형 : 빈부의 격차, 노·사 간의 갈등, 농촌과 도시의 격차
> ㉣ 아노미현상의 확산 : 인간성의 상실, 각종 범죄와 부정·부패의 만연, 청소년들의 일탈행위

Answer 15.④ 16.④ 17.③

18 농업에 인터넷을 사용하는 것에 관한 설명 중 옳지 않은 것은?

① 인터넷을 이용하여 농작물 재배에 대한 필요한 정보를 얻을 수 있다.

② 농산물 관련 홈페이지를 만들어 소비자에게 직접 농산물을 판매함으로써 높은 소득을 올릴 수 있다.

③ 소비자의 입장에서 볼 때 물건을 비싸게 구매하게 될 것이다.

④ 새로운 정보를 서로 교환할 수 있다.

> ✔해설 ③ 소비자는 물건을 판매하는 매장에 직접 나가지 않고도 인터넷을 통해 다양한 종류의 상품을 검색할 수 있어 원하는 상품을 저렴한 가격에 구매할 수 있다.

19 삶의 질을 결정하는 조건을 모두 골라 묶은 것은?

㉠ 기회의 균등	㉡ 빈곤의 추방
㉢ 도덕성의 회복	㉣ 인권의 보장

① ㉠㉡

② ㉡㉢

③ ㉠㉡㉢

④ ㉠㉡㉢㉣

> ✔해설 인간다운 삶의 조건 … 인간다운 삶의 조건으로는 흔히 가난의 추방, 기회의 균등, 인권의 보장, 오염없는 환경, 도덕성의 회복 등을 들고 있다. 이러한 조건들이 오늘날 사회문제인식의 전제가 된다고 볼 수 있다.

Answer 18.③ 19.④

20 다음 대화에서 대립되는 쟁점으로 가장 적절한 것은?

> 갑 : 우리 사회는 정부 주도의 산업화를 통해 세계에서 보기 드문 경제 성장을 이루었습니다.
> 을 : 물론 그렇죠. 하지만 산업화에만 치우친 근대화로 인해 권위주의적인 문화가 형성되었고, 아
> 직까지 전근대적인 사고방식과 가치관이 남아 있습니다.
> 갑 : 당신이 제기한 문제에 저도 동의합니다. 그렇지만 그 문제는 산업 구조가 고도화되면 장차
> 저절로 해결될 것입니다.
> 을 : 산업 구조가 고도화된다고 해서 전근대적인 문화와 의식이 저절로 바뀌는 것은 아닙니다.

① 과거 우리 사회에서 근대화가 필요하였는가?
② 근대화로 인해 우리 사회에서 나타난 문제는 무엇인가?
③ 정부 주도의 산업화 전략은 경제 성장에 도움이 되었는가?
④ 산업화가 근대화를 구성하는 다양한 부문을 선도할 수 있는가?

✔ **해설** 근대화의 특성을 파악하는지 묻는 문제이다. 갑과 을이 서로 의견을 달리하는 부분은 산업화로 인한
경제 성장이 가치관의 합리화나 민주적 문화 등을 자연스럽게 이끌어낼 수 있는가 여부이다.
② 권위주의적 문화(文化) 등이 존재한다는 데에는 갑과 을의 의견이 일치한다.

일반상식(한국사)

01 선사시대의 문화와 국가의 형성

02 통치구조와 정치활동

03 경제구조와 경제생활

04 사회구조와 사회생활

05 민족문화의 발달

06 근현대사의 흐름

PART

03

한국사

CHAPTER 01

선사시대의 문화와 국가의 형성

01 선사시대의 전개

1. 선사시대의 세계

(1) 신석기문화
농경과 목축의 시작으로 식량 생산 등의 경제활동을 전개하여 인류의 생활모습·양식이 크게 변화하였다.

(2) 청동기문명의 발생
기원전 3,000년경을 전후하여 4대 문명이 형성되었는데 청동기시대에는 관개농업이 발달하고, 청동기가 사용되었으며, 도시가 출현하고, 문자를 사용하고, 국가가 형성되었다.

2. 우리나라의 선사시대

(1) 우리 민족의 기원
우리 조상들은 만주와 한반도를 중심으로 동북아시아에 넓게 분포하였으며 신석기시대부터 청동기시대를 거쳐 민족의 기틀이 형성되었다.

(2) 구석기시대
① 생활 … 주먹도끼·찍개·팔매돌 등은 사냥도구이고, 긁개·밀개 등은 대표적인 조리도구이며, 뗀석기와 동물의 뼈나 뿔로 만든 뼈도구를 사용하여 채집과 사냥을 하면서 생활하였다.

② 주거 … 동굴이나 바위 그늘에서 살거나 강가에 막집을 짓고 살았는데 후기의 막집에는 기둥자리, 담 자리, 불땐 자리가 남아 있고 집터의 규모는 작은 것은 3 ~ 4명, 큰 것은 10명이 살 수 있을 정도의 크기였다.

③ **사회** … 무리생활을 했으며 평등한 공동체적 생활을 하였다.

④ **종교, 예술** … 풍성한 사냥감을 얻기 위한 주술적 의미로서 석회암이나 동물의 뼈 또는 뿔 등에 고래와 물고기를 새긴 조각품을 만들었다.

(3) 신석기시대

① **경제** … 활이나 창을 이용한 사냥과 작살, 돌이나 뼈로 만든 낚시 등을 이용한 고기잡이를 하였으며, 또한 가락바퀴나 뼈바늘이 출토되는 것으로 의복이나 그물을 제작하였다.

② **토기** … 이른 민무늬토기, 덧무늬토기, 눌러찍기토기 등이 발견되며 빗살무늬토기는 밑모양이 뾰족하며 크기가 다양하고, 전국 각지에 널리 분포되어 있다.

③ **주거** … 바닥이 원형 또는 둥근 네모꼴인 움집에서 4 ~ 5명 정도의 가족이 거주하였다. 남쪽으로 출입문을 내었으며, 화덕이나 출입문 옆에는 저장구덩을 만들어 식량이나 도구를 저장하였다.

④ **사회** … 혈연을 바탕으로 한 씨족이 족외혼을 통해 부족을 형성하였고, 평등한 사회였다.

⑤ **원시신앙의 출현**
  ㉠ **애니미즘** : 자연현상, 자연물에 영혼이 있다고 믿어 재난을 피하거나 풍요를 기원하는 것으로 태양과 물에 대한 숭배가 대표적이다.
  ㉡ **영혼, 조상숭배** : 사람이 죽어도 영혼은 없어지지 않는다는 믿음을 말한다.
  ㉢ **샤머니즘** : 인간과 영혼 또는 하늘을 연결시켜 주는 존재인 무당과 그 주술을 믿는 것이다.
  ㉣ **토테미즘** : 자기 부족의 기원을 특정 동물과 연결시켜 그것을 숭배하는 믿음이다.

02 국가의 형성

1. 고조선과 청동기문화

(1) 청동기의 보급

① **사회 변화** … 생산경제의 발달, 청동기 제작과 관련된 전문 장인의 출현, 사유재산제도와 계급이 발생하게 되었다.

② **유물**
  ㉠ **석기** : 반달돌칼, 바퀴날도끼, 홈자귀
  ㉡ **청동기** : 비파형 동검과 화살촉 등의 무기류, 거친무늬거울
  ㉢ **토기** : 미송리식 토기, 민무늬토기, 붉은간토기
  ㉣ **무덤** : 고인돌, 돌널무덤, 돌무지무덤

(2) 철기의 사용

① **철기문화의 보급** … 철제 농기구의 사용으로 농업이 발달하여 경제 기반이 확대되었으며, 철제 무기와 철제 연모의 사용으로 청동기는 의식용 도구로 변하였다.

② **유물** … 명도전, 오수전, 반량전을 통하여 중국과의 활발한 교류를 알 수 있으며 경남 창원 다호리 유적에서 나온 붓을 통해 한자를 사용했음을 알 수 있다.

③ **청동기의 독자적 발전** … 비파형 동검은 세형 동검으로, 거친무늬거울은 잔무늬거울로 형태가 변하였으며 거푸집도 전국의 여러 유적에서 발견되고 있다.

(3) 청동기·철기시대의 생활

① **경제생활의 발전** … 조, 보리, 콩, 수수 등 밭농사 중심이었지만 일부 저습지에서 벼농사가 시작되었다. 또한 사냥이나 고기잡이도 여전히 하고 있었지만 농경의 발달로 점차 그 비중이 줄어들었고 돼지, 소, 말 등의 가축의 사육이 증가되었다.

② **주거생활의 변화**
 ㉠ 집터 유적 : 대체로 앞쪽에는 시냇물이 흐르고 뒤쪽에는 북서풍을 막아 주는 나지막한 야산이 있는 곳에 우물을 중심으로 자리잡고 있다.
 ㉡ 정착생활의 규모의 확대 : 집터는 넓은 지역에 많은 수가 밀집되어 취락형태를 이루고 있으며, 이는 농경의 발달과 인구의 증가로 정착생활의 규모가 점차 확대되었음을 보여 주는 것이다.

③ **사회생활의 변화** … 여성은 가사노동, 남성은 농경·전쟁에 종사하였다. 생산력의 증가에 따른 잉여생산물은 빈부의 격차와 계급의 분화를 촉진하였고 이는 무덤의 크기와 껴묻거리의 내용에 반영되었다.

④ **고인돌의 출현** … 고인돌은 청동기시대의 계급사회의 발생을 보여주는 대표적인 무덤으로 북방식 고인돌이 전형적인 형태이며 우리나라 전역에 걸쳐 분포되어 있는데 당시 지배층이 가진 정치권력과 경제력을 잘 반영해 주고 있다.

⑤ **군장의 출현** … 정치, 경제력이 우세한 부족이 선민사상을 가지고 주변의 약한 부족을 통합하거나 정복하고 공납을 요구하였으며 군장이 출현하게 되었다.

(4) 청동기·철기시대의 예술

청동으로 만든 도구의 모양이나 장식에는 미의식과 생활모습이 표현되었고, 흙으로 빚은 사람이나 짐승모양의 토우는 본래의 용도 외에도 풍요를 기원하는 주술적 의미를 가지고 있다. 울주반구대 바위그림은 사냥과 고기잡이의 성공과 풍성한 수확을 기원하였음을 알 수 있고, 고령 양전동 알터 바위그림은 태양 숭배와 풍요를 기원하는 의미를 가진다.

(5) 단군과 고조선

① **고조선의 건국** ··· 족장사회에서 가장 먼저 국가로 발전한 고조선은 단군왕검이 건국하였다(B.C. 2333).

② **고조선의 발전** ··· 초기에는 요령지방, 후기에는 대동강 유역의 왕검성 중심으로 독자적인 문화를 이룩하면서 발전하였다. 부왕, 준왕 같은 강력한 왕이 등장하여 왕위를 세습하였고 상(相), 대부(大夫), 장군 등의 관직을 두었으며 요서지방을 경계로 하여 연(燕)과 대립하였다.

(6) 위만의 집권

① **위만 조선의 성립 및 발전** ··· 준왕을 축출하고 중국 유이민 집단인 위만이 왕이 되었으며 지리적인 이점을 이용한 중계무역의 이득을 독점하기 위해 한과 대립하였다.

② **고조선의 멸망** ··· 위만 조선에 위협을 느낀 한의 무제는 대규모 침략을 강행하였으나 고조선은 한의 군대에 맞서 완강하게 대항하여 장기간의 전쟁으로 지배층의 내분이 일어나 왕검성이 함락되어 멸망하였다(B.C. 108). 고조선이 멸망하자 한은 고조선의 일부 지역에 군현을 설치하여 지배하고자 하였으나 고구려의 공격으로 소멸되었다.

(7) 고조선의 사회

① **8조법과 고조선의 사회상** ··· 권력과 경제력의 차이 및 사유 재산의 발생은 형벌과 노비가 생겨나게 하였다.

② **한 군현의 엄한 율령 시행** ··· 한 군현의 설치 후 억압과 수탈을 당하던 토착민들은 이를 피하여 이주하거나 단결하여 한 군현에 대항하였다. 이에 한 군현은 엄한 율령을 시행하여 자신들의 생명과 재산을 보호하려 하였으며 법 조항도 60여 조로 증가시켜 풍속도 각박해져 갔다.

2. 여러 나라의 성장

(1) 부여

① 정치

  ㉠ 왕 아래에는 가축의 이름을 딴 마가, 우가, 저가, 구가와 대사자, 사자 등의 관리가 있었다.

  ㉡ 가(加)는 저마다 따로 행정구획인 사출도를 다스리고 있어서 왕이 직접 통치하는 중앙과 합쳐 5부를 이루었다.

ⓒ 왕의 권력이 미약하여 제가들이 왕을 추대·교체하기도 하였고, 수해나 한해로 농사가 잘 되지 않으면 그 책임을 왕에게 묻기도 하였다. 그러나 왕이 나온 대표 부족의 세력은 매우 강해서 궁궐, 성책, 감옥, 창고 등의 시설을 갖추고 있었다.

② **법률**(부여의 4조목)

　　㉠ 살인자는 사형에 처하고, 그 가족은 데려다 노비로 삼는다.

　　㉡ 절도죄를 지은 자는 12배의 배상을 물린다.

　　㉢ 간음한 자는 사형에 처한다.

　　㉣ 부인이 투기가 심하면 사형에 처하되, 그 시체는 산 위에 버린다. 단, 그 여자의 집에서 시체를 가져가려면 소·말을 바쳐야 한다.

③ **풍습**

　　㉠ **순장** : 왕이 죽으면 많은 사람들을 껴묻거리와 함께 묻는 순장의 풍습이 있었다.

　　㉡ 흰 옷을 좋아했고, 형사취수와 일부다처제 풍습이 있었다.

　　㉢ 은력(殷曆)을 사용하였다.

　　㉣ **제천행사** : 12월에 하늘에 제사를 지내고 노래와 춤을 즐기는 영고를 열었다.

　　㉤ **우제점복** : 소를 죽여 그 굽으로 길흉을 점치기도 하였다.

(2) 고구려

① **정치** … 왕 아래 상가, 고추가 등의 대가들이 있었으며, 대가들은 독립적인 세력을 유지하였다. 이들은 각기 사자, 조의, 선인 등의 관리를 거느리고 있었다.

② **풍속**

　　㉠ **서옥제** : 혼인을 정한 뒤 신부집의 뒤꼍에 조그만 집을 짓고 거기서 자식을 낳고 장성하면 아내를 데리고 신랑집으로 돌아가는 제도이다.

　　㉡ **제천행사** : 10월에는 추수감사제인 동맹을 성대하게 열었다.

　　㉢ **조상신 제사** : 건국 시조인 주몽과 그 어머니 유화부인을 조상신으로 섬겨 제사를 지냈다.

(3) 옥저와 동예

① **옥저** … 비옥한 토지를 바탕으로 농사를 지었으며, 어물과 소금 등 해산물이 풍부하였으며 민며느리제와 골장제(가족공동무덤)가 유행하였다.

② 동예

    ⊙ **경제** … 단궁(활)과 과하마(조랑말), 반어피(바다표범의 가죽) 등이 유명하였다.

    ⓒ **풍속** … 무천이라는 제천행사를 10월에 열었으며 족외혼을 엄격하게 지켰다. 또한 각 부족의 영역을 함부로 침범하지 못하게 하고 만약 침범하면 노비와 소, 말로 변상하게 하였다(책화)

(4) 삼한

① **진(辰)의 성장과 발전** … 고조선 남쪽지역에는 일찍부터 진이 성장하고 있었는데 고조선 사회의 변동에 따라 대거 남하해 온 유이민에 의하여 새로운 문화가 보급되어 토착문화와 융합되면서 진이 발전하여 마한, 변한, 진한의 연맹체들이 나타나게 되었다.

② **삼한의 제정 분리** … 정치적 지배자 외에 제사장인 천군이 있었다. 그리고 신성지역으로 소도가 있었는데, 이곳에서 천군은 농경과 종교에 대한 의례를 주관하였다.

③ **삼한의 경제 · 사회상**

    ⊙ 두레조직을 통하여 여러 가지 공동작업을 하였다.

    ⓒ **제천행사** : 5월의 수릿날과 10월에 계절제를 열어 하늘에 제사를 지냈다.

    ⓒ **변한의 철 생산** : 철이 많이 생산되어 낙랑, 왜 등에 수출하였고 교역에서 화폐처럼 사용되기도 하였다. 마산의 성산동 등지에서 발견된 야철지는 제철이 성하였음을 보여주고 있다.

출제예상문제

1 다음과 같은 유물을 사용했던 시기의 사회상을 바르게 말한 것은?

> 빗살무늬토기, 가락바퀴

① 제천의식을 담당하는 족장

② 뼈바늘을 이용하여 그물을 손질하는 여성

③ 고인돌을 옮기는 사람들

④ 가축을 이용하여 밭을 가는 남성

> ✔**해설** 빗살무늬토기와 가락바퀴는 신석기 시대의 대표적인 유물로, 빗살무늬토기는 음식물을 조리하거나 저장하는데 사용되었고 가락바퀴는 실을 뽑는 데 사용된 도구로 옷이나 그물을 만들었음을 알 수 있다.

2 다음 자료가 설명하는 나라에 대한 설명으로 옳지 않은 것은?

> 사람을 죽인 자는 즉시 죽이고, 남에게 상처를 입힌 자는 곡식으로 갚는다. 도둑질한 자는 노비로 삼는다. 이를 용서받고자하는 자는 한 사람마다 50만 전을 내야한다.
>
> – 한서 –

① 영고라는 제천행사가 있었다.

② 사람의 생명과 노동력을 중시하였다.

③ 형벌과 노비가 존재한 계급사회였다.

④ 상 · 대부 · 장군 등의 관직이 있었다.

> ✔**해설** 고조선의 '범금(犯禁) 8조'에 관한 내용이다. 해당 법 조항을 통해 살펴본 고조선의 사회 모습은 사유재산재의 존재와 계급, 생명 및 노동력을 중시한다는 것을 알 수 있다. 또한 고조선은 상 · 대부 · 장군 등의 관직 체계가 존재했다.
> ① 영고는 부여의 제천행사이다.

Answer 1.② 2.①

3 한국의 선사시대에 대한 설명으로 가장 적절하지 않은 것은?

① 중기구석기시대에는 몸돌에서 떼어 낸 돌조각인 격지를 잔손질하여 석기를 만들었다.

② 신석기시대에는 제주 고산리나 양양 오산리 등에서 목책, 환호 등의 시설이 만들어졌다.

③ 신석기시대에는 백두산이나 일본에서 유입된 것으로 보이는 흑요석이 사용되었다.

④ 청동기시대에는 어로 활동이나 조개 채집의 비중이 줄어들어 패총이 많이 발견되지 않는다.

> ✔해설 구석기 시대는 석기를 다듬는 기술에 따라 전기, 중기, 후기로 나눈다. 중기 구석기 시대에는 격지를 잔손질하여 만든 도구를 사용하였다. 흑요석은 화산암으로써 구석기 이후 원거리 지역들과의 교역을 통해서 유입되었다. 신석기 시대는 주로 강가나 해안가 근처에 취락이 발달했지만 청동기 시대에는 저습지에서 농경이 발달하면서 취락이 낮은 구릉지로 이동한다. 이 때문에 이전보다 조개잡이나 어로 활동이 줄어 패총이 많이 발견되지 않는나.
> ② 목책이나 환호는 방어용 시설로 청동기 시대 이후에 만들어졌다.

4 (개), (나) 국가에 대한 설명으로 옳은 것은?

> (개) 그 나라의 혼인풍속에 여자의 나이가 열 살이 되면 서로 혼인을 약속하고, 신랑 집에서는 (그 여자를) 맞이하여 장성하도록 길러 아내로 삼는다. (여자가) 성인이 되면 다시 친정으로 돌아가게 한다. 여자의 친정에서는 돈을 요구하는데, (신랑 집에서) 돈을 지불한 후 다시 신랑 집으로 돌아온다.
>
> (나) 은력(殷曆) 정월에 하늘에 제사를 지내며 나라에서 대회를 열어 연일 마시고 먹고 노래하고 춤추는데, 영고(迎鼓)라고 한다. 이때 형옥(刑獄)을 중단하여 죄수를 풀어 주었다.

① (개) – 무천이라는 제천행사가 있었다.

② (개) – 계루부집단이 권력을 장악하였다.

① (나) – 사출도라는 구역이 있었다.

④ (나) – 철이 많이 생산되어 낙랑과 왜에 수출하였다.

> ✔해설 (개)는 옥저의 민며느리제, (나)는 부여의 제천 행사인 영고이다. 부여는 5부족 연맹체로 구성된 연맹 왕국으로 마가, 우가, 구가, 저가를 비롯한 제가 세력들이 사출도를 통치하였다.
> ① 동예 ② 고구려 ④ 변한

Answer 3.② 4.③

5 다음은 선사시대의 도구제작방법을 나타낸 것이다. 이에 대한 설명으로 옳은 것은?

전기에는 큰 석기 한 개를 가지고 여러 가지 용도로 썼으나, 중기에는 큰 몸돌에서 떼어 낸 돌 조각인 격지들을 가지고 잔손질을 하여 석기를 만들었다. 후기에는 쐐기 같은 것을 대고 형태가 같은 여러 개의 돌날격지를 만드는 데까지 발달하였다.

① 전기에는 사냥과 채집, 후기는 농경이 중심이 된 사회였다.
② 후기에 이르러서는 진흙으로 빚은 토기를 사용하기도 하였다.
③ 전기는 구석기, 중기는 중석기, 후기는 신석기 시대를 가리킨다.
④ 전기에는 주먹도끼, 후기에는 슴베찌르개와 같은 도구가 사용되었다.

✔해설 제시된 글은 구석기 시대를 뗀석기의 제작방법에 따라 세 단계로 구분한 것이다. 구석기 시대에는 사냥과 채집을 하며, 주로 동굴이나 바위 그늘에 살거나 강가에 막집을 짓고 살았다.

6 다음 유물이 만들어진 시대의 사회상으로 옳은 것은?

• 충북 청주 산성동 출토 가락바퀴
• 경남 통영 연대도 출토 치레걸이
• 인천 옹진 소야도 출토 조개껍데기 가면
• 강원 양양 오산리 출토 사람 얼굴 조각상

① 한자의 전래로 붓이 사용되었다.
② 무덤은 일반적으로 고인돌이 사용되었다.
① 조, 피 등을 재배하는 농경이 시작되었다.
④ 반량전, 오수전 등의 중국 화폐가 사용되었다.

✔해설 가락바퀴, 치레걸이, 조개껍데기 가면, 사람 얼굴 조각상과 같은 유물들은 모두 신석기시대를 대표하는 유물들이다. 또한 신석기시대부터 농경이 시작되었기 때문에 이 시대 사회상을 보여주는 보기는 ③번이다.

Answer 5.④ 6.③

7 고조선의 세력 범위가 요동반도에서 한반도에 걸쳐 있었음을 알게 해 주는 유물을 모두 고르면?

> ㉠ 조개 껍데기 가면   ㉡ 거친무늬 거울
> ㉢ 비파형 동검   ㉣ 미송리식 토기

① ㉠㉡   ② ㉡㉢
③ ㉠㉡㉢   ④ ㉡㉢㉣

> ✔해설 요령지방에서 출토된 비파형동검을 조형으로 한 세형동검이 B.C. 3C 초부터 대동강 일대에서 나타나는 사실로서 알 수 있으며, 고인돌과 비파형동검, 미송리식 토기 등이 대표적인 고조선의 유물에 해당한다.

8 다음 중 단군신화와 관련한 역사적 사실로 옳지 않은 것은?

① 홍익인간의 정신은 평등이념을 성립하게 되었다.
② 사유재산의 성립으로 지배층은 농사일을 하지 않았다.
③ 선민사상을 가지고 있던 부족은 우월성을 과시했다.
④ 각 부족들은 특정한 동물이나 식물을 자신의 부족과 연결하여 숭배하고 있었다.

> ✔해설 단군신화에 나타난 사회의 모습 … 구릉지대에 거주하면서 농경생활을 하고 있었고 선민사상을 가지고 있었으며 사유재산의 성립과 계급의 분화에 따라 사회생활을 주도하였다.

9 다음 중 신석기 시대에 대한 설명으로 옳지 않은 것은?

① 토기를 사용하여 음식을 조리하고 저장하게 되었다.
② 움집생활을 하였으며 중앙에 화로를 두었다.
① 주식으로 쌀을 먹었다.
④ 조, 피, 수수 등의 잡곡류의 경작과 개, 돼지 등을 목축하였다.

> ✔해설 ③ 신석기 시대의 유적지인 황해도 봉산 지탑리와 평양 남경의 유적에서 탄화된 좁쌀이 발견된 것으로 보아 잡곡류를 경작하였다는 것을 알 수 있다.

Answer 7.④ 8.① 9.③

10 다음과 같은 사상이 등장한 사회의 모습은?

> • 영혼이나 하늘을 인간과 연결시켜주는 무당과 그 주술을 믿었다.
> • 사람이 죽어도 영혼은 사라지지 않는다고 믿었다.

① 무리를 이끄는 지도자는 권력을 가지고 있었다.
② 가락바퀴를 이용하여 의복을 제작하였다.
③ 동굴이나 강가에 막집을 짓고 살았다.
④ 벼농사가 일반적으로 행해졌다.

> ✔해설 제시된 사상은 영혼불멸사상과 샤머니즘으로 신석기시대의 신앙의 형태이다.
> ①④ 청동기 ③ 구석기

11 다음 중 청동기시대에 등장한 신앙은?

① 토테미즘   ② 애니미즘
① 선민사상   ④ 샤머니즘

> ✔해설 ① 토테미즘 : 신석기시대의 신앙으로 특정한 동물이나 식물을 자신의 부족과 연결하여 숭배하는 것이다.
> ② 애니미즘 : 신석기시대의 자연물에 영혼이 존재한다는 사상으로 태양과 물에 대한 숭배가 두드러졌다.
> ③ 선민사상 : 청동기시대에 농경이 발달하고 사유재산이 형성되면서 계급이 등장하게 되었다. 이때 지배계층은 자신들이 신의 선택을 받은 특별한 존재라고 여겼다.
> ④ 샤머니즘 : 인간과 영혼을 연결시켜주는 주술사와 그의 주술을 믿는 것으로 신석기 시대에 발생하였으며 여전히 숭배의 대상이다.

12 다음 중 신석기시대의 특징으로 옳지 않은 것은?

① 결혼의 상대를 다른 씨족에서 구하는 족외혼이 행해졌다.
② 씨족 중심의 혈연사회이다.
③ 자연물에 영혼이 있다고 믿는 애니미즘적인 신앙을 지니고 있었다.
④ 씨족장의 권위에 대하여 씨족원들은 무조건 복종하였다.

> ✔해설 ④ 신석기시대는 평등사회로 지배와 피지배관계가 발생하지 않았으며, 주로 연장자나 경험이 많은 이가 부족을 이끌었다.

Answer 10.② 11.③ 12.④

13 위만 조선이 한나라의 침입으로 왕검성이 함락되어 멸망하게 된 직접적인 원인으로 옳은 것은?

① 독자적인 문화를 발전시키지 못하였다.

② 철기 문화를 수용하지 못하여 군사력이 약하였다.

③ 상업과 무역이 발달하지 못하여 폐쇄적인 자급자족의 경제였다.

④ 예와 진의 무역을 막고 중계무역의 이득을 독점하였다.

> **✔해설** 위만 조선 … 본격적으로 철기문화를 수용하고 철기의 사용에 따른 무기생산과 농업이 발달하여 이에 따른 상업과 무역이 융성하였다. 중앙정치조직을 갖추고 우세한 무력을 기반으로 영토를 확장했으며 지리적 이점을 이용하여 예와 진이 직접 중국과 교역하는 것을 막고 중계무역의 이득을 독점하려 하였다. 이에 한나라의 무제는 대규모 공격을 감행하였는데 장기간의 전쟁으로 인한 고조선 지배층의 내분이 원인이 되어 B.C. 108년에 왕검성이 함락되면서 멸망하였다.

14 다음 시기와 관련이 깊은 사실을 모두 고르면?

> 지배자와 피지배자의 분화가 촉진되어 평등사회는 계급사회로 바뀌어 갔고, 족장(군장)이라 불리는 지배자가 나타났다.

> ㉠ 빗살무늬토기의 사용 ㉡ 농사의 시작
> ㉢ 고인돌의 제작 ㉣ 선민사상의 대두

① ㉠, ㉡

② ㉡, ㉢

③ ㉡, ㉣

④ ㉢, ㉣

> **✔해설** 제시된 내용은 생산경제가 발달하여 사유재산이 발생함에 따라 빈부의 격차가 생기고 계급이 형성되었으며 지배자가 등장한 청동기 시대에 대한 설명이다. 고인돌은 강력한 지배계급의 발생을 보여 주는 것이며, 선민사상은 정치권력이나 경제력이 우세한 부족이 스스로 하늘의 후손이라고 주장한 것으로 군장세력이 성장하는 과정에서 나타났다.
> ㉠, ㉡ 신석기 시대에 해당하는 사실이다.

Answer 13.④ 14.④

15 다음 중 신석기시대의 원시신앙에 대한 설명이 아닌 것은?

① 자연현상, 자연물에 영혼이 있다고 믿었다.
② 사람이 죽어도 영혼이 없어지지 않는다고 믿었다.
③ 인간과 영혼 또는 하늘을 연결시켜 주는 존재인 무당과 그 주술을 믿었다.
④ 스스로 하늘의 자손이라고 믿는 부족이 생겨났다.

✔해설 ④ 선민사상을 가진 부족은 청동기시대에 나타났다.

16 다음 중 씨족을 통해 부족을 형성하여 살았던 사람들의 생활상을 잘 재현한 것은?

① 가락바퀴나 뼈바늘로 그물을 손질하는 아낙네
② 반달돌칼로 추수하는 사람들
③ 민무늬토기에 음식을 담는 여자
④ 무리를 이루어 큰 사냥감을 찾아다니며 생활하는 사람들

✔해설 씨족을 통한 부족을 이뤘던 시기는 신석기시대이다.
②③ 청동기시대의 생활상이다.
④ 구석기시대의 생활상이다.

17 다음에서 설명하는 시대의 특징이 아닌 것은?

> • 사유재산제도와 계급이 나타나게 되었다.
> • 일부 저습지에서는 벼농사가 이루어졌다.
> • 금속제 무기를 사용하여 활발한 정복활동을 하였다.
> • 미송리식 토기와 민무늬토기가 고인돌에서 발견되었다.

① 비파형 동검을 사용하던 시대이다.
② 반달돌칼, 바퀴날도끼 등의 농기구가 사용되었다.
① 군장세력이 출현하여 국가전체를 지배하였다.
④ 촌락이 배산임수의 지형에 위치하고 있었다.

✔해설 ③ 군장세력은 청동기 문화의 발전과 함께 등장하였으나 국가 전체를 지배하게 된 것은 고대국가단계에서이다.

Answer 15.④ 16.① 17.③

18 철기문화의 전래에 관한 설명으로 옳지 않은 것은?

① 새로운 무덤 형태인 독무덤이 출현하였다.　② 한자가 전래되었다.

③ 청동기는 의기화되었다.　　　　　　　　　④ 지배와 피지배 관계가 형성되었다.

> ✔해설 ④ 계급이 발생하고 사유재산제도가 생긴 것은 청동기 시대이다.

19 다음과 같은 생활모습을 지녔던 사회에 대해 역사적 탐구를 하고자 할 때, 가장 거리가 먼 조사활동은?

> • 매년 5월 씨뿌리기가 끝날 때와 10월에 농사가 끝날 때면 제사를 올리고 음주가무를 즐겼다.
> • 철을 생산하여 낙랑 및 왜와 교역하였고, 시장에서 물건을 살 때 화폐처럼 사용하였다.

① 삼국지 동이전의 내용을 분석한다.

② 낙동강 유역의 철 산지를 알아본다.

③ 서남해안의 해류와 고대 항로를 조사한다.

④ 돌무지 덧널무덤의 분포를 조사한다.

> ✔해설 제시된 내용은 삼한의 사회에 대한 설명이다.
> ④ 돌무지 덧널무덤은 신라에서 주로 만든 무덤으로 삼한 사회에 대한 역사적 탐구에는 적절하지 않다.

20 유적지에서 반달돌칼, 비파형 동검, 바퀴날도끼, 토기 파편, 탄화된 볍씨 등이 발견되었다. 당시의 사회 모습으로 옳지 않은 것은?

① 촌락은 배산임수형태를 가지고 있었다.

② 일부 저습지에서 벼농사가 이루어졌다.

③ 금속제 무기를 사용한 정복활동이 활발하였다.

④ 주로 해안이나 강가에서 농경 생활을 하였다.

> ✔해설 반달돌칼, 바퀴날도끼, 토기 파편, 탄화된 볍씨 등은 청동기시대의 유물이다. 당시의 집자리 유적은 주로 구릉지나 산간지방에서 발견된다.

Answer 18.④　19.④　20.④

CHAPTER 02 통치구조와 정치활동

01 고대의 정치

1. 고대국가의 성립

(1) 초기의 고구려

① 성장 : 졸본성에서 주변 소국을 통합하여 성장하였으며, 국내성으로 도읍을 옮겼다.

② 지배체제의 정비

   ⊙ 태조왕(1세기 후반) : 옥저와 동예를 복속하고, 독점적으로 왕위를 세습하였으며 통합된 여러 집단들은 5부 체제로 발전하였다.

   ⊙ 고국천왕(2세기 후반) : 부족적인 전통의 5부가 행정적 성격의 5부로 개편되었고 왕위가 형제상속에서 부자상속으로 바뀌었으며, 족장들이 중앙귀족으로 편입하는 등 중앙집권화와 왕권 강화가 진전되었다.

(2) 초기의 백제

① 건국(B.C. 18) : 한강 유역의 토착민과 고구려 계통의 북방 유이민의 결합으로 성립되었는데, 우수한 철기문화를 보유한 유이민 집단이 지배층을 형성하였다.

② 고이왕(3세기 중엽) : 한강 유역을 완전히 장악하고, 중국의 문물을 수용하였다. 율령을 반포하였으며 관등제를 정비하고 관복제를 도입하는 등 지배체제를 정비하였다.

(3) 초기의 신라

① 건국(B.C. 57) : 경주의 토착집단과 유이민집단의 결합으로 건국되었다.

② 발전 : 박·석·김의 3성이 번갈아 왕위를 차지하다가 주요 집단들이 독자적인 세력 기반을 유지하면서 유력 집단의 우두머리는 왕(이사금)으로 추대되었다.

③ 지배체제의 정비(내물왕, 4세기) : 활발한 정복활동을 통해 낙동강 유역으로 영역을 확장하고 김씨가 왕위를 세습하였으며 마립간의 칭호를 사용하였다.

(4) 초기의 가야

① **위치** : 낙동강 하류의 변한지역에서는 철기문화를 토대로 한 정치집단들이 등장하였다.

② **전기 가야연맹(금관가야 중심)** : 김해를 주축으로 하여 경남해안지대에 소국연맹체를 형성하였는데 농경문화의 발달과 철의 생산(중계무역 발달)으로 경제적인 발전을 이루었다. 그러나 백제와 신라의 팽창으로 세력이 약화되어(4세기 초) 고구려군의 가야지방 원정으로 몰락하게 되었다. 이에 따라 중심세력이 해체되어 낙동강 서쪽 연안으로 축소되었다.

2. 삼국의 발전과 통치체제

(1) 삼국의 정치적 발전

① **고구려** … 4세기 미천왕 때 서안평을 점령하고 낙랑군을 축출하여 압록강 중류를 벗어나 남쪽으로 진출할 수 있는 발판을 마련하였고, 고국원왕 때는 전연과 백제의 침략으로 국가적 위기를 맞기도 하였다. 4세기 후반 소수림왕 때에는 불교의 수용, 태학의 설립, 율령의 반포로 중앙집권국가로의 체제를 강화하였다.

② **백제** … 4세기 후반 근초고왕은 마한의 대부분을 정복하였으며, 황해도 지역을 두고 고구려와 대결하기도 하였다. 또한 낙동강 유역의 가야에 지배권을 행사하였고, 중국의 요서지방과 산둥지방, 일본의 규슈지방까지 진출하였으며 왕위의 부자상속이 시작되었다.

③ **신라**

　㉠ **지증왕(6세기 초)** : 국호(사로국 → 신라)와 왕의 칭호(마립간 → 왕)를 변경하고, 수도와 지방의 행정구역을 정리하였으며 대외적으로 우산국(울릉도)을 복속시켰다.

　㉡ **법흥왕(6세기 중엽)** : 병부의 설치, 율령의 반포, 공복의 제정 등으로 통치질서를 확립하였다. 또한 골품제도를 정비하고, 새로운 세력을 포섭하고자 불교를 공인하였다. 독자적 연호인 건원을 사용하여 자주국가로서의 위상을 높였고 금관가야를 정복하여 영토를 확장시켜 중앙집권체제를 완비하였다.

(2) 삼국 간의 항쟁

① **고구려의 대제국 건설**

　㉠ **광개토대왕(5세기)** : 영락이라는 연호를 사용하였고 만주지방에 대한 대규모 정복사업을 단행하였으며, 백제를 압박하여 한강 이남으로 축출하였다. 또한 신라에 침입한 왜를 격퇴함으로써 한반도 남부에까지 영향력을 확대하였다.

ⓒ **장수왕**(5세기) : 남북조의 교류 및 평양 천도(427)를 단행하여 백제의 수도인 한성을 함락하였다. 죽령 ~ 남양만 이북을 확보(광개토대왕비와 중원고구려비 건립)하여 한강 유역으로 진출하였는데 만주와 한반도에 걸친 광대한 영토를 차지하여 중국과 대등한 지위의 대제국을 건설하였다.

② **백제의 중흥**

ⓐ 5세기 후반 문주왕은 고구려의 남하정책으로 대외팽창이 위축되고 무역활동이 침체되어 서울을 웅진으로 천도하게 되고, 동성왕은 신라와 동맹을 강화하여 고구려에 대항, 무령왕은 지방의 22담로에 왕족을 파견하여 지방통제를 강화하는 등 체제를 정비하고자 하였다.

ⓑ **성왕**(6세기 중반) : 사비로 천도하고, 남부여로 국호를 개칭하고 중앙은 22부, 수도는 5부, 지방은 5방으로 정비하였다. 불교를 진흥시키고, 일본에 전파하였으며, 중국의 남조와 교류하였다.

③ **신라의 발전**(진흥왕, 6세기)

ⓐ **체제 정비** : 화랑도를 국가적 조직으로 개편하고, 불교를 통해 사상적 통합을 꾀하였다.

ⓑ **영토 확장** : 한강 유역을 장악하여 경제적 기반을 강화하고 전략적 거점을 확보할 수 있었고 중국 교섭의 발판이 되었다. 북으로는 함경도, 남으로는 대가야를 정복하였다(단양적성비, 진흥왕순수비).

(3) 삼국의 통치체제

① **통치조직의 정비** … 삼국의 초기에는 부족 단위 각 부의 귀족들이 독자적으로 관리를 거느리는 방식으로 귀족회의에서 국가의 중요한 일을 결정하였는데 후에는 왕을 중심으로 한 통치체제로 왕의 권한이 강화되었고, 관등제와 행정구역이 정비되어 각 부의 귀족들은 왕권 아래 복속되고, 부족적 성격이 행정적 성격으로 개편되었다.

② **관등조직 및 중앙관제**

구분	관등	수상	중앙관서	귀족합의제
고구려	10여 관등	대대로(막리지)		제가회의
백제	16관등	상좌평	6좌평, 22부(시비천도 이후)	정사암회의
신라	17관등	상대등	병부, 집사부	화백회의

③ **지방제도**

ⓐ **지방조직**

구분	관등	수상	중앙관서	귀족합의제
고구려	5부	5부(욕살)	3경(평양성, 국내성, 한성)	제가회의
백제	5부	5방(방령)	22담로(지방 요지)	정사암회의
신라	6부	5주(군주)	2소경[중원경(충주), 동원경(강릉)]	화백회의

    ⓛ **지방제도의 정비** : 최상급 지방행정단위로 부와 방 또는 주를 두고 지방장관을 파견하였고, 그 아래의 성이나 군에도 지방관을 파견하여 지방민을 직접 지배하였으나, 말단 행정단위인 촌은 지방관을 파견하지 않고 토착세력을 촌주로 삼았다. 그러나 대부분의 지역은 중앙정부의 지배가 강력히 미치지 못하여 지방세력가들이 지배하게 되었다.

④ **군사조직** … 지방행정조직이 그대로 군사조직이기도 하여 각 지방의 지방관은 곧 군대의 지휘관(백제의 방령, 신라의 군주)이었다.

3. 대외항쟁과 신라의 삼국통일

(1) 고구려와 수·당의 전쟁

① **수와의 전쟁** … 고구려가 요서지방을 선제공격하자 수의 문제와 양제는 고구려를 침입해왔는데 을지문덕이 살수에서 큰 승리를 거두었다(612).

② **당과의 전쟁** … 당 태종은 요동의 여러 성을 공격하고 전략상 가장 중요한 안시성을 공격하였으나 고구려에 의해 패하였다(645).

(2) 백제와 고구려의 멸망

① **백제의 멸망** … 정치질서의 문란과 지배층의 향락으로 국방이 소홀해진 백제는 황산벌에서 신라에게 패하면서 결국 사비성이 함락되고 말았다. 복신과 흑치상지, 도침 등은 주류성과 임존성을 거점으로 하여 사비성과 웅진성을 공격하였으나 나·당연합군에 의하여 진압되었다.

③ **고구려의 멸망** … 지배층의 분열과 국력의 약화로 정치가 불안정한 틈을 타고 나·당연합군의 침입으로 평양성이 함락되었다(668). 검모잠과 고연무 등은 한성과 오골성을 근거지로 평양성을 탈환하였으나 결국 실패하였다.

(3) 신라의 삼국통일

① **과정** … 당은 한반도에 웅진도독부, 안동도호부, 계림도독부를 설치하여 한반도를 지배하려 하였으나 신라·고구려·백제 유민의 연합으로 당 주둔군을 공격하여 매소성과 기벌포싸움에서 승리를 거두게 되고 당군을 축출하여 삼국통일을 이룩하였다(676).

② **삼국통일의 의의와 한계** … 당의 축출로 자주적 성격을 인정할 수 있으며 고구려와 백제 문화의 전통을 수용하여 민족문화 발전의 토대를 마련하였다는 점에서 큰 의의가 있으나 외세의 협조를 받았다는 점과 대동강에서 원산만 이남에 국한된 불완전한 통일이라는 점에서 한계성을 가진다.

4. 남북국시대의 정치 변화

(1) 통일신라의 발전

① 왕권의 전제화
- ㉠ 무열왕 : 통일과정에서 왕권을 강화하였으며 이후 직계자손이 왕위를 계승하게 되었다.
- ㉡ 유교정치이념의 수용 : 통일을 전후하여 유교정치이념이 도입되었고, 중앙집권적 관료정치의 발달로 왕권이 강화되어 갔다.
- ㉢ 집사부 시중의 기능 강화 : 상대등의 세력을 억제하였고 왕권의 전제화가 이루어졌다.
- ㉣ 신문왕 : 관료전의 지급, 녹읍의 폐지, 국학을 설립하여 유교정치이념을 확립시켰다.

② 정치세력의 변동 … 6두품은 학문적 식견을 바탕으로 왕의 정치적 조언자로 활동하거나 행정실무를 총괄하였다. 이들은 전제왕권을 뒷받침하고, 학문·종교분야에서 활약하였다.

③ 전제왕권의 동요 … 8세기 후반부터 진골귀족세력의 반발로 녹읍제가 부활하고, 사원의 면세전이 증가되어 국가재정의 압박을 가져왔다. 귀족들의 특권적 지위 고수 및 향락과 사치가 계속되자 농민의 부담은 가중되었다.

(2) 발해의 건국과 발전

① 건국 … 고구려 출신의 대조영이 길림성에 건국하였으며 지배층은 고구려인, 피지배층은 말갈인으로 구성되었으나 일본에 보낸 국서에 고려 또는 고려국왕이라는 칭호를 사용하였고, 고구려 문화와 유사성이 있다는 점에서 고구려 계승의식이 나타나고 있다.

② 발해의 발전
- ㉠ 영토 확장(무왕) : 동북방의 여러 세력을 복속시켜 북만주 일대를 장악하였고, 당의 산둥반도를 공격하고, 돌궐·일본과 연결하여 당과 신라에 대항하였다.
- ㉡ 체제 정비(문왕) : 당과 친선관계를 맺고 문물을 수입하였는데 중경에서 상경으로 천도하였고, 신라와의 대립관계를 해소하려 상설교통로를 개설하였으며 천통(고왕), 인안(무왕), 대흥(문왕), 건흥(선왕) 등 독자적인 연호를 사용하였다.
- ㉢ 중흥기(선왕) : 요동지방으로 진출하였으며 남쪽으로는 신라와 국경을 접할 정도로 넓은 영토를 차지하고, 지방제도를 완비하였다. 당에게서 '해동성국'이라는 칭호를 받았다.
- ㉣ 멸망 : 거란의 세력 확대와 귀족들의 권력투쟁으로 국력이 쇠퇴하자 거란에 멸망당하였다.

(3) 남북국의 통치체제

① 통일신라
- ㉠ 중앙정치체제 : 전제왕권의 강화를 위해 집사부 시중의 지위 강화 및 집사부 아래에 위화부와 13부를 두고 행정업무를 분담하였으며 관리들의 비리와 부정 방지를 위한 감찰기관인 사정부를 설치하였다.

      ⓒ 유교정치이념의 수용 : 국학을 설립하였다.

      ⓒ 지방행정조직의 정비(신문왕) : 9주 5소경으로 정비하여 중앙집권체제를 강화하였으며 지방관의 감찰을 위하여 외사정을 파견하였고 상수리제도를 실시하였으며, 향·부곡이라 불리는 특수행정구역도 설치하였다.

      ⓔ 군사조직의 정비
- 9서당 : 옷소매의 색깔로 표시하였는데 부속민에 대한 회유와 견제의 양면적 성격이 있다.
- 10정 : 9주에 각 1정의 부대를 배치하였으나 한산주에는 2정(남현정, 골내근정)을 두었다.

② 발해

      ㉠ 중앙정치체계 : 당의 제도를 수용하였으나 명칭과 운영은 독자성을 유지하였다.
- 3성 : 정당성(대내상이 국정 총괄), 좌사정, 우사정(지·예·신부)
- 6부 : 충부, 인부, 의부, 자부, 예부, 신부
- 중정대(감찰), 문적원(서적 관리), 주자감(중앙의 최고교육기관)

      ⓒ 지방제도 : 5경 15부 62주로 조직되었고, 촌락은 주로 말갈인 촌장이 지배하였다.

      ⓒ 군사조직 : 중앙군(10위), 지방군

(4) 신라 말기의 정치 변동과 호족세력의 성장

① 전제왕권의 몰락 ··· 진골귀족들의 반란과 왕위쟁탈전이 심화되고 집사부 시중보다 상대등의 권력이 더 커졌으며 지방민란의 발생으로 중앙의 지방통제력이 더욱 약화되었다.

② 농민의 동요 ··· 과중한 수취체제와 자연재해는 농민의 몰락을 가져오고, 신라 정부에 저항하게 되었다.

③ 호족세력의 등장 ··· 지방의 행정·군사권과 경제적 지배력을 가진 호족세력은 성주나 장군을 자처하며 반독립적인 세력으로 성장하였다.

④ 개혁정치 ··· 6두품 출신의 유학생과 선종의 승려가 중심이 되어 골품제 사회를 비판하고 새로운 정치이념을 제시하였다. 지방의 호족세력과 연계되어 사회 개혁을 추구하였다.

02 중세의 정치

1. 중세사회의 성립과 전개

(1) 고려의 성립과 민족의 재통일

① 고려의 건국 ··· 왕건은 송악의 호족으로서 처음에는 궁예 휘하로 들어가 한강 유역과 나주지방을 점령하여 후백제를 견제하였는데 궁예의 실정을 계기로 정권을 장악하게 되었으며, 고구려의 후계자임을 강조하여, 국호를 고려라 하고 송악에 도읍을 세웠다.

② 민족의 재통일 … 중국의 혼란기를 틈타 외세의 간섭 없이 통일이 성취되었다.

(2) 태조의 정책

① 취민유도(取民有度)정책 … 조세경감, 노비해방 및 빈민구제기관인 흑창을 설치하였다.

② 통치기반 강화

    ㉠ 관제 정비 : 태봉의 관제를 중심으로 신라와 중국의 제도를 참고하여 정치제도를 만들고, 개국공신과 호족을 관리로 등용하였다.

    ㉡ 호족 통합 : 호족과 정략결혼을 하였으며 그들의 향촌지배권을 인정하고, 공신들에게는 역분전을 지급하였다.

    ㉢ 호족 견제 : 사심관제도(우대)와 기인제도(감시)를 실시하였다.

    ㉣ 통치 규범 : 정계, 계백료서를 지어 관리들이 지켜야 할 규범을 제시하였고, 후손들이 지켜야 할 교훈이 담긴 훈요 10조를 남겼다.

③ 북진정책 … 고구려를 계승하였음을 강조하여 국호를 고려라 하고 국가의 자주성을 강조하기 위해 천수(天授)라는 연호를 사용하였다.

(3) 광종의 개혁정치

왕권의 안정과 중앙집권체제를 확립하기 위하여 노비안검법, 과거제도 실시, 공복제도, 불교 장려, 제위보의 설치, 독자적인 연호 사용 및 송과의 문화적 · 경제적 목적에서 외교관계를 수립하였으나, 군사적으로는 중립적 자세를 취하였다.

(4) 유교적 정치질서의 강화

① 최승로의 시무 28조 … 유교정치이념을 강조하고 지방관의 파견과 문벌귀족 중심의 정치를 이루게 되었다.

② 성종의 중앙집권화 … 6두품 출신의 유학자를 등용, 12목에 지방관의 파견, 향리제도 실시, 국자감과 향교의 설치 및 과거제도를 실시하고 중앙통치기구는 당, 태봉, 신라, 송의 관제를 따랐다.

2. 통치체제의 정비

(1) 중앙의 통치조직

① 정치조직(2성 6부)

    ㉠ 2성

      • 중서문하성 : 중서성과 문하성의 통합기구로 문하시중이 국정을 총괄하였다.

- 재신 : 2품 이상의 고관으로 백관을 통솔하고 국가의 중요정책을 심의 · 결정하였다.
- 낭사 : 3품 이하의 관리로 정책을 건의하거나, 정책 집행의 잘못을 비판하는 일을 담당하였다.
  - 상서성 : 실제 정무를 나누어 담당하는 6부를 두고 정책의 집행을 담당하였다.
- ⓒ 중추원(추부) : 군사기밀을 담당하는 2품 이상의 추밀과 왕명 출납을 담당하는 3품의 승선으로 구성되었다.
- ⓒ 삼사 : 화폐와 곡식의 출납에 대한 회계업무만을 담당하였다.
- ⓔ 어사대 : 풍속을 교정하고 관리들의 비리를 감찰하는 감찰기구이다.
- ⓜ 6부 : 상서성에 소속되어 실제 정무를 분담하던 관청으로 각 부의 장관은 상서, 차관은 시랑이었다.

② 귀족 중심의 정치
  - ㉠ 귀족합좌 회의기구(중서문하성의 재신, 중추원의 추밀)
    - 도병마사 : 재신과 추밀이 함께 모여 회의로 국가의 중요한 일을 결정하는 곳이다. 국방문제를 담당하는 임시기구였으나, 도평의사사(도당)로 개편되면서 구성원이 확대되고 국정 전반에 걸친 중요사항을 담당하는 최고 정무기구로 발전하였다.
    - 식목도감 : 임시기구로서 재신과 추밀이 함께 모여 국내 정치에 관한 법의 제정 및 각종 시행규정을 다루던 회의기구였다.
  - ㉡ 대간(대성)제도 : 어사대의 관원과 중서문하성의 낭관으로 구성되었다. 비록 직위는 낮았지만 왕, 고위관리들의 활동을 지원하거나 제약하여 정치 운영의 견제와 균형을 이루었다.
    - 서경권 : 관리의 임명과 법령의 개정이나 폐지 등에 동의하는 권리
    - 간쟁 : 왕의 잘못을 말로 직언하는 것
    - 봉박 : 잘못된 왕명을 시행하지 않고 글로 써서 되돌려 보내는 것

(2) 지방행정조직의 정비

① 정비과정
  - ㉠ 초기 : 호족세력의 자치로 이루어졌다.
  - ㉡ 성종 : 12목을 설치하여 지방관을 파견하였다.
  - ㉢ 현종 : 4도호부 8목으로 개편되어 지방행정의 중심이 되었고, 그 후 전국을 5도와 양계, 경기로 나눈 다음 그 안에 3경 · 4도호부 · 8목을 비롯하여 군 · 현 · 진을 설치하였다.

② 지방조직
  - ㉠ 5도(일반행정구역) : 상설 행정기관이 없는 일반 행정 단위로서 안찰사를 파견하여 도내의 지방을 순찰하게 하였다. 도에는 주와 군(지사) · 현(현령)이 설치되고, 주현에는 지방관을 파견하였지만 속현에는 지방관을 파견하지 않았다.
  - ㉡ 양계(군사행정구역) : 북방의 국경지대에는 동계와 북계의 양계를 설치하여 병마사를 파견하고, 국방상의 요충지에 군사특수지역인 진을 설치하였다.
  - ㉢ 8목 4도호부 : 행정과 군사적 방비의 중심적인 역할을 맡은 곳이다.

㉣ 특수행정구역
  - 3경 : 풍수설과 관련하여 개경(개성), 서경(평양), 동경(경주, 숙종 이후 남경)에 설치하였다.
  - 향·소·부곡 : 천민의 집단거주지역이었다.
 ㉤ 지방행정 : 실제적인 행정사무는 향리가 실질적으로 처리하여 지방관보다 영향력이 컸다(속현, 향, 소, 부곡 등).

(3) 군역제도와 군사조직

① 중앙군
 ㉠ 2군 6위 : 국왕의 친위부대인 2군과 수도 경비와 국경 방어를 담당하는 6위로 구성되었다.
 ㉡ 직업군인 : 군적에 올라 군인전을 지급받고 군역을 세습하였으며, 군공을 세워 신분을 상승시킬 수 있는 중류층이었다. 이들은 상장군, 대장군 등의 무관이 지휘하였다.

② 지방군
 ㉠ 주진군(양계) : 상비군으로 좌군, 우군, 초군으로 구성되어 국경을 수비하는 의무를 지녔다.
 ㉡ 주현군(5도) : 지방관의 지휘를 받아 치안과 지방방위·노역에 동원되었고 농민으로 구성하였다.

(4) 관리임용제도

① 과거제도(법적으로 양인 이상이면 응시가 가능)
 ㉠ 제술과 : 문학적 재능과 정책을 시험하는 것이다.
 ㉡ 명경과 : 유교경전에 대한 이해능력을 시험하는 것이다.
 ㉢ 잡과 : 기술관을 선발하는 것으로 백정이나 농민이 응시하였다.
 ㉣ 한계와 의의 : 능력 중심의 인재 등용과 유교적 관료정치의 토대 마련의 계기가 되었으나 과거출신자보다 음서출신자가 더 높이 출세할 수 밖에 없었고, 무과는 실시하지 않았다.

② 음서제도 … 공신과 종실의 자손 외에 5품 이상의 고관의 자손은 과거를 거치지 않고 관직에 진출할 수 있는 제도이다.

3. 문벌귀족사회의 성립과 동요

(1) 문벌귀족사회의 성립

① 지방호족 출신이 중앙관료화된 것으로, 신라 6두품 계통의 유학자들이 과거를 통해 관직에 진출하여 성립되었으며, 대대로 고위관리가 되어 중앙정치에 참여하게 되고, 과거와 음서를 통해 관직을 독점하였다.

② 문벌귀족사회의 모순

  ⊙ **문벌귀족의 특권** : 정치적으로 과거와 음서제를 통해 고위 관직을 독점하며 경제적으로 과전, 공음전, 사전 등의 토지 겸병이 이루어지고, 사회적으로 왕실 및 귀족들 간의 중첩된 혼인관계를 이루었다.

  ⓒ **측근세력의 대두** : 과거를 통해 진출한 지방 출신의 관리들이 국왕을 보좌하면서 문벌귀족과 대립하였다.

  ⓒ **이자겸의 난, 묘청의 서경천도운동** : 문벌귀족과 측근세력의 대립으로 발생한 사건들이다.

(2) 이자겸의 난과 서경천도운동

① **이자겸의 난(인종, 1126)** … 문종 ~ 인종까지 경원 이씨가 80여년간 권력을 독점하였다. 여진(금)의 사대관계 요구에 이자겸 정권은 굴복하여 사대관계를 유지하였으나, 인종의 척준경 회유로 이자겸의 왕위찬탈반란은 실패로 돌아가게 되었다. 그 결과 귀족사회의 동요가 일어나고 묘청의 서경천도운동의 계기가 되었다.

② **묘청의 서경천도운동(1135)** … 서경(평양) 천도, 칭제건원, 금국 정벌을 주장하였으나 문벌귀족의 반대에 부딪혔으며, 김부식이 이끄는 관군에 의해 진압되고 말았다.

(3) 무신정권의 성립

① **무신정변(1170)** … 숭문천무정책으로 인한 무신을 천시하는 풍조와 의종의 실정이 원인이 되어 문신 중심의 귀족사회에서 관료체제로 전환되는 계기가 되었으며 전시과체제가 붕괴되고 무신에 의해 토지의 독점이 이루어져 사전과 농장이 확대되었다.

② **사회의 동요** … 무신정권에 대한 반발로 김보당의 난과 조위총의 난이 일어났으며, 신분해방운동으로 농민(김사미·효심의 난)·천민의 난(망이·망소이의 난)이 일어났다.

③ **최씨 정권**

  ⊙ **최씨 정권의 기반**

    • 정치적 : 교정도감(최충헌)과 정방(최우), 서방(최우)을 중심으로 전개되었다.

    • 경제적 : 광대한 농장을 소유하였다.

    • 군사적 : 사병을 보유하고 도방을 설치하여 신변을 경호하였다.

  ⓒ **한계** : 정치적으로 안정되었지만 국가통치질서는 오히려 약화되었다.

4. 대외관계의 변화

(1) 거란의 침입과 격퇴

① **고려의 대외정책** … 친송배요정책으로 송과는 친선관계를 유지했으나 거란은 배척하였다.

② **거란의 침입과 격퇴**

　㉠ **1차 침입** : 서희의 담판으로 강동 6주를 확보하였으며, 거란과 교류관계를 맺었다.

　㉡ **2차 침입** : 고려의 계속되는 친송정책과 강조의 정변을 구실로 침입하여 개경이 함락되었고, 현종의 입조(入朝)를 조건으로 퇴군하였다.

　㉢ **3차 침입** : 현종의 입조(入朝)를 거부하여 다시 침입하였으나 강감찬이 귀주대첩으로 큰 승리를 거두어 양국은 강화를 맺었다.

　㉣ **결과 및 영향** : 고려, 송, 거란 사이의 세력 균형을 유지되고 고려는 나성과 천리장성(압록강 ~ 도련포)을 축조하여 수비를 강화하였다.

(2) 여진 정벌과 9성 개척

기병을 보강한 윤관의 별무반이 여진을 토벌하여 동북 9성을 축조하였으나 고려를 침략하지 않고 조공을 바치겠다는 조건을 수락하면서 여진에게 9성을 돌려주었다. 그러나 여진은 더욱 강해져 거란을 멸한 뒤 고려에 대해 군신관계를 요구하자 현실적인 어려움으로 당시의 집권자 이자겸은 금의 요구를 받아들였다.

(3) 몽고와의 전쟁

① **몽고와의 전쟁**

　㉠ **원인** : 몽고의 과중한 공물 요구와, 몽고의 사신 저고여가 피살되는 사건이 일어났다.

　㉡ **몽고의 침입**

　　• 제1차 침입(1231) : 몽고 사신의 피살을 구실로 몽고군이 침입하였고 박서가 항전하였으나, 강화가 체결되고 철수되었다.

　　• 제2차 침입(1232) : 최우는 강화로 천도하였고, 용인의 김윤후가 몽고의 장군 살리타를 죽이고 몽고 군대는 쫓겨갔다.

　　• 제3차 ~ 제8차 침입 : 농민, 노비, 천민들의 활약으로 몽고를 끈질기게 막아냈다.

　㉢ **결과** : 전 국토가 황폐화되고 민생이 도탄에 빠졌으며 대장경(초판)과 황룡사의 9층탑이 소실되었다.

② **삼별초의 항쟁**(1270 ~ 1273) … 몽고와의 굴욕적인 강화를 맺는 데 반발하여 진도로 옮겨 저항하였고, 여·몽연합군의 공격으로 진도가 함락되자 다시 제주도로 가서 김통정의 지휘 아래에 계속 항쟁하였으나 여·몽연합군에 의해 진압되었다.

(4) 홍건적과 왜구의 침입

① **홍건적의 격퇴** … 제1차 침입은 모거경 등 4만군이 서경을 침입하였으나, 이승경, 이방실 등이 격퇴하였으며 제2차 침입은 사유 등 10만군이 개경을 함락하였으나, 정세운, 안우, 이방실 등이 격퇴하였다.

② **왜구의 침략** … 잦은 왜구의 침입에 따른 사회의 불안정은 시급히 해결해야 할 국가적 과제였다. 왜구를 격퇴하고 이 문제를 해결하는 과정에서 신흥무인세력이 성장하였다.

5. 고려후기의 정치 변동

(1) 원(몽고)의 내정 간섭

① **정치적 간섭**

　㉠ **일본 원정** : 두 차례의 원정에 인적 · 물적 자원이 수탈되었으나 실패하였다.

　㉡ **영토의 상실과 수복**

　　• **쌍성총관부** : 원은 화주(영흥)에 설치하여 철령 이북 땅을 직속령으로 편입하였는데, 공민왕(1356) 때 유인우가 무력으로 탈환하였다.

　　• **동녕부** : 자비령 이북 땅에 차지하여 서경에 두었는데, 충렬왕(1290) 때 고려의 간청으로 반환되었다.

　　• **탐라총관부** : 삼별초의 항쟁을 평정한 후 일본 정벌 준비를 위해 제주도에 설치하고(1273) 목마장을 두었다. 충렬왕 27년(1301)에 고려에 반환하였다.

　㉢ **관제의 개편** : 관제를 격하시키고(3성 → 첨의부, 6부 → 4사) 고려를 부마국 지위의 왕실호칭을 사용하게 하였다.

　㉣ **원의 내정 간섭**

　　• **다루가치** : 1차 침입 때 설치했던 몽고의 군정지방관으로 공물의 징수 · 감독 등 내정간섭을 하였다.

　　• **정동행성** : 일본 원정준비기구로 설치된 정동행중서성이 내정간섭기구로 남았다. 고려 · 원의 연락기구였다.

　　• **이문소** : 정동행성에 설립된 사법기구로 고려인을 취조 · 탄압하였다.

　　• **응방** : 원에 매를 생포하여 조달하는 기구였으나 여러 특권을 행사해 폐해가 심하였다.

② **사회 · 경제적 수탈** … 금 · 은 · 베 · 인삼 · 약재 · 매 등의 막대한 공물의 부담을 가졌으며, 몽고어 · 몽고식 의복과 머리가 유행하고, 몽고식 성명을 사용하는 등 풍속이 변질되었다.

(2) 공민왕의 개혁정치

① **반원자주정책** … 친원세력의 숙청, 정동행서 이문소를 폐지, 몽고식 관제의 폐지, 원의 연호 · 몽고풍을 금지, 쌍성총관부를 공격하여 철령 이북의 땅을 수복하고 요동지방을 공격하여 요양을 점령하였다.

② **왕권강화책** … 정방을 폐지, 성균관을 통한 유학교육을 강화 및 과거제도를 정비하고 신돈을 등요하여 전민변정도감을 설치한 개혁은 권문세족들의 경제기반을 약화시키고 국가재정수입의 기반을 확대하였다.

③ 개혁의 실패원인 … 개혁추진세력인 신진사대부 세력이 아직 결집되지 못한 상태에서 권문세족의 강력한 반발을 효과적으로 제어하지 못하였고, 원나라의 간섭 등으로 인해 실패하고 말았다.

(3) 신진사대부의 성장

① 학문적 실력을 바탕으로 과거를 통하여 중앙에 진출한 지방의 중소지주층과 지방향리 출신이 많았다. 성리학을 수용하였으며, 불교의 폐단을 비판하였고 권문세족의 비리와 불법을 견제하였다. 신흥무인세력과 손을 잡으면서 사회의 불안과 국가적인 시련을 해결하고자 하였다.

② 한계 … 권문세족의 인사권 독점으로 관직의 진출이 제한되었고, 과전과 녹봉도 제대로 받지 못하는 등 경제적 기반이 미약하다는 한계를 가졌다.

(4) 고려의 멸망

우왕 말에 명은 쌍성총관부가 있던 땅에 철령위를 설치하여 명의 땅으로 편입하겠다고 통보하였다. 이에 최영은 요동정벌론을, 이성계는 4불가론을 주장하여 대립하였는데 최영의 주장에 따라 요동정벌군이 파견되었으나 위화도 회군으로 이성계가 장악하였다. 결국 급진개혁파(혁명파)는 정치적 실권을 장악하고 온건개혁파를 제거한 후 도평의사사를 장악하여 공양왕의 왕위를 물려받아 조선을 건국하였다.

03 근세의 정치

1. 근세사회의 성립과 전개

(1) 국왕 중심의 통치체제정비와 유교정치의 실현

① 태조 … 국호를 '조선'이라 하고 수도를 한양으로 천도하였으며 3대 정책으로 숭유억불정책, 중농억상정책, 사대교린정책을 실시하였다.

② 태종 … 왕권 확립을 위해 개국공신세력을 견제하고 숙청하였으며 6조직계제를 실시, 사간원을 독립시켜 대신들을 견제하고, 신문고의 설치, 양전사업의 실시 및 호패법을 시행하고 사원전의 몰수, 노비 해방, 사병을 폐지하였다.

③ 세종 … 집현전을 설치, 한글 창제 및 6조직계제를 폐지하고 의정부서사제(재상합의제)로 정책을 심의하였으며, 국가행사를 오례에 따라 거행하였다.

(2) 문물제도의 정비

① 세조 … 왕권의 재확립과 집권체제의 강화를 위하여 6조직계제를 실시하고 집현전과 경연을 폐지하였으며, 경국대전의 편찬에 착수하였다.

② **성종** … 홍문관의 설치, 경연의 활성화 및 경국대전의 완성·반포를 통하여 조선의 기본통치방향과 이념을 제시하였다.

2. 통치체제의 정비

(1) 중앙정치체제

① **양반관료체제의 확립** … 경국대전으로 법제화하고 문·무반이 정치와 행정을 담당하게 하였으며, 18품계로 나누어 당상관(관서의 책임자)과 당하관(실무 담당)으로 구분하였다.

② **의정부와 6조**
  ㉠ **의정부** : 최고 관부로서 재상의 합의로 국정을 총괄하였다.
  ㉡ **6조** : 직능에 따라 행정을 분담하였다.
   • 이조 : 문관의 인사(전랑이 담당), 공훈, 상벌을 담당하였다.
   • 호조 : 호구, 조세, 회계, 어염, 광산, 조운을 담당하였다.
   • 예조 : 외교, 교육, 문과과거, 제사, 의식 등을 담당하였다.
   • 병조 : 국방, 통신(봉수), 무과과거, 무관의 인사 등을 담당하였다.
   • 형조 : 형률, 노비에 대한 사항을 담당하였다.
   • 공조 : 토목, 건축, 수공업, 도량형, 파발에 대한 사항을 담당하였다.

③ **언론학술기구** … 삼사로 정사를 비판하고 관리들의 부정을 방지하였다.
  ㉠ **사간원(간쟁)·사헌부(감찰)** : 서경권을 행사하였다(관리 임명에 동의권 행사).
  ㉡ **홍문관** : 학문적으로 정책 결정을 자문하는 기구이다.

④ **왕권강화기구** … 왕명을 출납하는 승정원과 큰 죄인을 다스리는 국왕 직속인 의금부, 서울의 행정과 치안을 담당하는 한성부가 있다.

⑤ **그 밖의 기구** … 역사서의 편찬과 보관을 담당하는 춘추관, 최고 교육기관인 성균관인 성균관 등이 있다.

(2) 지방행정조직

① **지방조직** … 전국을 8도로 나누고, 하부에 부·목·군·현을 설치하였다.
  ㉠ **관찰사(감사)** : 8도의 지방장관으로서 행정, 군사, 감찰, 사법권을 행사하였다. 수령에 대한 행정을 감찰하는 역할을 담당하였다.
  ㉡ **수령** : 부, 목, 군, 현에 임명되어 관내 주민을 다스리는 지방관으로서 행정, 사법, 군사권을 행사하였다.
  ㉢ **향리** : 6방에 배속되어 향역을 세습하면서 수령을 보좌하였다(아전).

② 향촌사회

　　㉠ 면·리·통 : 향민 중에서 책임자를 선임하여, 수령의 명령을 받아 인구 파악과 부역 징발을 주로 담당하게 하였다.

　　㉡ 양반 중심의 향촌사회질서 확립

　　　• 경재소 : 유향소와 정부간 연락을 통해 유향소를 통제하여 중앙집권을 효율적으로 강화하였다.

　　　• 유향소(향청) : 향촌양반의 자치조직으로 좌수와 별감을 선출하고, 향규를 제정하며, 향회를 통한 여론의 수렴과 백성에 대한 교화를 담당하였다.

(3) 군역제도와 군사조직

① 군역제도

　　㉠ 양인개병제 : 양인(현직 관료와 학생을 제외한 16세 이상 60세 이하의 남자)의 신분이면 누구나 병역의 의무를 지는 제도이다.

　　㉡ 보법 : 정군(현역 군인)과 보인(정군의 비용 부담)으로 나눈다.

　　㉢ 노비 : 권리가 없으므로 군역이 면제되고, 특수군(잡색군)으로 편제되었다.

② 군사조직

　　㉠ 중앙군(5위) : 궁궐과 서울을 수비하며 정군을 중심으로 갑사(시험을 거친 직업군인)나 특수병으로 지휘 책임을 문관관료가 맡았다.

　　㉡ 지방군 : 병영(병마절도사)과 수영(수군절도사)으로 조직하였다.

　　㉢ 잡색군 : 서리, 잡학인, 신량역천인(신분은 양인이나 천한 일에 종사), 노비 등으로 조직된 일종의 예비군으로 유사시에 향토 방위를 담당한다(농민은 제외).

③ 교통·통신체계의 정비

　　㉠ 봉수제(통신) : 군사적 목적으로 설치하였으며, 불과 연기를 이용하여 급한 소식을 알렸다.

　　㉡ 역참 : 물자 수송과 통신을 위해 설치되어 국방과 중앙집권적 행정 운영이 한층 쉬워졌다.

(4) 관리등용제도

① 과거 … 문과는 예조에서 담당하였으며 무과는 병조에서 담당하고 28명을 선발하였다. 또한 잡과는 해당 관청에서 역과, 율과, 의과, 음양과의 기술관을 선발하였다.

② 취재 … 재주가 부족하거나 나이가 많아 과거 응시가 어려운 사람이 특별채용시험을 거쳐 하급 실무직에 임명되는 제도이다.

③ 음서와 천거 … 과거를 거치지 않고 고관의 추천을 받아 간단한 시험을 치른 후 관직에 등용되거나 음서를 통하여 관리로 등용되는 제도이다. 그러나 천거는 기존의 관리들을 대상으로 하였고, 음서도 고려시대에 비하여 크게 줄어들었고 문과에 합격하지 않으면 고관으로 승진하기 어려웠다.

④ 인사관리제도의 정비

　　㉠ 상피제 : 권력의 집중과 부정을 방지하였다.

　　㉡ 서경제 : 사헌부와 사간원에서 관리 임명시에 심사하여 동의하는 절차로서 5품 이하 관리 임명시에 적용하는 것이다.

　　㉢ 근무성적평가 : 하급관리의 근무성적평가는 승진 및 좌천의 자료가 되었다.

3. 사림의 대두와 붕당정치

(1) 훈구와 사림

① 훈구세력 … 조선 초기 문물제도의 정비에 기여하였으며 고위관직을 독점 및 세습하고, 왕실과의 혼인으로 성장하였다.

② 사림세력 … 여말 온건파 사대부의 후예로서 길재와 김종직에 의해 영남과 기호지방에서 성장한 세력으로 대부분이 향촌의 중소지주이다.

(2) 사림의 정치적 성장

① 사화의 발생

　　㉠ 무오사화(1498) · 갑자사화(1504) : 연산군의 폭정으로 발생하였으며 영남 사림은 몰락하게 되었다.

　　㉡ 조광조의 개혁정치 : 현량과를 실시하여 사림을 등용하여 급진적 개혁을 추진하였다. 위훈삭제사건으로 훈구세력을 약화시켰으며, 공납의 폐단을 시정, 불교와 도교행사를 폐지하고, 소학교육을 장려하고, 향약을 보급하였다. 그러나 훈구세력의 반발을 샀으며 기묘사화(1519)로 조광조는 실각되고 말았다.

　　㉢ 을사사화(명종, 1545) : 중종이 다시 사림을 등용하였으나 명종 때 외척 다툼으로 을사사화가 일어나고 사림은 축출되었다.

② 결과 … 사림은 정치적으로 위축되었으나 중소지주를 기반으로 서원과 향약을 통해 향촌에서 세력을 회복하게 되었다.

(3) 붕당의 출현(사림의 정계 주도)

① 동인과 서인 … 척신정치의 잔재를 청산하기 위한 방법을 둘러싸고 대립행태가 나타났다.

　　㉠ 동인 : 신진사림 출신으로서 정치 개혁에 적극적이며 수기(修己)를 강조하고 지배자의 도덕적 자기 절제를 강조하고 이황, 조식, 서경덕의 학문을 계승하였다.

　　㉡ 서인 : 기성사림 출신으로서 정치 개혁에 소극적이며 치인(治人)에 중점을 두고 제도 개혁을 통한 부국 안민에 힘을 썼고 이이, 성혼의 문인들을 중심으로 구성되었다.

② **붕당의 성격과 전개** … 정파적 성격과 학파적 성격을 지닌 붕당은 초기에는 강력한 왕권으로의 형성이 불가능하였으나, 중기에 이르러 왕권이 약화되고 사림정치가 전개되면서 붕당이 형성되었다.

(4) 붕당정치의 전개

① 동인의 분당은 정여립의 모반사건을 계기로 세자책봉문제를 둘러싸고 시작되었다. 남인은 온건파로 초기에 정국을 주도하였으며 북인은 급진파로 임진왜란이 끝난 뒤부터 광해군 때까지 정권을 장악하였다.

② **광해군의 개혁정치** … 명과 후금 사이의 중립외교를 펼쳤으며, 전후복구사업을 추진하였으나 무리한 전후복구사업으로 민심을 잃은 광해군과 북인세력은 서인이 주도한 인조반정으로 몰락하였다.

③ 주로 서인이 집권하여 남인 일부가 연합하고, 상호비판 공존체제가 수립되었던 것이 서인과 남인의 경신환국으로 정치 공존이 붕괴되었다.

(5) 붕당정치의 성격

비변사를 통한 여론 수렴이 이루어졌으며, 3사의 언관과 이조전랑의 정치적 비중이 증대되었고 재야의 여론이 수렴되어 재야의 공론주도자인 산림이 출현하였고, 서원과 향교를 통한 수렴이 이루어졌다. 그러나 국가의 이익보다는 당파의 이익을 앞세워 국가 발전에 지장을 주기도 하였고, 현실문제보다는 의리와 명분에 치중하였으며 지배층의 의견만을 정치에 반영하였다.

4. 조선 초기의 대외관계

(1) 명과의 관계

명과의 관계에서는 사대외교를 중국 이외의 주변 민족에게는 교린정책을 기본으로 하였다.

(2) 여진과의 관계

① **대여진정책** … 회유책으로 귀순을 장려하였고, 북평관을 세워 국경무역과 조공무역을 허락하였으며 강경책으로 본거지를 토벌하고 국경지방에 자치적 방어체제를 구축하여 진·보를 설치하였다.

② **북방개척**

　㉠ **4군 6진** : 최윤덕, 김종서 등은 압록강에서 두만강에 이르는 4군 6진을 설치하였다.

　㉡ **사민정책** : 삼남지방의 주민을 강제로 이주시켜 북방 개척과 국토의 균형 있는 발전을 꾀하였다.

　㉢ **토관제도** : 토착인을 하급관리로 등용하는 것이다.

(3) 일본 및 동남아시아와의 관계

① 대일관계

  ㉠ 왜구의 토벌 : 수군을 강화하고 화약무기를 개발해 오던 조선은 왜구가 무역을 요구해오자 제한된 무역을 허용하였으나 왜구의 계속된 약탈로 이종무가 쓰시마섬을 토벌하였다(세종).

  ㉡ 교린정책 : 3포(부산포, 제포, 염포)를 개항하여, 계해약조를 맺고 조공무역을 허용하였다.

② 동남아시아와의 교역 … 조공, 진상의 형식으로 물자 교류를 하고 특히 불경, 유교경전, 범종, 부채 등을 류큐(오키나와)에 전해주어 류큐의 문화 발전에 기여하였다.

5. 양 난의 극복과 대청관계

(1) 왜군의 침략

① 조선의 정세

  ㉠ 왜구 약탈 : 3포왜란(임신약조) → 사량진왜변(정미약조) → 을묘왜변(교역 중단)

  ㉡ 국방대책 : 3포왜란 이후 군사문제를 전담하는 비변사가 설치되었다.

  ㉢ 16세기 말 : 사회적 혼란이 가중되면서 국방력이 약화되어 방군수포현상이 나타났다

② 임진왜란(1592) … 왜군 20만이 기습하고 정발과 송상현이 분전한 부산진과 동래성의 함락과 신립의 패배로 국왕은 의주로 피난하였다. 왜군은 평양, 함경도까지 침입하였고 명에 파병을 요청하였다.

(2) 수군과 의병의 승리

① 수군의 승리

  ㉠ 이순신(전라좌수사)의 활약 : 판옥선과 거북선을 축조하고, 수군을 훈련시켰다.

  ㉡ 남해의 재해권 장악 : 옥포(거제도)에서 첫 승리를 거두고, 사천(삼천포, 거북선을 이용한 최초의 해전), 당포(충무), 당항포(고성), 한산도대첩(학익진 전법) 등지에서 승리를 거두어 남해의 제해권을 장악하였고 전라도지방을 보존하였다.

② 의병의 항쟁

  ㉠ 의병의 봉기 : 농민이 주축이 되어 전직관리, 사림, 승려가 주도한 자발적인 부대였다.

  ㉡ 전술 : 향토지리와 조건에 맞는 전술을 사용하였다. 매복, 기습작전으로 아군의 적은 희생으로 적에게 큰 타격을 주었다.

  ㉢ 의병장 : 곽재우(의령), 조헌(금산), 고경명(담양), 정문부(길주), 서산대사 휴정(평양, 개성, 한성 등), 사명당 유정(전후 일본에서 포로 송환) 등이 활약하였다.

  ㉣ 전세 : 관군이 편입되어 대일항전이 조직화되고 전력도 강화되었다.

(3) 전란의 극복과 영향

① 전란의 극복

    ㉠ **조·명연합군의 활약** : 평양성을 탈환하고 행주산성(권율) 등지에서 큰 승리를 거두었다.

    ㉡ **조선의 군사력 강화** : 훈련도감과 속오군을 조직하였고 화포 개량과 조총을 제작하였다.

    ㉢ **휴전회담** : 왜군은 명에게 휴전을 제의하였으나, 무리한 조건으로 3년만에 결렬되었다.

    ㉣ **정유재란** : 왜군은 조선을 재침하였으나 이순신에게 명량·노량해전에서 패배하였다.

② 왜란의 영향

    ㉠ **국내적 영향** : 인구와 농토가 격감되어 농촌의 황폐화, 민란의 발생 및 공명첩의 대량 발급으로 인하여 신분제의 동요, 납속의 실시, 토지대장과 호적의 소실, 경복궁, 불국사, 서적, 실록 등의 문화재가 소실·약탈당했으며, 일본을 통하여 조총, 담배, 고추, 호박 등이 전래되었다.

    ㉡ **국제적 영향** : 일본은 문화재를 약탈하고, 성리학자와 도공을 납치하여 일본 문화가 발전하는 계기가 되었으나 명은 여진족의 급성장으로 인하여 쇠퇴하였다.

(4) 광해군의 중립외교

① **내정개혁** … 양안(토지대장)과 호적을 재작성하여 국가재정기반을 확보하고, 산업을 진흥하였으며 동의보감(허준)을 편찬하고 소실된 사고를 5대 사고로 재정비하였다.

② **대외정책** … 임진왜란 동안 조선과 명이 약화된 틈을 타 여진이 후금을 건국하였다(1616). 후금은 명에 대하여 전쟁을 포고하고, 명은 조선에 원군을 요청하였으나, 조선은 명의 원군 요청을 적절히 거절하면서 후금과 친선정책을 꾀하는 중립적인 정책을 취하였다. 광해군의 중립외교는 국내에 전쟁의 화가 미치지 않아 왜란 후의 복구사업에 크게 기여하였다.

(5) 호란의 발발과 전개

① **정묘호란(1627)** … 명의 모문룡 군대의 가도 주둔과 이괄의 난 이후 이괄의 잔당이 후금에 건너가 조선 정벌을 요구한 것으로 발생하였으며, 후금의 침입에 정봉수, 이립 등이 의병으로 활약하였다. 후금의 제의로 쉽게 화의(정묘조약)가 이루어져 후금의 군대는 철수하였다.

② **병자호란(1636)** … 후금의 군신관계 요구에 조선이 거부한 것이 발단이 되어 발생하였으며, 삼전도에서 항복하고 청과 군신관계를 맺게 되었으며 소현세자와 봉림대군이 인질로 끌려갔다.

(6) 북벌운동의 전개

① 서인세력(송시열, 송준길, 이완 등)은 군대를 양성하는 등의 계획을 세웠으나 실천하지 못하였다.

② **효종의 북벌계획** … 이완을 훈련대장으로 임명하고 군비를 확충하였으나 효종의 죽음으로 북벌계획은 중단되었다.

1. 통치체제의 변화

(1) 정치구조의 변화

① 비변사의 기능 강화 … 중종 초 여진족과 왜구에 대비하기 위해 설치한 임시기구였으나, 임진왜란을 계기로 문무고관의 합의기구로 확대되었다. 군사뿐만 아니라 외교, 재정, 사회, 인사 등 거의 모든 정무를 총괄하였으며, 왕권의 약화, 의정부 및 6조 기능의 약화를 초래하였다.

② 정치 운영의 변질 … 3사는 공론을 반영하기보다 각 붕당의 이해관계를 대변하기에 급급하고 이조·병조의 전랑 역시 상대 붕당을 견제하는 기능으로 변질되어 붕당 간의 대립을 격화시켰다.

(2) 군사제도의 변화

① 중앙군(5군영)

  ㉠ 훈련도감 : 삼수병(포수·사수·살수)으로 구성되었으며, 직업적 상비군이었다.

  ㉡ 어영청 : 효종 때 북벌운동의 중추기관이 되었다. 기·보병으로 구성되며, 지방에서 교대로 번상하였다.

  ㉢ 총융청 : 북한산성 등 경기 일대의 방어를 위해 속오군으로 편성되었다.

  ㉣ 수어청 : 정묘호란 후 인조 때 설치되어 남한산성을 개축하고 이를 중심으로 남방을 방어하기 위해 설치되었다.

  ㉤ 금위영 : 숙종 때 수도방위를 위해 설치되었다. 기·보병 중심의 선발 군사들로 지방에서 교대로 번상케 하였다.

② 지방군(속오군)

  ㉠ 지방군제의 변천

    • 진관체제 : 세조 이후 실시된 체제로 외적의 침입에 효과가 없었다.

    • 제승방략체제(16세기) : 유사시에 필요한 방어처에 각 지역의 병력을 동원하여 중앙에서 파견되는 장수가 지휘하게 하는 방어체제이다.

    • 속오군체제 : 진관을 복구하고 속오법에 따라 군대를 정비하였다.

  ㉡ 속오군 : 양천혼성군(양반, 농민, 노비)으로서, 농한기에 훈련하고 유사시에 동원되었다.

(3) 수취제도의 개편

① **전세제도의 개편** … 전세를 풍흉에 관계없이 1결당 미곡 4두로 고정시키는 영정법은 전세율이 다소 낮아졌으나 농민의 대다수인 전호들에게는 도움이 되지 못하였고, 전세 외에 여러 가지 세가 추가로 징수되어 조세의 부담은 증가하였다.

② **공납제도의 개편** … 방납의 폐단으로 토지의 결수에 따라 미, 포, 전을 납입하는 대동법을 시행하였는데 그 결과 농민의 부담을 감소하였으나 지주에게 부과된 대동세가 소작농에게 전가되는 경우가 있었으며, 조세의 금납화 촉진, 국가재정의 회복 및 상공업의 발달과 상업도시의 발전을 가져왔다. 그러나 진상·별공은 여전히 존속하였다.

③ **군역제도의 개편** … 균역법(군포 2필에서 1필로 내게 함)의 실시로 일시적으로 농민부담은 경감되었으나 폐단의 발생으로 인하여 전국적인 저항을 불러왔다.

2. 정쟁의 격화와 탕평정치

(1) 탕평론의 대두

공리공론보다 집권욕에만 집착하여 균형관계가 깨져서 정쟁이 끊이지 않고 사회가 분열되었으며, 이에 강력한 왕권을 토대로 세력 균형을 유지하려는 탕평론이 제기되었다. 숙종은 공평한 인사 관리를 통해 정치집단 간의 세력 균형을 추구하려 하였으나 명목상의 탕평책에 불과하여 편당적인 인사 관리로 빈번한 환국이 발생하였다.

(2) 영조의 탕평정치

① 탕평파를 육성하고, 붕당의 근거지인 서원을 정리하였으며, 이조전랑의 후임자 천거제도를 폐지하였다. 그 결과 정치권력은 국왕과 탕평파 대신에게 집중되었다. 또한 균역법의 시행, 군영의 정비, 악형의 폐지 및 사형수에 대한 삼심제 채택, 속대전을 편찬하였다.

② **한계** … 왕권으로 붕당 사이의 다툼을 일시적으로 억제하기는 하였으나 소론 강경파의 변란(이인좌의 난, 나주괘서사건)획책으로 노론이 권력을 독점하게 되었다.

(3) 정조의 탕평정치

① **정치세력의 재편** … 탕평책을 추진하여 벽파를 물리치고 시파를 고루 기용하여 왕권의 강화를 꾀하였다. 또한 영조 때의 척신과 환관 등을 제거하고, 노론과 소론 일부, 남인을 중용하였다.

② **왕권 강화 정책** … 규장각의 육성, 초계문신제의 시행, 장용영의 설치, 수원 육성, 수령의 권한 강화, 서얼과 노비의 차별 완화, 금난전권 폐지, 대전통편, 동문휘고, 탁지지 등을 편찬하였다.

3. 정치질서의 변화

(1) 세도정치의 전개(19세기)

정조가 죽은 후 정치세력 간의 균형이 다시 깨지고 몇몇 유력가문 출신의 인물들에게 집중되었다. 순조 때에는 정순왕후가 수렴청정을 하면서 노론 벽파가 정권을 잡았으나, 정순왕후가 죽자 순조의 장인인 김조순을 중심으로 안동 김씨의 세도정치가 시작되었으며 헌종, 철종 때까지 풍양조씨, 안동 김씨의 세도정치가 이어졌다.

(2) 세도정치의 폐단

① 수령직의 매관매직으로 탐관오리의 수탈이 극심해지고 삼정(전정, 군정, 환곡)이 문란해졌으며, 그 결과 농촌경제는 피폐해지고, 상품화폐경제는 둔화되었다.

② 세도정치의 한계 … 고증학에 치중되어 개혁의지를 상실하였고 지방의 사정을 이해하지 못했다.

4. 대외관계의 변화

(1) 청과의 관계

① **북벌정책** … 17세기 중엽, 효종 때 추진한 것으로 청의 국력 신장으로 실현가능성이 부족하여 정권 유지의 수단이 되기도 하였으나 양난 이후의 민심 수습과 국방력 강화에 기여하였다.

② **북학론의 대두** … 청의 국력 신장과 문물 융성에 자극을 받아 18세기 말 북학파 실학자들은 청의 문물 도입을 주장을 하였으며 사신들은 천리경, 자명종, 화포, 만국지도, 천주실의 등의 신문물과 서적을 소개하였다.

(2) 일본과의 관계

① **대일외교관계**
   ㉠ **기유약조(1609)** : 임진왜란 이후 도쿠가와 막부의 요청으로 부산포에 왜관을 설치하고, 대일무역이 행해졌다.
   ㉡ **조선통신사 파견** : 17세기 초 이후부터 200여년간 12회에 걸쳐 파견하였다. 외교사절의 역할뿐만 아니라 조선의 선진학문과 기술을 일본에 전파하였다.

② **울릉도와 독도** … 안용복이 일본으로 건너가(숙종) 일본 막부에게 울릉도와 독도가 조선 영토임을 확인받고 돌아왔다. 그 후 조선 정부는 울릉도의 주민 이주를 장려하였고, 울릉도에 군을 설치하고 관리를 파견하여 독도까지 관할하였다.

출제예상문제

1 밑줄 친 '왕'의 재위 기간에 있었던 사실로 옳은 것은?

> 나라 안의 여러 군현에서 공부(貢賦)를 바치지 않으니 창고가 비어 버리고 나라의 쓰임이 궁핍해
> 졌다. 왕이 사신을 보내어 독촉하자, 이로 말미암아 곳곳에서 도적이 벌떼처럼 일어났다. 이때
> 원종과 애노 등이 사벌주에 웅거하여 반란을 일으켰다.

① 발해가 멸망하였다.

② 국학을 설치하였다.

① 최치원이 시무책 10여 조를 건의하였다.

④ 장보고의 건의에 따라 청해진이 설치되었다.

✔**해설** 신라 말기 진성여왕 대 발생한 원종과 애노의 난(889)이다. 신라 말기는 진골귀족 간의 왕위쟁탈전이
치열해지면서 지방에 대한 중앙통제력이 약화되고, 자연재해와 조세 수탈로 인한 백성들의 삶은 더욱
어려워져 원종과 애노의 난을 비롯한 민란이 각 지방에서 발생하였다. 당시 6두품 출신이었던 최치원
은 당의 빈공과에 급제하였고 신라로 귀국 후 신라 사회 문제를 해결하기 위한 방안으로 '시무 10여
조'를 진성여왕에게 건의하였다.
① 발해 멸망(925) : 거란의 침입으로 멸망하였다.
② 국학 설치(682) : 신라 신문왕 대에 설치되었다.
④ 청해진 설치(828) : 신라 흥덕왕 대에 설치되었다.

2 삼국의 성립에 대한 설명으로 옳은 것은?

① 초기의 고구려는 졸본성에서 주변 소국을 통합하고, 국내성으로 도읍을 옮기며 성장하였다.

② 초기의 백제는 지배층인 한강 유역의 토착민과 피지배층인 고구려 계통의 북방 유이민의 결합
으로 성립되었다.

③ 초기의 신라는 박·석·김의 세 집단의 합의를 통해 왕을 추대하고, 주요 집단들의 독자적 세
력을 억압하면서 발전하였다.

④ 초기의 가야는 낙동강 하류 변한지역에서 청동기 문화를 토대로 농업생산력이 증대되어 등장
한 정치집단들에 의해 성립되었다.

Answer 1.③ 2.①

② 백제는 우수한 철기 문화를 보유한 고구려 계통의 북방 유이민이 지배층을 형성하였다.

③ 신라는 박·석·김의 세 집단이 번갈아 왕위를 차지하였다. 주요 집단들의 독자적인 세력 기반을 유지하면서 유력 집단의 우두머리가 왕(이사금)으로 추대되었다.

④ 가야는 낙동강 하류 변한지역에서 철기 문화를 토대로 농업생산력이 증대되어 등장한 정치집단들에 의해 성립되었다.

3 고려의 지방제도에 대한 설명으로 옳은 것을 〈보기〉에서 모두 고른 것은?

〈보기〉
㉠ 양계 지역은 계수관이 관할하였다.
㉡ 수령이 파견된 주현보다 수령이 파견되지 않은 속현의 수가 많았다.
㉢ 성종 때 12목이 설치되었다.
㉣ 향·소·부곡 등의 특수행정조직이 있었다.

① ㉠, ㉡, ㉢
② ㉠, ㉡, ㉣
③ ㉠, ㉢, ㉣
④ ㉡, ㉢, ㉣

✔해설 고려 지방 행정 체계는 성종 때 최승로의 '시무 28조'건의에 따라 순차적으로 이루어졌다. 고려 초 지방호족 및 귀족의 권한 강화로 중앙집권체제가 제대로 확립되지 않음을 비판하면서 지방관 파견을 통해 지방에 대한 중앙의 통제력 강화가 필요함을 건의하였다. 그 결과 전국에 12목이 설치되었고 전국을 5도 양계로 구분하였다. 5도는 일반 행정 구역으로 안찰사가 파견되었으며 그 밑으로 3경, 4도호부, 8목을 설치하였다. 양계는 북방의 국경 지대를 동계와 북계로 구분한 군사 행정 구역으로 병마사가 파견되었다. 5도 아래 지방관이 파견된 지역은 주현, 지방관이 파견되지 않은 지역은 속현이라 하였고 당시 속현이 주현의 수보다 더 많았다. 또한 특수 행정 구역으로 향, 부곡, 소가 존재하여 일반 주현보다 더 많은 조세와 부역을 부담하였다.
㉠ 양계에는 병마사가 파견되었으며, 계수관은 3경, 4도호부, 8목의 수령을 지칭한다.

Answer 3.④

4 고려시대 군사제도에 대한 설명으로 가장 옳지 않은 것은?

① 북방의 양계지역에는 주현군을 따로 설치하였다.

② 2군(二軍)인 응양군과 용호군은 왕의 친위부대였다.

③ 6위(六衛) 중의 감문위는 궁성과 성문수비를 맡았다.

④ 직업군인인 경군에게 군인전을 지급하고 그 역을 자손에게 세습시켰다.

> ✔**해설** 고려 지방 행정 체계는 5도 양계로 5도는 일반 행정 구역으로 안찰사를 임명하고 주현군을 설치하였다. 하지만 북방의 군사적 요충지인 양계에는 병마사를 임명하고 그 특수성을 반영하여 주진군을 별도로 설치하였다.
> ②③④ 고려의 중앙군은 2군 6위로 구성되어 있고, 이들은 모두 직업 군인으로 군인전을 지급받았으며, 직역은 세습되었다.

5 밑줄 친 '왕'의 재위 기간에 있었던 사실로 옳은 것은?

> 이찬 이사부가 왕에게 "국사라는 것은 임금과 신하들의 선악을 기록하여, 좋고 나쁜 것을 만대 후손들에게 보여 주는 것입니다. 이를 책으로 편찬해 놓지 않는다면 후손들이 무엇을 보고 알겠습니까?" 라고 아뢰었다. 왕이 깊이 동감하고 대아찬 거칠부 등에게 명하여 선비들을 널리 모아 그들로 하여금 역사를 편찬하게 하였다.
>
> 「삼국사기」

① 정전 지급　　　　　　　　　② 국학 설치

③ 첨성대 건립　　　　　　　　④ 북한산 순수비 건립

> ✔**해설** 6세기 신라 진흥왕(540~576)대의 사실이다. 진흥왕은 화랑도를 정비하여 국력을 대외로 확장하여 대가야, 한강 유역, 함경북도까지 진출하는 등 신라 최대의 영토를 확보하였다. 이 과정에서 단양 적성비와 4개의 순수비(창녕비, 북한산 순수비, 황초령비, 마운령비)를 세웠다.
> ① 정전은 신라 성덕왕 대에 지급하였다.
> ② 국학은 신라 신문왕 때 설치한 교육기관이다.
> ③ 첨성대는 신라 선덕여왕 때 설립되었다.

Answer 4.① 5.④

6 (개) ~ (대)는 고려시대 대외관계와 관련된 자료이다. 이를 시기 순으로 바르게 나열한 것은?

> (개) 윤관이 "신이 여진에게 패한 이유는 여진군은 기병인데 우리는 보병이라 대적할 수 없었기 때문입니다."라고 아뢰었다.
>
> (내) 서희가 소손녕에게 "우리나라는 고구려의 옛 땅이오. 그러므로 국호를 고려라 하고 평양에 도읍하였으니, 만일 영토의 경계로 따진다면, 그대 나라의 동경이 모두 우리 경내에 있거늘 어찌 침식이라 하리요."라고 주장하였다.
>
> (대) 유승단이 "성곽을 버리며 종사를 버리고, 바다 가운데 있는 섬에 숨어 엎드려 구차히 세월을 보내면서, 변두리의 백성으로 하여금 장정은 칼날과 화살 끝에 다 없어지게 하고, 노약자들은 노예가 되게 함은 국가를 위한 좋은 계책이 아닙니다."라고 반대하였다.

① (개) → (내) → (대) 　　　　　② (내) → (개) → (대)

③ (내) → (대) → (개) 　　　　　④ (대) → (내) → (개)

✔ **해설** (내) 서희(942~998)는 거란의 침입(993) 때 활약했던 인물이다.
　　　　(개) 윤관(?~1111)은 1107년 20만 대군을 이끌고 여진을 정복하고 고려의 동북 9성을 설치하여 고려의 영토를 확장시킨 인물이다.
　　　　(대) 유승단(1168~1232)은 1232년 최우가 재추회의를 소집하여 강화도로 천도를 논의할 때 반대했던 인물이다.

7 우리 역사 속의 제주도에 관한 설명으로 옳은 것은?

① 원래 탐라라고 불렸는데 고려시대에 제주라는 이름으로 바뀌었다.

② 삼별초는 관군의 압박이 심해지자 이 섬을 버리고 진도로 옮겨갔다.

③ 장보고는 완도에 청해진, 이곳에 혈구진을 세워 해상 세력을 형성했다.

④ 구한말 영국 함대가 러시아를 견제하기 위해 이곳을 무단 점령하였다.

✔ **해설** ② 강화도와 관련된 내용이다. 삼별초는 강화도에서 진도, 제주도로 옮겨갔다.
　　　　③ 강화도와 관련된 내용이다.
　　　　④ 거문도와 관련된 내용이다.

Answer 6.② 7.①

8 고려의 대외관계에 대한 설명으로 옳지 않은 것은?

① 송과는 문화적 · 경제적으로 밀접한 유대를 맺었다.

② 거란의 침입에 대비하여 광군을 조직하기도 하였다.

③ 송의 판본은 고려의 목판인쇄 발달에 영향을 주었다.

④ 고려는 송의 군사적 제의에 응하여 거란을 협공하였다.

> **✔해설** 송은 고려에 대하여 정치 · 군사적 목적을 고려는 송에 대하여 경제 · 문화적 외교 목적을 갖고 있었다. 즉, 송의 국자감에 유학생을 파견한다든가 의술 및 약재 수입, 불경 · 경서 · 사서 등의 서적 구입에 대외관계를 구축하는 등 경제 · 문화 관계는 유지하였으나 군사적으로 송을 지원하지는 않았다.

9 다음은 고려시대에 일어난 역사적 사건을 시대순으로 나열한 것이다. ㈎시기에 발생한 역사적 사실에 대한 설명으로 옳은 것을 모두 고르면?

> 이자겸의 난 → ㈎ → 무신정변 → 몽고의 침입 → 위화도회군

> ㉠ 풍수지리설을 배경으로 서경천도운동이 일어났다.
> ㉡ 최고 집정부인 교정도감이 설치되었다.
> ㉢ 금국정벌론과 칭제건원이 제기되었다.
> ㉣ 고구려 계승이념에 대한 이견과 갈등이 일어났다.
> ㉤ 과거제도와 노비안검법이 시행되었다.

① ㉠, ㉡, ㉤   ② ㉠, ㉢, ㉣

③ ㉡, ㉢, ㉤   ④ ㉢, ㉣, ㉤

> **✔해설** 이자겸의 난과 무신정변 사이에 일어난 역사적 사건은 묘청의 서경천도운동이다.
> ㉠ 묘청의 서경천도운동은 서경길지설을 바탕으로 일어났다.
> ㉡ 교정도감은 최충헌이 무신정변을 통해 권력을 잡은 후 인사행정 및 기타 권력유지를 위해 설치한 기관이다.
> ㉢ 묘청의 서경천도운동으로 당시 금(여진)의 침입에 대해 금국정벌론과 칭제건원을 주장하였다.
> ㉣ 묘청의 서경천도운동 당시 서경파는 고구려 계승이념에 따라 북진정책을, 개경파의 김부식은 신라 계승의식을 표방하였다.
> ㉤ 고려전기 광종 때 실시된 정책들이다.

Answer 8.④ 9.②

10 일본에 사신을 보내면서 스스로를 '고려국왕 대흠무'라고 불렀던 발해 국왕대에 있었던 통일신라의 상황으로 옳은 것은?

① 귀족세력의 반발로 녹읍이 부활되었다.

② 9주 5소경 체제의 지방행정조직을 완비하였다.

③ 의상은 당에서 귀국하여 영주에 부석사를 창건하였다.

④ 장보고는 청해진을 설치하고 남해와 황해의 해상무역권을 장악하였다.

> ✔**해설** 발해 문왕(737 ~ 793)은 스스로를 황제라 칭하였으며, 이 시기 통일신라에서는 757년 경덕왕 시절 내외관의 월봉인 관료전이 폐지되고 녹읍이 부활하였다.
> ②③ 7C
> ④ 신라 하대

11 영조 집권 초기에 일어난 다음 사건과 관련된 설명으로 옳지 않은 것은?

> 충청도에서 정부군과 반란군이 대규모 전투를 벌였으며 전라도에서도 반군이 조직되었다. 반란에 참가한 주동자들은 비록 정쟁에 패하고 관직에서 소외되었지만, 서울과 지방의 명문 사대부 가문 출신이었다. 반군은 청주성을 함락하고 안성과 죽산으로 향하였다.

① 주요 원인 중의 하나는 경종의 사인에 대한 의혹이다.

② 반란군이 한양을 점령하고 왕이 피난길에 올랐다.

③ 탕평책을 추진하는데 더욱 명분을 제공하였다.

④ 소론 및 남인 강경파가 주동이 되어 일으킨 것이다.

> ✔**해설** 이인좌의 난(영조 4년, 1728년) … 경종이 영조 임금에게 독살되었다는 경종 독살설을 주장하며 소론과 남인의 일부가 영조의 왕통을 부정하여 반정을 시도한 것이다. 영조의 즉위와 함께 실각 당하였던 노론이 다시 집권하고 소론 대신들이 처형을 당하자 이에 불만을 품은 이인좌 등이 소론·남인세력과 중소상인, 노비를 규합하여 청주에서 대규모 반란을 일으켜 한성을 점령하려고 북진하다가 안성과 죽산전투에서 오명환이 지휘한 관군에게 패하여 그 목적이 좌절되었다.

Answer 10.① 11.②

12 18세기 조선 사상계의 동향에 대한 설명으로 옳지 않은 것은?

① 북학사상은 인물성동론을 철학적 기초로 하였다.

② 낙론은 대의명분을 강조한 북벌론으로 발전되어 갔다.

③ 인물성이론은 대체로 충청도지역 노론학자들이 주장했다.

④ 송시열의 유지에 따라 만동묘를 세워 명나라 신종과 의종을 제사지냈다.

✔해설 ② 북벌의 대의명분을 강조한 것은 호론에 해당한다.

※ 낙론 … 화이론을 극복하고 북학사상의 내재적 요인으로 인간과 짐승이 본질적으로 같은 품성을 갖는다고 파악하였다. 또한 인간과 자연 사이에 도덕적 일체화를 요구하여 심성위주의 사고에서 벗어나 새로운 물론을 성립시켰으며 이로 인해 자연관의 변화, 경제지학, 상수학 등에 대한 관심을 증대시키고 이를 기반으로 북학사상을 수용하였다. 성인과 범인의 마음이 동일하다는 것을 강조하고 당시 성장하는 일반민의 실체를 현실로 인정하며 이들을 교화와 개혁책으로 지배질서에 포섭하여 위기를 타개해 나가려 하였다.

13 보기의 대화를 읽고 대화내용에 해당하는 시기의 사건으로 옳은 것은?

> A : 현량과를 실시해서, 이 세력들을 등용하여 우리들의 세력이 약해졌어.
> B : 맞아. 위훈삭제로 우리 공을 깎으려고 하는 것 같아.

① 기묘사화가 발생하였다.

② 조광조 등 사림들이 개혁정치를 펼쳤다.

③ 훈구파가 제거되었다.

④ 김종직의 '조의제문'이 문제가 되어 일어났다.

✔해설 기묘사화 … 1519년(중종 4)에 일어났는데, 조광조의 혁신정치에 불만을 품은 훈구세력이 위훈 삭제 사건을 계기로 계략을 써서 중종을 움직여 조광조 일파를 제거하였다. 이로 인하여 사림세력은 다시 한번 크게 기세가 꺾였다.

Answer 12.② 13.②

14 보기의 내용에 해당하는 역사적 사실로 옳은 것은?

> 혜공왕의 등극 후 왕권투쟁이 빈번해지면서 민란이 발생하였다.

① 녹읍이 폐지되었다.　　　　　　　　② 시중의 권한이 강해졌다.

① 호족이 성장하였다.　　　　　　　　④ 6두품의 권한이 강해졌다.

> ✔해설 신라 하대는 왕위쟁탈전이 심해, 왕권은 불안정하고 지방의 반란은 지속되었다. 이에 호족세력은 스스로 성주나 장군으로 자처하며 반독립적인 세력으로 성장하게 되었는데, 지방의 행정과 군사권을 장악하고 경제적 지배력도 행사하였다.

15 다음은 일련의 사건을 정리한 것이다. (　　) 안에 들어갈 적절한 내용은?

> 북인의 집권 → 이괄의 난 → (　　) → 명과 국교 단절

① 일본은 조선에서 활자, 그림, 서적 등을 약탈해 갔다.

② 용골산성, 의주 등지에서 의병들이 활약하였다.

③ 조선은 비변사를 설치하여 군사문제를 담당하게 하였다.

④ 윤휴를 중심으로 북벌의 움직임이 제기되기도 하였다.

> ✔해설 조선의 대외관계
> ㉠ 북인의 집권 : 광해군이 즉위하자 북인이 집권하였는데, 먼저 전쟁의 뒷수습을 위한 정책을 실시하였고, 중립외교를 통한 실리를 추구하였다.
> ㉡ 이괄의 난 : 인조를 옹립한 서인정권은 광해군의 중립외교를 비판하고 친명배금정책을 추진하여 후금을 자극하였다. 그러나 인조반정 후 논공행상에 불만을 품은 이괄이 반란을 일으키고 그 잔당이 후금과 내통하였다.
> ㉢ 정묘호란(1627) : 후금은 광해군을 위하여 보복한다는 명분을 내걸고 평안도 의주를 거쳐 황해도 평산에 이르렀으며, 철산 용골산성의 정봉수와 의주의 이립 등이 의병을 일으켜 관군과 합세하여 적을 막아 싸웠다. 후금의 군대는 보급로가 끊어지자 화의가 이루어져 형제관계를 맺게 되었다.
> ㉣ 병자호란(1636) : 후금은 세력이 커져서 국호를 청이라 고치고 조선에 군신관계를 맺도록 요구하자 조선에서는 외교적 교섭을 통하여 문제를 해결하자는 주화론과 청의 요구에 굴복하지 말고 전쟁까지도 불사하자는 주전론이 대립하였으나 주전론으로 기울자 청은 침입해왔다. 조선은 대항하였으나 청과 군신관계를 맺고 명과의 관계를 단절하였으며, 두 왕자와 3학사를 인질로 잡아갔다.

Answer 14.③ 15.②

16 발해를 우리 민족사의 일부로 포함시키고자 할 때 그 증거로 제시할 수 있는 내용으로 옳은 것은?

⊙ 발해의 왕이 일본에 보낸 외교문서에서 '고(구)려국왕'을 자처하였다.
ⓒ 발해 피지배층은 말갈족이었다.
ⓒ 발해 건국주체세력은 고구려 지배계층이었던 대씨, 고씨가 주류를 이루었다.
ⓔ 수도상경에 주작 대로를 만들었다.

---

① ⊙ⓔ

② ⊙ⓒ

③ ⊙ⓒ

④ ⊙ⓔ

✔**해설** 발해가 건국된 지역은 고구려 부흥운동이 활발하게 일어난 요동지역이었다. 발해의 지배층 대부분은 고구려 유민이었으며 발해의 문화는 고구려적 요소를 많이 포함하고 있었다.

17 삼국통일 후에 신라는 다음과 같은 정책을 실시하게 된 궁극적인 목적으로 옳은 것은?

• 문무왕은 고구려, 백제인에게도 관직을 내렸다.
• 옛 고구려, 백제 유민을 포섭하려 노력했다.
• 고구려인으로 이루어진 황금서당이 조직되었다.
• 말갈인으로 이루어진 흑금서당이 조직되었다.

---

① 민족융합정책

② 전제왕권강화

③ 농민생활안정

④ 지방행정조직의 정비

✔**해설** 삼국통일 이후 신라의 9서당은 중앙군사조직에 신라인뿐만 아니라 고구려·백제인·말갈인 등 다른 국민까지 포함시켜 조직함으로써 다른 국민에 대한 우환을 경감시키고 중앙병력을 강화할 수 있었다. 그러나 가장 궁극적인 목적은 민족융합에 있었다고 할 수 있다.

Answer 16.② 17.①

18 다음 보기의 내용을 순서대로 바르게 나열한 것은?

㉠ 세조를 비방한 조의제문을 사초에 기록한 것을 트집잡아 훈구파가 연산군을 충동질하여 사림파를 제거하였다.

㉡ 연산군의 생모 윤씨의 폐출사건을 들추어서 사림파를 제거하였다.

㉢ 조광조 등이 현량과를 실시하여 사림을 등용하여 급진적 개혁을 추진하자 이에 대한 훈구세력의 반발로 조광조는 실각되고 말았다.

㉣ 인종의 외척인 윤임과 명종의 외척인 윤형원의 왕위계승 문제가 발단이 되었는데, 왕실 외척인 척신들이 윤임을 몰아내고 정국을 주도하여 사림의 세력이 크게 위축되었다.

㉤ 심의겸과 김효원 사이에 이조 전랑직의 대립으로 붕당이 발생하여 동인과 서인이 나뉘었다.

---

① ㉠ - ㉡ - ㉢ - ㉣ - ㉤
② ㉡ - ㉠ - ㉢ - ㉣ - ㉤
③ ㉡ - ㉢ - ㉠ - ㉣ - ㉤
④ ㉤ - ㉣ - ㉢ - ㉡ - ㉠

✔**해설** 조선시대의 사화

㉠ 무오사화 : 1498년(연산군 4)에 일어났는데, 김종직의 제자인 김일손이 사관으로 있으면서 김종직이 지은 조의제문을 사초에 올린 일을 빌미로 훈구세력이 사림파 학자들을 죽이거나 귀양보냈다.

㉡ 갑자사화 : 1504년(연산군 10)에 일어났는데, 연산군이 그의 생모인 윤씨의 폐출사사사건을 들추어서 자신의 독주를 견제하려는 사림파의 잔존세력을 죽이거나 귀양보냈다.

㉢ 기묘사화 : 1519년(중종 4)에 일어났는데, 조광조의 혁신정치에 불만을 품은 훈구세력이 위훈 삭제사건을 계기로 계략을 써서 중종을 움직여 조광조 일파를 제거하였다. 이로 인하여 사림세력은 다시 한 번 크게 기세가 꺾였다.

㉣ 을사사화 : 1545년(명종 즉위년)에 일어났는데, 중종의 배다른 두 아들의 왕위 계승을 에워싼 싸움의 결과로 일어났다. 인종과 명종의 왕위계승문제는 그들 외척의 대립으로 나타났고, 이에 당시의 양반관리들이 또한 부화뇌동하여 파를 이루었다. 인종이 먼저 즉위하였다가 곧 돌아간 뒤를 이어 명종이 즉위하면서 집권한 그의 외척세력이 반대파를 처치하였다. 이 때에도 사림세력이 많은 피해를 입었다.

19 다음 보기와 같은 시대의 왕의 업적으로 옳지 않은 것은?

> 적극적인 탕평책을 추진하여 벽파를 물리치고 시파를 고루 기용하여 왕권의 강화를 꾀하였다. 또한 영조 때의 척신과 환관 등을 제거하고, 노론과 소론 일부, 남인을 중용하였다.

① 군역 부담의 완화를 위하여 균역법을 시행하였다.

② 붕당의 비대화를 막고 국왕의 권력과 정책을 뒷받침하는 기구인 규장각을 육성하였다.

③ 신진 인물과 중·하급 관리를 재교육한 후 등용하는 초계문신제를 시행하였다.

④ 수령이 군현 단위의 향약을 직접 주관하게 하여 지방 사림의 영향력을 줄이고 국가의 백성에 대한 통치력을 강화하였다.

✔ 해설 ① 군역 부담을 줄이기 위하여 균역법을 시행한 것은 영조의 치적이다.
   ※ 정조의 개혁정치
      ㉠ 규장각의 육성
      ㉡ 초계문신제의 시행
      ㉢ 장용영의 설치
      ㉣ 수원 육성
      ㉤ 수령의 권한 강화
      ㉥ 서얼과 노비의 차별을 완화
      ㉦ 통공정책으로 금난전권을 폐지
      ㉧ 대전통편, 동문휘고, 탁지지 등을 편찬

Answer 19.①

20 다음 중 원간섭기 때의 설명으로 옳지 않은 것은?

① 왕권이 원에 의해 유지되면서 통치 질서가 무너져 제기능을 수행하기 어려워졌다.

② 충선왕은 사림원을 통해 개혁정치를 실시하면서, 우선적으로 충렬왕의 측근세력을 제거하고 관제를 바꾸었다.

① 공민왕 때에는 정치도감을 통해 개혁정치가 이루어지면서 대토지 겸병 등의 폐단이 줄어들었다.

④ 고려는 일년에 한 번 몽고에게 공물의 부담이 있었다.

> ✔ 해설 공민왕의 개혁정치 … 공민왕은 반원자주정책과 왕권 강화를 위하여 개혁정치를 펼쳤다. 친원세력을 숙청하고 정동행성을 폐지하였으며 관제를 복구하였다. 몽고풍을 금지하고 쌍성총관부를 수복하고 요동을 공격하였다. 그리고 정방을 폐지하고 전민변정도감을 설치하였으며 성균관을 설치하여 유학을 발달시키고 신진사대부를 등용하였다.
> ③ 정치도감을 통한 개혁정치는 충목왕이었다.

Answer 20.③

경제구조와 경제활동

01 고대의 경제

1. 삼국의 경제생활

(1) 삼국의 경제정책

① **정복활동과 경제정책** … 정복지역의 지배자를 내세워 공물을 징수하였고 전쟁포로들은 귀족이나 병사에게 노비로 지급하였다.

② **수취체제의 정비** … 노동력의 크기로 호를 나누어 곡물·포·특산물 등을 징수하고 15세 이상 남자의 노동력을 징발하였다.

③ **농민경제의 안정책** … 철제 농기구를 보급하고, 우경이나·황무지의 개간을 권장하였으며, 저수지를 축조하였다.

④ **수공업** … 노비들이 무기나 장신구를 생산하였으며, 수공업 생산을 담당하는 관청을 설치하였다.

⑤ **상업** … 도시에 시장이 형성되었으며, 시장을 감독하는 관청을 설치하였다.

⑥ **국제무역** … 왕실과 귀족의 수요품을 중심으로 공무역의 형태로 이루어졌다. 고구려는 남북조와 북방민족을 대상으로 하였으며 백제는 남중국, 왜와 무역하였고 신라는 한강 확보 이전에는 고구려, 백제와 교류하였으나 한강 확보 이후에는 당항성을 통하여 중국과 직접 교역하였다.

(2) 경제생활

① **귀족의 경제생활** … 자신이 소유한 토지와 노비, 국가에서 지급받은 녹읍과 식읍을 바탕으로 하였으며 귀족은 농민의 지배가 가능하였으며, 기와집, 창고, 마구간, 우물, 주방을 설치하여 생활하였다.

② **농민의 경제생활** … 자기 소유의 토지(민전)나 남의 토지를 빌려 경작하였으며, 우경이 확대되었다. 그러나 수취의 과중한 부담으로 생활개선을 위해 농사기술을 개발하고 경작지를 개간하였다.

2. 남북국시대의 경제적 변화

(1) 통일신라의 경제정책

① 수취체제의 변화

    ㉠ 조세 : 생산량의 10분의 1 정도를 수취하였다.

    ㉡ 공물 : 촌락 단위로 그 지역의 특산물을 징수하였다.

    ㉢ 역 : 군역과 요역으로 이루어져 있었으며, 16 ~ 60세의 남자를 대상으로 하였다.

② 민정문서

    ㉠ 작성 : 정부가 농민에 대한 조세와 요역 부과 자료의 목적으로 작성된 것으로 추정되며, 자연촌 단위로 매년 변동사항을 조사하여 3년마다 촌주가 작성하였다. 토지의 귀속관계에 따라 연수유전답, 촌주위답, 관모전답, 내시령답, 마전 등으로 분류되어 있다.

    ㉡ 인구조사 : 남녀별, 연령별로 6등급으로 조사하였다. 양인과 노비, 남자와 여자로 나누어 기재되어 있다.

    ㉢ 호구조사 : 9등급으로 구분하였다.

③ 토지제도의 변화

    ㉠ 관료전 지급(신문왕) : 식읍을 제한하고, 녹읍을 폐지하였으며 관료전을 지급하였다.

    ㉡ 정전 지급(성덕왕) : 왕토사상에 의거 백성에게 정전을 지급하고, 구휼정책을 강화하였다.

    ㉢ 녹읍 부활(경덕왕) : 녹읍제가 부활되고 관료전이 폐지되었다.

(2) 통일신라의 경제

① 경제 발달

    ㉠ 경제력의 성장

      • 중앙 : 동시(지증왕) 외에 서시와 남시(효소왕)가 설치되었다.

      • 지방 : 지방의 중심지나 교통의 요지에서 물물교환이 이루어졌다.

    ㉡ 무역의 발달

      • 대당 무역 : 나·당전쟁 이후 8세기 초(성덕왕)에 양국관계가 재개되면서 공무역과 사무역이 발달하였다. 수출품은 명주와 베, 해표피, 삼, 금·은세공품 등이었고 수입품은 비단과 책 및 귀족들이 필요로 하는 사치품이었다.

      • 대일 무역 : 초기에는 무역을 제한하였으나, 8세기 이후에는 무역이 활발하였다.

      • 국제무역 : 이슬람 상인이 울산을 내왕하였다.

      • 청해진 설치 : 장보고가 해적을 소탕하였고 남해와 황해의 해상무역권을 장악하여 당, 일본과의 무역을 독점하였다.

② 귀족의 경제생활

　　㉠ 귀족의 경제적 기반 : 녹읍과 식읍을 통해 농민을 지배하여 조세와 공물을 징수하고, 노동력을 동원하였으며 국가에서 지급한 것 외에도 세습토지, 노비, 목장, 섬을 소유하기도 하였다.

　　㉡ 귀족의 일상생활 : 사치품(비단, 양탄자, 유리그릇, 귀금속)을 사용하였으며 경주 근처의 호화주택과 별장을 소유하였다(안압지, 포석정 등).

③ 농민의 경제생활

　　㉠ 수취의 부담 : 전세는 생산량의 10분의 1 정도를 징수하였으나, 삼베·명주실·과실류를 바쳤고, 부역이 많아 농사에 지장을 초래하였다.

　　㉡ 농토의 상실 : 8세기 후반 귀족이나 호족의 토지 소유 확대로 토지를 빼앗겨 남의 토지를 빌려 경작하거나 노비로 자신을 팔거나, 유랑민이나 도적이 되기도 하였다.

　　㉢ 향·부곡민 : 농민보다 많은 부담을 가졌다.

　　㉣ 노비 : 왕실, 관청, 귀족, 사원(절) 등에 소속되어 물품을 제작하거나, 일용 잡무 및 경작에 동원되었다.

(3) 발해의 경제 발달

① 수취제도

　　㉠ 조세 : 조·콩·보리 등의 곡물을 징수하였다.

　　㉡ 공물 : 베·명주·가죽 등 특산물을 징수하였다.

　　㉢ 부역 : 궁궐·관청 등의 건축에 농민이 동원되었다.

② 귀족경제의 발달 … 대토지를 소유하였으며, 당으로부터 비단과 서적을 수입하였다.

③ 농업 … 밭농사가 중심이 되었으며 일부지역에서 철제 농기구를 사용하고, 수리시설을 확충하여 논농사를 하기도 하였다.

④ 목축·수렵·어업 … 돼지·말·소·양을 사육하고, 모피·녹용·사향을 생산 및 수출하였으며 고기잡이도구를 개량하고, 숭어, 문어, 대게, 고래 등을 잡았다.

⑤ 수공업 … 금속가공업(철, 구리, 금, 은), 직물업(삼베, 명주, 비단), 도자기업 등이 발달하였다.

⑥ 상업 … 도시와 교통요충지에 상업이 발달하고, 현물과 화폐를 주로 사용하였으며, 외국 화폐가 유통되기도 하였다.

⑦ 무역 … 당, 신라, 거란, 일본 등과 무역하였다.

　　㉠ 대당 무역 : 산둥반도의 덩저우에 발해관을 설치하였으며, 수출품은 토산품과 수공업품(모피, 인삼, 불상, 자기)이며 수입품은 귀족들의 수요품인 비단, 책 등이었다.

　　㉡ 대일 무역 : 일본과의 외교관계를 중시하여 활발한 무역활동을 전개하였다.

　　㉢ 신라와의 관계 : 필요에 따라 사신이 교환되고 소극적인 경제, 문화 교류를 하였다.

1. 경제 정책

(1) 전시과 제도

① 전시과제도의 특징 ··· 토지소유권은 국유를 원칙으로 하나 사유지가 인정되었으며 수조권에 따라 공 · 사전을 구분하여 수조권이 국가에 있으면 공전, 개인 · 사원에 속해 있으면 사전이라 하였으며 경작권은 농민과 외거노비에게 있었다. 관직 복무와 직역에 대한 대가로 지급되었기 때문에 세습이 허용되지 않았다.

② 토지제도의 정비과정

    ㉠ 역분전(태조) : 후삼국 통일과정에서 공을 세운 사람들에게 충성도와 인품에 따라 경기지방에 한하여 지급하였다.

    ㉡ 시정전시과(경종) : 관직이 높고 낮음과 함께 인품을 반영하여 역분전의 성격을 벗어나지 못하였고 전국적 규모로 정비되었다.

    ㉢ 개정전시과(목종) : 관직만을 고려하여 지급하는 기준안을 마련하고, 지급량도 재조정하였으며, 문관이 우대되었고 군인전도 전시과에 규정하였다.

    ㉣ 경정전시과(문종) : 현직 관리에게만 지급하고, 무신에 대한 차별대우가 시정되었다.

    ㉤ 녹과전(원종) : 무신정변으로 전시과체제가 완전히 붕괴되면서 관리의 생계 보장을 위해 지급하였다.

    ㉥ 과전법(공양왕) : 권문세족의 토지를 몰수하여 공전에 편입하고 경기도에 한해 과전을 지급하였다. 이로써 신진사대부의 경제적 토대가 마련되었다.

(2) 토지의 소유

고려는 국가에 봉사하는 대가로 관료에게 전지와 시지를 차등있게 나누어 주는 전시과와 개인 소유의 토지인 민전을 근간으로 운영하였다.

2. 경제활동

(1) 귀족의 경제생활

대대로 상속받은 토지와 노비, 과전과 녹봉 등이 기반이 되었으며 노비에게 경작시키거나 소작을 주어 생산량의 2분의 1을 징수하고, 외거노비에게 신공으로 매년 베나 곡식을 징수하였다.

(2) 농민의 경제생활

민전을 경작하거나, 국유지나 공유지 또는 다른 사람의 토지를 경작하여, 품팔이를 하거나 가내 수공업에 종사하였다. 삼경법이 일반화되었고 시비법의 발달, 윤작의 보급 및 이앙법이 남부지방에서 유행하였다.

(3) 수공업자의 활동

① **관청수공업** … 공장안에 등록된 수공업자와 농민 부역으로 운영되었으며, 주로 무기, 가구, 세공품, 견직물, 마구류 등을 제조하였다.

② **소(所)수공업** … 금, 은, 철, 구리, 실, 각종 옷감, 종이, 먹, 차, 생강 등을 생산하여 공물로 납부하였다.

③ **사원수공업** … 베, 모시, 기와, 술, 소금 등을 생산하였다.

④ **민간수공업** … 농촌의 가내수공업이 중심이 되었으며(삼베, 모시, 명주 생산), 후기에는 관청수공업에서 제조하던 물품(놋그릇, 도자기 등)을 생산하였다.

(4) 상업활동

① **도시의 상업활동** … 개경, 서경(평양), 동경(경주) 등 대도시에 서적점, 약점, 주점, 다점 등의 관영상점이 설치되었고 비정기 시장도 활성화되었으며 물가조절 기구인 경사서가 설치되었다.

② **지방의 상업활동** … 관아 근처에서 쌀이나 베를 교환할 수 있는 시장이 열렸으며 행상들의 활동도 두드러졌다.

③ **사원의 상업활동** … 소유하고 있는 토지에서 생산한 곡물과 승려나 노비들이 만든 수공업품을 민간에 판매하였다.

④ **고려 후기의 상업활동** … 벽란도가 교통로와 산업의 중심지로 발달하였고, 국가의 재정수입을 늘리기 위하여 소금의 전매제가 실시되었고, 관청·관리 등은 농민에게 물품을 강매하거나, 조세를 대납하게 하였다.

(5) 화폐 주조와 고리대의 유행

① **화폐 주조 및 고리대의 성행** … 자급자족적 경제구조로 유통이 부진하였고 곡식이나 삼베가 유통의 매개가 되었으며, 장생고라는 서민금융기관을 통해 사원과 귀족들은 폭리를 취하여 부를 확대하였는데 이로 인하여 농민은 토지를 상실하거나 노비가 되기도 하였다.

② **보(寶)** … 일정한 기금을 조성하여 그 이자를 공적인 사업의 경비로 충당하는 것을 말한다.

    ㉠ **학보(태조)** : 학교 재단

    ㉡ **광학보(정종)** : 승려를 위한 장학재단

    ㉢ **경보(정종)** : 불경 간행

   ⓔ 팔관보(문종) : 팔관회 경비

   ⓜ 제위보(광종) : 빈민 구제

   ⓗ 금종보 : 현화사 범종주조 기금

(6) 무역활동

① 공무역을 중심으로 발전하였으며, 벽란도가 국제무역항으로 번성하게 되었다.

② 고려는 문화적·경제적 목적으로 송은 정치적·군사적 목적으로 친선관계를 유지하였으며 거란과 여진 과는 은과 농기구, 식량을 교역하였다. 일본과는 11세기 후반부터 김해에서 내왕하면서 수은·유황 등 을 가지고 와서 식량·인삼·서적 등과 바꾸어 갔으며 아라비아(대식국)는 송을 거쳐 고려에 들어와 수 은·향료·산호 등을 판매하였다. 또한 이 시기에 고려의 이름이 서방에 알려졌다.

③ 원 간섭기의 무역 … 공무역이 행해지는 한편 사무역이 다시 활발해졌고, 상인들이 독자적으로 원과 교역하면서 금, 은, 소, 말 등이 지나치게 유출되어 사회적으로 물의가 일어날 정도였다.

03 근세의 경제

1. 경제정책

(1) 과전법의 시행과 변화

① 과전법의 시행 … 국가의 재정기반과 신진사대부세력의 경제기반을 확보하기 위해 시행되었는데 경기 지방의 토지에 한정되었고 과전을 받은 사람이 죽거나 반역을 한 경우에는 국가에 반환하였고 토지 의 일부는 수신전, 휼양전, 공신전 형태로 세습이 가능하였다.

② 과전법의 변화 … 토지가 세습되자 신진관리에게 나누어 줄 토지가 부족하게 되었다.

   ㉠ 직전법(세조) : 현직 관리에게만 수조권을 지급하였고 수신전과 휼양전을 폐지하였다.

   ㉡ 관수관급제(성종) : 관청에서 수조권을 행사하고, 관리에게 지급하여 국가의 지배권이 강화하였다.

   ㉢ 직전법의 폐지(16세기 중엽) : 수조권 지급제도가 없어졌다.

③ 지주제의 확산 … 직전법이 소멸되면서 고위층 양반들이나 지방 토호들은 토지 소유를 늘리기 시작하 여 지주전호제가 일반화되고 병작반수제가 생겼다.

(2) 수취체제의 확립

① 조세 … 토지 소유자의 부담이었으나 지주들은 소작농에게 대신 납부하도록 강요하는 경우가 많았다.

   ㉠ 과전법 : 수확량의 10분의 1을 징수하고, 매년 풍흉에 따라 납부액을 조정하였다.

   ㉡ 전분6등법·연분9등법(세종) : 1결당 최고 20두에서 최하 4두를 징수하였다.

- 전분6등법
  - 토지의 비옥한 정도에 따라 6등급으로 나누고 그에 따라 1결의 면적을 달리하였다.
  - 모든 토지는 20년마다 측량하여 대장을 만들어 호조, 각도, 각 고을에 보관하였다.
- 연분9등법
  - 한 해의 풍흉에 따라 9등급으로 구분하였다.
  - 작황의 풍흉에 따라 1결당 최고 20두에서 최하 4두까지 차등을 두었다.
  ㉢ **조세 운송** : 군현에서 거둔 조세는 조창(수운창·해운창)을 거쳐 경창(용산·서강)으로 운송하였으며, 평안도와 함경도의 조세는 군사비와 사신접대비로 사용하였다.

② **공납** … 중앙관청에서 각 지역의 토산물을 조사하여 군현에 물품과 액수를 할당하여 징수하는 것으로 납부기준에 맞는 품질과 수량을 맞추기 어려워 농민들의 부담이 컸다.

③ **역** … 16세 이상의 정남에게 의무가 있다.
  ㉠ **군역** : 정군은 일정 기간 군사복무를 위하여 교대로 근무했으며, 보인은 정군이 복무하는 데에 드는 비용을 보조하였다. 양반, 서리, 향리는 군역이 면제되었다.
  ㉡ **요역** : 가호를 기준으로 정남의 수를 고려하여 뽑았으며, 각종 공사에 동원되었다. 토지 8결당 1인이 동원되었고, 1년에 6일 이내로 동원할 수 있는 날을 제한하였으나 임의로 징발하는 경우도 많았다.

④ **국가재정** … 세입은 조세, 공물, 역 이외에 염전, 광산, 산림, 어장, 상인, 수공업자의 세금으로 마련하였으며, 세출은 군량미나 구휼미로 비축하고 왕실경비, 공공행사비, 관리의 녹봉, 군량미, 빈민구제비, 의료비 등으로 지출하였다.

2. 양반과 평민의 경제활동

(1) 양반 지주의 생활

농장은 노비의 경작과 주변 농민들의 병작반수의 소작으로 행해졌으며 노비는 재산의 한 형태로 구매, 소유 노비의 출산 및 혼인으로 확보되었고, 외거노비는 주인의 땅을 경작 및 관리하고 신공을 징수하였다.

(2) 농민생활의 변화

① 농업기술의 발달
  ㉠ **밭농사** : 조·보리·콩의 2년 3작이 널리 행해졌다.
  ㉡ **논농사** : 남부지방에 모내기 보급과 벼와 보리의 이모작으로 생산량이 증가되었다.
  ㉢ **시비법** : 밑거름과 덧거름을 주어 휴경제도가 거의 사라졌다.
  ㉣ **농기구** : 쟁기, 낫, 호미 등의 농기구도 개량되었다.
  ㉤ **수리시설의 확충**

② **상품 재배** … 목화 재배가 확대되어 의생활이 개선되었고, 약초와 과수 재배가 확대되었다.

(3) 수공업 생산활동

① **관영수공업** … 관장은 국역으로 의류, 활자, 화약, 무기, 문방구, 그릇 등을 제작하여 공급하였고, 국역기간이 끝나면 자유로이 필수품을 제작하여 판매할 수 있었다.

② **민영수공업** … 농기구 등 물품을 제작하거나, 양반의 사치품을 생산하는 일을 맡았다.

③ **가내수공업** … 자급자족 형태로 생활필수품을 생산하였다.

(4) 상업활동

① **시전 상인** … 왕실이나 관청에 물품을 공급하는 특정 상품의 독점판매권(금난전권)을 획득하였으며, 육의전(시전 중 명주, 종이, 어물, 모시, 삼베, 무명을 파는 점포)이 번성하였다. 또한 경시서를 설치하여 불법적인 상행위를 통제하였고 도량형을 검사하고 물가를 조절하였다.

② **장시** … 서울 근교와 지방에서 농업생산력 발달에 힘입어 정기 시장으로 정착되었으며, 보부상이 판매와 유통을 주도하였다.

③ **화폐** … 화(태종, 조선 최초의 지폐)와 조선통보(세종)를 발행하였으나 유통이 부진하였다. 농민에겐 쌀과 무명이 화폐역할을 하였다.

④ **대외무역** … 명과는 공무역과 사무역을 허용하였으며, 여진과는 국경지역의 무역소를 통해 교역하였고 일본과는 동래에 설치한 왜관을 통해 무역하였다.

(5) 수취제도의 문란

① **공납의 폐단 발생** … 중앙관청의 서리들이 공물을 대신 납부하고 수수료를 징수하는 것을 방납이라 하는데 방납이 증가할수록 농민의 부담이 증가되었다. 이에 이이 · 유성룡은 공물을 쌀로 걷는 수미법을 주장하였다.

② **군역의 변질**

　㉠ 군역의 요역화 : 농민 대신에 군인을 각종 토목공사에 동원시키게 되어 군역을 기피하게 되었다.

　㉡ 대립제 : 보인들에게서 받은 조역가로 사람을 사서 군역을 대신시키는 현상이다.

　㉢ 군적수포제 : 장정에게 군포를 받아 그 수입으로 군대를 양성하는 직업군인제로서 군대의 질이 떨어지고, 모병제화되었으며 농민의 부담이 가중되는 결과를 낳았다.

③ **환곡** … 농민에게 곡물을 빌려 주고 10분의 1 정도의 이자를 거두는 제도로서 지방 수령과 향리들이 정한 이자보다 많이 징수하는 폐단을 낳았다.

04 경제상황의 변동

1. 수취체제의 개편

(1) 영정법의 실시(1635)

① 배경 … 15세기의 전분 6등급과 연분 9등급은 매우 번잡하여 제대로 운영되지 않았고, 16세기에는 아예 무시된 채 최저율의 세액이 적용되게 되었다.

② 내용 … 풍흉에 관계 없이 전세로 토지 1결당 미곡 4두를 징수하였다.

③ 결과 … 전세율은 이전보다 감소하였으나 여러 명목의 비용을 함께 징수하여 농민의 부담은 다시 증가하였으며 또한 지주전호제하의 전호들에겐 적용되지 않았다.

(2) 공납의 전세화

① 방납의 폐단을 시정하고 농민의 토지 이탈을 방지하기 위해서 대동법을 실시하였다. 과세기준이 종전의 가호에서 토지의 결 수로 바뀌어 농민의 부담이 감소하였다.

② 영향 … 공인의 등장, 농민부담의 경감, 장시와 상공업의 발달, 상업도시의 성장, 상품·화폐경제의 성장, 봉건적 양반사회의 붕괴 등에 영향을 미쳤으나 현물 징수는 여전히 존속하였다.

③ 의의 … 종래의 현물 징수가 미곡, 포목, 전화 등으로 대체됨으로써 조세의 금납화 및 공납의 전세화가 이루어졌다.

(3) 균역법의 시행

① 균역법의 실시 … 농민 1인당 1년에 군포 1필을 부담 하였으며 지주에게는 결작으로 1결당 미곡 2두를 징수하고, 상류층에게 선무군관이라는 창호로 군포 1필을 징수하였으며 어장세, 선박세 등 잡세 수입으로 보충하였다.

② 결과 … 농민의 부담은 일시적으로 경감하였지만 농민에게 결작의 부담이 강요되었고 군적의 문란으로 농민의 부담이 다시 가중되었다.

2. 서민경제의 발전

(1) 양반 지주의 경영 변화

상품화폐경제의 발달로 소작인의 소작권을 인정하고, 소작료 인하 및 소작료를 일정액으로 정하는 추세가 등장하게 되었으며, 토지 매입 및 고리대로 부를 축적하거나, 경제 변동에 적응하지 못한 양반이 등장하게 되었다.

(2) 농민경제의 변화

① **모내기법의 확대** … 이모작으로 인해 광작의 성행과 농민의 일부는 부농으로 성장하였다.

② **상품작물의 재배** … 장시가 증가하여 상품의 유통(쌀, 면화, 채소, 담배, 약초 등)이 활발해졌다.

③ **소작권의 변화** … 소작료가 타조법에서 도조법으로 변화하였고, 곡물이나 화폐로 지불하였다.

④ **몰락 농민의 증가** … 부세의 부담, 고리채의 이용, 관혼상제의 비용 부담 등으로 소작지를 잃은 농민은 도시에서 상공업에 종사하거나, 광산이나 포구의 임노동자로 전환되었다.

(3) 민영수공업의 발달

① **민영수공업** … 관영수공업이 쇠퇴하고 민영수공업이 증가하였다.

② **농촌수공업** … 전문적으로 수공업제품을 생산하는 농가가 등장하여, 옷감과 그릇을 생산하였다.

③ **수공업 형태의 변화** … 상인이나 공인으로부터 자금이나 원료를 미리 받고 제품을 생산하는 선대제수공업이나 독자적으로 제품을 생산하고 판매하는 독립수공업의 형태로 변화하였다.

(4) 민영 광산의 증가

① **광산 개발의 증가** … 민영수공업의 발달로 광물의 수요가 증가, 대청 무역으로 은의 수요가 증가, 상업자본의 채굴과 금광 투자가 증가하고, 잠채가 성행하였다.

② **조선 후기의 광업** … 덕대가 상인 물주로부터 자본을 조달받아 채굴업자와 채굴노동자, 제련노동자 등을 고용하여 분업에 토대를 둔 협업으로 운영하였다.

3. 상품화폐경제의 발달

(1) 사상의 대두

① **상품화폐경제의 발달** … 농민의 계층 분화로 도시유입인구가 증가되어 상업활동은 더욱 활발해졌으며 이는 공인과 사상이 주도하였다.

② **사상의 성장** … 초기의 사상은 농촌에서 도시로 유입된 인구의 일부가 상업으로 생계를 유지하여 시전에서 물건을 떼어다 파는 중도아(中都兒)가 되었다가, 17세기 후반에는 시전상인과 공인이 상업활동에서 활기를 띠자 난전이라 불리는 사상들도 성장하였고 시전과 대립하였다. 이후 18세기 말, 정부는 육의전을 제외한 나머지 시전의 금난전권을 폐지하였다.

(2) 장시의 발달

① 15세기 말 개설되기 시작한 장시는 18세기 중엽 전국에 1,000여개 소가 개설되었으며, 보통 5일마다 열렸는데 일부 장시는 상설 시장이 되기도 하였으며, 인근의 장시와 연계하여 하나의 지역적 시장권을 형성하였다.

② **보부상의 활동** … 농촌의 장시를 하나의 유통망으로 연결하여 생산자와 소비자를 이어주는 데 큰 역할을 하였고, 자신들의 이익을 지키기 위하여 보부상단 조합을 결성하였다.

(3) 포구에서의 상업활동

① **포구의 성장**
  ㉠ 수로 운송 : 도로와 수레가 발달하지 못하여 육로보다 수로를 이용하였다.
  ㉡ 포구의 역할 변화 : 세곡과 소작료 운송기지에서 상업의 중심지로 성장하였다.
  ㉢ 선상, 객주, 여각 : 포구를 거점으로 상행위를 하는 상인이 등장했다.

② **상업활동**
  ㉠ 선상 : 선박을 이용하여 포구에서 물품을 유통하였다.
  ㉡ 경강상인 : 대표적인 선상으로 한강을 근거지로 소금, 어물과 같은 물품의 운송과 판매를 장악하여 부를 축적하였고 선박의 건조 등 생산분야에까지 진출하였다.
  ㉢ 객주, 여각 : 선상의 상품매매를 중개하거나, 운송 · 보관 · 숙박 · 금융 등의 영업을 하였다.

(4) 중계무역의 발달

① **대청 무역** … 7세기 중엽부터 활기를 띄었으며, 공무역에는 중강개시, 회령개시, 경원개시 등이 있고, 사무역에는 중강후시, 책문후시, 회동관후시, 단련사후시 등이 있었다. 주로 수입품은 비단, 약재, 문방구 등이며 수출품은 은, 종이, 무명, 인삼 등이었다.

② **대일 무역** … 왜관개시를 통한 공무역이 활발하게 이루어졌고 조공무역이 이루어졌다. 조선은 수입한 물품들을 일본에게 넘겨 주는 중계무역을 하고 일본으로부터 은, 구리, 황, 후추 등을 수입하였다.

③ **상인들의 무역활동** … 의주의 만상, 동래의 내상 개성의 송상 등이 있다.

(5) 화폐 유통

① **화폐의 보급** ··· 인조 때 동전이 주조되어, 개성을 중심으로 유통되다가 효종 때 널리 유통되었다. 18세기 후반에는 세금과 소작료도 동전으로 대납이 가능해졌다.

② **동전 부족**(전황) ··· 지주, 대상인이 화폐를 고리대나 재산 축적에 이용하자 전황이 생겨 이익은 폐전론을 주장하기도 하였다.

③ **신용화폐의 등장** ··· 상품화폐경제의 진전과 상업자본의 성장으로 대규모 상거래에 환·어음 등의 신용화폐를 이용하였다.

출제예상문제

1 다음은 신라 토지제도의 전개에 대한 설명이다. ㉠~㉣에 들어갈 내용을 바르게 나열한 것은?

> • 신문왕 7년 ㉠을 차등 있게 지급하였다.
> • 신문왕 9년 ㉡을 혁파하였다.
> • 성덕왕 21년, 처음으로 백성에게 ㉢을 지급하였다.
> • 경덕왕 16년, 다시 ㉣을 지급하였다.

	㉠	㉡	㉢	㉣
①	녹읍	식읍	민전	식읍
②	식읍	녹읍	정전	녹읍
①	문무관료전	녹읍	정전	녹읍
④	문무관료전	식읍	민전	식읍

✔해설 신문왕은 왕권강화와 귀족 세력의 억제를 위해 문무관료전을 지급하고 녹읍을 폐지하였으며 식읍을 제한하였다. 성덕왕 또한 정전을 지급하여 국가의 토지 지배력을 강화하기에 힘썼다. 그러나 경덕왕때 다시 녹읍이 부활하면서 왕권이 약화되기 시작하였다.

2 고려시대의 경제 활동에 대한 설명으로 옳지 않은 것은?

① 전기에는 관청 수공업과 소 수공업 중심으로 발달하였다.

② 상업은 촌락을 중심으로 발달하였다.

③ 대외 무역에서 가장 큰 비중을 차지한 것은 송과의 무역이었다.

④ 사원에서는 베, 모시, 기와, 술, 소금 등의 품질 좋은 제품을 생산하였다.

✔해설 고려시대에는 상품화폐경제가 발달하지 못하였고 상업은 촌락이 아니라 도시를 중심으로 발달하였다.

Answer 1.③ 2.②

3 (개) 시기에 볼 수 있는 장면으로 적절한 것은?

	(개)	
이인좌의 난		규장각 설치

① 당백전으로 물건을 사는 농민　　② 금난전권 폐지를 반기는 상인

③ 전(錢)으로 결작을 납부하는 지주　　④ 경기도에 대동법 실시를 명하는 국왕

> ✔해설　이인좌의 난은 1728년에 일어났고 규장각은 1776년에 설치되었다.
> ③ 균역법은 영조 26년(1750)에 실시한 부세제도로 종래까지 군포 2필씩 징수하던 것을 1필로 감하
> 　고 그 세수의 감액분을 결미(結米)·결전(結錢), 어(漁)·염(鹽)·선세(船稅), 병무군관포, 은·여결
> 　세, 이획 등으로 충당하였다.
> ① 당백전은 1866년(고종 3) 11월에 주조되어 약 6개월여 동안 유통되었던 화폐이다.
> ② 금난전권은 1791년 폐지(금지)되었다.
> ④ 대동법은 1608년(광해군 즉위년) 경기도에 처음 실시되었다.

4 다음에서 설명하는 제도가 시행되었던 왕대의 상황에 대한 설명으로 옳은 것은?

> 양인들의 군역에 대한 절목 등을 검토하고 유생의 의견을 들었으며, 개선 방향에 관한 면밀한
> 검토를 거친 후 담당 관청을 설치하고 본격적으로 시행하였다. 핵심 내용은 1년에 백성이 부담
> 하는 군포 2필을 1필로 줄이는 것이었다.

① 증보문헌비고가 편찬, 간행되었다.

② 노론의 핵심 인물이 대거 처형당하였다.

③ 통공정책을 써서 금난전권을 폐지하였다.

④ 청계천을 준설하여 도시를 재정비하고자 하였다.

> ✔해설　서문은 영조시대 백성에게 큰 부담이 된 군포제도를 개혁한 균역법에 대한 설명이다. 이 시대에는 도
> 성의 중앙을 흐르는 청계천을 준설하는 준천사업을 추진하였고 1730년을 전후하여 서울인구가 급증하
> 고 겨울용 땔감의 사용량이 증가하면서 서울 주변 산이 헐벗게 되고 이로 인하여 청계천에 토사가 퇴
> 적되어 청계천이 범람하는 사건이 발생하였다.

Answer 3.③ 4.④

5 다음과 같은 문화 활동을 전후한 시기의 농업 기술 발달에 관한 내용으로 옳은 것을 모두 고르면?

> • 서예에서 간결한 구양순체 대신에 우아한 송설체가 유행하였다.
> • 고려 태조에서 숙종 대까지의 역대 임금의 치적을 정리한 「사략」이 편찬되었다.

> ㉠ 2년 3작의 윤작법이 점차 보급되었다.
> ㉡ 원의 「농상집요」가 소개되었다.
> ㉢ 우경에 의한 심경법이 확대되었다.
> ㉣ 상품 작물이 광범위하게 재배되었다.

① ㉠㉡　　　　　　　　　　　　　② ㉡㉢
① ㉠㉡㉢　　　　　　　　　　　　④ ㉡㉢㉣

✔해설 구양순체는 고려 전기의 유행서체이며 송설체가 유행한 시기는 고려 후기에 해당한다. 또한 13세기 후반 성리학의 수용으로 대의명분과 정통의식을 고수하는 성리학과 사관이 도입되었는데 이제현의 「사략」은 이 시기의 대표적인 역사서이다. 따라서 고려 후기의 농업 기술 발달에 관한 내용을 선택하여야 하며 상품작물이 광범위하게 재배된 것은 조선 후기의 특징에 해당하므로 제외하여야 한다.
※ 고려 후기의 농업 발달
　㉠ 밭농사에 2년 3작의 윤작법이 보급되었다.
　㉡ 원의 사농사에서 편찬한 화북지방의 농법 「농상집요」를 전통적인 것을 보다 더 발전시키려는 노력의 일단으로 소개 보급하였다.
　㉢ 소를 이용한 심경법이 널리 보급되었다.

6 영조 때 실시된 균역법에 대한 설명으로 옳지 않은 것은?

① 군포를 1년에 2필에서 1필로 경감시켰다.
② 균역법의 실시로 모든 양반에게도 군포를 징수하였다.
③ 균역법의 시행으로 감소된 재정은 어장세 · 염전세 · 선박세로 보충하였다.
④ 결작이라 하여 토지 1결당 미곡 2두를 부과하였다.

✔해설 ② 균역법의 시행으로 감소된 재정은 결작(토지 1결당 미곡 2두)을 부과하고 일부 상류층에게 선무군관이라는 칭호를 주어 군포 1필을 납부하게 하였으며 선박세와 어장세, 염전세 등으로 보충하였다.

Answer 5.③ 6.②

7 보기의 세 사람이 공통적으로 주장한 내용으로 옳은 것은?

> • 유형원
> • 이익
> • 정약용

① 자영농을 육성하여 민생을 안정시키자고 주장하였다.
② 상공업의 진흥과 기술혁신을 주장하였다.
③ 개화기의 개화사상가들에 의해 계승되었다.
④ 농업부문에서 도시제도의 개혁보다는 생산력 증대를 중요시 하였다.

✔해설 중농학파(경세치용)
　　　㉠ 농촌 거주의 남인학자들에 의해 발달
　　　㉡ 국가제도의 개편으로 유교적 이상국가의 건설을 주장
　　　㉢ 토지제도의 개혁을 강조하여 자영농의 육성과 농촌경제의 안정을 도모
　　　㉣ 대원군의 개혁정치, 한말의 애국계몽사상, 일제시대의 국학자들에게 영향

8 조선시대 토지제도에 대한 설명이다. 변천순서로 옳은 것은?

> ㉠ 국가의 재정기반과 신진사대부세력의 경제기반을 확보하기 위해 시행되었다.
> ㉡ 현직관리에게만 수조권을 지급하였다.
> ㉢ 관청에서 수조권을 행사하여 백성에게 조를 받아, 관리에게 지급하였다.
> ㉣ 국가가 관리에게 현물을 지급하는 급료제도이다.

① ㉠ - ㉡ - ㉢ - ㉣
② ㉡ - ㉠ - ㉢ - ㉣
③ ㉢ - ㉡ - ㉠ - ㉣
④ ㉣ - ㉡ - ㉢ - ㉠

✔해설 토지제도의 변천
　　　㉠ 통일신라시대 : 전제왕권이 강화되면서 녹읍이 폐지되고 신문왕 관료전이 지급되었다.
　　　㉡ 고려시대 : 역분전 → 시정전시과 → 개정전시과 → 경정전시과 → 녹과전 → 과전법의 순으로 토지제도
　　　　 가 변천되었다.
　　　㉢ 조선시대 : 과전법 → 직전법 → 관수관급제 → 직전법의 폐지와 지주제의 확산 등으로 이루어졌다.

Answer 7.① 8.①

9 다음은 고려시대 토지제도에 대한 설명이다. ㉠, ㉡에 들어갈 말을 바르게 나열한 것은?

> 태조 23년에 처음으로 ㉠제도를 설정하였는데, 삼한을 통합할 때 조정의 관료들과 군사들에게 그 관계(官階)가 높고 낮은 지를 논하지 않고 그 사람의 성품과 행동이 착하고 악한지, 공로가 크고 작은지를 참작하여 ㉠을 차등 있게 주었다. 경정 원년 11월에 비로소 직관(職官), 산관(散官) 각 품의 ㉡을(를) 제정하였는데, 관품의 높고 낮은 것은 논하지 않고 다만 인품만 가지고 ㉡의 등급을 결정하였다.
>
> 「고려사」

	㉠	㉡
①	훈전	공음전
②	역분전	전시과
③	군인전	외역전
④	내장전	둔전

✔해설 ㉠ 역분전 : 940년(태조 23) 후삼국 통일에 공을 세운 공신에게 관직 고하에 관계없이 인품과 공로에 기준을 두어 지급한 수조지
㉡ 전시과 : 976년(경종 1)에 제정한 토지제도(시정전시과)로 이는 이후 정치 · 경제적 변화에 의해 여러 차례 개정되었다. 시정전시과에서는 관품 외에 인품도 고려했다.

10 다음 중 민정문서(신라장적)에 대한 설명으로 옳은 것은?

① 천민 집단과 노비의 노동력은 기록하지 않았다.
② 소백 산맥 동쪽에 있는 중원경과 그 주변 촌락의 기록이다.
③ 인구를 연령별로 6등급으로 나누어 작성하였다.
④ 5년마다 촌락의 노동력과 생산력을 지방관이 작성하였다.

✔해설 ③ 연령과 성별에 따라 6등급으로, 호는 인구수에 따라 9등급으로 나누어 기록하였다.

Answer 9.② 10.③

11 신문왕 때 폐지되었던 녹읍이 경덕왕 때 다시 부활한 이유로 옳은 것은?

① 왕권 강화　　　　　　　　　　② 귀족 세력의 반발

③ 피정복민의 회유　　　　　　　　④ 농민의 생활 안정

> ✔해설　② 경덕왕때 귀족의 반발로 녹읍제가 부활되어 국가경제가 어렵게 되었다.

12 다음은 통일신라 때의 토지 제도에 대한 설명이다. 이에 관한 설명으로 옳은 것은?

> 통일 후에는 문무 관료들에게 토지를 나누어 주고, 녹읍을 폐지하는 대신 해마다 곡식을 나누어 주었다.

① 농민 경제가 점차 안정되었다.

② 귀족들의 농민 지배가 더욱 강화되었다.

③ 귀족들의 기반이 더욱 강화되었다.

④ 귀족에 대한 국왕의 권한이 점차 강화되었다.

> ✔해설　제시된 내용은 관료전을 지급하는 대신 녹읍을 폐지한 조치에 대한 설명이다. 녹읍은 토지세와 공물은 물론 농민의 노동력까지 동원할 수 있었으나 관료전은 토지세만 수취할 수 있었다.

13 다음 중 통일신라의 무역활동과 관계 없는 것은?

① 한강 진출로 당항성을 확보하여 중국과의 연결을 단축시켰다.

② 산둥반도와 양쯔강 하류에 신라인 거주지가 생기게 되었다.

① 통일 직후부터 일본과의 교류가 활발해졌다.

④ 장보고가 청해진을 설치하고 남해와 황해의 해상무역권을 장악하였다.

> ✔해설　③ 일본과의 무역은 통일 직후에는 일본이 신라를 견제하고, 신라도 일본의 여·제 유민을 경계하여 경제교류가 활발하지 못하였으나 8세기 이후 정치의 안정과 일본의 선진문화에 대한 욕구로 교류가 활발해졌다.

Answer　11.②　12.④　13.③

14 고대 여러 나라의 무역활동에 관한 설명으로 옳지 않은 것은?

① 고구려 - 중국의 남북조 및 유목민인 북방 민족과 무역하였다.

② 백제 - 남중국 및 왜와 무역을 하였다.

③ 발해 - 당과 평화관계가 성립되어 무역이 활발하게 이루어졌다.

④ 통일신라 - 삼국통일 직후 당, 일본과 활발하게 교류하였다.

> ✔**해설** ④ 통일 이후 일본과의 교류를 제한하여 무역이 활발하지 못하였으며, 8세기 이후부터 다시 교역이 이루어졌다.

15 삼국시대의 수공업 생산에 대한 설명으로 옳은 것은?

① 국가가 관청을 두고 기술자를 배치하여 물품을 생산하였다.

② 도자기가 생산되어 중국에 수출하였다.

③ 수공업의 발달은 상품경제의 성장을 촉진하였다.

④ 노예들은 큰 작업장에 모여 공동으로 생산활동을 하였다.

> ✔**해설** 초기에는 기술이 뛰어난 노비에게 국가가 필요로 하는 물품을 생산하게 하였으나, 국가체제가 정비되면서 수공업 제품을 생산하는 관청을 두고 수공업자를 배치하여 물품을 생산하였다.

16 다음에서 발해의 경제생활에 대한 내용으로 옳은 것을 모두 고르면?

> ㉠ 밭농사보다 벼농사가 주로 행하였다.
> ㉡ 제철업이 발달하여 금속가공업이 성행하였다.
> ㉢ 어업이 발달하여 먼 바다에 나가 고래를 잡기도 하였다.
> ㉣ 가축의 사육으로 모피, 녹용, 사향 등이 생산되었다.

① ㉠㉡   ② ㉠㉢

③ ㉠㉡㉣   ④ ㉡㉢㉣

> ✔**해설** ㉠ 발해의 농업은 기후가 찬 관계로 콩, 조 등의 곡물 생산이 중심을 이루었고 밭농사가 중심이 되었다.

Answer 14.④ 15.① 16.④

17 고려시대의 사회 · 경제상에 대한 설명으로 옳지 않은 것은?

① 교환 수단은 대체로 곡물과 포, 쇄은 등을 사용하였다.

② 공공 시설에서 사업 경비 충당을 목적으로 하는 보가 발달하였다.

③ 사원에서는 제지, 직포 등의 물품을 제조하기도 하였다.

④ 이암이 화북 농법을 바탕으로 농상집요를 저술하였다.

✔해설 ④ 이암은 원의 농상집요를 소개 · 보급하였다.

18 다음 중 조선시대 중농정책의 시행과 관련이 깊은 것은?

㉠ 개간사업 장려	㉡ 양전사업 실시
㉢ 병작반수제 실시	㉣ 지주전호제 확대

① ㉠, ㉡   ② ㉠, ㉣

③ ㉡, ㉢   ④ ㉢, ㉣

✔해설 조선은 중농정책을 펼치면서 토지개간을 장려하고 양전을 실시하였고, 수리시설을 확장하였다. 그리고 「농사직설」, 「금양잡록」 등의 농서편찬을 통한 농업기술의 보급에 힘썼다.

19 고려시대의 화폐 사용에 대한 설명으로 옳지 않은 것은?

① 철전과 동전이 만들어졌다

② 국가에서 화폐 발행을 독점하였다.

③ 은으로 만든 활구라는 화폐가 있었다.

④ 귀족들의 화폐사용빈도가 높았다.

✔해설 ④ 귀족들의 화폐 사용은 저조하였다.

20 16세기에 이르러 농민의 부담을 가중시킨 것으로 다음과 가장 관계가 깊은 것은?

> • 인징, 족징 등이 행해졌다.
> • 이이와 유성룡은 수미법을 주장하였다.

① 환곡의 고리대화　　　　　　　② 방군수포의 실시
① 방납의 폐단　　　　　　　　　④ 전분 6등법의 실시

> ✔해설　방납은 중앙관청의 서리들이 공물을 대납한 후 농민에게 높은 값을 징수하여 농민의 부담을 가중시키고 농민이 도망가면 이웃(인징)이나 친척(족징)에게 부과하였다. 이로 인해 국가의 재정상태가 악화되어 개혁론이 제기되었으며 그 결과 대동법이 시행되었다.

CHAPTER 04

사회구조와 사회생활

01 ▶ 고대의 사회

1. 신분제 사회의 성립

(1) 삼국시대의 계층구조

왕족을 비롯한 귀족·평민·천민으로 구분되며, 지배층은 특권을 유지하기 위하여 율령을 제정하고, 신분은 능력보다는 그가 속한 친족의 사회적 위치에 따라 결정되었다.

(2) 귀족·평민·천민의 구분

① 귀족 ··· 왕족을 비롯한 옛 부족장 세력이 중앙의 귀족으로 재편성되어 정치권력과 사회·경제적 특권을 향유하였다.

② 평민 ··· 대부분 농민으로서 신분적으로 자유민이었으나, 조세를 납부하고 노동력을 징발당하였다.

③ 천민 ··· 노비들은 왕실과 귀족 및 관청에 예속되어 신분이 자유롭지 못하였다.

2. 삼국사회의 풍습

(1) 고구려

① 형법 ··· 반역 및 반란죄는 화형에 처한 뒤 다시 목을 베었고, 그 가족들은 노비로 삼았다. 적에게 항복한 자나 전쟁 패배자는 사형에 처했으며, 도둑질한 자는 12배를 배상하도록 하였다.

② 풍습 ··· 형사취수제, 서옥제가 있었고 자유로운 교제를 통해 결혼하였다.

(2) 백제

① 형법 ··· 반역이나 전쟁의 패배자는 사형에 처하고, 도둑질한 자는 귀양을 보내고 2배를 배상하게 하였으며, 뇌물을 받거나 횡령을 한 관리는 3배를 배상하고 종신토록 금고형에 처하였다.

② 귀족사회 ··· 왕족인 부여씨와 8성의 귀족으로 구성되었다.

(3) 신라

① **화백회의** … 여러 부족의 대표들이 함께 모여 정치를 운영하던 것이 기원이 되어, 국왕 추대 및 폐위에 영향력을 행사하면서 왕권을 견제 및 귀족들의 단결을 굳게 하였다.

② **골품제도** … 관등 승진의 상한선이 골품에 따라 정해져 있어 개인의 사회활동과 정치활동의 범위를 제한하는 역할을 하였다.

③ **화랑도**
  ㉠ **구성** : 귀족의 자제 중에서 선발된 화랑을 지도자로 삼고, 귀족은 물론 평민까지 망라한 많은 낭도들이 그를 따랐다.
  ㉡ **국가조직으로 발전** : 진흥왕 때 국가적 차원에서 그 활동을 장려하여 조직이 확대되었고, 원광은 세속 5계를 가르쳤으며, 화랑도 활동을 통해 국가가 필요로 하는 인재가 양성되었다.

3. 남북국시대의 사회

(1) **통일신라와 발해의 사회**

① **통일 후 신라 사회의 변화**
  ㉠ **신라의 민족통합책** : 백제와 고구려 옛 지배층에게 신라 관등을 부여하였고, 백제와 고구려 유민들을 9서당에 편성시켰다.
  ㉡ **통일신라의 사회모습** : 전제왕권이 강화 되었고 6두품이 학문적 식격과 실무 능력을 바탕으로 국왕을 보좌하였다.

② **발해의 사회구조** … 지배층은 고구려계가 대부분이었으며, 피지배층은 대부분이 말갈인으로 구성되었다.

(2) **통일신라 말의 사회모순**

① **호족의 등장** … 지방의 유력자들을 중심으로 무장조직이 결성되었고, 이들을 아우른 큰 세력가들이 호족으로 등장하였다.

② **빈농의 몰락** … 토지를 상실한 농민들은 소작농이나 유랑민, 화전민이 되었다.

③ **농민봉기** … 국가의 강압적인 조세 징수에 대하여 전국 각지에서 농민봉기가 일어나게 되었다.

02 중세의 사회

1. 고려의 신분제도

(1) 귀족

① **귀족의 특징** ··· 음서나 공음전의 혜택을 받으며 고위 관직을 차지하여 문벌귀족을 형성하였으며, 가문을 통해 특권을 유지하고, 왕실 등과 중첩된 혼인관계를 맺었다.

② **귀족층의 변화** ··· 무신정변을 계기로 종래의 문벌귀족들이 도태되면서 무신들이 권력을 장악하게 되었으나 고려 후기에는 무신정권이 붕괴되면서 등장한 권문세족이 최고권력층으로서 정계 요직을 장악하였다.

③ **신진사대부** ··· 경제력을 토대로 과거를 통해 관계에 진출한 향리출신자들이다.

(2) 중류

중앙관청의 서리, 궁중 실무관리인 남반, 지방행정의 실무를 담당하는 향리, 하급 장교 등이 해당되며, 통치체제의 하부구조를 맡아 중간 역할을 담당하였다.

(3) 양민

① **양민** ··· 일반 농민인 백정, 상인, 수공업자를 말한다.

② **백정** ··· 자기 소유의 민전을 경작하거나 다른 사람의 토지를 빌려 경작하였다.

③ **특수집단민**

    ㉠ **향 · 부곡** : 농업에 종사하였다.

    ㉡ **소** : 수공업과 광업에 종사하였다.

    ㉢ **역과 진의 주민** : 육로교통과 수로교통에 종사하였다.

(4) 천민

① **공노비** ··· 공공기관에 속하는 노비이다.

② **사노비** ··· 개인이나 사원에 예속된 노비이다.

③ **노비의 처지** ··· 매매 · 증여 · 상속의 대상이며, 부모 중 한 쪽이 노비이면 자식도 노비가 될 수밖에 없었다.

2. 백성들의 생활모습

(1) 농민의 공동조직

① **공동조직** … 일상의례와 공동노동 등을 통해 공동체의식을 함양하였다.

② **향도** … 불교의 신앙조직으로, 매향활동을 하는 무리들을 말한다.

(2) 사회시책과 사회제도

① **사회시책** … 농번기에 잡역을 면제하여 농업에 전념할 수 있도록 배려하였고, 재해 시 조세와 부역을 감면해 주었다. 또한 법정 이자율을 정하여 고리대 때문에 농민이 몰락하는 것을 방지하였다. 황무지나 진전을 개간할 경우 일정 기간 면세해 주었다.

② **사회제도**
  ⊙ **의창** : 흉년에 빈민을 구제하는 춘대추납제도이다.
  ⓒ **상평창** : 물가조절기관으로 개경과 서경 및 각 12목에 설치하였다.
  ⓒ **의료기관** : 동 · 서대비원, 혜민국을 설치하였다.
  ⓔ **구제도감, 구급도감** : 재해 발생 시 백성을 구제하였다.
  ⓜ **제위보** : 기금을 조성하여 이자로 빈민을 구제하였다.

(3) 법률과 풍속 및 가정생활

① **법률과 풍속** … 중국의 당률을 참작한 71개조의 법률이 시행되었으나 대부분은 관습법을 따랐고, 장례와 제사에 대하여 정부는 유교적 의례를 권장하였으나, 민간에서는 토착신앙과 융합된 불교의 전통의식과 도교의 풍습을 따랐다.

② **혼인과 여성의 지위** … 일부일처제가 원칙이었으며, 왕실에서는 근친혼이 성행하였고 부모의 유산은 자녀에게 골고루 분배되었으며, 아들이 없을 경우 딸이 제사를 받들었다.

3. 고려 후기의 사회 변화

(1) 무신집권기 하층민의 봉기

수탈에 대한 소극적 저항에서 대규모 봉기로 발전하였으며, 만적의 난, 공주 명학소의 망이 · 망소이의 봉기, 운문 · 초전의 김사미와 효심의 봉기 등이 대표적이다.

(2) 몽고의 침입과 백성의 생활

최씨무신정권은 강화도로 서울을 옮기고 장기항전 태세를 갖추었으며, 지방의 주현민은 산성이나 섬으로 들어가 전쟁에 대비하였으나 몽고군들의 살육으로 백성들은 막대한 희생을 당하였다.

(3) 원 간섭기의 사회 변화

① 신흥귀족층의 등장 … 원 간섭기 이후 전공을 세우거나 몽고귀족과의 혼인을 통해서 출세한 친원세력 이 권문세족으로 성장하였다.

② 원의 공녀 요구 … 결혼도감을 통해 공녀로 공출되었고 이는 고려와 원 사이의 심각한 사회문제로 대 두되었다.

③ 왜구의 출몰(14세기 중반) … 원의 간섭하에서 국방력을 제대로 갖추기 어려웠던 고려는 초기에 효과 적으로 왜구의 침입을 격퇴하지 못하였으며, 이들을 소탕하는 과정에서 신흥무인세력이 성장하였다.

03 근세의 사회

1. 양반관료 중심의 사회

(1) 양반

① 문무양반만 사족으로 인정하였으며 현직 향리층, 중앙관청의 서리, 기술관, 군교, 역리 등은 하급 지배신분인 중인으로 격하시켰다.

② 과거, 음서, 천거 등을 통해 고위 관직을 독점하였으며 각종 국역이 면제되고, 법률과 제도로써 신 분적 특권이 보장되었다.

(2) 중인

좁은 의미로는 기술관, 넓은 의미로는 양반과 상민의 중간계층을 의미하며 전문기술이나 행정실무를 담당하였다.

(3) 상민

평민, 양인으로도 불리며 백성의 대부분을 차지하는 농민, 수공업자, 상인을 말한다. 과거응시자격은 있으나 과 거 준비에는 많은 시간과 비용이 들었으므로 상민이 과거에 응시하는 것은 사실상 어려웠다.

(4) 천민

천민의 대부분은 비자유민으로 재산으로 취급되어 매매·상속·증여의 대상이 되었다.

2. 사회정책과 사회시설

(1) 사회정책 및 사회제도

① **목적** … 성리학적 명분론에 입각한 사회신분질서의 유지와 농민의 생활을 안정시켜 농본정책을 실시하는 데 그 목적이 있다.

② **사회시책** … 지주의 토지 겸병을 억제하고, 농번기에 잡역의 동원을 금지시켰으며, 재해시에는 조세를 감경해 주기도 하였다.

③ **환곡제 실시** … 춘궁기에 양식과 종자를 빌려 준 뒤에 추수기에 회수하는 제도로 의창과 상평창을 실시하여 농민을 구휼하였다.

④ **사창제** … 향촌의 농민생활을 안정시켜 양반 중심의 향촌질서가 유지되었다.

⑤ **의료시설** … 혜민국, 동·서대비원, 제생원, 동·서활인서 등이 있었다.

(2) 법률제도

① **형법** … 대명률에 의거하여 당률의 5형 형벌, 반역죄, 강상죄와 같은 중죄에는 연좌제가 적용되었다.

② **민법** … 지방관이 관습법에 따라 처리하였다.

③ **상속** … 종법에 따라 처리하였으며, 제사와 노비의 상속을 중요시하였다.

④ **사법기관**
   ㉠ **중앙** : 사헌부·의금부·형조(관리의 잘못이나 중대사건을 재판), 한성부(수도의 치안), 장례원(노비에 관련된 문제)이 있다.
   ㉡ **지방** : 관찰사와 수령이 사법권을 행사하였다.

3. 향촌사회의 조직과 운영

(1) 향촌사회의 모습

① **향촌의 편제** … 행정구역상 군현의 단위인 향은 중앙에서 지방관을 파견하였으며, 촌에는 면·리가 설치되었으나 지방관은 파견되지 않았다.

② 향촌자치

　　㉠ 유향소 : 수령을 보좌, 향리를 감찰, 향촌사회의 풍속교정기구이다.

　　㉡ 경재소 : 중앙정부가 현직 관료로 하여금 연고지의 유향소를 통제하게 하는 제도이다.

　　㉢ 유향소의 변화 : 경재소가 혁파되면서 향소·향청으로 명칭이 변경, 향안 작성, 향규를 제정하였다.

③ 향약의 보급 … 면리제와 병행된 향약조직이 형성되었고, 중종 때 조광조에 의하여 처음 시행되었으며, 군현 내에서 지방 사족의 지배력 유지수단이 되었다.

(2) 촌락의 구성과 운영

① 촌락 … 농민생활 및 향촌구성의 기본 단위로서 동과 리(里)로 편제되었으며 면리제와 오가작통법을 실시하였다.

② 촌락의 신분 분화

　　㉠ 반촌 : 주로 양반들이 거주하였으며, 18세기 이후에 동성 촌락으로 발전하였다.

　　㉡ 민촌 : 평민과 천민으로 구성되었고 지주의 소작농으로 생활하였다.

③ 촌락공동체

　　㉠ 사족 : 동계·동약을 조직하여 촌락민을 신분적, 사회·경제적으로 지배하였다.

　　㉡ 일반 백성 : 두레·향도 등 농민조직을 형성하였다.

④ 촌락의 풍습

　　㉠ 석전(돌팔매놀이) : 상무정신 함양 목적, 국법으로는 금지하였으나 민간에서 계속 전승되었다.

　　㉡ 향도계·동린계 : 남녀노소를 불문하고 며칠 동안 술과 노래를 즐기는 일종의 마을 축제였는데, 점차 장례를 도와주는 기능으로 전환되었다.

4. 성리학적 사회질서의 강화

(1) 예학과 족보의 보급

① 예학 … 성리학적 도덕윤리를 강조하고, 신분질서의 안정을 추구하였다.

　　㉠ 기능 : 가부장적 종법질서를 구현하여 성리학 중심의 사회질서 유지에 기여하였다.

　　㉡ 역할 : 사림은 향촌사회에 대한 지배력 강화, 정쟁의 구실로 이용, 양반 사대부의 신분적 우월성 강조, 가족과 친족공동체의 유대를 통해서 문벌을 형성하였다.

② 보학 … 가족의 내력을 기록하고 암기하는 것으로 종족의 종적인 내력과 횡적인 종족관계를 확인시켜 준다.

(2) 서원과 향약

① 서원

  ㉠ 목적 : 성리학을 연구하고 선현의 제사를 지내며, 교육을 하는 데 그 목적이 있다.

  ㉡ 기능 : 유교를 보급하고 향촌 사림을 결집시켰으며, 지방유학자들의 위상을 높이고 선현을 봉사하는 사묘의 기능이 있었다.

② 향약

  ㉠ 역할 : 풍속의 교화, 향촌사회의 질서 유지, 치안을 담당하고 농민에 대한 유교적 교화 및 주자가례의 대중화에 기여하였다.

  ㉡ 문제점 : 토호와 향반 등 지방 유력자들의 주민 수탈 위협의 수단이 되었고, 향약 간부들의 갈등을 가져와 풍속과 질서를 해치기도 하였다.

04 ▶ 사회의 변동

1. 사회구조의 변동

(1) 신분제의 동요

① 조선의 신분제 … 법제적으로 양천제를, 실제로는 양반, 중인, 상민, 노비의 네 계층으로 분화되었다.

② 양반층의 분화 … 권력을 장악한 일부의 양반을 제외한 다수의 양반(향반, 잔반)이 몰락하였다.

③ 신분별 구성비의 변화 … 양반의 수는 증가하고, 상민과 노비의 수는 감소하였다.

(2) 중간계층의 신분상승운동

① 서얼 … 임진왜란 이후 납속책과 공명첩을 통한 관직 진출, 집단상소를 통한 청요직에의 진출을 요구, 정조 때 규장각 검서관으로 진출하기도 하였다.

② 중인 … 신분 상승을 위한 소청운동을 전개하였다. 역관들은 청과의 외교업무에 종사하면서 서학 등 외래 문물의 수용을 주도하고 성리학적 가치 체계에 도전하는 새로운 사회의 수립을 추구하였다.

(3) 노비의 해방

① 노비 신분의 변화 … 군공과 납속 등을 통한 신분 상승의 움직임 및 국가에서는 공노비를 입역노비에서 신공을 바치는 납공노비로 전환시켰다.

② 공노비 해방 … 노비의 도망과 합법적인 신분 상승으로 순조 때 중앙관서의 노비를 해방시켰다.

③ 노비제의 혁파 … 사노비의 도망이 일상적으로 일어나던 것이 갑오개혁(1894) 때 노비제는 폐지되었다.

(4) 가족제도의 변화와 혼인

① 가족제도의 변화
  ㉠ 조선 중기 … 혼인 후 남자가 여자 집에서 생활하는 경우가 있었으며 아들과 딸이 부모의 재산을 똑같이 상속받는 경우가 많았다.
  ㉡ 17세기 이후 : 성리학적 의식과 예절의 발달로 부계 중심의 가족제도가 확립되었다. 제사는 반드시 장자가 지내야 한다는 의식이 확산되었고, 재산 상속에서도 큰 아들이 우대를 받았다.
  ㉢ 조선 후기 : 부계 중심의 가족제도가 더욱 강화되었으며, 양자 입양이 일반화되었다.

② 가족윤리 … 효와 정절을 강조하였고, 과부의 재가는 금지되었으며, 효자와 열녀를 표창하였다.

③ 혼인풍습 … 일부일처를 기본으로 남자의 축첩이 허용되었고, 시얼의 차별이 있었다.

2. 향촌질서의 변화

(1) 양반의 향촌지배 약화

① 양반층의 동향 … 족보의 제작 및 청금록과 향안을 작성하여 향약 및 향촌자치기구의 주도권을 장악하였다.

② 향촌지배력의 변화 … 부농층은 관권과 결탁하여 향안에 참여하고 향회를 장악하고자 하였으며 향회는 수령의 조세징수자문기구로 전락하였다.

(2) 부농층의 대두

경제적 능력으로 납속이나 향직의 매매를 통해 신분 상승을 이루고 향임을 담당하여 양반의 역할을 대체하였으며 향임직에 진출하지 못한 곳에서도 수령이나 기존의 향촌세력과 타협하여 상당한 지위를 확보하였다.

3. 농민층의 변화

(1) 농민층의 분화

① 농민의 사회적 현실 … 농민들은 자급자족적인 생활을 하였으나, 양 난 이후 국가의 재정 파탄과 기강 해이로 인한 수취의 증가는 농민의 생활을 어렵게 하였고, 대동법과 균역법이 효과를 거두지 못하자 농민의 불만은 커져 갔다.

② 농민층의 분화 … 부농으로 성장하거나, 상공업으로 생활을 영위 및 도시나 광산의 임노동자가 되기도 했다.

(2) 지주와 임노동자

① **지주** ··· 광작을 하는 대지주가 등장하였으며, 재력을 바탕으로 공명첩을 사거나 족보를 위조하여 양
반의 신분을 획득한 부농층이 나타났다.

② **임노동자** ··· 토지에서 밀려난 다수의 농민은 임노동자로 전락하였다.

4. 사회 변혁의 움직임

(1) 사회불안의 심화

정치기강이 문란해지고, 재난과 질병이 거듭되어 굶주려 떠도는 백성이 속출하였으나 지배층의 수탈은 점점 심
해지면서 농민의식이 향상되어 곳곳에서 적극적인 항거운동이 발생하였다.

(2) 예언사상의 대두

비기 · 도참을 이용한 말세의 도래, 왕조의 교체 및 변란의 예고 등 낭설이 횡행하였으며 현세의 어려움을 미륵
신앙에서 해결하려는 움직임과 미륵불을 자처하며 서민을 현혹하는 무리가 등장하였다.

(3) 천주교의 전파

① 17세기에 중국을 방문한 우리나라 사신들에 의해 서학으로 소개되었다.

② **초기 활동** ··· 18세기 후반 남인계열의 실학자들이 신앙생활을 하게 되었으며, 이승훈이 베이징에서
영세를 받고 돌아온 이후 신앙활동이 더욱 활발해졌다.

③ 천주교 신앙의 전개와 박해
  ㉠ 초기 : 제사 거부, 양반 중심의 신분질서 부정, 국왕에 대한 권위 도전을 이유로 사교로 규정하였
    다.
  ㉡ 정조 때 : 시파의 집권으로 천주교에 관대하여 큰 탄압이 없었다.
  ㉢ 순조 때 : 벽파의 집권으로 대탄압을 받았으며 실학자와 양반계층이 교회를 떠나게 되었다.
  ㉣ 세도정치기 : 탄압의 완화로 백성들에게 전파, 조선 교구가 설정되었다.

(4) 동학의 발생

① **창시** … 1860년 경주의 몰락양반 최제우가 창시하였다.

② **교리와 사상** … 신분 차별과 노비제도의 타파, 여성과 어린이의 인격 존중을 추구하였다. 유불선을 바탕으로 주문과 부적 등 민간신앙의 요소들이 결합되었고 사회모순의 극복 및 일본과 서양국가의 침략을 막아내자고 주장하였다.

③ **정부의 탄압** … 혹세무민을 이유로 최제우를 처형하였다.

(5) 농민의 항거

① **배경** … 사회 불안이 고조되자 유교적 왕도정치가 점점 퇴색되었고 탐관오리의 부정, 삼정의 문란, 극도에 달한 수령의 부정은 중앙권력과 연결되어 갈수록 심해져 갔다.

② **홍경래의 난** : 몰락한 양반 홍경래의 지휘 아래 영세농민과 중소상인, 광산노동자들이 합세하여 일으킨 봉기였으나 5개월 만에 평정되었다.

③ **임술농민봉기**(1862) : 진주에서 시작되어 탐관오리와 토호가 탐학에 저항하였으며 한때 진주성을 점령하기도 하였다.

출제예상문제

1 다음에서 발해 사회의 모습을 바르게 설명한 것으로만 골라 묶으면?

> ㉠ 말갈인은 지배층에 편입되지 않았다.
> ㉡ 지배층은 주로 고구려계 사람들로 구성되어 있었다.
> ㉢ 주민 구성의 대다수를 차지한 것은 말갈인이었다.
> ㉣ 하층사회에서는 고구려 사회의 전통적인 생활모습이 보존되지 못했다.

① ㉠, ㉡   ② ㉠, ㉢

① ㉡, ㉢   ④ ㉢, ㉣

> **✔ 해설** 발해의 사회상
> ㉠ 말갈인은 고구려 전성기 때부터 고구려에 편입된 종족으로 발해 건국 후 일부는 지배층이 되거나 자신이 거주하는 촌락의 우두머리가 되어 국가 행정을 보조하였다.
> ㉣ 하층사회에서는 고구려나 말갈 사회의 전통적인 생활모습을 오랫동안 유지하고 있었다.

2 고려시대에는 귀족·양반과 일반 양민 사이에 '중간계층' 또는 '중류층'이라 불리는 신분층이 존재하였다. 이 신분층에 대한 설명으로 옳지 않은 것은?

① 남반은 궁중의 잡일을 맡는 내료직(內僚職)이다.

② 하급 장교들도 이 신분층에 포함되는 것으로 분류되고 있다.

③ 서리는 중앙의 각 사(司)에서 기록이나 문부(文簿)의 관장 등 실무에 종사하였다.

④ 향리에게는 양반으로 신분을 상승시킬 수 있는 길을 열어 놓지 않았다.

> **✔ 해설** ④ 고려시대 향리들은 지방토착세력들로 중앙의 관리를 공급해주는 역할을 하였고 이들도 과거(科擧)를 통해 관직으로 진출, 신분 상승의 기회가 가능하였다.

Answer 1.③ 2.④

3 다음 사실이 있었던 시기의 향촌사회에 대한 설명으로 옳지 않은 것은?

> 황해도 봉산 사람 이극천이 향전(鄕戰) 때문에 투서하여 그와 알력이 있는 사람들을 무고하였는데, 내용이 감히 말할 수 없는 문제에 저촉되었다.

① 향전의 전개 속에서 수령의 권한이 강화되었다.
② 신향층은 수령과 그를 보좌하는 향리층과 결탁하였다.
① 수령은 경재소와 유향소를 연결하여 지방통치를 강화하였다.
④ 재지사족은 동계와 동약을 통해 향촌사회에 대한 영향력을 유지하려 하였다.

> **✔ 해설** 향전(鄕戰)은 조선 후기 기존의 향촌 세력과 새로운 향촌세력 간에 향권(鄕權)을 둘러싸고 나타난 다툼이다. 조선 후기에는 농업 및 상공업이 발달하면서 신흥 지주층이 새로운 향촌 지배 세력(新鄕)이 되고, 기존의 향촌 재지 세력(舊鄕)은 몰락하는 경우가 발생하면서 이들 사이에 향촌의 지배권을 놓고 대립 현상이 빈번하게 나타났다. 이 과정에서 기존의 향회의 권한이 추락하고 향회가 수령의 부세자문 기구로 전락하면서 수령의 권한은 강화되고, 신향층은 수령 및 향리층과 결탁하며 자신의 세를 확장하고자 하였다. 반면 구향은 동계와 동약을 통해 향촌 사회에 대한 영향력을 유지하고자 하였다.
> ③ 경재소는 유향소를 통제하기 위해 설립되었고, 수령이 경재소와 유향소를 연결하여 지방통치를 강화하려 한 것은 조선 전기이다.

4 다음과 같은 풍속이 행해진 국가의 사회모습에 대한 설명으로 옳지 않은 것은?

> 그 풍속에 혼인을 할 때 구두로 이미 정해지면 여자의 집에는 대옥(大屋) 뒤에 소옥(小屋)을 만드는데, 이를 서옥(婿屋)이라고 한다. 저녁에 사위가 여자의 집에 이르러 문밖에서 자신의 이름을 말하고 꿇어 앉아 절하면서 여자와 동숙하게 해줄 것을 애걸한다. 이렇게 두세 차례 하면 여자의 부모가 듣고는 소옥에 나아가 자게 한다. 그리고 옆에는 전백(錢帛)을 놓아둔다.
> － 「삼국지」 「동이전」 －

① 고국천왕 사후, 왕비인 우씨와 왕의 동생인 산상왕과의 결합은 취수혼의 실례를 보여준다.
② 계루부 고씨의 왕위계승권이 확립된 이후 연나부 명림씨 출신의 왕비를 맞이하는 관례가 있었다.
③ 관나부인(貫那夫人)이 왕비를 모함하여 죽이려다가 도리어 자기가 질투죄로 사형을 받았다.
④ 김흠운의 딸을 왕비로 맞이하는 과정은 국왕이 중국식 혼인 제도를 수용했다는 사실을 알려주고 있다.

> **✔ 해설** ④ 신라와 관련된 내용으로 옳지 않다.
> ①②③ 고구려와 관련된 내용으로 위의 제시문(고구려의 데릴사위제)에 나와 있는 국가의 사회 모습과 일치한다.

Answer 3.③ 4.④

5 다음 글을 남긴 국왕의 재위 기간에 일어난 사실로 옳은 것은?

> 보잘 것 없는 나, 소자가 어린 나이로 어렵고 큰 유업을 계승하여 지금 12년이나 되었다. 그러
> 나 나는 덕이 부족하여 위로는 천명(天命)을 두려워하지 못하고 아래로는 민심에 답하지 못하였
> 으므로, 밤낮으로 잊지 못하고 근심하며 두렵게 여기면서 혹시라도 선대왕께서 물려주신 소중한
> 유업이 잘못되지 않을까 걱정하였다. 그런데 지난번 가산(嘉山)의 토적(土賊)이 변란을 일으켜 청
> 천강 이북의 수많은 생령이 도탄에 빠지고 어육(魚肉)이 되었으니 나의 죄이다.
>
> — 「비변사등록」 —

① 최제우가 동학을 창도하였다.
② 공노비 6만 6천여 명을 양인으로 해방시켰다.
③ 미국 상선 제너럴셔먼호가 격침되었다.
④ 삼정 문제를 해결하기 위해 삼정이정청을 설치하였다.

✔해설 ② 위의 글은 1811년(순조 12) 12월부터 이듬해 4월까지 약 5개월 동안 일어난 홍경래의 난에 대한
내용으로 순조는 1801년(순조 1)에 궁방과 관아에 예속되어 있던 공노비를 혁파하였다.

6 다음의 자료에 나타난 나라에 대한 설명으로 옳은 것은?

> 큰 산과 깊은 골짜기가 많고 평원과 연못이 없어서 계곡을 따라 살며 골짜기 물을 식수로 마셨
> 다. 좋은 밭이 없어서 힘들여 일구어도 배를 채우기는 부족하였다.
>
> — 삼국지 동이전 —

① 국동대혈에서 제사를 지내는 의례가 있었다.
② 가족 공동의 무덤인 목곽에 쌀을 부장하였다.
③ 특산물로는 단궁 · 과하마 · 반어피 등이 유명하였다.
④ 남의 물건을 훔쳤을 때에는 50만 전을 배상토록 하였다.

✔해설 ① 고구려
② 옥저
③ 동예
④ 고조선

Answer 5.② 6.①

7 조선 전기의 상업 활동에 대한 설명으로 옳은 것은?

① 공인(貢人)의 활동이 활발해졌다.

② 시전이 도성 내 특정 상품 판매의 독점권을 보장받기도 하였다.

③ 개성의 손상, 의주의 만상은 대외 무역을 통해 대상인으로 성장하였다.

④ 경강상인들은 경강을 중심으로 매점 활동을 통해 부유한 상업 자본가로 성장하였다.

> **✔해설** ①③④ 조선 후기의 상업 활동에 대한 설명이다.
>
> ※ 조선 전기의 상업 활동
> ㉠ 통제 경제와 시장 경제를 혼합한 형태로 장시의 전국적 확산과 대외무역에서 사무역이 발달하였다.
> ㉡ 지주제의 발달, 군역의 포납화, 농민층의 분화와 상인 증가, 방납의 성행 등으로 장시와 장문이 발달하게 되었다.
> ㉢ 시정세, 궁중과 부중의 관수품조달 등의 국역을 담당하는 대가로 90여종의 전문적인 특정 상품에 대한 독점적 특권을 차지한 어용상인인 시전이 발달하였다.
> ㉣ 5일 마다 열리는 장시에서 농산물, 수공업제품, 수산물, 약제 같은 것을 종·횡적으로 유통시키는 보부상이 등장하였다.

8 다음 중 신라 말기의 사회상을 가장 잘 설명한 것은?

① 서남해안을 중심으로 성장한 해상세력은 사적으로 당·일본과 무역하였다.

② 중앙의 진골귀족 세력들은 골품제도의 관념에서 벗어나 호족들과의 연결을 모색하였다.

③ 지방 호족은 촌주 출신으로 진골귀족은 아니기 때문에 쉽게 지방세력을 규합하였다.

④ 진골 귀족들은 당에 유학한 지식인들의 건의를 환영했지만 왕실은 이를 배격하였다.

> **✔해설** 신라 말기의 사회상
> ② 중앙의 진골귀족들은 자신들의 특권적 지위 유지에만 연연하면서 골품제도에 집착하고 있었을 뿐만 아니라 국가정신도 망각하였다.
> ③ 지방 호족들은 각 지방의 촌주·토호 및 몰락 귀족으로 형성되었으며, 이들은 각지의 선종 세력과 결합하여 신라의 중앙 정계에 항거하고, 지방의 막대한 농장과 사병을 소유하여 스스로 성군·장군이라 칭하며 지방의 행정을 장악하였다.
> ④ 최치원 등 6두품 지식인들은 신라 사회의 폐단을 시정하고 새로운 정치질서의 수립을 시도하였지만, 중앙 진골귀족들에 의해 탄압당하거나 배척당하자 반신라적 세력을 형성하였다.

Answer 7.② 8.①

9 다음에 해당하는 세력에 대한 설명으로 옳은 것은?

> 경제력을 토대로 과거를 통해 관계에 진출한 향리출신자들이다. 이들은 사전의 폐단을 지적하고, 권문세족과 대립하였으며 구질서와 여러 가지 모순을 비판하고 전반적인 사회개혁과 문화혁신을 추구하였다. 이들은 온건파와 급진파로 나뉘는데 조선건국을 도운 급진파가 조선의 지배층이 되었다.

① 자기 근거지에 성을 쌓고 군대를 보유하여 스스로 성주 혹은 장군이라 칭하면서, 그 지방의 행정권과 군사권을 장악하였을 뿐 아니라 경제적 지배력도 행사하였다.

② 원간섭기 이후 중류층 이하에서 전공을 세우거나 몽고귀족과의 혼인을 통해서 정계의 요직을 장악하고, 음서로서 신분을 유지하고 광범위한 농장을 소유하였다.

③ 6두품과 호족들이 중앙으로 진출하여 결혼을 통하여 거대한 가문을 이루고 관직을 독점하며 각종 특권을 누렸다.

④ 하급 관리나 향리의 자제 중 과거를 통해 벼슬에 진출하고 성리학을 공부하고 유교적 소양을 갖추고 행정 실무에도 밝은 학자 출신 관료이다.

> ✔ 해설 신진사대부 … 경제력을 토대로 과거를 통해 관계에 진출한 향리출신자들이다. 사전의 폐단을 지적하고, 권문세족과 대립하였으며 구질서와 여러 가지 모순을 비판하고 전반적인 사회개혁과 문화혁신을 추구하였다.
> ① 호족 ② 권문세족 ③ 문벌귀족 ④ 신진사대부

10 다음 중 조선시대의 신분에 대한 내용으로 옳지 않은 것은?

① 솔거노비 A는 주인으로부터 독립적인 생활을 영위하지만 일정한 신공을 바쳐야 했다.

② B는 아버지가 양반이지만 서얼이었기 때문에 관직진출에 많은 제한을 받았다.

① 농민 C와 수공업자 D는 같은 상민이지만 C가 더 낮은 대우를 받았었다.

④ 부모가 모두 상민인 E는 과거응시 경험이 있다.

> ✔ 해설 ③ 조선은 성리학의 이념이 사회전반에 널리 퍼져 있었다. 성리학에서는 사·농·공·상이라고 하여 공(工)과 상(商)을 농(農)보다 천시하였다. 때문에 조선시대에는 같은 상민이어도 수공업자와 상인은 농민보다 낮은 대우를 받았다.

Answer 9.④ 10.③

11 다음의 내용과 관련있는 것은?

> 향촌의 덕망있는 인사들로 구성되어 지방민의 자치를 허용하고 자율적인 규약을 만들었고, 중집권과 지방자치는 효율적으로 운영하였다.

> ㉠ 승정원 　　　　　　　　　　　㉡ 유향소
> ㉢ 홍문관 　　　　　　　　　　　㉣ 경재소

① ㉠㉡　　　　　　　　　　　　② ㉡㉣

③ ㉠㉢　　　　　　　　　　　　④ ㉠㉣

✔ 해설　㉡ 유향소 : 수령을 보좌하고 향리를 감찰하며, 향촌사회의 풍속을 교정하기 위한 기구이다.
　　　　㉣ 경재소 : 중앙정부가 현직 관료로 하여금 연고지의 유향소를 통제하게 하는 제도로서, 중앙과 지방의 연락업무를 맡거나 수령을 견제하는 역할을 하였다.

12 다음 중 신라 하대의 6두품의 성향으로 옳은 것은?

① 각 지방에서 반란을 일으켰다.

② 새로운 정치 질서의 수립을 시도하지만 탄압과 배척을 당하자 점차 반신라적 경향으로 바뀌었다.

③ 화백회의의 기능을 강화시켰다.

④ 진골에 대항하여 광권과 결탁하였다.

✔ 해설　6두품의 성향

신라 중대	신라 하대
• 진골귀족에 대항하여 왕권과 결탁 • 학문적 식견과 실무능력을 바탕으로 국왕 보좌 • 집사부 시중 등 관직을 맡으며 정치적으로 진출 • 행정실무 담당	• 중앙권력에서 배제 • 호족과 연결 • 합리적인 유교이념을 내세움 • 개혁이 거부되자 반신라적 경향으로 바뀜 • 선종의 등장에 주된 역할을 함

13 다음으로 인하여 나타난 변화로 옳은 것은?

> • 조선 후기 이앙법이 전국적으로 시행되면서 광작이 가능해졌으며, 경영형 부농이 등장하였다.
>
> • 대동법의 시행으로 도고가 성장하였으며, 상업자본이 축적되었다.

① 정부의 산업 주도　　　　　　② 양반의 지위 하락

① 신분구조의 동요　　　　　　④ 국가 재정의 확보

> ✔**해설** 조선 후기에 이르러 경제상황의 변동으로 부를 축적한 상민들이 신분을 매매하여 양반이 되는 등 신분제의 동요가 발생하였다.

14 다음 중 고려시대 양민 계층은?

① 남반　　　　　　　　　　　② 서리

③ 진척　　　　　　　　　　　④ 백정

> ✔**해설** 고려시대의 신분은 귀족, 중인, 양민, 천민으로 구성되었다.
> ①② 중인
> ③ 천민

15 다음 중 통일신라 말기의 사회 상황으로 옳은 것은?

① 억불숭유 정책의 실시　　　　② 교종 세력의 강화

③ 성골과 진골의 왕위 쟁탈전　　④ 지방 호족 세력의 성장

> ✔**해설** ④ 통일신라 말기에는 지방의 유력자들을 중심으로 무장조직이 결성되었고, 이들을 아우른 큰 세력가들이 호족으로 등장하였다.

CHAPTER

05

민족문화의 발달

01 **고대의 문화**

1. 학문과 사상 · 종교

(1) 한자의 보급과 교육

① 한자의 전래 … 한자는 철기시대부터 지배층을 중심으로 사용되었다가 삼국시대에는 이두 · 향찰이 사용되었다.

② 교육기관의 설립과 한자의 보급
  ㉠ 고구려 : 태학(수도)에서는 유교경전과 역사서를 가르쳤으며 경당(지방)에서는 청소년에게 한학과 무술을 가르쳤다.
  ㉡ 백제 : 5경 박사 · 의박사 · 역박사에서는 유교경전과 기술학 등을 가르쳤으며, 사택지적 비문에는 불당을 세운 내력을 기록하고 있다.
  ㉢ 신라 : 임신서기석을 통해 청소년들이 유교경전을 공부하였던 사실을 알 수 있다.

③ 유학의 교육
  ㉠ 삼국시대 : 학문적으로 깊이 있게 연구된 것이 아니라, 충 · 효 · 신 등의 도덕규범을 장려하는 정도였다.
  ㉡ 통일신라 : 신문왕 때 국학이라는 유학교육기관을 설립하였고, 경덕왕 때는 국학을 태학이라고 고치고 박사와 조교를 두어 논어와 효경 등 유교경전을 가르쳤으며, 원성왕 때 학문과 유학의 보급을 위해 독서삼품과를 마련하였다.
  ㉢ 발해 : 주자감을 설립하여 귀족 자제들에게 유교경전을 교육하였다.

(2) 역사 편찬과 유학의 보급

① 삼국시대 … 학문이 점차 발달되고 중앙집권적 체제가 정비됨에 따라 왕실의 권위를 높이고 백성들의 충성심을 모으기 위해 편찬 하였으며 고구려에는 유기, 이문진의 신집 5권, 백제에는 고흥의 서기, 신라에는 거칠부의 국사가 있다.

② **통일신라**

　　㉠ 김대문 : 화랑세기, 고승전, 한산기를 저술하여 주체적인 문화의식을 드높였다.

　　㉡ 6두품 유학자 : 강수(외교문서를 잘 지은 문장가)나 설총(화왕계 저술)이 활약하여 도덕적 합리주의를 제시하였다.

　　㉢ 도당 유학생 : 김운경, 최치원이 다양한 개혁안을 제시하였다. 특히 최치원은 당에서 빈공과에 급제하고 계원필경 등 뛰어난 문장과 저술을 남겼으며, 유학자이면서도 불교와 도교에 조예가 깊었다.

③ **발해** … 당에 유학생을 파견하였고 당의 빈공과에 급제한 사람도 여러 명 나왔다.

(3) 불교의 수용

① **수용** … 고구려는 소수림왕(372), 백제는 침류왕(384), 신라는 법흥왕(527) 때 수용되었다.

② **불교의 영향**

　　㉠ 새로운 국가정신의 확립과 왕권 강화의 결과를 가져왔다.

　　㉡ 신라 시대의 불교는 업설, 미륵불신앙이 중심교리로 발전하였다.

(4) 불교사상의 발달

① **원효** … 불교의 사상적 이해기준을 확립시켰고(금강삼매경론, 대승기신론소), 종파 간의 사상적인 대립을 극복하고 조화시키려 애썼으며, 불교의 대중화에 이바지하였다(아미타신앙).

② **의상** … 화엄일승법계도를 통해 화엄사상을 정립하였고, 현세에서 고난을 구제한다는 관음사상을 외치기도 하였다.

③ **혜초** … 인도에 가서 불교를 공부하였으며, 왕오천축국전을 저술하기도 하였다.

(5) 선종과 풍수지리설

① **선종** … 참선을 중시했고 실천적 경향이 강하였으며, 호족세력과 결합하였다.

② **풍수지리설** … 신라말기의 도선과 같은 선종 승려들이 중국에서 풍수지리설을 들여왔다.

　　㉠ 성격 : 도읍, 주택, 묘지 등을 선정하는 인문지리적 학설을 말하며, 도참사상과 결합하기도 하였다.

　　㉡ 국토를 지방 중심으로 재편성하는 주장으로 발전하였다.

2. 과학기술의 발달

(1) 천문학과 수학

① **천문학의 발달** … 농경과 밀접한 관련이 있었으며, 고구려의 천문도·고분벽화, 신라의 천문대를 통해 천문학이 발달했음을 알 수 있다.

② **수학의 발달** … 수학적 지식을 활용한 조형물을 통해 높은 수준으로 발달했음을 알 수 있다.
  ㉠ 고구려 : 고분의 석실과 천장의 구조
  ㉡ 백제 : 정림사지 5층 석탑
  ㉢ 신라 : 황룡사지 9층 목탑, 석굴암의 석굴구조, 불국사 3층 석탑, 다보탑

(2) 목판인쇄술과 제지술의 발달

① **배경** … 불교의 발달로 불경의 대량인쇄를 위해 목판인쇄술과 제지술이 발달하였다.

② **무구정광대다라니경** … 세계에서 가장 오래된 목판인쇄물이며, 닥나무 종이를 사용하였다.

(3) 금속기술의 발달

① **고구려** … 철의 생산이 중요한 국가적 산업이었으며, 우수한 철제 무기와 도구가 출토되었다. 고분벽화에는 철을 단련하고 수레바퀴를 제작하는 기술자의 모습이 묘사되어 있다.

② **백제** … 금속공예기술이 발달하였다(칠지도, 백제 금동대향로).

③ **신라** … 금세공기술이 발달하고(금관), 금속주조기술도 발달하였다(성덕대왕 신종).

(4) 농업기술의 혁신

① 철제 농기구의 보급으로 농업생산력이 증가하였다.

② **삼국의 농업기술** … 쟁기, 호미, 괭이 등의 농기구가 보급되어 농업 생산이 증가되었다.

3. 고대인의 자취와 멋

(1) 고분과 고분벽화

① **고구려** … 초기에는 돌무지무덤으로, 장군총이 대표적이며 후기에는 굴식 돌방무덤으로 무용총(사냥그림), 강서대묘(사신도), 쌍영총, 각저총(씨름도) 등이 대표적이다.

② **백제** … 한성시대에는 계단식 돌무지무덤으로서 서울 석촌동에 있는 무덤은 고구려 초기의 고분과 유사하며 웅진시대에는 굴식 돌방무덤과 벽돌무덤이 유행하였다. 사비시대에는 규모는 작지만 세련된 굴식 돌방무덤을 만들었다.

③ 신라 … 거대한 돌무지 덧널무덤을 만들었으며, 삼국통일 직전에는 굴식 돌방무덤도 만들었다.

④ 통일신라 … 굴식 돌방무덤과 화장이 유행하였으며, 둘레돌에 12지 신상을 조각하였다.

⑤ 발해 … 정혜공주묘(굴식 돌방무덤 · 모줄임 천장구조), 정효공주묘(묘지 · 벽화)가 유명하다.

(2) 건축과 탑

① 삼국시대
  ㉠ 사원 : 신라의 황룡사는 진흥왕의 팽창의지를 보여주고, 백제의 미륵사는 무왕이 추진한 백제의 중흥을 반영하는 것이다.
  ㉡ 탑 : 불교의 전파와 함께 부처의 사리를 봉안하여 예배의 주대상으로 삼았다.
   • 고구려 : 주로 목탑 건립(현존하는 것은 없음)
   • 백제 : 목탑형식의 석탑인 익산 미륵사지 석탑, 부여 정림사지 5층 석탑
   • 신라 : 몽고의 침입 때 소실된 황룡사 9층 목탑과 벽돌모양의 석탑인 분황사탑

② 통일신라
  ㉠ 건축 : 불국토의 이상을 조화와 균형감각으로 표현한 사원인 불국사, 석굴암 및 인공 연못인 안압지는 화려한 귀족생활을 보여 준다.
  ㉡ 탑 : 감은사지 3층 석탑, 불국사 석가탑, 양양 진전사지 3층 석탑이 있다.
  ㉢ 승탑과 승비 : 신라 말기에 선종이 유행하면서 승려들의 사리를 봉안하는 승탑과 승비가 유행하였다.

③ 발해 … 외성을 쌓고, 주작대로를 내고, 그 안에 궁궐과 사원을 세웠다.

(3) 불상 조각과 공예

① 삼국시대 … 불상으로는 미륵보살반가상을 많이 제작하였다. 그 중에서도 금동미륵보살반가상은 날씬한 몸매와 자애로운 미소로 유명하다.

② 통일신라
  ㉠ 석굴암의 본존불과 보살상 : 사실적 조각으로 불교의 이상세계를 구현하는 것이다.
  ㉡ 조각 : 태종 무열왕릉비의 받침돌, 불국사 석등, 법주사 쌍사자 석등이 유명하다.
  ㉢ 공예 : 상원사 종, 성덕대왕 신종 등이 유명하다.

③ 발해
  ㉠ 불상 : 흙을 구워 만든 불상과 부처 둘이 앉아 있는 불상이 유명하다.
  ㉡ 조각 : 벽돌과 기와무늬, 석등이 유명하다.
  ㉢ 공예 : 자기공예가 독특하게 발전하였고 당에 수출하기도 했다.

(4) 글씨 · 그림과 음악

① 서예 … 광개토대왕릉 비문(웅건한 서체), 김생(독자적인 서체)이 유명하다.

② 그림 … 천마도(신라의 힘찬 화풍), 황룡사 벽에 그린 소나무 그림(솔거)이 유명하다.

③ 음악과 무용 … 신라의 백결선생(방아타령), 고구려의 왕산악(거문고), 가야의 우륵(가야금)이 유명하다.

4. 일본으로 건너간 우리 문화

(1) 삼국문화의 일본 전파

① 백제 … 아직기는 한자 교육, 왕인은 천자문과 논어 보급, 노리사치계는 불경과 불상을 전래하였다.

② 고구려 : 담징(종이 먹의 제조방법을 전달, 호류사 벽화), 혜자(쇼토쿠 태자의 스승), 혜관(불교 전파)을 통해 문화가 전파되었다.

③ 신라 … 축제술과 조선술을 전해주었다.

④ 삼국의 문화는 야마토 정권과 아스카 문화의 형성에 큰 영향을 주었다.

(2) 일본으로 건너간 통일신라 문화

① 원효, 강수, 설총이 발전시킨 유교와 불교문화는 일본 하쿠호문화의 성립에 기여하였다.

② 심상에 의하여 전해진 화엄사상은 일본 화엄종의 토대가 되었다.

02 중세의 문화

1. 유학의 발달과 역사서의 편찬

(1) 유학의 발달

① 고려 초기의 유학 … 유교주의적 정치와 교육의 기틀이 마련되었다.
   ㉠ 태조 때 : 신라 6두품 계열의 유학자들이 활약하였다.
   ㉡ 광종 때 : 유학에 능숙한 관료를 등용하는 과거제도를 실시하였다.
   ㉢ 성종 때 : 최승로의 시무 28조를 통해 유교적 정치사상이 확립되고 유학교육기관이 정비되었다.

② 고려 중기 … 문벌귀속사회의 발달과 함께 유교사상이 점차 보수적 성격을 띠게 되었다.

○ 최충 : 9재학당 설립, 훈고학적 유학에 철학적 경향을 가미하기도 하였다.
○ 김부식 : 보수적이고 현실적인 성격의 유학을 대표하였다.

(2) 교육기관

① **초기**(성종) … 지방에는 지방관리와 서민의 자제를 교육시키는 향교를, 중앙에는 국립대학인 국자감이 설치되었다.

② **중기**

○ 최충의 9재 학당 등의 사학 12도가 융성하여 관학이 위축되었다.

○ 관학진흥책 : 7재 개설 및 서적포, 양현고, 청연각을 설치하였고, 개경에서는 경사 6학과 향교를 중심으로 지방교육을 강화시켰다.

③ **후기** … 교육재단인 섬학전을 설치하고, 국자감을 성균관으로 개칭하였으며, 공민왕 때에는 성균관을 순수 유교교육기관으로 개편하였다.

(3) 역사서의 편찬

① **삼국사기**(김부식) … 기전체로 서술되었고, 신라 계승의식과 유교적 합리주의 사관이 짙게 깔려 있다.

② **해동고승전**(각훈) … 삼국시대의 승려 30여명의 전기를 수록하였다.

③ **동명왕편**(이규보) … 고구려 동명왕의 업적을 칭송한 영웅 서사시로서, 고구려 계승의식을 반영하고 고구려의 전통을 노래하였다.

④ **삼국유사**(일연) … 단군의 건국 이야기를 수록하였고, 불교사를 중심으로 서술되었다.

⑤ **제왕운기**(이승휴) … 우리나라 역사를 단군으로부터 서술하면서 우리 역사를 중국사와 대등하게 파악하려 하였다.

(4) 성리학의 전래

① **성리학** … 송의 주희가 집대성한 성리학은 인간의 심성과 우주의 원리문제를 철학적으로 탐구하는 신유학이었다.

② **영향**

○ 현실 사회의 모순을 시정하기 위한 개혁사상으로 신진사대부들은 성리학을 수용하게 되었다.

○ 권문세족과 불교의 폐단을 비판하였다(정도전의 불씨잡변).

○ 국가사회의 지도이념이 불교에서 성리학으로 바뀌게 되었다.

2. 불교사상과 신앙

(1) 불교정책

① 태조 … 훈요 10조에서 불교를 숭상하고, 연등회와 팔관회 등 불교행사를 개최하였다.

② 광종 … 승과제도, 국사 · 왕사제도를 실시하였다.

③ 사원 … 국가가 토지를 지급했으며, 승려에게 면역의 혜택을 부여하였다.

(2) 불교통합운동과 천태종

① 화엄종, 법상종 발달 … 왕실과 귀족의 지원을 받았다.

② 천태종 … 대각국사 의천이 창시하였다.
   ㉠ 교단통합운동 : 화엄종 중심으로 교종통합, 선종의 통합을 위해 국청사를 창건하여 천태종을 창시하였다.
   ㉡ 교관겸수 제창 : 이론의 연마와 실천을 강조하였다.

③ 무신집권 이후의 종교운동
   ㉠ 지눌 : 당시 불교계의 타락을 비판하고, 조계종 중심의 선 · 교 통합, 돈오점수 · 정혜쌍수를 제창하였다.
   ㉡ 혜심 : 유불일치설을 주장하고 심성의 도야를 강조하였다.

(3) 대장경 간행

① 초조대장경 … 현종 때 거란의 퇴치를 염원하며 간행하였으나 몽고의 침입으로 소실되었다.

② 속장경(의천) … 교장도감을 설치하여 속장경을 간행하였는데, 몽고 침입시 소실되었다.

③ 팔만대장경(재조대장경) … 대장도감을 설치하여 부처의 힘으로 몽고의 침입을 극복하고자 하였다.

(4) 도교와 풍수지리설

① 도교 … 국가의 안녕과 왕실의 번영을 기원하였는데 교단이 성립되지 못하여 민간신앙으로 전개되었다.

② 풍수지리설 … 서경천도와 북진정책 추진의 이론적 근거가 되었으며, 개경세력과 서경세력의 정치적 투쟁에 이용되어 묘청의 서경천도운동을 뒷받침하기도 하였다.

3. 과학기술의 발달

(1) 천문학과 의학

① **천문학** … 사천대를 설치하여 관측업무를 수행하였고, 당의 선명력이나 원의 수시력 등 역법을 수용하였다.

② **의학** … 태의감에서 의학을 교육하였고, 의과를 시행하였으며, 향약구급방과 같은 자주적 의서를 편찬하였다.

(2) 인쇄술의 발달

① **목판인쇄술** … 대장경을 간행하였다.

② **금속활자인쇄술** … 직지심체요절(1377)은 현존하는 세계 최고(最古)의 금속 활자본이다.

③ **제지술의 발달** … 닥나무의 재배를 장려하고, 종이 제조의 전담관서를 설치하여 우수한 종이를 제조하여 중국에 수출하기도 하였다.

(3) 농업기술의 발달

① **권농정책** … 농민생활의 안정과 국가재정의 확보를 위해 실시하였다.

② **농업기술의 발달**
- ㉠ **토지의 개간과 간척**: 묵은땅, 황무지, 산지 등을 개간하였으며 해안지방의 저습지를 간척하였다.
- ㉡ **수리시설의 개선**: 김제의 벽골제와 밀양의 수산제를 개축하였다.
- ㉢ **농업기술의 발달**: 1년 1작이 기본이었으며 논농사의 경우는 직파법을 실시하였으나, 말기에 남부 일부 지방에 이앙법이 보급되어 실시되기도 하였다. 밭농사는 2년 3작의 윤작법과 우경에 의한 깊이갈이가 보급되어 휴경기간의 단축과 생산력의 증대를 가져왔다.
- ㉣ **농서의 도입**: 이암은 원의 농상집요를 소개 · 보급하였다.

(4) 화약무기의 제조와 조선기술

① 최무선은 화통도감을 설치하여 화약과 화포를 제작하였고 진포싸움에서 왜구를 격퇴하였다.

② 대형 범선이 제조되었고 대형 조운선이 등장하였다.

4. 귀족문화의 발달

(1) 문학의 성장

① 전기
　　㉠ 한문학 : 광종 때부터 실시한 과거제로 한문학이 크게 발달하였고, 성종 이후 문치주의가 성행함에 따라 한문학은 관리들의 필수교양이 되었다.
　　㉡ 향가 : 균여의 보현십원가가 대표적이며, 향가는 점차 한시에 밀려 사라지게 되었다.
② 중기 ··· 당의 시나 송의 산문을 숭상하는 풍조가 나타났다.
③ 무신집권기 ··· 현실도피적 경향의 수필문학(임춘의 국숭전, 이인로의 파한집)이 유행하였다.
④ 후기 ··· 신진사대부와 민중이 주축이 되어 수필문학, 패관문학, 한시가 발달하였으며, 사대부문학인 경기체가 및 서민의 감정을 자유분방하게 표현한 속요가 유행하였다.

(2) 건축과 조각

① 건축 ··· 궁궐과 사원이 중심이 되었으며, 주심포식 건물(안동 봉정사 극락전, 영주 부석사 무량수전, 예산 수덕사 대웅전)과 다포식 건물(사리원 성북사 응진전)이 건축되었다.
② 석탑 ··· 신라 양식을 계승하였으나 독자적인 조형감각을 가미하여 다양한 형태로 제작되었다(불일사 5층 석탑, 월정사 팔각 9층 석탑, 경천사 10층 석탑).
③ 승탑 ··· 선종의 유행과 관련이 있다(고달사지 승탑, 법천사 지광국사 현묘탑).
④ 불상 ··· 균형을 이루지 못하여 조형미가 다소 부족한 것이 많았다(광주 춘궁리 철불, 관촉사 석조 미륵보살 입상, 안동 이천동 석불, 부석사 소조아미타여래 좌상).

(3) 청자와 공예

① 자기공예 ··· 상감청자가 발달하였다.
② 금속공예 ··· 은입사 기술이 발달하였다(청동 은입사 포류수금문 정병, 청동향로).
③ 나전칠기 ··· 경함, 화장품갑, 문방구 등이 현재까지 전해진다.

(4) 글씨 · 그림과 음악

① 서예 ··· 전기에는 구양순체가 유행했으며 탄연의 글씨가 뛰어났고, 후기에는 송설체가 유행했으며, 이암이 뛰어났다.
② 회화 ··· 전기에는 예성강도, 후기에는 사군자 중심의 문인화가 유행하였다.

③ 음악

　　⊙ 아악 : 송에서 수입된 대성악이 궁중음악으로 발전된 것이다.

　　ⓒ 향악(속악) : 우리 고유의 음악이 당악의 영향을 받아 발달한 것으로 동동 · 대동강 · 한림별곡이 유명하다.

03 근세의 문화

1. 민족문화의 융성

(1) 한글의 창제

① 배경 … 한자음의 혼란을 방지하고 피지배층에 대한 도덕적인 교화에 목적이 있었다.

② 보급 … 용비어천가 · 월인천강지곡 등을 제작하고, 불경, 농서, 윤리서, 병서 등을 간행하였다.

(2) 역사서의 편찬

① 건국 초기 … 왕조의 정통성을 확보하고 성리학적 통치규범을 정착시키기 위한 것이었다. 정도전의 고려국사와 권근의 동국사략이 대표적이다.

② 15세기 중엽 … 고려역사를 자주적 입장에서 재정리하였고 고려사, 고려사절요, 동국통감이 간행되었다.

③ 16세기 … 사림의 정치 · 문화 의식을 반영하였고, 박상의 동국사략이 편찬되었다.

④ 실록의 편찬 … 국왕 사후에 실록청을 설치하여 편찬하였다.

(3) 지리서의 편찬

① 목적 … 중앙 집권과 국방 강화를 위하여 지리지와 지도의 편찬에 힘썼다.

② 지도 … 혼일강리역대국도지도, 팔도도, 동국지도, 조선방역지도 등이 있다.

③ 지리지 … 신찬팔도지리지, 동국여지승람, 신증동국여지승람, 해동제국기 등이 있다.

(4) 윤리 · 의례서와 법전의 편찬

① 윤리 · 의례서 … 유교적인 사회질서 확립을 위해 편찬하였으며, 삼강행실도, 이륜행실도, 동몽수지 등의 윤리서와 의례서로는 국조오례의가 있다.

② 법전의 편찬

　　⊙ 초기 법전 : 정도전의 조선경국전, 경제문감, 조준의 경제육전이 편찬되었다.

　　ⓒ 경국대전 : 구성된 법전으로 유교적 통치 질서와 문물제도가 완성되었음을 의미한다.

2. 성리학의 발달

(1) 조선 초의 성리학

① 관학파(훈구파) ··· 정도전, 권근 등의 관학파는 다양한 사상과 종교를 포용하고, 주례를 중시하였다.

② 사학파(사림파) ··· 길재 등은 고려말의 온건개혁파를 계승하여 교화에 의한 통치를 강조하였고, 성리학적 명분론을 중시하였다.

(2) 성리학의 융성

① 이기론의 발달

    ㉠ 주리론 : 기(氣)보다는 이(理)를 중심으로 이론을 전개하였다.

    ㉡ 주기론 : 이(理)보다는 기(氣)를 중심으로 세계를 이해하였다.

② 성리학의 정착

    ㉠ 이황

      • 인간의 심성을 중시하였고, 근본적이며 이상주의적 성격이 강하였다.

      • 주자서절요, 성학십도 등을 저술하여 이기이원론을 더욱 발전시켜 주리철학을 확립하였다.

    ㉡ 이이

      • 기를 강조하여 일원론적 이기이원론을 주장하였으며 현실적이고 개혁적인 성격이 강하였다.

      • 동호문답, 성학집요 등을 저술하였다.

(3) 학파의 형성과 대립

① 동인

    ㉠ 남인 : 이황학파, 서인과 함께 인조반정에 성공하였다.

    ㉡ 북인 : 서경덕학파, 조식학파, 광해군 때 사회개혁을 추진하였다.

② 서인 ··· 이이학파 · 성혼학파로 나뉘고, 인조반정으로 집권하였으며, 송시열 이후 척화론과 의리명분론을 강조하였다.

(4) 예학의 발달

① 성격 ··· 유교적 질서를 유지하였고, 예치를 강조하였다.

② 영향 ··· 각 학파 간 예학의 차이가 예송논쟁을 통해 표출되었다.

3. 불교와 민간신앙

(1) 불교의 정비

① 불교 정책 … 사원의 토지와 노비를 회수하고, 사찰 및 승려 수를 제한하였으며, 도첩제를 실시하였다.

② 정비과정 … 선 · 교 양종에 모두 36개 절만 인정하였고, 사람들의 적극적인 불교비판으로 불교는 산 속으로 들어가게 되었다.

(2) 도교와 민간신앙

① 도교 … 소격서를 설치하고 참성단에서 일월성신에 대해 제사를 지내는 초제를 시행하였다.

② 풍수지리설과 도참사상 … 한양 천도에 반영되었고, 산송문제를 야기하기도 하였다.

③ 민간신앙 … 무격신앙, 산신신앙, 삼신숭배, 촌락제가 성행하게 되었다.

4. 과학기술의 발달

(1) 천문 · 역법과 의학

① 각종 기구의 발명 · 제작
    ㉠ 천체관측기구 : 혼의, 간의
    ㉡ 시간측정기구 : 해시계(앙부일구), 물시계(자격루)
    ㉢ 강우량측정기구 : 측우기(세계 최초)
    ㉣ 토지측량기구 : 인지의, 규형(토지 측량과 지도 제작에 활용)

② 역법 … 중국의 수시력과 아라비아의 회회력을 참고한 칠정산을 발달시켰다.

③ 의학분야 … 향약집성방과 의방유취가 편찬되었다.

(2) 농서의 편찬과 농업기술의 발달

① 농서의 편찬
    ㉠ 농사직설 : 최초의 농서로서 독자적인 농법을 정리(씨앗의 저장법 · 토질의 개량법 · 모내기법)하였다.
    ㉡ 금양잡록 : 금양(시흥)지방을 중심으로 경기지방의 농사법을 정리하였다.

② 농업기술의 발달 … 2년 3작(밭농사), 이모작 · 모내기법(논농사), 시비법, 가을갈이가 실시되었다.

(3) 병서 편찬과 무기 제조

① 병서의 편찬 … 총통등록, 병장도설이 편찬되었다.

② 무기 제조 … 최해산은 화약무기를 제조하였고, 화포가 만들어졌다.

③ 병선 제조 … 태종 때에는 거북선과 비거도선을 제조하여 수군의 전투력을 향상시켰다.

5. 문학과 예술

(1) 다양한 문학

① 15세기 … 격식을 존중하고, 질서와 조화를 내세웠다.
  ㉠ 악장과 한문학 : 용비어천가, 월인천강지곡, 동문선
  ㉡ 시조문학 : 김종서 · 남이(패기 넘침)
  ㉢ 설화문학 : 관리들의 기이한 행적, 서민들의 풍속 · 감정 · 역사의식을 담았다(서거정의 필원잡기, 김사습의 금오신화)

② 16세기 … 사림문학이 주류를 이루었다.
  ㉠ 시조문학 : 황진이, 윤선도(오우기 · 어부사시사)
  ㉡ 가사문학 : 송순, 정철(관동별곡 · 사미인곡 · 속미인곡)

(2) 왕실과 양반의 건축

① 15세기 … 궁궐 · 관아 · 성곽 · 성문 · 학교건축이 중심이 되었고, 건물은 건물주의 신분에 따라 일정한 제한을 두었다.

② 16세기 … 서원건축은 가람배치양식과 주택양식이 실용적으로 결합된 독특한 아름다움을 지녔으며, 옥산서원(경주) · 도산서원(안동)이 대표적이다.

(3) 분청사기 · 백자와 공예

① 분청사기 … 안정된 그릇모양이었으며 소박하였다.

② 백자 … 깨끗하고 담백하며 선비취향이었다.

③ 공예 … 목공예, 화각공예, 자개공예가 주류를 이루었다.

(4) 그림과 글씨

① 그림
  ㉠ 15세기 : 안견(몽유도원도), 강희안(고사관수도), 강희맹 등이 있다.
  ㉡ 16세기 : 산수화와 사군자가 유행하였으며, 이암, 이정, 황집중, 어몽룡, 신사임당 등이 있다.

② 글씨 … 안평대군(송설체), 양사언(초서), 한호(석봉체)가 유명하였다.

04 문화의 새 기운

1. 성리학의 변화

(1) 성리학의 교조화 경향

① 서인의 의리명분론 강화 … 송시열은 주자중심의 성리학을 절대화 하였다.

② 성리학 비판

    ㉠ 윤휴 : 유교경전에 대한 독자적으로 해석하였다.

    ㉡ 박세당 : 양명학과 조장사상의 영향을 받아 주자의 학설을 비판하였으나 사문난적으로 몰렸다.

③ 성리학의 발달

    ㉠ 이기론 중심 : 이황학파의 영남 남인과 이이학파인 노론 사이에 성리학의 이기론을 둘러싼 논쟁이 치열하게 전개되었다.

    ㉡ 심성론 중심 : 인간과 사물의 본성이 같은가 다른가 등의 문제를 둘러싸고 충청도 지역의 호론과 서울 지역의 낙론이 대립하였다.

(2) 양명학의 수용

① 성리학의 교조화와 형식화를 비판하였고, 실천성을 강조하였다.

② 강화학파의 형성 … 18세기 초 정제두가 양명학 연구와 제자 양성에 힘써 강화학파라 불리는 하나의 학파를 이루었으나 제자들이 정권에서 소외된 소론이었기 때문에 그의 학문은 집안의 후손들과 인척을 중심으로 가학(家學)의 형태로 계승되었다.

2. 실학의 발달

(1) 실학의 등장

    ① 배경 … 사회모순의 해결이 필요했으며, 성리학의 한계가 나타났다.

    ② 새로운 문화운동 … 현실적 문제를 연구했으며, 이수광의 지봉유설, 한백겸의 동국지리지가 편찬되었다.

    ③ 성격 … 민생안정과 부국강병이 목표였고, 비판적 · 실증적 논리로 사회개혁론을 제시하였다.

(2) 농업 중심의 개혁론(경세치용학파)

① 특징 … 농민의 입장에서 토지제도의 개혁을 추구하였다.

② 주요 학자와 사상

　　㉠ **유형원** : 반계수록을 저술, 균전론 주장, 양반문벌제도·과거제도·노비제도의 모순을 비판하였다.

　　㉡ **이익** : 이익학파를 형성하고 한전론을 주장, 6종의 폐단을 지적했다.

　　㉢ **정약용** : 실학을 집대성, 목민심서·경세유표를 저술, 여전론을 주장하였다.

(3) 상공업 중심의 개혁론(이용후생학파, 북학파)

① **특징** … 청나라 문물을 적극적으로 수용하여 부국 강병과 이용 후생에 힘쓰자고 주장하였다.

② 주요 학자와 사상

　　㉠ **유수원** : 우서를 저술, 상공업 진흥·기술혁신을 강조, 사농공상의 직업평등과 전문화를 주장하였다.

　　㉡ **홍대용** : 임하경륜·의산문답을 저술, 기술혁신과 문벌제도를 철폐, 성리학 극복을 주장하였다.

　　㉢ **박지원** : 열하일기를 저술, 상공업의 진흥 강조(수레와 선박의 이용·화폐유통의 필요성 주장), 양반문벌제도의 비생산성 비판, 농업 생산력 증대에 관심(영농방법의 혁신·상업적 농업의 장려·수리시설의 확충)을 가졌다.

　　㉣ **박제가** : 북학의를 저술, 청과의 통상 강화, 수레와 선박 이용, 소비권장을 주장하였다.

(4) 국학 연구의 확대

① 국사

　　㉠ **이익** : 실증적·비판적 역사서술, 중국 중심의 역사관을 비판하였다.

　　㉡ **안정복** : 동사강목을 저술하였고 고증사학의 토대를 닦았다.

　　㉢ **이긍익** : 조선시대의 정치와 문화를 정리하여 연려실기술을 저술하였다.

　　㉣ **이종휘와 유득공** : 이종휘의 동사와 유득공의 발해고는 각각 고구려사와 발해사 연구를 중심으로 연구 시야를 만주지방까지 확대하여 한반도 중심의 협소한 사관을 극복하고자 했다.

　　㉤ **김정희** : 금석과안록을 지어 북한산비가 진흥왕순수비임을 고증하였다.

② 국토에 대한 연구

　　㉠ **지리서** : 한백겸의 동국지리지, 정약용의 아방강역고, 이중환의 택리지가 편찬되었다.

　　㉡ **지도** : 동국지도(정상기), 대동여지도(김정호)가 유명하다.

③ **언어에 대한 연구** … 신경준의 훈민정음운해, 유희의 언문지, 이의봉의 고금석림이 편찬되었다.

④ **백과사전의 편찬** … 이수광의 지봉유설, 이익의 성호사설, 서유구의 임원경제지, 홍봉한의 동국문헌비고가 편찬되었다.

3. 과학기술의 발달

(1) 천문학과 지도제작기술의 발달

① 천문학 … 김석문 · 홍대용의 지전설은 근대적 우주관으로 성리학적 세계관을 비판하였다.

② 역법과 수학 … 시헌력(김육)과 유클리드 기하학을 도입하였다.

③ 지리학 … 곤여만국전도(세계지도)가 전래되어 세계관이 확대되었다.

(2) 의학의 발달과 기술의 개발

① 의학 … 허준은 동의보감, 허임은 침구경험방, 정약용은 마과회통, 이제마는 동의수세보원을 저술하였다.

② 정약용의 기술관 … 한강에 배다리를 설계하고, 수원 화성을 설계 및 축조하였다(거중기 사용)

(3) 농서의 편찬과 농업기술의 발달

① 농서의 편찬
   ㉠ 신속의 농가집성 : 벼농사 중심의 농법이 소개되고, 이앙법 보급에 기여하였다.
   ㉡ 박세당의 색경 : 곡물재배법, 채소, 과수, 원예, 축산, 양잠 등의 농업기술을 소개하였다.
   ㉢ 홍만선의 산림경제 : 농예, 의학, 구황 등에 관한 농서이다.
   ㉣ 서유구 : 해동농서와 농촌생활 백과사전인 임원경제지를 편찬하였다.

② 농업기술의 발달
   ㉠ 이앙법, 견종법의 보급으로 노동력이 절감되고 생산량이 증대되었다.
   ㉡ 쟁기를 개선하여 소를 이용한 쟁기를 사용하기 시작하였다.
   ㉢ 시비법이 발전되어 여러 종류의 거름이 사용됨으로써 토지의 생산력이 증대되었다.
   ㉣ 수리시설의 개선으로 저수지를 축조하였다(당진의 합덕지, 연안의 남대지 등).
   ㉤ 황무지 개간(내륙 산간지방)과 간척사업(해안지방)으로 경지면적을 확대시켰다.

4. 문학과 예술의 새 경향

(1) 서민문화의 발달

① 배경 … 서당교육이 보급되고, 서민의 경제적 · 신분적 지위가 향상되었다.

② 서민문화의 대두 … 중인층(역관 · 서리), 상공업 계층, 부농층의 문예활동과 상민, 광대들의 활동이 활발하였다.

③ 문학상의 특징 ··· 인간감정을 적나라하게 표현하고 양반들의 위선적인 모습을 비판하며, 사회의 부정과 비리를 풍자 · 고발하였다. 서민적 주인공이 등장했으며, 현실세계를 배경으로 설정하였다.

(2) 판소리와 탈놀이

① 판소리 ··· 서민문화의 중심이 되었으며, 직접적이고 솔직하게 감정을 표현하였다. 다섯마당(춘향가 · 심청가 · 흥보가 · 적벽가 · 수궁가)이 대표적이며, 신재효는 판소리 사설을 창작하고 정리하였다.

② 탈놀이 · 산대놀이 ··· 승려들의 부패와 위선을 풍자하고, 양반의 허구를 폭로하였다.

(3) 한글소설과 사설시조

① 한글소설 ··· 홍길동전, 춘향전, 별주부전, 심청전, 장화홍련전 등이 유명하였다.

② 사설시조 ··· 남녀 간의 사랑, 현실에 대한 비판을 거리낌없이 표현하였다.

③ 한문학 ··· 정약용은 삼정의 문란을 폭로하는 한시를 썼고, 박지원은 양반전, 허생전, 호질을 통해 양반사회의 허구성을 지적하며 실용적 태도를 강조하였다.

(4) 진경산수화와 풍속화

① 진경산수화 ··· 우리나라의 고유한 자연을 표현하였고, 정선의 인왕제색도 · 금강전도가 대표적이다.

② 풍속화 ··· 김홍도는 서민생활을 묘사하였고, 신윤복은 양반 및 부녀자의 생활과 남녀 사이의 애정을 표현하였다.

③ 민화 ··· 민중의 미적 감각과 소박한 정서를 표현하였다.

④ 서예 ··· 이광사(동국진체), 김정희(추사체)가 대표적이었다.

(5) 백자 · 생활공예와 음악

① 자기공예 ··· 백자가 민간에까지 널리 사용되었고, 청화백자가 유행하였으며 서민들은 옹기를 많이 사용하였다.

② 생활공예 ··· 목공예와 화각공예가 발전하였다.

③ 음악 ··· 음악의 향유층이 확대되어 다양한 음악이 출현하였다. 양반층은 가곡 · 시조, 서민들은 민요를 애창하였다.

출제예상문제

1 다음 중 신라하대의 사상과 종교에 대한 설명으로 옳지 않은 것은?

① 선종의 영향으로 부도가 제작되었다.

② 은둔적인 경향이 생겨 도교와 노장사상이 널리 퍼졌다.

③ 신라말기에 유행한 풍수지리설은 신라 정부의 권위를 약화시켰다.

④ 화쟁사상을 바탕으로 교종과 선종의 통합운동이 활발히 일어났다.

> ✔해설 ④ 신라하대에 유행한 선종은 교종의 기성 사상체계에 의존하지 않고, 스스로 사색을 통한 진리를 터득하는 것을 중요시하였으며, 교리보다는 좌선을 치중하는 등 교종의 권위와 형식을 반대했다. 교종과 선종의 통합운동이 이루어지는 것은 고려에서의 일이다.

2 조선 후기 천주교와 관련된 설명으로 옳지 않은 것은?

① 기해사옥 때 흑산도로 유배를 간 정약전은 그 지역의 어류를 조사한 「자산어보」를 저술하였다.

② 안정복은 성리학의 입장에서 천주교를 비판하는 「천학문답」을 저술하였다.

③ 1791년 윤지충은 어머니 상(喪)에 유교 의식을 거부하여 신주를 없애고 제사를 지내 권상연과 함께 처형을 당하였다.

④ 신유사옥 때 황사영은 군대를 동원하여 조선에서 신앙의 자유를 보장받게 해달라는 서신을 북경에 있는 주교에게 보내려다 발각되었다.

> ✔해설 ① 정약전은 신유사옥(1801)으로 인해 흑산도로 귀양을 간 후 그 곳에서 자산어보를 지었다.

Answer 1.④ 2.①

3 다음 중 해외로 유출된 우리 문화재는?

① 신윤복의 미인도
② 안견의 몽유도원도
③ 정선의 인왕제색도
④ 강희안의 고사관수도

> ✔ **해설** ② 현재 안견의 몽유도원도(夢遊桃源圖)는 일본 덴리대학(天理大學) 중앙도서관에 소장되어 있으며 우리나라에서는 2009년 한국박물관 개관 100주년 기념 특별전으로 전시된 적이 있었다.

4 밑줄 친 '이 농서'가 처음 편찬된 시기의 문화에 대한 설명으로 옳은 것은?

> 「농상집요」는 중국 화북 지방의 농사 경험을 정리한 것으로서 기후와 토질이 다른 조선에는 도움이 될 수 없었다. 이에 농사 경험이 풍부한 각 도의 농민들에게 물어서 조선의 실정에 맞는 농법을 소개한 이 농서가 편찬되었다.

① 현실 세계와 이상 세계를 표현한 「몽유도원도」가 그려졌다.
② 선종의 입장에서 교종을 통합한 조계종이 성립되었다.
③ 윤휴는 주자의 사상과 다른 모습을 보여 사문난적으로 몰렸다.
④ 진경산수화와 풍속화가 유행하였다.

> ✔ **해설** 농사직설(農事直說)은 조선 세종 때 지어진 농서(農書)로 서문에서 밝히는 바와 같이 당시 까지 간행된 중국의 농서가 우리나라의 풍토와 맞지 않아 농사를 짓는 데 있어 어려움이 있다는 이유로 세종이 각 도 감사에게 명해 각 지역의 농군들에게 직접 물어 땅에 따라 이미 경험한 바를 자세히 듣고 이를 수집하여 편찬, 인쇄, 보급한 것이다. 이 책은 지역에 따라 적절한 농법을 수록하여 우리 실정과 거리가 먼 중국의 농법에서 벗어나는 좋은 계기를 마련했다고 볼 수 있다.
> ① 안견의 몽유도원도는 1447년(세종 29)에 안평대군이 도원을 거닐며 놀았던 꿈 내용을 당시 도화서 화가였던 안견에게 말해 안견이 그린 것으로 현재 일본 덴리대학(天理大學) 중앙도서관에 소장되어 있다.

Answer 3.② 4.①

5 다음 역사서 저자들의 정치적 입장에 관한 설명으로 옳지 않은 것은?

① 「여사제강」 – 서인의 입장에서 북벌운동을 지지하였다.

② 「동사(東事)」 – 붕당정치를 비판하였다.

① 「동사강목」 – 성리학적 명분론을 비판하였다.

④ 「동국통감제강」 – 남인의 입장에서 왕권 강화를 주장하였다.

> ✔해설 동사강목 … 17세기 이후 축적된 국사연구의 성과를 계승 발전시켜 역사인식과 서술내용 면에서 가장 완성도가 높은 저술로서 정통론인식과 문헌고증방식의 양면을 집대성한 대표적인 통사이다. 단군→ 기자→ 마한→ 통일신라→ 고려까지의 유교적 정통론을 완성하였으며 위만조선을 찬탈왕조로 다루고 발해를 말갈왕조로 보아 우리 역사에서 제외시켰는데 이는 조선의 성리학자로서의 명분론에 입각한 것이었다.

6 다음 작품들이 갖고 있는 공통적인 특징은?

• 화랑세기   • 계림잡전
• 고승전   • 한산기

① 중국 문학의 소개   ② 전통 문화의 정리

③ 발해 문화의 영향   ④ 설화 문학의 집대성

> ✔해설 김대문이 저술한 이 작품들은 신라의 역사·지리·풍토를 서술한 것으로 전통적·독자적 경향을 지니고 있다.

7 다음의 고려 후기 역사서 중 자주적 사관과 관련이 없는 것은?

① 제왕운기   ② 삼국유사

③ 동명왕편   ④ 삼국사기

> ✔해설 ④ 삼국사기는 인종 때 김부식에 의해 저술된(1145) 고려중기 역사서로 유교적 합리주의 사관에 기초하여 기전체로 저술되었다. 김부식은 신라 계승의식을 갖고 있었으며, 대외적으로 사대주의의 입장에서 정권의 안정만을 도모하였다.

Answer   5.③   6.②   7.④

8 다음은 조선 초기 과학기술에 관한 설명이다. 이와 관련이 없는 것은?

> 15세기는 역법의 제정과 천문, 시간측정기구의 제작 및 농업, 의약서적, 인쇄술이 발달하는 등 각 분야에 걸쳐서 과학기술이 눈부시게 발달하였다.

① 칠정산
② 향약구급방
③ 측우기
④ 자격루

✔**해설** ② 향약구급방은 우리 실정에 맞는 고려시대의 자주적 의서이다.

9 다음 중 고려시대 건축물과 그 특징이 바르게 연결되지 않은 것은?

① 부석사 무량수전 – 주변 자연과의 조화로운 외관으로 유명하다.
② 성불사 응진전 – 고려시대 주심포식 건물의 대표적인 예이다.
③ 안동 봉정사 극락전 – 현재 남아있는 가장 오래된 목조건물이다.
④ 수덕사 대웅전 – 백제 계통의 목조건축 양식을 이은 건물이다.

✔**해설** ② 성불사 응진전은 다포식 건물의 대표적인 예다.
※ 다포양식과 주심포양식
　㉠ 다포양식 : 기둥 위와 기둥 사이에 공포를 짜 올리는 방식이다. 하중이 기둥과 평방의 공포를 통해 벽채에 분산되므로, 지붕의 크기가 더욱 커져 중후·장엄한 모습이다.
　㉡ 주심포양식 : 기둥 위에만 공포를 짜 올리는 방식이다. 하중이 공포를 통해 기둥에만 전달되기 때문에, 자연히 그 기둥은 굵고 배흘림이 많은 경향을 보이는 대신 간소하고 명쾌하다.

10 다음 보기의 내용들을 시대순으로 바르게 나열한 것은?

> ⊙ 충청도 지방의 호론과 서울 지방의 낙론 사이에 성리학의 심성논쟁이 벌어졌다.
> ⓒ 붕당 사이에 예론을 둘러싼 논쟁이 전개되었다.
> ⓒ 이황과 이이 사이에 성리학의 이기론을 둘러싼 논쟁이 전개되었다.

① ⊙ - ⓒ - ⓒ
② ⓒ - ⊙ - ⓒ
③ ⓒ - ⊙ - ⓒ
④ ⓒ - ⓒ - ⊙

✔해설 ⊙ 제시된 글은 노론 내부에서 펼쳐진 호락논쟁으로 서울지역의 인물성동론은 북학파에, 충청지역의 인물성이론은 위정척사에 영향을 주었다.
ⓒ 예송 논쟁이란 예법에 대한 송사와 논쟁으로 제1차는 1659년에 기해 예송, 제2차는 1674년 갑인 예송으로 나타났다.
ⓒ 이황은 주리론의 입장에서 학문의 본원적 연구에 치중하였고, 이이는 주기론의 입장에서 현실세계의 개혁에 깊이 관여하였다. 그러나 두 학파 모두 도덕세계의 구현이라는 점에서는 입장이 같다.

11 다음의 사상에 관한 설명으로 옳은 것은?

> (가) 인간과 사물의 본성은 동일하다.
> (나) 인간과 사물의 본성은 동일하지 않다.

① (가)는 구한말 위정척사 사상으로 계승되었다.
② (나)는 실학파의 이론적 토대가 되었다.
③ (나)는 사문난적으로 학계에서 배척당했다.
④ (가)와 (나)는 노론 인사들을 중심으로 이루어졌다.

✔해설 제시된 글은 노론 내부에서 펼쳐진 호락논쟁으로 (가)는 서울지역의 인물성동론으로 북학파에, (나)는 충정지역의 인물성이론으로 위정척사에 영향을 주었다.

Answer 10.④ 11.④

12 고려 말 성리학에 대한 설명으로 옳지 않은 것은?

① 충렬왕 때 안향이 처음으로 소개하였다.

② 정몽주는 '동방이학의 조'라는 칭호를 들을 정도로 뛰어난 성리학자였다.

① 고려 말에 사림파가 새롭게 등장하였다.

④ 정도전은 불씨잡변을 저술하여 불교를 비판하였다.

> **✔해설** ③ 사림파는 고려 말 은거하고 있던 길재가 양성한 세력으로 조선 성종을 전후로 정계에 등장하였다.

13 조선 후기 화풍에 관한 설명으로 옳지 않은 것은?

① 중국의 화풍을 수용하여 독자적으로 재구성하였다.

② 민중의 기복적 염원과 미의식을 표현한 민화가 발달하였다.

③ 강세황의 작품에서는 서양화법의 영향이 드러난다.

④ 뚜렷한 자아의식을 바탕으로 우리의 자연을 직접 눈으로 보고 사실적으로 그리려는 화풍의 변화가 나타났다.

> **✔해설** ① 조선 전기 화풍의 특징이다.

14 우리 문화의 일본 전파와 관련된 내용으로 옳지 않은 것은?

① 백제가람은 백제가 일본에서 유행시킨 건축양식이다.

② 신라의 조선술 · 축제술의 전파로 일본에는 한인의 연못이 생겼다.

① 고구려는 일본의 고대 문화 형성에 아무런 영향을 미치지 못하였다.

④ 삼국 문화의 일본 전파는 삼국의 독자적인 문화를 전해 준 것이다.

⑤ 백제의 문화는 일본의 아스카 문화의 기반이 되었다.

> **✔해설** ③ 고구려는 주로 의학과 약학을 전해 주었으며 혜자는 쇼토쿠 태자의 스승이 되었다. 또한 담징은 호류사의 금당벽화를 그렸으며, 다카마쓰[古松]고분에서도 고구려의 흔적이 나타난다.

Answer 12.③ 13.① 14.③

15 다음의 내용을 종합하여 보았을 때 조선시대의 특징이라고 할 수 있는 것은?

> • 상장제례에 관한 예학이 발달하였다.
> • 지나친 도덕주의로 현실적인 부국강병책에 소홀하였다.
> • 불교, 도교, 민간신앙 등을 이단·음사로 몰아 배척하였다.

① 성리학적 명분과 의리를 중시하였다.

② 향촌자치의 왕도정치를 추구하였다.

③ 민본정치의 이념을 구현하고자 하였다.

④ 민족적 자각과 전통문화에 대한 관심이 고조되었다.

✔해설 조선 사회는 성리학적 명분론에 입각하여 엄격한 신분질서를 강조하였고, 신분질서의 안정에 필요한 의례를 중시함으로써 상장제례에 관한 예학이 발달하게 되었다. 그러나 명분론에서 파생된 정통론은 성리학 이외의 사상을 이단으로 배척하였으며, 명분에 따른 지나친 도덕주의는 현실의 부국강병에 소홀하게 되는 형식주의로 빠지게 되는 결과를 초래하였다.

16 다음 중 강서고분, 무용총, 각저총 등 벽화가 남아있는 고분의 형태는?

① 굴식벽돌무덤   ② 굴식돌방무덤

③ 돌무지무덤   ④ 돌무지덧널무덤

✔해설 굴식돌방무덤 … 판 모양의 돌을 이용하여 널을 안치하는 방을 만들고 널방벽의 한쪽에 외부로 통하는 출입구를 만든 뒤 봉토를 씌운 무덤으로 횡혈식 석실묘라고도 한다. 고대의 예술수준을 알 수 있는 고분벽화는 널방벽에 그려진 것이다.

17 고려말의 진화는 "송은 이미 쇠퇴하고 북방 오랑캐는 아직 미개하니, 앉아서 기다려라. 문명의 아침은 동쪽의 하늘을 빛내고자 한다."는 내용의 시로 자신감과 자주의식을 나타내었다. 이러한 자주 의식과 관련이 없는 사람은?

① 일연   ② 이이

③ 김대문   ④ 이종휘

✔해설 ② 이이는 존화주의적 역사의식을 가지고 기자조선을 정통으로 보는 기자실기를 작성하였다.

Answer   15.① 16.② 17.②

18 다음 중 실학자의 주장으로 옳은 것은?

① 이익 – 중상주의 실학자로 상공업의 발달을 강조하였다.

② 박제가 – 절약과 저축의 중요성을 강조하였다.

③ 박지원 – 우서에서 우리나라와 중국의 문물을 비교·분석하여 개혁안을 제시하였다.

④ 정약용 – 토지의 공동소유 및 공동경작 등을 통한 집단 농장체제를 주장하였다.

> ✔해설 ① 이익은 중농주의 실학자로 토지소유의 상한선을 정하여 대토지소유를 막는 한전론을 주장하였다.
> ② 박제가는 소비와 생산의 관계를 우물물에 비교하면서 검약보다 소비를 권장하였다.
> ③ 유수원에 관한 설명이다.

19 불교의 교리를 알지 못하여도 '나무아미타불 관세음보살'만 외우면 서방의 극락에서 왕생할 수 있다고 주장한 승려는?

① 원측   ② 원효

③ 의상   ④ 혜초

> ✔해설 ② 원효는 정토신앙을 널리 전파시켜 불교의 대중화에 기여하였다.

20 다음의 사상과 관련된 것으로 옳지 않은 것은?

> 인간의 마음이 곧 이(理)라는 심즉리(心卽理)를 바탕으로, 인간이 상하 존비의 차별 없이 타고난 천리로서의 양지를 실현하여 사물을 바로잡을 수 있다는 치양지설(致良知說), 앎은 행함을 통해서 성립한다는 지행합일설(知行合一說)등을 근간으로 하고 있다.

① 정제두는 연구와 제자 양성에 힘써 강화 학파라는 하나의 학파를 이루었다.

② 성리학의 교조화와 형식화를 비판하였으며 실천을 강조하였다.

③ 일반민을 도덕 실천의 주체로 보고 양반 신분제 폐지를 주장하기도 하였다.

④ 기술의 혁신과 문벌 제도 철폐 및 성리학의 극복을 주장하였다.

> ✔해설 제시된 글은 양명학에 대한 설명이다. 양명학은 중종 때에 전래되어 명과의 교류가 활발해지면서 주로 서경덕 학파와 종친들 사이에서 확산되었다.
> ④ 북학파 홍대용의 주장이다.

Answer   18.④   19.②   20.④

근현대사의 흐름

01 근현대의 정치 변동

1. 개화와 자주운동

(1) 조선 말기의 국내 정세

① 조선사회의 위기 ⋯ 세도정치의 폐단이 나타나고, 일본과 서양 열강의 침략적 접근이 일어나고 있었다.

② 흥선대원군의 집권 ⋯ 실추된 왕권을 회복하고 국가적 위기를 극복하기 위하여 노력하였다.
   ㉠ 내정개혁 : 고른 인재 등용, 경복궁 중건, 서원 정리, 삼정 개혁, 비변사 폐지, 의정부와 삼군부 기능 회복, 법전(대전회통)을 정비하였다.
   ㉡ 대외정책 ⋯ 국방력 강화, 통상수교요구 거절, 천주교 탄압, 척화비를 건립하였다.

(2) 개항과 개화정책

① 개항 ⋯ 일본과 강화도조약을 체결하였는데, 이것은 우리나라 최초의 근대적 조약이었으며, 치외법권과 해안측량권을 규정한 불평등 조약이었다.

② 개화정책의 추진 ⋯ 개화파 인물 등용, 통리기무아문 설치, 별기군 창설, 일본과 청에 사절단 파견 등을 추진하였다.

③ 위정척사운동 ⋯ 보수적 유생층은 개항과 개화를 반대하는 운동을 전개하였고, 항일의병운동으로 계승되었다. 반외세 자주 운동이었으며, 혁신적 인사들은 동도서기론을 주장하였다.

④ 임오군란(1882) ⋯ 개화정책에 반대하였으며, 임오군란 후 청의 내정간섭이 심해지고 정부의 친청정책의 배경이 되었다.

⑤ 갑신정변(1884) ⋯ 급진개화파가 주도하였으며 근대국가건설을 목표로 하였지만, 삼일천하로 실패하였다.

(3) 동학농민운동의 전개

① 배경 ··· 정부의 농민수탈이 심화되고, 농촌경제가 파탄되었으며, 농민의 사회변혁 욕구가 고조되었다.

② 전개 ··· 보국안민과 제폭구민을 외치며 고부봉기가 일어나 전주를 점령하였다. 집강소에서는 폐정개혁을 실천하였으나 일본의 내정간섭은 강화되고, 재봉기인 우금치전투는 실패로 돌아갔다.

(4) 근대적 개혁의 추진

① 갑오개혁(1894) ··· 군국기무처를 설치하고, 홍범14조를 반포하였다.

② 을미개혁 ··· 을미사변 이후 을미개혁과 단발령이 시행되었다.

③ 을미의병 ··· 명성왕후 시해와 단발령이 계기가 되었으며, 유생층이 주도하였으나 농민과 동학농민군의 잔여세력이 가담하였다.

④ 아관파천(1896)이후 ··· 단발령이 철회되고, 고종의 해산권고로 을미의병은 자진 해산하였다.

2. 주권수호운동의 전개

(1) 독립협회와 대한제국

① 독립협회(1896)

　㉠ 주요 활동 : 민중에게 근대적 지식과 국권 · 민권사상 고취(강연회 · 토론회 개최, 신문 · 잡지 발간), 자주국권운동, 자유민권운동, 국민참정권운동 전개, 만민공동회와 관민공동회를 개최하였다.

　㉡ 해산 : 서구식 입헌군주제의 실현을 추구였으므로 보수세력은 황국협회를 이용하여 독립협회를 탄압하였다.

② 대한제국(1897) ··· 고종은 환궁 후 대한제국을 선포하고 연호를 광무라 하였다.

　㉠ 개혁 : 구본신참을 시정방향으로 제시, 전제황권을 강화, 양전사업을 실시, 상공업진흥책을 추진하였다.

　㉡ 한계 : 집권층의 보수성과 열강의 간섭으로 실패로 돌아갔다.

(2) 항일의병운동

① 을사조약(1905) 폐기운동 ··· 민영환은 자결로써 항거하였고 나철, 오기호 등은 5적 암살단을 조직하여 5적의 집을 불사르고 일진회 사무실을 습격하였다.

② 을사의병(1905) ··· 민종식, 최익현, 신돌석(평민 의병장)이 활약하였고, 을사조약의 폐기와 친일내각 타도를 주장하였다.

③ **정미의병**(1907) ⋯ 고종의 강제 퇴위로 군대가 해산되자, 해산군인들이 의병에 합류하였다.

(3) 애국계몽운동의 전개

① **초기** ⋯ 보안회, 헌정연구회가 활용하였다.

② **1905년 이후** ⋯ 국권 회복을 위한 애국계몽운동을 전개하였다.
  ㉠ **대한자강회** : 교육과 산업을 진흥시켜 독립의 기초를 만들 것을 목적으로 국권 회복을 위한 실력
     양성운동을 전개하였으나 고종의 강제퇴위반대운동으로 해산되었다.
  ㉡ **대한협회** : 교육의 보급, 산업 개발 및 민권 신장 등을 강령으로 내걸고 실력양성운동을 전개하였다.
  ㉢ **신민회** : 비밀결사조직으로 국권 회복과 공화정체의 국민국가 건설을 목표로 하였다.

3. 민족의 수난과 항일독립운동

(1) 국권의 피탈과 민족의 수난

① **국권의 피탈** ⋯ 한 · 일신협약(차관정치) → 군대 해산 → 사법권 · 경찰권 박탈 → 국권 강탈(1910)

② **조선총독부** ⋯ 입법 · 행정 · 사법 · 군대통수권을 장악하고, 한국인 회유책으로 중추원을 설치하였다.

③ **헌병경찰통치**(1910 ~ 1919) ⋯ 경찰의 임무를 대행하여, 독립운동가를 색출하고 처단하였으며, 즉결
   처분권을 소유하였다.

④ **문화통치**(1919 ~ 1931) ⋯ 3 · 1운동과 국제 여론의 악화로 제기되었으며, 소수의 친일분자를 키워
   우리 민족을 이간하여 분열시켰다.

⑤ **민족말살통치**(1931 ~ 1945) ⋯ 병참기지화 정책, 국사 · 국어교육의 금지, 황국신민서사암송, 궁성요
   배, 신사참배, 일본식 성명사용을 강요, 강제징용, 정신대 동원 등의 정책을 폈다.

(2) 3 · 1운동

민족자결주의와 2 · 8도쿄독립선언의 영향을 받아 독립선언서를 발표하고 거족적 만세시위를 전개하였고 이는
지방도시 및 전국의 농촌으로 파급되었다.

(3) 대한민국임시정부

① **수립** ⋯ 중국 상하이에 대한민국임시정부를 수립하고, 연해주의 대한국민의회를 통합 하였다

② **임시정부의 활동** ⋯ 비밀행정조직망인 연통제와 교통국의 설치, 외교활동, 독립신문 간행 등의 활동을
   하였다.

(4) 국내의 항일운동

① 6 · 10만세운동(1926) ⋯ 일제의 수탈과 식민지교육에 대한 반발로 일어났다.

② 광주학생항일운동(1929) ⋯ 전국 규모의 항일 투쟁으로 확대되었다.

③ 무장항일투쟁 : 보합단(평북 동암산), 천마산대(평북 천마산), 구월산대(황해도 구월산) 등이 활동하였다.

(5) 항일독립전쟁의 전개

① 전개 ⋯ 독립운동기지 건설(삼원보 · 한흥동 · 블라디보스토크) → 봉오동 전투, 청산리 대첩 → 간도참변, 자유시 참변 → 단체통합 운동(참의부, 정의부, 신민부) → 한국독립군과 조선혁명군의 활약 → 한국광복군 창설로 전개되었다.

② 한국광복군의 창설(1940) ⋯ 조선의용대를 흡수하여, 대일선진포고를 하기도 했다(1941). 인도와 미얀마전선에 참전하였고, 국내진공작전을 준비하였다.

4. 대한민국의 발전

(1) 광복 직후의 국내정세

① 건국준비활동 ⋯ 대한민국임시정부의 건국강령을 제정하고, 중국 화북지방 사회주의 계열은 조선독립동맹을 결성하였으며, 국내에서는 조선건국동맹을 결성하였다.

② 국토의 분단 ⋯ 38도선을 경계로 미 · 소 양군이 진주하였다.

③ 통일정부 수립 추진 ⋯ 좌우합작운동과 남북협상(김구)을 벌였으나 실패로 돌아갔다.

(2) 대한민국정부의 수립(1948. 8. 15)

① 과정 ⋯ 5 · 10총선거 후 민주공화국의 헌법을 제정하였으며 대한민국정부가 수립되었다.

② 건국 초기 국내정세

　㉠ 제주도 4 · 3사건과 여수 · 순천 10 · 19사건 : 정부 수립을 전후 한 시기에 좌우익의 대립이 격화되어 일어났다.

　㉡ 이승만의 반공정책 강화 : 이승만 정부는 좌우갈등을 극복하고 사회질서를 확립한다는 명분으로 반공정책을 강화하였다.

　㉢ 반민족행위처벌법의 제정 : 제헌국회에서 친일파를 처벌하여 민족정기를 바로잡기 위해서 제정하였으나 반공정책을 우선시하였던 이승만 정부의 소극적인 태도와 친일세력의 방해공작, 일본 경찰 간부의 반미특위습격사건으로 성과를 거두지 못하였다.

(3) 민주주의의 시련과 발전

① **4·19혁명(1960)** … 자유당 정권의 부정선거로 인해 학생과 시민 중심의 전국적인 시위가 발생하였으며 그 결과 이승만 정권은 붕괴되었다.

② **장면 정부** … 내각책임제와 양원제 국회의 권력구조였으며, 사회 무질서와 혼란은 지속되었다.

③ **5·16군사정변(1961)** … 박정희 정부는 대통령 중심제와 단원제 국회의 권력구조로 헌법을 개정하였다.

④ **10월유신(1972)** … 박정희는 종신 집권을 위해 유신체제를 구축하였으나 10·26사태로 인해 유신체제는 막을 내렸다.

⑤ **전두환 정부** … 5·18민주화운동을 진압하면서 전두환 정부가 탄생하였으나, 민주화운동을 탄압하고 각종 부정과 비리가 발생했으며, 결국 6월민주항쟁(1987)으로 국민의 요구가 수용되어 6·29민주화선언이 발표되었고 대통령 직선제로 개헌하였다.

⑥ **노태우 정부** … 북방정책을 추진하였고, 남북한이 유엔에 동시 가입하는 등 적극적인 외교를 펼쳤다.

⑦ **김영삼 정부** … 금융실명제, 지방자치제를 전면 실시하였다.

⑧ **김대중 정부** … 외환위기를 극복하고, 민주주의와 시장경제의 병행발전을 도모하였다.

02 ▶ 근현대의 경제 변화

1. 열강의 경제침투와 경제적 구국운동

(1) 열강의 경제적 침탈

① **일본의 경제침탈** … 은행·세관·화폐정리업무를 통해 금융을 지배하였다.

② **열강의 이권침탈** … 열강이 금광채굴권, 철도부설권, 삼림채벌권을 차지하였다.

(2) 경제적 침탈에 대한 저항

① **경제적 자주권 수호노력** … 방곡령을 시행, 상권수호운동과 이권수호운동을 전개하였다.

② **회사 설립** … 초기에는 상회사(대동상회·장통상회)를 설립하고, 상공업진흥정책이 실시된 이후에는 주식회사도 나타났다.

③ **국채보상운동** … 일본의 재정적 예속정책에 대한 저항으로 국채보상기성회를 조직하여 모금운동을 벌였으나, 일제 통감부의 탄압을 받아 좌절되었다.

2. 일제하 민족경제의 변화

(1) 식민지 수탈경제

① 토지조사사업(1912 ~ 1918) ··· 기한부 신고제로 미신고 토지를 약탈하였다. 그 결과 농민은 토지를 상실하고 소작농으로 전락하였다.

② 산미증식계획(1920 ~ 1933) ··· 각종 비용을 농민에게 전가하고, 쌀 생산을 강요하였다.

③ 산업의 침탈
- ㉠ 화폐정리사업으로 통감부시기에 민족자본의 축적이 와해되었다.
- ㉡ 회사령을 공포하여 한국인의 회사 설립과 경영을 통제하여 일본인이 한국 공업을 주도하게 되었으며, 광업령, 임야조사사업, 어업령을 통해 우리 자원을 약탈하였다.
- ㉢ 일본의 군수공입화정책으로 전기, 제철, 중화학 공장을 설립하여 병참기지화되었다.
- ㉣ 식량배급제도와 각종 물자의 공출제도를 강행하였다.

(2) 경제적 민족운동

① 소작쟁의 ··· 소작료 인하와 소작권 박탈을 반대하는 생존권 투쟁이었다.

② 민족기업의 성장 ··· 직포공장, 메리야스공장, 고무신공장, 경성방직주식회사 등이 설립되었다.

③ 물산장려운동 ··· 민족기업 지원, 민족경제의 자립을 목적으로 하였다.

④ 노동쟁의 ··· 노동조건 개선과 임금인상을 주장하였다.

3. 현대의 경제 발전

(1) 경제개발 5개년 계획

① 경과 ··· 1 · 2차 경제개발 5개년 계획(기간산업 육성, 경공업 발전 주력), 3 · 4차 경제개발 5개년 계획(경공업 중심 → 중화학 공업중심)을 추진하였다.

② 결과 ··· 수출의 비약적 증대, 국내자본의 축적, 사회간접시설 확충, 식량생산의 증대 등의 결과를 가져왔다.

(2) 노동운동

노동관계법 개정, 새로운 노사문화 정착, 노동환경 개선을 목적으로 하였다.

1. 평등사회로의 변화

(1) 동학농민군의 사회개혁운동

폐정개혁안을 제시하여 탐관오리·횡포한 부호·양반유생의 정벌, 노비문서 소각, 천인들에 대한 처우개선, 과부의 재가허용, 모든 무명 잡세의 폐지, 문벌과 지벌의 타파, 토지의 평균분작 등을 주장하였다.

(2) 갑오개혁과 신분제의 폐지

반상과 귀천을 초월한 평등주의적 사회질서를 수립하고, 노비 및 천민층의 해방이 이루어졌으며, 기술직 중인의 관직등용을 확대하였다. 또한 여성의 대우가 향상되고 혼인풍습이 개선되었다.

(3) 민권운동의 전개(독립협회활동)

① 독립협회의 운동 … 인권확대운동·참정권실현운동을 전개했으며, 관민공동회를 개최하였다. (입헌군주제 지향)

② 독립협회의 기본사상 … 자주국권사상, 자유민권사상, 자강개혁 사상이었다.

2. 민족독립운동기의 사회 변화

(1) 한인의 국외 이주와 독립운동

① 만주 … 20세기 초반에는 일제의 탄압을 피하고 항일운동을 위해 이주하였다.

② 연해주 … 한민회를 설치하고 대한광복군 정부를 수립하여 무장투쟁의 기반을 마련하였다.

③ 미국 … 신민회, 한인협성회와 흥사단을 조직하여 활동하였다.

④ 일본 … 조선청년독립단을 구성하여 2·8독립선언을 발표, 3·1운동의 도화선을 제공하였다.

(2) 사회주의 운동의 대두와 신간회 운동

① **사회주의 운동의 대두** … 1920년대 러시아와 중국에서 활동하고 있던 독립운동가들이 처음으로 받아들였다. 노동운동, 농민운동, 청년운동, 학생운동, 여성운동, 형평운동 등이 전개되었다.

② **신간회 운동** … 민족주의 진영과 사회주의 진영은 민족유일당, 민족협동전선이라는 표어 아래 이상재, 안재홍 등을 중심으로 신간회를 결성하였다. 노동운동과 농민운동을 지도하였고 광주학생항일운동의 진상단을 파견하였다.

(3) 농민운동과 노동운동

① **농민운동** … 고율의 소작료 인하와 소작권의 이동을 반대하는 시위가 많았으나, 농민조합이 소작쟁의를 주도하여 항일민족운동으로 변모하게 되었다.

② **노동운동** … 임금인상 · 단체계약권 확립 · 8시간 노동제 · 노동조건 개선을 요구하면서 파업투쟁을 하였고, 후에 지역단위로 파업이 일어났으며 대중화되었다.

(4) 여성운동과 학생운동

① **여성운동** … 계몽운동으로 발전하였고 후에 사회주의 운동과 결합하였다.

② **학생운동** … 동맹휴학 형태로 전개되어 식민지 노예교육의 철폐, 조선역사의 교육, 교내 조선어 사용 등을 요구하였다. 광주학생항일운동이 대표적인 예이다.

04 ▶ 근현대 문화의 흐름

1. 근대 문화의 발달

(1) 근대 문명의 수용

① **근대 문물의 도입** … 19세기 후반부터 개화파는 동도서기론을 개창하였고, 정부는 과학기술을 비롯한 서양의 근대 문물을 도입하여 개화정책을 추진하였다.

② **근대 시설의 수용**
　㉠ **통신시설** : 전신 · 전화를 가설하였고, 우정국을 운영하여 근대적 우편제도를 실시하였다.
　㉡ **교통시설** : 전차를 운행하였으며, 경인선과 경부선의 철도가 부설되었다.

③ **근대 의료시설** … 광혜원, 경성의학교, 세브란스병원이 설립되었다.

④ **건축** … 명동성당, 덕수궁 석조전 등이 건립되었다.

(2) 근대 교육과 학문의 보급

① **근대 교육의 시작** … 원산학교, 육영공원에서 시작되었다.

② **갑오개혁기** … 근대적 교육제도가 마련되어 관립학교 · 사립학교가 설립되었고, 개신교 선교사들이 주도하였다.

③ **애국계몽운동기** … 사립학교를 설립하여 구국교육운동을 전개하고 민족의식을 고취시켰다.

④ **국학운동** … 민족의식과 애국심을 고취하기 위해 국사연구(신채호 · 박은식)와 국어연구(지석영 · 주시경)가 이루어졌다.

⑤ **국학운동** … 신채호 · 박은식 등은 구국위인들의 전기를 써서 보급, 지석영과 주시경은 국어 연구에 공헌하였다.

(3) 문예와 종교의 새 경향

① **문학의 새 경향** … 이인직의 혈의 누, 이해조의 자유종 등의 신소설은 계몽문학의 구실을 하였고, 최남선의 해에게서 소년에게는 근대시의 형식을 개척하였다.

② **예술계의 변화**
  ㉠ **음악** : 애국가, 권학가, 독립가와 같은 창가가 유행하였다.
  ㉡ **연극** : 원각사(서양식 극장)의 설립, 은세계, 치악산 등의 작품의 공연되고 민중 사이에서는 전통적인 민속가면극이 성행하였다.
  ㉢ **미술** : 서양식 유화가 도입되고 김정희 계통의 문인화가들이 한국 전통회화를 발전시켰다.

③ **종교운동의 변화** … 천주교가 자유롭게 선교활동을 벌였고, 개신교가 수용되었다. 동학은 천도교로 개칭(손병희)되었고, 불교의 혁신운동(한용운)이 일어났으며, 대종교가 창시되었다.

2. 민족문화수호운동

(1) 민족문화수호운동의 전개

① 한글보급운동
- ㉠ 조선어연구회 : 잡지(한글)간행, 가갸날(한글날)을 제정하였다.
- ㉡ 조선어학회 : 한글맞춤법통일안과 표준어를 제정하였으며, 우리말큰사전의 편찬에 착수하였으나 일제의 방해로 성공하지 못하였다.

② 한국사의 연구 … 박은식(혼), 신채호(낭가사상)등이 연구하였다.

③ 진단학회 … 일본의 왜곡된 한국학 연구에 반발하여 이윤재, 이병도, 손진태, 조윤제 등이 진단학회를 조직하고 한국학 연구에 힘썼다.

(2) 민족교육진흥운동

① 조선교육회 … 한규설과 이상재는 민립대학 설립운동을 전개하여 모금운동을 벌였으나, 일제의 방해로 실패하였다.

② 문맹 퇴치와 농촌계몽운동 … 언론계와 청년 학생을 중심으로 전개되었다.

출제예상문제

1 다음의 조·일 통상 규정(1876)의 내용을 통해 추론한 것 중 옳은 것은?

> • 화물의 출입에는 특별히 수년간의 면세를 허용한다.
> • 일본 정부에 소속된 모든 선박은 항구세를 납부하지 않는다.
> • 일본인은 모든 항구에서 쌀과 잡곡을 수출할 수 있다. 단, 재해시 1개월 전에 통고하고 방곡령이 가능하다.

① 조선에 대한 일본의 경제 원조가 시작이 되었다.
② 조선과 일본은 자유 무역을 통하여 상호이익을 얻었다.
③ 조선 정부는 방곡령을 통해 미곡의 유출을 방지할 수 있었다.
④ 일본으로 양곡이 무제한 유출되어 조선의 농촌경제는 피폐해졌다.

> ✔ 해설 조·일통상장정은 일본이 조선에 대한 경제적 침략을 용이하게 하기 위해 맺은 것으로서, 이 조약 이후 일본 상인의 곡물 유출이 심각하여 조선은 식량난을 겪게 되었다. 이에 대한 저항책으로 방곡령을 선포하였으나 배상금을 물어 주는 등 실패로 돌아갔다.

2 다음 중 독립협회에 관한 설명으로 옳지 않은 것은?

① 자주국권운동을 전개하였다.
② 박정양의 진보적 내각이 수립되었다.
③ 최초의 근대적 민중대회인 만민공동회를 개최하였다.
④ 일본의 황무지 개간권 요구를 저지시켰다.

> ✔ 해설 ④ 보안회에 관한 설명이다.

Answer 1.④ 2.④

3 다음 자료가 발표되기 이전에 나타난 정책으로 옳은 것은?

> • 청국에 의존하는 관념을 버리고 자주독립의 기초를 세운다.
> • 왕실 사무와 국정 사무는 반드시 분리하여 서로 뒤섞이는 것을 금한다.
> • 조세의 부과와 징수, 경비의 지출은 모두 탁지아문에서 관할한다.

① 대한국국제를 발표하였다.

② 태양력을 사용하도록 하였다.

③ 6조를 8아문으로 개편하였다.

④ 건양이라는 연호를 제정하였다.

✔해설 1894년 갑오 2차 개혁 당시 고종이 반포한 '홍범 14조'이다. 갑오 2차 개혁은 김홍집, 박영효 연립내각이 수립되어 정치적으로는 내각제도 실시(의정부), 8아문을 7부로 개편, 지방 행정 체계 개편(8도 →23부), 지방관 권한 축소, 재판소 설치(사법권을 행정권에서 분리) 등이 이루어졌다.
③ 6조를 8아문으로 개편한 것은 갑오 1차 개혁에서 이루어졌다.
① 대한제국 수립 직후(1899)
②④ 을미개혁(1895)

4 다음은 어느 신문의 사설이다. 밑줄 친 것과 관련된 운동으로 옳은 것은?

> 1931년부터 4년간에 걸쳐 벌인 <u>브나로드 운동</u>은 대표적인 계몽운동이었다. 남녀 청년학도들이 계몽대, 강연대를 조직하여 삼천리 방방곡곡을 누비며 우리글, 우리 역사를 가르치고 농촌위생, 농촌경제개발에 앞장섰던 이 운동은 지식인과 학생이 이 땅에서 일으킨 최초의 민중운동이었다.

① 언론사 중심의 문맹퇴치운동이 전개되었다.

② 사회운동계열이 주도하였다.

③ 이 운동의 영향으로 민립대학설립운동이 추진되었다.

④ 이 시기에 언론과 지식인과 학생이 주도한 만세시위가 확산되고 있었다.

✔해설 '브나로드'는 '민중 속으로'라는 러시아 말에서 유래된 것으로 일제강점기에 동아일보사가 주축이 되어 전국적 문맹퇴치운동으로 전개되었다. 브나로드 운동은 문자교육과 계몽활동(미신 타파, 구습 제거, 근검 절약 등)을 병행한 대표적인 농촌계몽운동이다.

Answer 3.③ 4.①

5 〈보기〉의 조약이 체결된 이후에 일어난 사건으로 가장 옳지 않은 것은?

〈보기〉

〈제1관〉 조선국은 자주국으로서 일본국과 평등한 권리를 보유한다.
〈제7관〉 조선의 연해 도서는 지극히 위험하므로 일본의 항해자가 자유로이 해안을 측량함을 허
가한다.

---

① 만동묘가 철폐되었다.　　　　　　② 이범윤이 간도 시찰원으로 파견되었다.
③ 통리기무아문이 설치되었다.　　　④ 영남 유생들이 만인소를 올렸다.

> ✔해설 해당 조약은 1876년 체결된 강화도 조약이다. 운요호 사건을 계기로 체결된 강화도 조약은 우리나라
> 최초의 근대적 조약이자 영사재판권(치외법권), 해안 측량의 자유권 등을 인정한 불평등 조약이었다.
> ① 흥선대원군이 왕권강화를 위해 서원철폐와 더불어 실시(1865)한 것으로 강화도 조약 체결 이전이다.
> ② 대한제국 시기에 이루어졌다(1902).
> ③ 강화도 조약 체결 이후 개화 정책을 관장하는 기구로 설치되었다(1880).
> ④ 2차 수신사로 일본에 파견된 김홍집이 황준헌의 〈조선책략〉을 가지고 들어온 이후 이에 반대하며
>   일어난 사건이다(1881).

6 4 · 19 혁명과 관련된 설명으로 옳은 것은?

① 5 · 10 총선거가 남한에서 실시되어 제헌의회가 구성되었다.
② 농지개혁이 실시되어 농민들은 자작농으로 발전하게 되었다.
③ 혁명 이후 남북통일 문제에 대한 논의가 전혀 이루어지지 않았다.
④ 과도 정부가 출범하고, 내각 책임제와 양원제를 골자로 하는 헌법으로 개정되었다.

> ✔해설 ④ 4 · 19혁명 이후 허정, 장면을 중심으로 한 과도정부가 수립되었고 1960년 6월 15일에 내각책임
> 제(의원내각제)를 골자로 한 제3차 개헌이 실시되었다.

Answer 5.① 6.④

7 밑줄 친 '나'에 대한 설명으로 옳은 것은?

> 우리가 기다리던 해방은 우리 국토를 양분하였으며, 앞으로는 그것을 영원히 양국의 영토로 만들 위험성을 내포하고 있다. …… 나는 통일된 조국을 건설하려다가 38도선을 베고 쓰러질지언정 일신의 구차한 안일을 취하여 단독정부를 세우는 데에는 협력하지 아니하겠다.

① 통일 정부 수립을 위한 남북 협상을 추진하였다.
② 한국 민주당을 결성하여 미군정에 적극적으로 참여하였다.
③ 미국에서 귀국한 후 독립 촉성 중앙 협의회를 구성하였다.
④ 조선 건국 준비 위원회를 조직하고 위원장으로 활동하였다.

> ✔해설 ① 김구는 「삼천만 동포에게 읍고함」이란 글을 통해 통일 정부 수립을 위한 남북 협상을 추진하였다.
> ② 한국 민주당은 처음에는 조선인민공화국의 타도와 충칭의 대한민국임시정부를 우리의 정부로 맞아들이겠다는 것을 당면한 대방침으로 삼고 임시정부 환국 후에도 그것으로 일관하였으나 1946년 제1차 미·소공동위원회가 결렬되는 무렵부터 이승만의 남한단독정부 수립운동에 동조하여 김구의 임시정부와 정치노선을 달리하게 되었다.
> ③ 독립 촉성 중앙 협의회는 1945년 10월 23일 이승만을 중심으로 좌·우익을 망라한 민족통일기관 형성을 위해 조직된 정치단체이다.
> ④ 조선 건국 준비 위원회를 조직하고 위원장으로 활동한 사람은 여운형이다.

8 다음은 어떤 단체의 설립목적을 제시한 것이다. 이 단체와 관련이 있는 사실은?

> ㉠ 교육기관을 설치하고 청소년의 교육을 진흥할 것
> ㉡ 동지를 발견하고 단합하여 국민운동의 역량을 축적할 것
> ㉢ 각종 상공업 기관을 만들어 단체의 재정과 국민의 부력을 증진할 것

① 삼원보와 같은 해외 독립운동 기지를 건설하였다.
② 원산학사를 세워 근대 학문을 가르쳤다.
③ 물산장려운동을 전개하였다.
④ 비밀행정조직인 연통제를 조직하였다.

> ✔해설 신민회는 안창호·양기탁 등이 조직한 비밀결사단체로 민족교육의 추진(대성학교, 오산학교), 민족산업의 육성(자기회사), 민족문화의 계발, 독립운동기지 건설(서간도의 삼원보) 등 각 방면에서 진흥운동을 전개한 단체였다.

Answer 7.① 8.①

9 다음은 일제 강점기 국외 독립운동에 관한 사실들이다. 이를 시기 순으로 바르게 나열한 것은?

> ㉠ 대한민국 임시 정부가 지청천을 총사령으로 하는 한국광복군을 창설하였다.
> ㉡ 블라디보스토크에서 이상설, 이동휘 등이 중심이 된 대한 광복군 정부가 수립되었다.
> ㉢ 홍범도가 이끄는 대한 독립군을 비롯한 연합 부대는 봉오동 전투에서 대승을 거두었다.
> ㉣ 양세봉이 이끄는 조선 혁명군은 중국 의용군과 연합하여 영릉가 전투에서 일본군을 무찔렀다.

① ㉠ → ㉣ → ㉡ → ㉢
② ㉡ → ㉢ → ㉣ → ㉠
③ ㉢ → ㉡ → ㉣ → ㉠
④ ㉣ → ㉢ → ㉠ → ㉡

✔해설 ㉠ 한국광복군은 1940년 중국 충칭에서 조직되었다.
㉡ 대한광복군정부는 1914년 러시아 블라디보스토크에 세워졌던 망명 정부이다.
㉢ 봉오동 전투는 1920년 6월 7일 만주 봉오동에서 홍범도의 대한독립군이 일본 정규군을 대패시킨 전투이다.
㉣ 영릉가 전투는 1932년 4월 남만주 일대에서 활동하던 조선혁명군이 중국 요령성 신빈현 영릉가에서 일본 관동군과 만주국군을 물리친 전투이다.

10 다음은 간도와 관련된 역사적 사실들이다. 옳지 않은 것은?

① 1909년 일제는 청과 간도협약을 체결하여 남만주의 철도 부설권을 얻는 대가로 간도를 청의 영토로 인정하였다.

② 조선과 청은 1712년 "서쪽으로는 압록강, 동쪽으로는 토문강을 국경으로 한다."는 내용의 백두산정계비를 세웠다.

① 통감부 설치 후 일제는 1906년 간도에 통감부 출장소를 두어 간도를 한국의 영토로 인정하였다.

④ 1902년 대한제국 정부는 간도관리사로 이범윤을 임명하는 한편, 이를 한국 주재 청국 공사에게 통고하고 간도의 소유권을 주장하였다.

✔해설 ③ 통감부 설치 후 일제는 1907년 8월 23일에 간도용정에 간도통감부 출장소를 설치하고, 간도는 조선의 영토이며 출장소를 설치한 것은 간도조선인을 보호하기 위한 것이라 천명하고 청과 외교교섭을 시작했다.

Answer 9.② 10.③

11 다음에 제시된 개혁 내용을 공통으로 포함한 것은?

> • 청과의 조공 관계 청산 • 인민 평등 실현
> • 혜상공국 혁파 • 재정의 일원화

① 갑오개혁의 홍범 14조

② 독립협회의 헌의 6조

③ 동학 농민 운동의 폐정개혁안

④ 갑신정변 때의 14개조 정강

✔해설 제시된 지문은 갑신정변 때 개화당 정부의 14개조 혁신 정강의 내용이다.

12 1919년 3·1운동 전후의 국내외 정세에 대한 설명으로 옳지 않은 것은?

① 일본은 시베리아에 출병하여 러시아 영토의 일부를 점령하고 있었다.

② 러시아에서는 볼셰비키가 권력을 장악하여 사회주의 정권을 수립하였다.

③ 미국의 윌슨 대통령이 민족자결주의를 내세워 전후 질서를 세우려 하였다.

④ 산동성의 구 독일 이권에 대한 일본의 계승 요구는 5·4 운동으로 인해 파리평화회의에서 승인받지 못하였다.

✔해설 파리평화회의… 제1차 세계대전 종료 후, 전쟁에 대한 책임과 유럽 각국의 영토 조정, 전후의 평화를 유지하기 위한 조치 등을 협의한 1919~1920년 동안의 일련의 회의 일체를 말한다. 이 회의에서 국제문제를 풀어나갈 원칙으로 미국의 윌슨 대통령이 14개 조항을 제시하였는데 각 민족은 정치적 운명을 스스로 결정할 권리가 있다는 민족자결주의와 다른 민족의 간섭을 받을 수 없다는 집단안전보장원칙을 핵심으로 주장하였고 이는 3·1운동에 영향을 주었다.

13 1950년대 이후 한국사회의 상황에 대한 설명으로 옳은 것은?

① 1950년에 시행된 농지 개혁으로 토지가 없던 농민이 토지를 갖게 되었다.

② 1960년대에 임금은 낮았지만 낮은 물가 덕분으로 노동자들이 고통을 겪지는 않았다.

③ 1970년대에 이르러 정부는 노동 3권을 철저히 보장하는 정책을 채택하였다.

④ 1980년대 초부터는 노동조합을 자유롭게 설립할 수 있게 되었다.

> ✔해설 농지 개혁 … 논과 밭을 대상으로 3정보를 초과하는 농가의 토지나 부재지주의 토지를 국가에서 유상으로 매수하고 이들에게 지가증권을 발급하는 제도이다. 농지의 연 수확량의 150%를 한도로 5년간 보상하고 국가에서 매수한 농지는 영세농민에게 3정보를 한도로 유상분배하며 그 대가로 5년간 수확량의 30%씩 상환곡으로 수납하게 하였다. 그러나 개혁 자체가 농민이 배제된 지주층 중심으로 이루어져 소기의 목적을 달성할 수는 없었다.

14 6 · 25 전쟁 이전 북한에서 일어난 다음의 사건들을 연대순으로 바르게 나열한 것은?

㉠ 북조선 5도 행정국 설치	㉡ 토지개혁 단행
㉢ 북조선 노동당 창당	㉣ 조선공산당 북조선 분국 조직

① ㉠㉡㉢㉣   ② ㉠㉡㉣㉢

③ ㉡㉠㉣㉢   ④ ㉣㉠㉡㉢

> ✔해설 ㉣ 1945년 10월
> ㉠ 1945년 11월
> ㉡ 1946년 3월
> ㉢ 1946년 8월

Answer   13.①   14.④

15 다음 보기의 내용과 같은 시기에 일어난 역사적 사실로 옳은 것은?

> 비밀결사조직으로 국권회복과 공화정체의 국민국가 건설을 목표로 하였다. 국내적으로 문화적 · 경제적 실력양성운동을 펼쳤으며, 국외로 독립군기지 건설에 의한 군사적인 실력양성운동에 힘쓰다가 105인사건으로 해체되었다.

① 차관제공에 의한 경제예속화정책에 반대하여 국민들이 국채보상기성회를 조직하여 모금운동을 벌였다.
② 자주제가 강화되고 소작농이 증가하면서, 고율의 소작료로 인하여 농민들이 몰락하였다.
③ 노동자들은 생존권을 지키기 위하여 임금인상이나 노동조건 개선 등을 주장하는 노동운동을 벌였다.
④ 일본 상품을 배격하고 국사품을 애용하자는 운동을 전개하였다.

> ✔해설 ① 일제의 화폐 정리 및 금융 지배에 대해 1907년 국채보상운동을 전개하여 일제의 침략정책에 맞섰으나 일제의 방해로 중단되었다.
> ※ 신민회 … 비밀결사조직으로 국권 회복과 공화정체의 국민국가 건설을 목표로 하였다. 국내적으로 문화적 · 경제적 실력양성운동을 펼쳤으며, 국외로 독립군기지 건설에 의한 군사적인 실력양성운동에 힘쓰다가 105인사건으로 해체되었다.

16 다음 중 '을사조약' 체결 당시의 사건에 대한 설명으로 옳은 것은?

① 영국은 일본의 한국에 대한 지배권을 인정하였다.
② 구식군대가 차별대우를 받았다.
③ 일본의 한국에 대한 지배권을 인정하며, 미국의 필리핀 지배를 확인하였다.
④ 러시아, 프랑스, 독일이 일본에 압력을 가하였다.

> ✔해설 을사조약 체결(1905. 11) … 러 · 일전쟁에서 승리한 일본은 조선의 독점적 지배권을 인정받고 조선의 외교권을 박탈하고 통감부를 설치하였다. 이에 초대 통감으로 이토 히로부미가 부임하였으며 고종황제는 조약의 부당성을 알리기 위해 1907년에 개최된 헤이그 만국평화회의에 밀사를 파견하였다.

Answer 15.① 16.①

17 다음과 같은 식민 통치의 근본적 목적으로 옳은 것은?

> • 총독은 원래 현역군인으로 임명되는 것이 원칙이었으나, 문관도 임명될 수 있게 하였다.
> • 헌병 경찰이 보통 경찰로 전환되었다.
> • 민족 신문 발행을 허가하였다.
> • 교육은 초급의 학문과 기술교육만 허용되었다.

① 소수의 친일분자를 키워 우리 민족을 이간하여 분열시키는 것이 목적이었다.
② 한반도를 대륙 침략의 병참기지로 삼고 태평양전쟁을 도발하였다.
③ 한국의 산업을 장악하여 상품시장화 하였다.
④ 1910년대의 무단통치에 대한 반성으로 시행하였다.

✔해설 문화통치(1919 ~ 1931)
  ㉠ 발단 : 3 · 1운동과 국제 여론의 악화로 제기되었다.
  ㉡ 내용
    • 문관총독의 임명을 약속하였으나 임명되지 않았다.
    • 헌병경찰제를 보통경찰제로 바꾸었지만 경찰 수나 장비는 증가하였다.
    • 교육은 초급의 학문과 기술교육만 허용되었다.
  ㉢ 본질 : 소수의 친일분자를 키워 우리 민족을 이간질하여 분열시켰다.

18 다음 보기의 내용과 관련있는 단체의 업적으로 옳은 것은?

> 동학농민전쟁의 주체이며, 최시형의 뒤를 이은 3세 교주 손병희는 3 · 1운동 민족대표 33인 중의 한 사람이었다.

① 미신타파
② 고아원 설립
③ 북로군정서 중광단
④ 개벽, 만세보

✔해설 천도교 … 제2의 3 · 1운동을 계획하여 자주독립선언문을 발표하였다. 개벽, 어린이, 학생 등의 잡지를 간행하여 민중의 자각과 근대문물의 보급에 기여하였다.

Answer 17.① 18.④

19 다음의 내용과 관련된 조직을 바르게 나열한 것은?

> 동일한 목적, 동일한 성공을 위하여 운동하고 투쟁하는 혁명가들은 반드시 하나의 기치 아래 모이고, 하나의 호령 아래 모여야만 비로소 상당한 효과를 얻을 수 있음은 더 말할 나위가 없다.

① 물산장려회 조직
② 조선어학회와 진단학회 조직
③ 신간회와 조선어학회 조직
④ 신간회와 근우회의 조직

✔해설 1920년대에 들어와 사회주의 사상이 유입되면서 민족의 독립운동에 이념적인 갈등이 초래되었다. 이러한 문제를 해결하기 위해 민족주의계와 사회주의계의 통합이 논의되었고, 그 결과 결성된 단체가 신간회와 근우회였다.

20 다음 중 연결이 옳지 않은 것은?

① 한일의정서 – 군사기지 점유
② 제1차 한일협정서 – 사법권, 경찰권박탈
③ 제2차 한일협정서 – 외교권박탈
④ 한일신협약 – 차관정치, 군대해산

✔해설 제1차 한·일협약 체결(1904. 8) … 러·일전쟁 중 체결되었으며 일본 정부가 추천하는 외교와 재정고문을 두는 고문정치가 시작되었다.

서원각 용어사전 시리즈

상식은 "용어사전"

용어사전으로 중요한 용어만 한눈에 보자

중요한 용어만 공부하자!

❋ 시사용어사전 1200

매일 접하는 각종 기사와 정보 속에서 현대인이
놓치기 쉬운, 그러나 꼭 알아야 할 최신 시사상식
을 쏙쏙 뽑아 이해하기 쉽도록 정리했다!

❋ 경제용어사전 1030

주요 경제용어는 거의 다 실었다! 경제가 쉬워지
는 책, 경제용어사전!

❋ 부동산용어사전 1300

부동산에 대한 이해를 높이고 부동산의 개발과 활
용, 투자 및 부동산 용어 학습에도 적극적으로 이
용할 수 있는 부동산용어사전!

- 최신 관련 기사 수록
- 다양한 용어를 수록하여 1000개 이상의 용어 한눈에 파악
- 용어별 중요도 표시 및 꼼꼼한 용어 설명
- 파트별 TEST를 통해 실력점검